Immobilienkauf und -finanzierung für Selbstnutzer

Gerd Kommer

Immobilienkauf und -finanzierung für Selbstnutzer

Geld sparen und Fehler vermeiden beim Kauf der eigenen vier Wände

Campus Verlag
Frankfurt/New York

Haftungsausschluss: Die Aussagen in diesem Buch spiegeln die persönlichen Ansichten und Meinungen des Autors wider, sind rein didaktischer Natur und sind weder als Finanzberatung oder Anlageempfehlungen im Sinne des deutschen Wertpapierhandelsgesetzes noch als Rechtsberatung im Sinne des deutschen Rechtsberatungsgesetzes noch als Steuerberatung im Sinne des deutschen Steuerberatungsgesetzes zu verstehen. Vermögensanlagen in Immobilien, Aktien, Anleihen, Bankguthaben, Edelmetalle, Rohstoffe oder andere Finanzprodukte sind mit beträchtlichen Verlustgefahren verbunden. Die historischen Daten, die in diesem Buch enthalten sind, bieten keine Gewähr für zukünftige Renditen oder Erträge. Die Autoren und der Verlag geben keine Garantie für die Richtigkeit der Daten, Berechnungen und Aussagen. Eine Haftung für Schäden, die aus der Anwendung und Befolgung der in diesem Buch enthaltenen Informationen, Hinweise und Empfehlungen resultieren, wird nicht übernommen..

MIX
Papier aus verantwortungsvollen Quellen
FSC® C089473
www.fsc.org

Klimaneutral
Papier
ClimatePartner.com/13732-1910-1001

ISBN 978-3-593-51554-0 Print
ISBN 978-3-593-45034-6 E-Book (PDF)
ISBN 978-3-593-45035-3 E-Book (EPUB)

2., vollständig überarbeitete und erweiterete Auflage 2022

Umschlaggestaltung: total italic, Thierry Wijnberg, Amsterdam/Berlin
Satz: Publikations Atelier, Dreieich
Gesetzt aus der Minion und der Myriad
Druck und Bindung: Beltz Grafische Betriebe GmbH, Bad Langensalza
Beltz Grafische Betriebe sind ein klimaneutrales Unternehmen.
(ID 15985-2104-1001).
Printed in Germany

www.campus.de

Inhalt

Kurt Tucholskys Gedicht »Das Ideal« (1927)

Das Ideal

Ja, das möchste:
Eine Villa im Grünen mit großer Terrasse,
vorn die Ostsee, hinten die Friedrichstraße;
mit schöner Aussicht, ländlich mondän,
vom Badezimmer ist die Zugspitze zu sehn –
aber abends zum Kino hast dus nicht weit.
Das ganze schlicht, voller Bescheidenheit:

Neun Zimmer – nein, doch lieber zehn!
Ein Dachgarten, wo die Eichen drauf stehn,
Radio, Zentralheizung, Vakuum,
eine Dienerschaft, gut gezogen und stumm,
eine süße Frau voller Rasse und Verve –
(und eine fürs Wochenend, zur Reserve) –
eine Bibliothek und drumherum
Einsamkeit und Hummelgesumm …
Ja, das möchste!
Aber, wie das so ist hienieden:
manchmal scheints so, als sei es beschieden
nur pöapö, das irdische Glück.
Immer fehlt dir irgendein Stück …

Kurt Tucholsky,
deutscher Journalist und Schriftsteller (1890–1935)

Einleitung

Das vorliegende Buch richtet sich an private Haushalte, die ein Eigenheim, hier definiert als Wohnung, Reihenhaus, Doppelhaushälfte oder frei stehendes Haus zur Selbstnutzung, kaufen wollen und die planen, für diesen Kauf eine Kreditfinanzierung aufzunehmen. Es richtet sich ferner an Eigenheimbesitzer, die in absehbarer Zeit eine Anschlussfinanzierung oder Umfinanzierung ihrer bereits vorhandenen selbst genutzten Immobilie planen, z. B. weil die Zinsbindung ihres bestehenden Kredits bald auslaufen wird oder weil der Eigenheimbesitzer mit der Bank generell unzufrieden ist.

Ein Eigenheimkauf und dessen Finanzierung hat mit Zahlen zu tun. Beginnen wir deshalb mit ein klein wenig Statistik, die den volkswirtschaftlichen Hintergrund für Wohnen in Deutschland bildet:

- 43% (17,5 Millionen) aller deutschen Haushalte leben in ihrem Eigenheim. Von den übrigen 57% (22,5 Millionen) Mieterhaushalten wollen, je nach Umfrage, der man Glauben schenken möchte, zwischen 55% und 80% kurz- oder langfristig ebenfalls Eigenheimbesitzer werden.
- Seit 2010 ist der »neue deutsche Immobilienboom« mit historisch weit überdurchschnittlichen Wertsteigerungen im Gange – nach vorher drei mageren Jahrzehnten. Von Anfang 1981 bis Ende 2009 (29 Jahre) hatten deutsche Wohnimmobilien bundesweit peu à peu inflationsbereinigt 30% ihres Werts verloren. In den elf Jahren von 2010 bis 2020 stieg der inflationsbereinigte Wert der durchschnittlichen deutschen Wohnimmobilie (von dem sehr niedrigen, preisgünstigen Niveau Ende 2009) um 71%, in den Großstädten tendenziell mehr, auf dem flachen Land weniger. Dieser Boom führte nach 2012 auch zu einer deutlichen Erhöhung bei Baugenehmigungen und Baufertigstellungen. Die Coronakrise, die Ende 2019 einsetzte, schien die Nachfrage nach Eigenheimen eher noch zu verstärken, da die Institution des Homeoffice im Zug der Pandemie einen zuvor kaum erwarteten Schub erlebte.

- Im Juli 2021, als diese Zeilen geschrieben wurden, lag das Niveau bei den Immobilienkreditzinsen mit rund 1,0% p.a. für zehnjährige Zinsbindungen nahe seinem historischen Tiefpunkt während der vergangenen 50 Jahre. Dieser Zinsrückgang hat den Preisanstieg in den meisten Regionen Deutschlands mehr als ausgeglichen.
- Warnungen vor einem Platzen der »Blase« bei den Preisen von Wohnimmobilien vor allem in den populären Großstädten und mittleren Städten waren in den letzten Jahren vielfach zu hören und wohl nicht ganz unberechtigt. Ob, wann und in welcher Form es zu einem solchen Platzen, also Preisrückgang, kommt, kann niemand seriös vorhersagen. Dass die Preise in den nächsten Jahren nicht mehr annähernd so stark steigen können wie von 2010 bis 2020, kann hingegen als gesichert gelten. Immobilienblasen können schockartig über einen kurzen Zeitraum von zwei bis drei Jahren platzen, wie das in vielen Ländern von 2007 bis 2011 der Fall war (beispielsweise in den USA, Großbritannien, Irland, Spanien, Portugal und vielen osteuropäischen Staaten), oder in Zeitlupe, wie beispielsweise in Japan von 1991 bis 2009 über 19 Jahre oder Frankreich von 1910 bis 1948 über 39 Jahre. Die Preisbewegungen in einzelnen Städten oder Mikrolagen und besonders für ein Einzelobjekt können sowohl nach oben als auch nach unten deutlich stärker sein als auf Landesniveau.

Da der Erwerb eines Eigenheims im Leben vieler Haushalte die größte einzelne Anschaffung darstellt, kombiniert mit der generellen Komplexität des Themas und dem derzeit hohen allgemeinen Immobilienpreisniveau, sind Sachverstand und Vorsicht beim Käufer besonders wichtig.

Immobilienkauf und -finanzierung für Selbstnutzer wird Ihnen helfen, diesen Sachverstand zu entwickeln und anzuwenden: bei der Einschätzung des Kaufpreises einer Wohnimmobilie, bei der Strukturierung des Kaufvertrags und bei der bankseitigen Finanzierung. Sie werden lernen, clever und auf Augenhöhe mit Verkäufern, Maklern und Kreditinstituten zu verhandeln, um für Sie selbst und Ihre Familie das beste Ergebnis herauszuholen.

Welches sind aus unserer Sicht die besonderen Stärken dieses Buchs?

Fokussierung: Im Unterschied zu vielen anderen Finanzierungsratgebern beschränke ich mich in diesem Buch auf Eigenheime (Wohnungen, Häuser) und klammere Vermietungsobjekte aus. Für deren Erwerb, Finanzierung und Verwaltung gelten vielfach andere Regeln. Sich mit diesen als Eigenheimkäufer in ein und demselben Buch auseinandersetzen zu müssen, wäre Zeitvergeudung und unnötig komplizierter Ballast.[1]

Neutralität: Der Autor unterliegt keinem Interessenkonflikt, wie das leider für die Verfasser der Mehrheit von Immobilienratgeberbüchern gilt, die direkt oder indirekt Geld mit Immobilienverkauf oder -finanzierung verdienen und hierbei zudem noch mit Provisionen und Kommissionen arbeiten. Interessenkonflikte machen Objektivität und Neutralität unwahrscheinlich.

Realismus: Andere Ratgeberbücher sind vielfach von einer naiven »Hurra-ich-kauf-mir-ein-Eigenheim«-Euphorie oder »Ich liebe Immobilien« durchdrungen und damit einfach zu unkritisch. Dieses nicht. Ich sehe die wirtschaftlichen und nicht wirtschaftlichen Vorzüge, die Eigenheimbesitz bringt, blende aber die Schwierigkeiten und Risiken bei Erwerb, Finanzierung und Besitz nicht aus.

Dualer Ansatz: Durch das ganze Buch hindurch sage ich nicht nur »wie man es machen muss«, sondern auch »wie man es *nicht* machen soll«. In Kapitel 8 befasse ich mich speziell mit den »20 teuersten Fehlern bei Eigenheimkauf und -finanzierung«.

Die 1. Auflage dieses Buchs erschien im Februar 2017. Die vorliegende 2. Auflage wurde vollständig überarbeitet, aktualisiert und an mehreren Stellen erweitert.

Am Ende dieser Einleitung noch eine Offenlegung zum Autor: Ich bin Gesellschafter und Geschäftsführer der Gerd Kommer Invest GmbH (GKI) und der Gerd Kommer Capital GmbH (GKC). Die GKI ist ein Honorarberater- und ein Vermögensverwaltungsunternehmen für vermögende Privatkunden, die GKC ein digitaler Vermögensverwalter («Robo Advisor«). Bei GKI zählt zum Leistungsspektrum auch Beratung zu Immobilienfinanzierungen. Beide Unternehmen haben ihren Sitz in München.

---

1 Abschnitt 6.7 (»Wie sinnvoll sind Vermietungsimmobilien für private Haushalte?«) ist eine kleine Ausnahme von diesem Prinzip.

Bevor wir nun mit Kapitel 1 beginnen, noch fünf kurze Lesehinweise:

Viele Abschnitte dieses Buchs enthalten eine »Infobox« – eine kurze Erläuterung eines Fachbegriffs oder interessanten Konzepts im Kontext von Immobilienbesitz und -finanzierung. Die meisten, aber nicht alle Infoboxen haben einen direkten inhaltlichen Bezug zu dem Abschnitt, in dem sie sich befinden. Ein Verzeichnis aller Infoboxen befindet sich im Anhang.

Gelegentlich sind im laufenden Text Begriffe mit einem Pfeil (→) vor dem jeweiligen Fachterminus hervorgehoben. Diese Fachwörter werden im Glossar am Ende des Buchs erläutert.

Innerhalb des Buchs werden Sie viele Querverweise zwischen den einzelnen Abschnitten finden. Theoretisch hätte man auf die meisten von ihnen verzichten können. Ich habe sie dennoch eingebaut, weil ich glaube, dass sie für jene Leser hilfreich sind, die auch die Begründung und die Zusammenhänge mit anderen Sachverhalten bestimmter Argumente nachvollziehen sowie das große Ganze sehen wollen. Leser, die nur ein grundsätzliches Verständnis anstreben und denen es primär um die Schlussfolgerungen geht oder die Zeit sparen wollen, mögen die Querverweise einfach ignorieren.

Dieses Buch enthält viele Angaben zu historischen Wertsteigerungen und Renditen von Immobilien und anderen Investments. Die dabei jeweils gemachten Zeitraumangaben in Jahren schließen stets das erste Jahr mit ein, was beim erstmaligen Lesen vielleicht etwas ungewohnt erscheint. Beispiel: Die Zeitraumangabe »2001 bis 2020« umfasst 20 Jahre, nämlich vom 1.1.2001 bis 31.12.2020.

Wenn in diesem Buch auf sprachliche Femina-Formen von Substantiven wie »der Kreditnehmer«, »der Kunde«, »der Eigentümer« und auf Gendersternchen verzichtet wird, hat dies natürlich rein leseökonomische Gründe. Weibliche Akteure sind in allen Fällen ebenfalls gemeint. In den im Buch enthaltenen »Minifallstudien« kommen Männer und Frauen gleich häufig vor.

1 Grundsätzliche Überlegungen

1.1 Historische Preissteigerungen von Wohnimmobilien (1970 bis 2020)

»Ich kenne keinen anderen Weg, die Zukunft zu beurteilen,
als auf der Basis der Vergangenheit.«
(Patrick Henry, 1736–1799, einer der Gründungsväter [Founding Fathers] der Vereinigten Staaten von Amerika, Unabhängigkeitskämpfer, Gouverneur von Virginia)

Die meisten Haushalte erwerben eine selbst genutzte Immobilie (ein Eigenheim[2]) aus zwei Motiven heraus: als Lebensstilentscheidung und aus finanziellen Gründen. Bei genauer Überlegung sind die Lebensstilentscheidung und das ökonomische Motiv wie zwei Seiten einer Medaille. Sie lassen sich nicht wirklich trennen.

In Umfragen dominieren bei einer Mehrheit der befragten Eigenheimaspiranten allerdings ökonomische Motive die Lifestyle-Motive. Zu diesen wirtschaftlichen Motiven gehören Überlegungen wie »Immobilien sind eine gute Altersvorsorge«, »mietfrei wohnen im Alter«, »Schutz vor Mietvertragskündigungen«, »Schutz vor Inflation«. Das deutet darauf hin, dass die manchmal gehörte Aussage, der Eigenheimkauf sei für die Mehrheit der Bundesbürger beinahe ausschließlich eine emotionale oder Lebensstilentscheidung und kaum eine wirtschaftliche Erwägung, so nicht stimmt.

Der gängigen Meinung zufolge sind Wohnimmobilien »solide« und »rentable« Anlagen. Oft ist in diesem Zusammenhang die Rede von »Betongold«, »Sachwerten« und »Sicherheit«. Diese Sichtweise wird auch in den allermeisten Finanzratgeberbüchern zu Wohnimmobilien propagiert.

2 Die Bezeichnung »Eigenheim« wird in diesem Buch, der Kürze halber, für jede Art von selbst genutzter Wohnimmobilie verwendet: frei stehende Einfamilienhäuser, Doppelhaushälften, Reihenhäuser oder Wohnungen in einem Mehrparteienhaus.

Der Untertitel eines 2015 erschienenen Ratgeberbuchs zu Vermietungsimmobilien von Michael Peter lautet: »Warum Immobilien so phänomenal lukrativ sind.« Leider ist die Realität so einfach und rosig nicht.

In diesem Abschnitt werfen wir einen kurzen Blick auf Immobilienrenditen in der Vergangenheit. Das soll Ihnen einen realistischen Anhaltspunkt dafür geben, welche Renditen in der langfristigen Zukunft zu erwarten sind. Die Rendite eines Eigenheims kann man – vereinfacht betrachtet – so ermitteln:

Rendite = Wertsteigerung + eingesparte Miete – Instandhaltungskosten

Darüber hinaus muss man die Nebenkosten des Kaufens und Verkaufens (Transaktionskosten) während der Halteperiode berücksichtigen. Die so ermittelte Rendite ist die → »Objektrendite«. Sie ist bei einem zu 100% aus Eigenkapital finanzierten Eigenheim identisch mit der sogenannten → »Eigenkapitalrendite«.

Nimmt der Eigentümer einen Kredit auf – was ja die Regel ist –, ermittelt man die Eigenkapitalrendite nach Abzug des Kapitaldienstes (Zins und Tilgung). In diesem Fall kann eine wirklich korrekte Renditeberechnung auf Eigenkapitalebene letztlich nur im Wege der Kalkulation des → Internen Zinsfußes erfolgen, typischerweise mithilfe eines Tabellenkalkulationsprogramms wie Microsoft Excel. Wie dies geschieht, wird in meinem Buch *Kaufen oder Mieten?* (2021) näher beschrieben. (In der Schweiz wäre die Renditeberechnung eines Eigenheims wegen der dort vorhandenen sogenannten Eigenmietwertbesteuerung komplizierter.)

Wer aussagekräftige historische Daten über die Gesamtrenditen von Wohnimmobilien sucht, wird schnell feststellen, dass solche Daten – anders als bei Aktien und anderen börsennotierten → Assetklassen – ausgesprochen schwer zu finden sind. Diejenigen Daten, die man findet, reichen oft nur kurze Zeit zurück, sind nicht vertrauenswürdig oder weisen andere Mängel und Fragezeichen auf.

Reine Preis- oder Wertsteigerungsdatenreihen zu Wohnimmobilien, die hinreichend lange zurückreichen, sind hingegen vergleichsweise leicht zu finden. Tabelle 1 präsentiert die inflationsbereinigten Wertsteigerungen von Wohnimmobilien in einigen Ländern seit 1970.

Tabelle 1: Die inflationsbereinigten (realen) Wertsteigerungen für die drei deutschsprachigen Länder und für den Durchschnitt von 13 westlichen Ländern von 1970 bis 2020 (51 Jahre) sowie der maximale kumulative Wertrückgang in diesem Zeitraum

Zeitraum	Deutschland	Österreich	Schweiz	Ø 13 Länder [2]
	Reale (inflationsbereinigte) Wertsteigerung			
1970 bis 2020 (51 Jahre)	0,6% p.a.	n.v. [1]	1,3% p.a.	1,5% p.a.
1970 bis 1980 (11 J.)	1,2% p.a.	n.v.	0,6% p.a.	2,3% p.a.
1981 bis 1990 (10 J.)	–0,8% p.a.	n.v.	1,7% p.a.	1,6% p.a.
1991 bis 2000 (10 J.)	–1,1% p.a.	0,4% p.a.	–2,3% p.a.	0,3% p.a.
2001 bis 2010 (10 J.)	–1,4% p.a.	0,5% p.a.	3,1% p.a.	1,1% p.a.
2011 bis 2020 (10 J.)	5,3% p.a.	3,9% p.a.	3,4% p.a.	2,1% p.a.
	Risiko: Maximaler kumulativer Wertverlust [3]			
1970 bis 2020 (51 Jahre)	–30% (2009)	–26% (2004)	–24% (2000)	–36% (—)

► Preissteigerungen in lokaler Währung. ► Ohne Nebenkosten von Kauf und Verkauf. ► Datenquelle: Bank für Internationalen Zahlungsausgleich (BIZ, Basel). ► [1] Für Österreich liegen Hauspreisdaten erst ab 1987 vor. ► [2] Der bevölkerungsgewichtete Durchschnitt aus den 13 Ländern Deutschland, Österreich, Schweiz, Niederlande, Frankreich, Italien, Großbritannien, Irland, Schweden, USA, Australien, Japan und Südafrika. ► [3] Der maximale kumulative, reale Wertrückgang während dieser 51 Jahre und das Kalenderjahr, in dem er erreicht wurde.

Die langfristigen Wertsteigerungsraten in Tabelle 1 dürften niedriger sein, als mancher Leser vermutet hätte. Das hat vermutlich drei Gründe: (a) Hier werden reale Wertsteigerungen *nach* Abzug der Inflation dargestellt, weil diese aussagekräftiger sind als nominale Daten inklusive Inflation. Die Banken- und Immobilienbranche präsentiert uns leider üblicherweise nur nominale Daten, da diese aus einer Marketingperspektive einen »besseren Eindruck« machen. (b) Privatanleger überschätzen gewohnheitsmäßig historische und in die Zukunft gerichtete Wertsteigerungs- und Renditedaten in praktisch allen Assetklassen, also beispielsweise bei Immobilien, bei Aktien, bei Edelmetallen und bei aus diesen Assetklassen abgeleiteten Finanzprodukten wie etwa kapitalbildenden Lebensversicherungen. (c) In diesen Preissteigerungsdaten sind keine

Nettomietrenditen enthalten, sprich Bruttomietrenditen abzüglich Instandhaltungskosten und Versicherungskosten. Transaktionskosten für Kaufen und Verkaufen sowie der Effekt einer möglichen Kreditfinanzierung (es wird mithin eine 100%-Eigenkapitalfinanzierung unterstellt) sind ebenfalls nicht berücksichtigt.

Auch das Wertverlustpotenzial von Wohnimmobilien, das in der untersten Zeile von Tabelle 1 dargestellt ist, wird oft unterschätzt. In Deutschland lag der durchschnittliche Wohnimmobilienpreis Ende 2009 um 30% unter seinem vorherigen Höchstwert von 1981 (29 Jahre zuvor). Der durchschnittliche maximale kumulative Wertverlust in diesen 13 Ländern während der ausgewerteten 51 Jahre betrug 36%. Zu glauben, dass solche Wertverluste nur in kleineren Städten, auf dem Land oder nur in schlechten Lagen großer Städte vorkommen, wäre naiv. Von Ende 1991 bis Anfang 2007 fiel der durchschnittliche Wohnimmobilienpreis in München real um 40%. Noch gravierendere Rückgänge, vielfach innerhalb von drei Jahren, traten um 2006 bis 2010 in einer Reihe westlicher Metropolen auf, darunter San Franzisco oder London.

Wer sich eingehender mit den Gesamtrenditen (nicht nur reinen Preissteigerungen wie in Tabelle 1) von Wohnimmobilien, insbesondere unter einem »Kaufen-oder-mieten«-Blickwinkel und unter Berücksichtigung des → Kredithebeleffekts, befassen möchte, den verweise ich auf mein Buch *Kaufen oder Mieten?*, das in der 3., vollständig überarbeiteten Auflage im August 2021 erschien.

Fazit

- Die historischen Wertsteigerungsraten von Wohnimmobilien in Deutschland und anderen Ländern sind vermutlich deutlich niedriger, als viele von uns annehmen, und das Wertverlustpotenzial ist höher. Die Wertsteigerungen von Wohnimmobilien in den deutschsprachigen Ländern während der vergangenen rund zehn Jahre waren weit überdurchschnittlich und haben deswegen zu inzwischen hohen Bewertungen geführt. Diese hohen Wertsteigerungen werden sich im kommenden Jahrzehnt so vermutlich nicht wiederholen.

- Der Erwerb eines Eigenheims ist für die meisten Haushalte sowohl eine Lebensstilentscheidung als auch eine Entscheidung zur Vermögensanlage bzw. Altersvorsorge. Soweit ein spezifischer Eigenheimkauf ausschließlich oder vorwiegend eine Lebensstilentscheidung ist, ist der Renditeaspekt zweitrangig, aber wohl selten irrelevant.

1.2 Entwicklungen, welche die künftige Rendite von Eigenheimen in Deutschland beeinflussen

> »Die Studie sagt voraus, dass der Immobilienmarkt in Deutschland ab 2025 vor problematischen Zeiten steht, da dann erstmals aus demografischen Gründen die Wohnflächennachfrage mit zunehmender Dynamik zu schrumpfen droht.«
> *(Der Ökonom und Mathematiker Dr. Andreas Beck über seine Untersuchung zur langfristigen Entwicklung des Wohnimmobilienmarktes in Deutschland)*

Die Frage, welche Faktoren die Preisentwicklung von Wohnimmobilien in der Zukunft bestimmen, ist auch unter Experten umstritten. Eine nicht überschaubare Zahl makroökonomischer und immobilienwirtschaftlicher Größen wird irgendwo, irgendwann von irgendjemandem als mitursächlich für die Entwicklung der Wohnimmobilienpreise angeführt und untersucht. Eine kleine Auswahl:

Das aktuelle Bewertungsniveau von Immobilien, die Entwicklung der nominalen oder realen Kreditzinsen, der Mieten, der Inflationsrate, der Haushaltseinkommen, spekulativer Erwartungen der Marktteilnehmer (Optimismus, Pessimismus), Preistrends in der unmittelbaren Vergangenheit, des Wirtschaftswachstums, des Bevölkerungswachstums, der Zahl der Haushalte, der Wohnflächennachfrage, der Bevölkerungsdichte, der Verstädterung, der Baugenehmigungen, der Baulandpreise, der Bautätigkeit, der Baukosten, der Immobilienbesteuerung, die Kreditpolitik der Banken, kulturelle Faktoren – die Liste scheint endlos.

Als ob die Situation nicht schon verwirrend genug wäre, wird dann noch unterschieden zwischen lokalen, regionalen und nationalen sowie zwischen kurz- und langfristigen Preisentwicklungen. Einigkeit unter Fachleuten über die entscheidenden Ursachen für Preisentwicklungen auf dem Immobilienmarkt, die es ermöglichen würden, belastbare Prognosen zur kurz-, mittel- oder langfristigen Entwicklung von Immobilienpreisen abzugeben? Fehlanzeige.

Vor diesem ernüchternden Hintergrund nachfolgend einige Hinweise auf strukturelle Faktoren, die in den kommenden fünf bis zehn Jahren marktmäßige Eigenheimrenditen beeinflussen könnten. Manche dieser Faktoren sind Ihnen, lieber Leser, sicherlich ohnehin klar, andere Faktoren vielleicht weniger. Zu berücksichtigen ist, dass diese Zusammenstellung den Informationsstand Mitte 2021 repräsentiert. Ich beziehe mich nachfolgend explizit nur auf Deutschland, denke aber, dass die meisten hier vorgebrachten Argumente auch auf Österreich und die Schweiz zutreffen.

Um Missverständnisse zu vermeiden: Niemand kann die kurz- und mittelfristige Entwicklung von Immobilienpreisen zuverlässig prognostizieren, und wer das behauptet, ist meines Erachtens ein Scharlatan. Prognosen, die sich im Nachhinein als richtig herausstellten, waren mit großer Wahrscheinlichkeit einfach Glückstreffer, was sich aber natürlich nicht beweisen lässt. Was sich eher beweisen lässt, ist, dass diesen eine viel größere Zahl von Fehlprognosen gegenübersteht.

(a) Faktoren, welche die künftige Eigenheimrendite (Preise und Mieten) nach unten beeinflussen könnten

- Das aktuell (Mitte 2021) hohe bis sehr hohe Preis- und Bewertungsniveau in den Großstädten in Deutschland und in gesuchten Mikrolagen auch außerhalb dieser Großstädte. Aufgrund dieses hohen Niveaus ist real (inflationsbereinigt) und sogar nominal ein Rückgang der Preise oder eine langjährige Stagnation – eine »Seitwärtsbewegung« – relativ wahrscheinlich. Wann entweder Rückgang oder langjährige Seitwärtsbewegung einsetzen, kann jedoch nicht seriös prognostiziert werden.
- Aufgrund der Coronakrise wird in den größeren Städten möglicherweise nennenswert Nutzfläche in Bürogebäuden und im Einzelhandel frei, von der ein Teil in den nächsten zehn Jahren peu à peu kostengünstig in Wohnflächen umgewandelt wird.

- Ein möglicher Anstieg des allgemeinen Zinsniveaus. Ein Zinsanstieg kann auch jene Immobilien wertmäßig beeinträchtigen, die für die nächsten zehn bis 15 Jahre noch mit einer niedrigen Zinsbindung finanziert sind, denn das Marktpreisniveau für Immobilien könnte durch einen Zinsanstieg insgesamt sinken.
- Das seit 2008 deutlich erhöhte Niveau der jährlichen Baugenehmigungen und Baufertigstellungen. Die immer wieder und nahezu immer ohne harte Zahlen belegte angebliche »Wohnungsnot« in Deutschland wird dadurch beseitigt, wenn sie denn je existiert hat.
- Die wohl auch in Zukunft anhaltende Zunahme der Baukosten und Instandhaltungskosten durch fortgesetzte Verschärfungen staatlicher Auflagen im Bereich Energetik und Umweltschutz, Brandschutz, Gesundheitsschutz, Behindertenschutz.
- Die zunehmende Verschärfung der allgemeinen Mieterschutzgesetzgebung und der bereits existierenden partiellen Mietpreisregulierung: Mietpreisbremse, Mietendeckel usw. (Dies hat tendenziell den gleichen negativen Einfluss auf die Preise vermieteter und selbst genutzter Wohnimmobilien.)
- Eine weitere Verschärfung der Besteuerung von Wohnimmobilienbesitz, beispielsweise durch eine nochmalige Erhöhung der Grunderwerbsteuer oder der Grundsteuer: Aus wissenschaftlicher Perspektive wissen wir, dass solche Erhöhungen deutlich negative Auswirkungen auf Hauspreise haben (Kötter u. a. 2021). Die Einführung einer nennenswerten Vermögensteuer in Deutschland würde die Preise deutscher Immobilien vermutlich stärker beeinträchtigen als die Preise von Kapitalmarktanlagen, da Letztere von den Verhältnissen am Weltmarkt bestimmt werden.

Infobox: Die Auswirkung der Verbreitung von Elektromobilität auf bestimmte Grundstückspreise

Vielleicht wird die zunehmende Verbreitung von Elektroautos und Elektrozweirädern (ggf. auch die Verbreitung von Wasserstoffmotoren) in den nächsten ein, zwei Jahrzehnten denjenigen Eigenheimbesitzern einen »Windfall-Profit« (einen unerwarteten Gewinn) bescheren, deren Grundstück an einer lauten Straße liegt. Wenn nämlich der Lärm, den Verbrennungsmotoren verursachen, im Laufe der Jahre allmählich abnimmt, könnte der Wohnwert dieser Grundstücke überproportional steigen. Damit würde ihr vorheriger Preisnachteil relativ zu Grundstücken, die nicht oder weniger von diesen Nachteilen betroffen waren, schrumpfen.

- Möglicherweise in den nächsten Jahren nur schwach wachsende Haushaltseinkommen aufgrund des beschränkten fiskalischen Spielraums des Staates (hohe Staatsverschuldung bei schon hohem Besteuerungsniveau); hinzu kommt der negative Einfluss der Coronapandemie auf die Haushaltseinkommen.
- Mögliche Bankenkrise: Käme es zu einer solchen in Deutschland oder Europa, könnte die Kreditgewährung der Banken zurückgehen und die Kreditkosten (Margenaufschlag über dem allgemeinen Zinsniveau) könnten deutlich steigen.
- Mehrere für die Wohnraumnachfrage ungünstige demografische Trends: stagnierendes Bevölkerungswachstum, Beginn der Stagnation der Zahl oder sogar Rückgang der Zahl der Haushalte in den nächsten fünf bis 15 Jahren (Just 2011, Pomogajko/Voigtländer 2012), möglicher Rückgang der Wohnflächennachfrage ab 2025 (Beck 2007).
- Strukturelle Umkehr des Verstädterungstrends in den letzten rund 15 Jahren aus vielerlei, zum Teil schon genannten Gründen. Auch die Coronaerfahrung und die auf dem Land faktisch weniger »spürbaren« Lockdown-Maßnahmen könnten hierzu beitragen.

(b) Faktoren, welche die künftige Eigenheimrendite (Preise und Mieten) nach oben beeinflussen könnten

- Das derzeit (Mitte 2021) immer noch historisch außerordentlich niedrige Zinsniveau.
- Die Wahrnehmung in der Bevölkerung, Immobilien seien anderen Anlageformen hinsichtlich des Schutzes vor »Euro-Risiken« irgendwie überlegen. Diese Wahrnehmung ist fragwürdig, aber sie ist verbreitet und insofern beeinflusst sie den Markt.

- Die Wahrnehmung in der Bevölkerung, dass Immobilien eine besonders gute und besonders sichere Form der Altersvorsorge seien. In Bezug auf das »besonders« stimmt diese Wahrnehmung nicht, aber sie ist verbreitet und insofern beeinflusst auch sie den Markt.
- Die Tatsache, dass Umfragen zufolge mehr als zwei Drittel aller Mieterhaushalte in Deutschland grundsätzlich gerne eine Immobilie zur Selbstnutzung erwerben würden. Mieterhaushalte machen hierzulande mehr als die Hälfte aller Haushalte aus.
- In Bezug auf frei stehende Eigenheime: Angestoßen von Politikern der Grünen flammte 2020 und 2021 eine öffentliche Diskussion um »Flächenfraß« und andere ökologische Nachteile frei stehender Einfamilienhäuser auf. Soweit sie in der Politik zu einer Rationierung von Baugenehmigungen für solche Wohngebäude führt, werden die Preise der bereits existierenden davon profitieren.

Eine Reihe dieser Faktoren könnte im gegenwärtigen Niveau (Mitte 2021) von Immobilienpreisen und Mieten schon eingepreist sein, werden also, sofern sie sich nicht verändern, in Zukunft keinen Einfluss haben.

Per saldo erscheinen mir diejenigen Einflussfaktoren und Entwicklungen überzeugender und stärker, die in Bezug auf Immobilienpreise und -mieten eher senkend wirken. Dennoch bleibt die Feststellung: Systematisch verlässliche Prognosen in Bezug auf die kurz- und mittelfristige Entwicklung von Immobilienpreisen und Finanzierungszinsen sind unmöglich, und wer vorgibt, solche Prognosen machen zu können, verbreitet »Finanzpornografie« (mehr zu diesem Begriff siehe Infobox in 2.13.5).

Fazit

- Den heute (Mitte 2021) immer noch sehr niedrigen Zinsen stehen eine Reihe struktureller Faktoren gegenüber, die m. E. in die Zukunft gerichtet tendenziell dämpfend auf die Renditen von Wohnimmobilien und die Entwicklung der Mieten in den → DACH-Ländern wirken werden.
- Zuverlässige Prognosen auf die kurze und mittlere Sicht sind nicht möglich, werden aber trotzdem in Massen verbreitet, häufig öffentlich und noch häufiger mündlich bilateral durch Makler und Bankangestellte

in der Immobilienfinanzierung. Tun Sie sich den Gefallen, nicht auf sie hereinzufallen.

1.3 »Wie viel Eigenheim« kann ich mir leisten?

> »Aus einer Vielzahl von Gründen kaufen sich Menschen eine größere Wohnimmobilie [zur Selbstnutzung], als sie mieten würden.«
> *(Alex Avery, kanadischer Finanzanalyst, Immobilienbuchautor)*

Wenn ein Haushalt den Erwerb eines Eigenheims in Betracht zieht, stellt sich die Frage: »Wie viel Eigenheim kann ich mir/können wir uns tatsächlich leisten?« Oder salopp formuliert: »Wie teuer darfs denn sein?« Insbesondere wenn mehr als die Hälfte des Kaufpreises mit Fremdkapital finanziert werden muss, wird der Haushalt den Bleistift spitzen müssen. Er muss sich klar darüber werden, (a) wie teuer das Eigenheim und (b) wie hoch der Kredit maximal sein darf. Dieser Abschnitt will zur Findung des persönlichen »Erschwinglichkeitslevels« entscheidende Anhaltspunkte geben. Außerdem werden die Gespräche und Verhandlungen mit Banken umso erfolgreicher sein, je besser man vorher schon Bescheid weiß.

Abschnitt 1.6 dieses Buchs wird bei der Frage helfen, wie viel das Eigenheim insgesamt kosten darf, Abschnitt 2.8 bei: »Wie viel Kredit kann ich mir leisten?«

Der vorliegende Abschnitt wird zu diesen Fragen vorab einige übergreifende Sachverhalte skizzieren. So werden Sie sich dem Ziel der Identifikation des optimalen »Preis-versus-Kredit«-Pakets schrittweise annähern.

Im Folgenden unterstellen wir einen »normal« vermögenden Haushalt mit durchschnittlichem Einkommen – also keine Millionärsfamilie und niemanden, dessen Eltern und Verwandte große Beträge zuschießen oder umfangreiche Bürgschaften abgeben.

- Trivial ist: Je mehr Eigenkapital Sie einbringen können, desto niedriger wird später Ihre laufende Belastung sein. Nicht trivial ist die seit einigen Jahren immer häufiger übersehene Tatsache, dass der mit einer Fremdfinanzierung verbundene Kredithebel die Rendite auf das eingesetzte Eigenkapital in den vergangenen 50 Jahren häufiger gesenkt als erhöht hat (Kommer 2021b). Weniger als 20% bis 25% Eigenkapital einzubringen – bezogen auf die Summe aus Kaufpreis und Kaufnebenkosten –, sollte man sich aus Risikogründen sehr genau überlegen. Zugleich gilt aber auch: Das ganze eigene Vermögen, inklusive des sprichwörtlich letzten Cents, in den Kauf einzuschießen, nur um den Kreditanteil zu minimieren, das macht aus Risikogründen ebenfalls keinen Sinn. Denn es bedeutet, dass Sie damit keinen finanziellen Puffer mehr für Notfälle und die allgemeinen finanziellen Unwägbarkeiten des Lebens haben.

- Die Nebenkosten des Kaufs (Transaktionskosten) können sich auf bis zu 10% und gelegentlich mehr des Kaufpreises belaufen. Wenn es Ihnen hingegen gelingt, eine Immobilie ohne Maklereinschaltung zu erwerben, dann dürften die gesamten Kaufnebenkosten niedriger sein (Genaueres hierzu in Abschnitt 2.4). Aber der Verzicht auf einen Makler kann natürlich auch bedeuten, dass Sie länger suchen oder das »beste« Objekt gar nicht finden.
- Je höher der sogenannte »anfängliche (jährliche) Tilgungssatz« bei der Kalkulation der monatlichen Kreditannuität ist, desto kürzer die geplante Tilgungsdauer des Kredits und desto höher der gesamte Kapitaldienst. Ein hoher anfänglicher jährlicher Tilgungssatz von z. B. 3% oder mehr führt zu einer relativ kürzeren erwarteten Tilgungsdauer, ist aber möglicherweise nicht erschwinglich. Ein niedriger anfänglicher Tilgungssatz (1,5% oder weniger) produziert dagegen eine niedrigere monatliche Belastung, mag aber für die Bank nicht akzeptabel sein. Es gilt, den goldenen Mittelweg zu finden – Abschnitt 2.11 erläutert hierzu die technischen Details. Ein Tilgungssatz von deutlich oberhalb 1,5% kann in wirtschaftlichen Engpasszeiten mit Einverständnis der Bank ggf. gesenkt werden, um sich so eine finanzielle Atempause zu verschaffen.
- Der langfristige Aufwand für Instandhaltungskosten wird von den meisten Immobilienneulingen unterschätzt (Näheres dazu in Abschnitt 2.6). Vertreter der Immobilienbranche (Makler, → Bauträger, Immobilienverkäufer) und auch deren verlängerte Arme, ihre Online-Rechner, setzen diese Kosten überwiegend zu niedrig an, weil es ihrem Geschäft nützt. Sicherlich ist es denkbar, bei einer neuen oder fast neuen Immobilie während der ersten zehn Jahre kaum etwas für Instandhaltung

aufzuwenden, dann kommt es aber danach umso dicker – jedenfalls wenn man die Qualität seines Eigenheims nicht dauerhaft absacken lassen will, also den allmählichen Verfall der Bausubstanz ausgleichen möchte, der ansonsten zeit- und nutzungsbedingt zwangsläufig geschieht. Im langfristigen Mittel ist für eine relativ neue, normale Wohnung 1,5% p.a. des Gebäudezeitwerts zu kalkulieren; für frei stehende Häuser, Doppelhaushälften oder Reihenhäuser, für sehr hochwertige Objekte und für Objekte in schlechter baulicher Qualität mehr als dieser Satz, es sei denn, man akzeptiert, dass die Wohnqualität im Laufe der Jahre abnimmt.

- Zwar fallen – mit der wichtigen Ausnahme der Instandhaltungskosten – die meisten laufenden Nebenkosten des Wohnens (vor allem Energie, Wasser, Müllentsorgung, Gebäudeversicherung, Hausmeisterkosten, Hausratversicherung, Grundsteuer) für Mieter und Eigenheimbesitzer grundsätzlich in gleicher Höhe an, doch ist auch hier genaues Nachdenken geboten: Zum einen können diese Kosten relativ zur Vergangenheit steigen, wenn das neue Eigenheim größer oder höherwertiger ist als die vorherige Bleibe, und zum andern waren – sofern zuvor ein Mietverhältnis bestand – diese Nebenkosten eventuell zu einem Teil in der Miete enthalten und wurden zum anderen Teil gesondert in Rechnung gestellt (umlagefähige versus nicht umlagefähige Nebenkosten). Manchmal sind Hausmeisterkosten und Gebäudeversicherung und in selteneren Fällen auch Wasser bereits mit der Miete abgegolten, die anderen genannten Kosten trägt der Mieter überwiegend separat und direkt (umlagefähige Nebenkosten). Telekommunikationskosten sind ebenfalls gesondert zu berücksichtigen.
- Unter Umständen bringt ein neues Eigenheim gestiegene Pendler- und Transportkosten mit sich. Das kann dann der Fall sein, wenn die neue Immobilie weiter entfernt von Arbeitsort, Schule und Stadtzentrum liegt und nunmehr höhere Ausgaben für öffentlichen Nah- oder Fernverkehr, ein zusätzliches oder teureres Auto, dessen Instandhaltung und für Benzin anfallen.
- Umzugskosten und Kosten für neue Möbel und Einrichtungsgegenstände einschließlich Küche und Bad werden manchmal unterschätzt, besonders wenn das neue Eigenheim größer und/oder höherwertiger ist als die bisherige Unterkunft.

Wer seinen nachhaltigen monatlichen »Einkommensüberschuss« selbst einigermaßen zuverlässig (und konservativ) ausrechnen kann, der sollte das auch unbedingt *vor* dem Gang zur Bank tun. Eine taktisch schlechtere Alternative dazu ist, zahlenmäßig unvorbereitet zur Bank zu marschieren und diese die erste Rechnung durchführen zu lassen. Der Banker wird merken, dass Sie Ihre Hausaufgaben nicht gemacht haben, und das wird sich möglicherweise zu Ihrem Nachteil auswirken.

Infobox: Die monatliche Kostenbelastung eines Eigenheimbesitzers ist nicht höher als die vorherige Miete – ein verbreiteter Irrtum

Frischgebackene Eigenheimhaushalte berichten oft stolz: »Nach unserem kürzlichen Wohnungskauf liegt unsere monatliche Belastung nur ein paar Euro höher als vorher unsere Miete. Und das Beste: Wir zahlen jetzt an uns selbst. Wir erwerben Monat für Monat mehr von unserer Wohnung und in spätestens 20 bis 30 Jahren gehört uns ein schuldenfreies Heim.« Diese Aussage, die in ähnlicher Form wohl jedes Jahr in Tausenden von Gesprächen, Zeitungsartikeln und Internetblogs wiederholt wird und die Makler gerne in ihrem Werbematerial zitieren, basiert auf einem falschen Verständnis des tatsächlichen wirtschaftlichen Sachverhaltes. In meinem Buch *Kaufen oder Mieten?* (2021) wird dieser verbreitete Denk- und Rechenfehler detailliert beleuchtet. An dieser Stelle daher nur eine knappe Zusammenfassung. Zunächst einmal basiert der direkte Zahlenvergleich auf einem konzeptionellen Irrtum: Erstens entspricht Mieten implizit einer 100%-Fremdkapitalfinanzierung des Objekts (der Mieter setzt ja kein Eigenkapital ein). Eine Analogie: Niemand würde auf die Idee kommen, bei einem geleasten Auto (ebenfalls im Wesentlichen eine 100%-Finanzierung) die monatliche Belastung (Leasingrate) direkt mit der niedrigeren monatlichen Belastung bei einem zu 100% oder auch nur zu 50% aus Eigenkapital finanzierten Auto zu vergleichen. Wer diesen konzeptionellen Fehler vermeiden will, muss bei der laufenden Kostenbelastung des Eigenheimbesitzers zusätzlich seine entgangenen Erträge (Zinsen, Dividenden, Kursgewinne) aus dem eingesetzten Eigenkapital, das sich ja zuvor auf einem Bankdepot oder -konto befand, nun als Kosten bei seinen monatlichen Ausgaben berücksichtigen. Zweitens: Kaufen auf Kredit ist – das würde wohl kaum jemand in Zweifel ziehen – risikoreicher als Mieten. Ein simplifizierender Vergleich der monatlichen Ausgaben ignoriert das höhere Risiko von Kaufen – es vergleicht ja auch niemand die Rendite von Aktien mit der eines Sparkontos innerhalb der staatlichen → Einlagensicherung, ohne auf das unterschiedliche Risiko hinzuweisen. Neben diesen zwei konzeptionellen Fehlern begehen Eigenheimbesitzer oder Vertreter der Immobilien- und Finanzierungsbranche oft auch noch handwerkliche Fehler, indem sie meistens nicht wirklich alle relevanten Kosten oder Ausgaben auf der Eigenheimbesitzerseite berücksichtigen, nämlich: (i) die monatliche Kreditannuität, (ii) die Nebenkosten von Kauf und Verkauf (die, wenn sie aus Eigenkapital finanziert wurden, auf die voraussichtliche Haltedauer oder der Einfachheit halber auf 15 Jahre umgelegt werden müssen) und (iii) den langfristig durchschnittlichen Instandhaltungsaufwand, der überdies regelmäßig volumenmäßig unterschätzt wird. Werden diese konzeptionellen und handwerklichen Fehler vermieden, dann stellt sich typischerweise das Ergebnis ein, dass die monatliche finanzielle Belastung eines Eigenheimkäufers zumindest in den ersten 10 bis 20 Jahren höher ist und oft sehr viel höher ist als die des Mieters in der gleichen Immobilie, sofern der Eigenheimbesitzer rund 60% oder mehr des Kaufpreises + Transaktionskosten kreditfinanziert.

Nachfolgend nennen wir mehrere Methoden und Finanzierungsfaustregeln, die gemeinsam mit den bereits erwähnten Gesichtspunkten helfen können, den Erschwinglichkeitsrahmen zu quantifizieren. Wir nehmen den Blickwinkel einer kreditgebenden Bank ein. Hierbei ist zu berücksichtigen, dass es von allen allgemeinen Regeln einzelfallbezogene Ausnahmen und Abweichungen geben wird. Nicht alle hier genannten Regeln und Zahlenwerte sollten oder können gleichzeitig berücksichtigt werden, weil sie nicht immer zur exakt gleichen Schlussfolgerung führen. Sich allerdings aus Bequemlichkeit nur auf ein Kriterium zu verlassen, wäre ein naiver Wunsch nach Einfachheit, der falsche Entscheidungen begünstigt.

- Vom Haushaltsnettoeinkommen plus etwaiges Kindergeld sind erst einmal abzuziehen: Kapitaldienstverpflichtungen für bestehende Kredite (z. B. für andere Immobilien, Auto-Leasing oder Möbel), ferner etwaige Unterhaltsverpflichtungen und feste, langfristige Verpflichtungen für Schule oder Studium von Kindern. Das ergibt das de facto verfügbare Haushaltsnettoeinkommen nach Abzug vertraglicher Verpflichtungen, die bisherige Miete oder die bisherigen Eigenheimkreditraten ausgenommen. Für einen Singlehaushalt sind für ein erwachsenes Haushaltsmitglied zwischen 350 und 900 Euro monatliche Lebenshaltungskosten anzusetzen – auf dem Land eher an der unteren Grenze, in der Großstadt eher an der oberen Grenze. Bei Paaren sind die Kosten pro Person üblicherweise um etwa 35% niedriger. Pro Kind dürfte eine Größenordnung von rund 350 Euro monatlich in Betracht kommen. Sofern die tatsächlichen Lebenshaltungskosten höher sind – das ist insbesondere bei vermögenden Haushalten wahrscheinlich –, müssen diese höheren Kosten angesetzt werden.

- Für ein normales Auto verwenden Banken oft eine Kostenpauschale von ca. 250 Euro pro Monat.
- Banken unterstellen bei Wohnimmobilien üblicherweise »Bewirtschaftungskosten« von rund 2 bis 4 Euro je Quadratmeter und Monat – das soll eine Pauschale für alle Nebenkosten einschließlich Instandhaltungskosten in den ersten Jahren einer Immobilienfinanzierung sein. Die implizite Annahme ist, dass das Haushaltseinkommen in nachfolgenden Jahren inflationsbedingt oder aus anderen Gründen steigt und somit später auch mehr Einkommen für steigende Bewirtschaftungskosten bereitsteht.
- Generell wäre es besser, wenn Sie statt Pauschalgrößen (wie oben) Ihre tatsächlichen Einnahmen und Ausgaben, z. B. über einen 12-Monats-Zeitraum, in ein Tabellenkalkulationsprogramm eintragen, um so zu einer möglichst realistischen Schätzung der »Belastbarkeitsgrenze« in Euro zu gelangen. Bei den Ausgaben für Lebensmittel, Kleidung, Fahrzeuge, öffentlichen Nahverkehr, Abonnements, Telekommunikation & elektronische Medien, Sport, sonstige Hobbys, Urlaub, Versicherungen sind dabei sicherlich bis zu einem gewissen Grad Schätzungen vorzunehmen, weil Sie das so nicht unbedingt Ihren Kontoauszügen entnehmen können. Sie sollten auch darüber nachdenken, eine Pauschale für seltene Reparaturen oder die Ersetzung von Haushaltsgeräten, Kfz oder anderen Dingen zu kalkulieren. Die so ermittelten Zahlen sind genauer als die Pauschalgrößenmethode, die im vorigen Absatz und im folgenden beschrieben wird und die auch Banken anwenden. Die auf welcher methodischen Basis auch immer errechnete Belastbar-

keitsgrenze (ausgedrückt als monatlicher oder jährlicher Betrag) bestimmt letztlich das maximale Kreditvolumen, das Sie sich erlauben bzw. leisten können.

- Eine einfache Formel zur Berechnung der maximal möglichen Kreditsumme (»Kreditrahmen«) lautet so: jährliche Belastbarkeitsgrenze in Euro ÷ (Sollzinssatz + anfänglicher jährlicher Tilgungssatz). Ein Beispiel: Familie Bergmann hat auf der Basis der oben beschriebenen Vorgehensweise eine monatliche Belastungsgrenze für die Finanzierung des Eigenheims von 1650 Euro geschätzt. Auf jährlicher Basis sind das 19 800 Euro. Nun dividieren wir diesen Betrag durch die Summe aus Sollzinssatz und anfänglichem jährlichen Tilgungssatz. In diesem Beispiel nehmen wir hierfür 2,5% + 3% = 5,5% an. Das ergibt eine maximal tragfähige Kreditsumme von 360 000 Euro (19 800 Euro ÷ 5,5%). Der anfängliche jährliche Tilgungssatz ist eine Funktion der Darlehenslaufzeit bis zur Volltilgung. Diese Zeit müssen Sie vorgeben. Mit anderen Worten: Bis wann wollen Sie schuldenfrei sein? Allenfalls bei sehr vermögenden Haushalten sollte man das Erreichen der Schuldenfreiheit einer Immobilie auf die Zeit nach dem beabsichtigten Eintritt in den Ruhestand legen. In Abschnitt 2.11 finden Sie Tabelle 6, mit der Sie eine gewünschte Darlehenslaufzeit in einen anfänglichen jährlichen Tilgungssatz transformieren können. Alternativ können Sie das mit einem der in Abschnitt 5.5 genannten Rechentools im Internet berechnen.

Welches sind aus Sicht von Banken und wohl auch aus allgemeiner Sicht angemessene Eckwerte für die Nachhaltigkeit, also die realistische Durchführbarkeit einer Kreditfinanzierung?

Einer groben Faustregel der Banken zufolge soll nicht mehr als 40% des durchschnittlichen monatlichen Haushaltsnettoeinkommens (einschließlich Kindergeld und anderer regelmäßiger stabiler Einnahmequellen) für die monatliche Kreditannuität aufgewendet werden. Hierbei wird unterstellt, dass die Immobilie spätestens bei Eintritt in den Ruhestand schuldenfrei ist.

Nach einer anderen Faustregel der Banken gilt: Die Immobilie einschließlich Nebenkosten des Kaufs sollte nicht mehr als das etwa Achtfache des jährlichen Nettoeinkommens eines Haushalts kosten, es sei denn, der Haushalt kann mehr als 30% des Kaufpreises + Nebenkosten des Kaufs mit Eigenkapital finanzieren.

Zu kurz gesprungen wäre die Annahme, dass eine Immobilienfinanzierung immer dann durchführbar ist, wenn die → Annuität nicht höher ist als die bisherige Kaltmiete. Diese zu einfache Vorstellung ignoriert mehrere Kostenkomponenten (siehe Infobox in diesem Abschnitt) und natürlich die entscheidende Frage, ob nach Begleichung der bisherigen Kaltmiete und Wohnnebenkosten (z. B. Energie, Wasser) noch ein ausreichend großer monatlicher Überschuss übrig bleibt.

Die oben genannten groben Faustregeln sind mit einer gewissen Vorsicht zu genießen und sollten nur als ein erster Anhaltspunkt dienen oder zur Plausibilisierung des Ergebnisses aus einer anderen Methode. Die Verbraucherzentrale Baden-Württemberg schreibt z. B. in einem Merkblatt von 2016: »Wir möchten davor warnen, auf Durchschnittswerte irgendeiner Durchschnittsfamilie zurückzugreifen, weil Ihr Haushalt eben nicht durchschnittlich ist.«

Was ein Haushalt bei der Ermittlung der maximal möglichen Kreditsumme nicht tun sollte, ist, sich auf Wunschdenken und Optimismus zu verlassen. Eine Form dieses Wunschdenkens sind »Theorien« à la »Die Inflation wird langfristig meine Schulden entwerten« oder »Der Hauspreis wird schon steigen, sodass ich bei einem finanziellen Engpass eine Tilgungsaussetzung beantragen oder sogar nachfinanzieren kann« (die Kreditsumme erhöhen). Ähnliches gilt für Prognosen des dauerhaften Anstiegs des eigenen Einkommens oberhalb der Inflationsrate. Solches Wunschdenken hat in Irland, Großbritannien, Spanien, Portugal, Italien, den USA und den meisten osteuropäischen Ländern von 2006 bis 2010 die dortigen Immobiliencrashs mitverursacht und Millionen von Familien in den finanziellen Abgrund gerissen.

Fazit

- Die Frage, wie viel Eigenheim und wie viel Kredit man sich leisten kann, ist nicht ganz einfach zu beantworten und erfordert gründliches, manchmal mühseliges Datensammeln und danach genaues Überlegen und Nachrechnen.
- Für diesen Prozess sollte man sich Zeit nehmen. Die Berechnungen sollten idealerweise in einem Tabellenkalkulationsprogramm durch-

geführt werden. Das ist zumeist erkenntnisreicher als »nur auf Papier« und man kann die Berechnungen leichter anpassen oder verbessern, wenn sich während dieses Prozesses neue Informationen oder Erkenntnisse einstellen.

- Weil emotionale Motive beim Eigenheimkauf oft dominieren, ist es wichtig, sich bei Suche und Kauf Zeit zu lassen und möglichst viele gesammelte Daten systematisch schriftlich zu dokumentieren.

1.4 Wie spare ich heute, wenn ich in ein paar Jahren ein Eigenheim kaufen möchte?

> »Selbst wenn Sie so gut investieren könnten wie Warren Buffett, gilt: Wenn Sie nicht sparen, werden Sie arm sterben.«
> *(William Bernstein, Neurologe und Finanzökonom, in dem Buch* If you Can. How Millenials Can Get Rich Slowly, *2014)*

Der Wunsch, ein Eigenheim zu erwerben, entsteht selten von heute auf morgen. Viele von uns entscheiden sich gedanklich für ein Eigenheim, lange bevor sie es tatsächlich erwerben wollen oder können. Wer zur Gruppe der Eigenheimaspiranten gehört – und das gilt für die Mehrheit der Deutschen, Schweizer und Österreicher, die heute noch Mieter sind –, wird sich fragen, wie er sich finanziell am besten auf die in einigen Jahren angestrebte Investition vorbereiten soll. Dieser Abschnitt will hierzu einige Hinweise geben. Diese Hinweise sind jedoch nicht als mechanische »Wenn-dann«-Regeln zu verstehen, sondern als flexible Planungs- und Entscheidungshilfen, die Mitdenken voraussetzen.

Da niemand die Zukunft verlässlich prognostizieren kann, auch nicht die Entwicklung von Immobilienpreisen und Kreditzinsen, ist eine gute Strategie zur Investitionsvorbereitung, die ein Maximum an Flexibilität bewahrt, wichtig – auch wenn das manchmal ein paar Euro potenzielle Rendite kostet. Im Folgenden benenne ich die wichtigsten Gesichtspunkte, die eine rationale Eigenheimsparstrategie berücksichtigen sollte, und konkrete Tipps, wie bereits bestehende Vermögensanlagen in diese Sparstrategie integriert werden können.

Der wichtigste Grundsatz bei diesem »Zielsparen« lautet: Je kürzer die verbleibende Zeit bis zur geplanten Investition, desto risikoärmer (und damit auch renditeärmer) muss die Sparform sein. Wenn Sie den genauen Zeitpunkt (das Jahr) der Immobilieninvestition heute noch nicht mit hoher Gewissheit kennen, dann wählen Sie als Ausgangspunkt Ihrer Überlegungen den frühestmöglichen Zeitpunkt, an dem der Kauf stattfinden könnte. Er ist für die Wahl der angemessensten Sparform relevant. Nachdem wir uns nun diesen Zeitpunkt und die verbleibende Zeit bis dahin vergegenwärtigt haben, kommen die folgenden Faustregeln zur Anwendung:

Wenn Sie innerhalb der nächsten rund fünf bis sieben Jahre ein Eigenheim erwerben wollen, dann gilt: Nur die absolut sichersten und liquidesten Sparformen sind akzeptabel, denn negative Wertschwankungen sind das Letzte, was Sie in dieser Ansparphase riskieren sollten. Was Sie von nun an brauchen, ist eine möglichst hohe Sicherheit, dass Ihre Mittel zum relevanten Zeitpunkt sofort und im erwarteten Wert zur Verfügung stehen. Welche Anlageformen leisten das mit der größtmöglichen Wahrscheinlichkeit? Antwort: → Geldmarktanlagen wie etwa Sparkonten, Tagesgeldkonten, Termingelder bei Banken (aber nur bis zur Höhe der staatlichen Einlagensicherungsgrenze) und → Geldmarktfonds oder kurz- bis mittelfristige Staatsanleihen eines → AAA- oder AA-Staates mit einer maximalen Restlaufzeit von drei Jahren (längere Restlaufzeiten bergen die Gefahr starker Wertschwankungen). Fremdwährungsanleihen sind tabu. Die Renditen dieser Anlageformen sind nach Inflation seit einigen Jahren und auch bei Abfassung dieses Abschnitts (Mitte 2021) negativ. Ebenfalls tabu sein sollte der Versuch, durch Spekulation mit Aktien, Gold, Kryptowährungen und anderen Investments Renditen zu erzielen, die deutlich über der normalen Geldmarktrendite (inflationsbereinigt 0% bis 1% p.a. vor Kosten und Steuern) liegen.[3] Für rational handelnde, normal vermögende Haushalte ist es nie sinnvoll, kurz- und mittelfristig zu spekulieren, und

3 Seit 2016 ist es Mode, darüber zu klagen, dass man mit risikoarmen Zinsanlagen »nur drauflegen« könne und »regelrecht enteignet« werde. Diejenigen, die solche Aussagen treffen, kennen die Kapitalmarktgeschichte der vergangenen 120 Jahre nicht. Tatsächlich sind inflationsbereinigte (reale) Nullrenditen von Sparanlagen oder kurzfristigen Staatsanleihen, wenn man Steuern und Kosten abzieht, die Regel, nicht die Ausnahme (Kommer/Weis 2018). Außerdem ist Ziel Nummer eins einer rationalen Vermögensanlage aus Sicht eines normalen Privatanlegerhaus-

wer diesen Versuch in (leider allzu verbreiteter) Selbstüberschätzung dennoch unternimmt, geht das hohe Risiko ein, zum geplanten Immobilienkauftermin weniger als den Zielsparbetrag in Händen zu halten.

Wenn der künftige Investitionszeitpunkt hingegen nicht nur ungefähr, sondern recht genau feststeht, dann bietet es sich an, eine AAA- oder AA-Staatsanleihe zu kaufen, deren Restlaufzeit rund zwei, drei Monate vor dem Investitionstermin endet, z. B. in fünf oder sieben Jahren. Der Vorteil: Die Rendite dürfte höher sein als bei den oben genannten Geldmarktanlagen und die exakte Rendite ist zum Kaufzeitpunkt bereits bekannt, vorausgesetzt, die → Anleihe wird bis zur Fälligkeit gehalten.

Infobox: Das Eigenheim als »positiver Zwangssparvertrag«

Ein Eigenheim, das zu ca. 60% oder mehr fremdfinanziert ist, stellt einen »positiven Zwangssparvertrag« dar. Was bedeutet das? Wenn man einen Kredit für etwa 60% oder mehr der Gesamtkosten (Kaufpreis + Nebenkosten des Kaufs) eines Eigenheims aufnimmt und wirklich *alle* Ausgaben, die ein Eigenheimbesitzer langfristig hat, berücksichtigt, dann gibt ein Eigenheimbesitzer ab einem Fremdfinanzierungsanteil von etwa 60% in einem durchschnittlichen Monat mehr für »Wohnen« aus als ein Mieter, der in einer gleichartigen Immobilie zur Miete wohnt. (Hierbei wird unterstellt, dass der Kredit eine Laufzeit bis zur Volltilgung von rund 30 Jahren hat.) Warum die merkwürdige Bezeichnung »positiver Zwangssparvertrag«? Wir sprechen in diesem Zusammenhang von »Sparen« (also Vermögensaufbau), weil das Tilgen eines Immobilienkredits nichts anderes ist als Sparen. (Die Ausgaben für Zins und Instandhaltung sind hingegen kein Vermögensaufbau.) Wir sprechen von »Zwang«, weil der Eigenheimbesitzer gar keine andere Wahl hat, als jeden Monat seine Annuität an die Bank zu zahlen. Wer sich weigert, den monatlichen Kapitaldienst an die Bank zu überweisen, wird nach gut einem Jahr der Verweigerung seine Immobilie vermutlich im Wege der Pfändung verlieren. »Positiv« ist dieser Zwangssparvertrag, weil er langfristig zur Vermögensbildung führt. Der Mieter hingegen unterliegt keinem Zwangssparvertrag in Bezug auf seine Vermögensbildung. Nehmen wir an, er hat einen Fondssparvertrag, in den er jeden Monat 300 Euro einzahlt. Diese

---

halts, möglichst kein Geld zu verlieren. Geld zu verdienen, steht erst an zweiter Stelle.

300 Euro sind – für die Zwecke unseres Beispiels – sein durchschnittlicher angenommener Cash-Vorteil in jedem Monat gegenüber dem vergleichbaren Eigenheimbesitzer, der einen Kredit für 75% seines Eigenheimkaufpreises aufgenommen hat. Unser Mieter kann buchstäblich jeden Monat willkürlich, frei und aufs Neue entscheiden, ob er die 300 Euro tatsächlich spart oder nicht doch lieber für Konsum auf den Kopf haut. Wählt er den Konsum, hat das zunächst einmal keine negativen Konsequenzen. Im Gegenteil, es bedeutet kurzfristig sogar mehr Lebensqualität. Fährt der Mieter allerdings 30 oder 40 Jahre mit diesem hedonistischen Verhalten fort, dann werden die Konsequenzen natürlich offensichtlich sein (fehlendes Vermögen). Unser Eigenheimbesitzer dagegen hat nach dem Erdulden von, sagen wir, 30 Jahren positivem Zwangssparvertrag eine schuldenfreie Immobilie und damit beträchtliches Nettovermögen. Der positive Zwangssparvertrag ist der wichtigste Grund, warum Eigenheimbesitzer bei Eintritt in den Ruhestand sehr häufig vermögender sind als vergleichbare Mieter. Dagegen ist die Rendite aus dem Eigenheim nur zweitrangig.[4] Sofern die Kreditlaufzeit beim Eigenheimbesitzer nicht 30 Jahre ist, sondern merklich kürzer, dann kann schon ein Fremdfinanzierungsanteil von deutlich unter 60% zu Mehrausgaben des Eigenheimbesitzers gegenüber einem Vergleichsmieter führen, denn die monatliche Kreditrate (Annuität) ist umso höher, je kürzer die Kreditlaufzeit ist. Bei einer kurzen Kreditlaufzeit findet pro Monat noch mehr »Sparen« (Tilgung) statt. Ähnlich gilt: Je höher der Kreditanteil an der Gesamtfinanzierung, desto intensiver der positive Zwangssparvertrag. Wer für seine Eigenheimfinanzierung gar keinen Kredit braucht (100%-Eigenkapitalfinanzierung), der hat naturgemäß niedrigere laufende Ausgaben für sein Wohnen als der Vergleichsmieter. In diesem Fall besteht kein positiver Zwangssparvertrag.

Sofern der frühestmögliche Zeitpunkt der Immobilieninvestition weiter als etwa sieben Jahre entfernt liegt, könnte der Investor (wenn er die Sachkenntnis dazu hat) seinen Geldmarktanlagen zu einem gewissen Pro-

4 In Deutschland war diese Rendite in den 41 Jahren von 1970 bis 2010 aufgrund einer Kombination aus sehr niedrigen Wertsteigerungen mit vergleichsweise hohen Zinsen unattraktiv. Zudem war die Rendite eines konkurrierenden gemischten Aktien-Anleihe-Portfolios in dieser Zeit besonders hoch.

zentsatz einen diversifizierten Aktienindexfonds (in Form eines → ETFs) beimischen, um so etwas mehr Rendite zu erzielen, als es allein mit kurzfristigen Geldmarktanlagen möglich wäre. (Zur Frage, wie ein simples und bequemes Staatsanleihe-Aktien-Portfolio aussehen kann und wie man dessen Risikograd auf das gewünschte Niveau einstellt, siehe Kommer *Souverän investieren für Einsteiger, 2019,* oder – fachlich anspruchsvoller – *Souverän investieren mit Indexfonds und ETFs, 2018.*)

Neben dem frühestmöglichen oder definitiven Termin des Eigenheimerwerbs weiß ein Haushalt normalerweise recht genau, wie hoch der maximale monatliche Geldbetrag ist, den er dauerhaft für den geplanten Immobilienkauf ansparen kann. Mithilfe dieser Angabe und einer angenommenen jährlichen Rendite für die gewählte Anlageform (Anlageprodukt) kann der Haushalt dann berechnen, wie lange es voraussichtlich dauern wird, bis er den gewünschten Zielbetrag (das notwendige Eigenkapital) erreicht. Bei den oben genannten sicheren Geldmarktanlageformen dürfte eine inflationsbereinigte (reale) Jahresrendite von 0% bis 1% nach Kosten und Steuern langfristig nur schwer zu übertreffen sein. (Am besten nehmen Sie solche Berechnungen stets exklusive Inflation vor. Das eliminiert einen unnötigen und die Rechnung verkomplizierenden Unsicherheitsfaktor – die Inflation.) Eine reale Rendite von 1,0% p.a. entspricht bei einer Inflationsrate von 2,0% einer nominalen Rendite von 3,0%. Die Webseite *www.zinsen-berechnen.de* bietet hierfür benutzerfreundliche Rechentools.

Wie werden bereits vorhandene Vermögensanlagen bei diesen Kalkulationen berücksichtigt? Die Antwort hierauf ist Sparform-spezifisch. Wir unterstellen hierbei zunächst, dass die Investition vielleicht schon innerhalb der nächsten sieben Jahre stattfinden wird. Die verwandte Frage, ob und wann es sinnvoll ist, eine Wohnimmobilie über Kredite zu finanzieren, während man gleichzeitig Vermögensanlagen tätigt oder besitzt, wird in Abschnitt 5.6 behandelt.

Geldmarktanlagen: Guthaben auf Girokonten, Sparbuchguthaben, Tagesgelder, Geldmarktfonds, kurz- bis mittelfristige Staatsanleihen und → Rentenfonds. Hier brauchen Sie nichts zu verändern. Sie können diese Anlagen und entsprechende Sparverträge bis zum Eigenheimkauf einfach weiterlaufen lassen. Eine Ausnahme stellen unter bestimmten Umständen konventionelle Rentenfonds dar (siehe weiter unten). Bei Bankguthaben sollte man pro Bankinstitut maximal 100 000 Euro anlegen. Darüber hinausgehende Kontoguthaben sind in den EU-Staaten nicht von der staatlichen Einlagensicherung erfasst. Ob man als Privathaushalt diese 100 000-Euro-Grenze dadurch überschreiten sollte, dass man mehrere Konten bei verschiedenen Banken nutzt, erscheint fragwürdig. Es bestehen rechtliche Restzweifel, ob die staatliche Einlagensicherung im Fall einer systemischen Bankenkrise Erstattungen über 100 000 Euro pro Person decken würde. In der Schweiz existiert keine bundesstaatliche Einlagensicherung (auch nicht »esisuisse«). Für Wertpapierdepots und Fondsanlagen sind solche Vorsichtsmaßnahmen generell nicht relevant, da diese nicht in die Konkursmasse einer Bank fallen.

Anleihefonds (Rentenfonds): Diese Fonds sind wie Geldmarktanlagen zu betrachten (siehe oben), sofern sie alle folgenden Voraussetzungen erfüllen: (a) Die mittlere (Rest-)Laufzeit (durchschnittliche Restlaufzeit) der → Anleihen in dem Fonds übersteigt vier Jahre nicht. (b) Der Fonds enthält keine Fremdwährungsanleihen. (c) Der Fonds enthält keine Unternehmensanleihen, die ein Rating (Bonitätsklasse) von schlechter als »BBB–« besitzen. (d) Der Fonds enthält keine Schwellenländeranleihen. Sofern auch nur eines der genannten Ausschlusskriterien zutrifft, ist ein solcher Anleihefonds (Rentenfonds) zu betrachten wie Aktien und → Aktienfonds (siehe folgender Punkt).

Aktien, Aktienfonds, → Mischfonds aus Aktien und Anleihen, offene Immobilienfonds, → Zertifikate, Derivate, Gold: Da diese Anlageprodukte gravierenden kurz- und langfristigen Wertschwankungen unterliegen, sollte ein künftiger Eigenheimkäufer nur dann mehr als zusammengenommen etwa ein Fünftel seines gesamten Anlagevermögens in diese Produkte investiert haben, wenn noch mindestens sieben Jahre bis zum Immobilienkaufzeitpunkt verbleiben. Spätestens zwei Jahre vor dem Kauf sollten *alle* diese Anlagen aus Risikogründen in Geldmarktanlagen oder kurz-/mittelfristige Staatsanleihen höchster Bonität umgewandelt werden (mittelfristig heißt hier mit einer Restlaufzeit von maximal vier Jahren). Offene Immobilienfonds können bei hohen Anlagebeträgen zeitlichen Entnahmebeschränkungen unterliegen.

Kapitallebensversicherungen: »›Finger weg von Kapitallebensversicherungen‹, lautet die Devise, abgesehen von wenigen Ausnahmen«, so schreibt der Bund der Versicherten (BDV), eine große Verbraucherschutzorganisation, und recht hat er. Warum Kapitallebensversicherungen als Anlageprodukt in den meisten Fällen eine schlechte Idee sind, erklärt der BDV auf seiner Webseite überzeugend (*www.bundderversicherten.de*). Eines unter vielen Strukturproblemen von Kapital-LVs besteht darin, dass sie zwei Produkte in einem sind. Wann immer in der Finanzbranche – das kann man pauschal so sagen – mehrere Einzelprodukte in einem einzelnen komplexeren Paketprodukt kombiniert werden, wird es für den Kunden teuer. Kapital-LVs bestehen aus einer Risikolebensversicherung und einem Sparvertrag auf Anleihen oder Aktien. Eine reine Risiko-LV zur bloßen Todesfallabsicherung kann man zu einem Bruchteil der monatlichen Kosten einer Kapital-LV bekommen. Wenn Sie die inzwischen in allen Medien zu lesende Skepsis gegenüber Kapital-LVs teilen, dann stellt sich die Frage, wie mit einer bereits vorhandenen Kapital-LV umzugehen ist. Sofern der Fälligkeitstermin *vor* dem frühestmöglichen oder wahrscheinlichen Zeitpunkt des Eigenheimerwerbs liegt und eine vorzeitige Kündigung »steuerschädlich« wäre, kann es sinnvoll sein, die Versicherung trotz ihrer Nachteile unverändert weiter zu besparen. Das könnte aus heutiger Sicht z. B. dann der Fall sein, wenn sie noch einen Garantiezins von über 3% p.a. hat. Das ist bei manchen »klassischen« KLVs, die vor 2004 abgeschlossen wurden, der Fall. Eine oftmals bessere Alternative zur weiteren Besparung einer KLV mit niedrigem Garantiezins ist, sie zumindest beitragsfrei zu stellen und den frei werdenden monatlichen Betrag in einer Geldmarktanlage anzusparen. Sofern die Versicherung *nach* dem geplanten Eigenheimerwerb fällig wird, dürfte vielfach eine vorzeitige Kündigung erwägenswert sein (obwohl die Versicherungsgesellschaften sich das vor allem in den ersten Jahren mit empfindlichen Strafgebühren in Form von Abschlägen gegenüber dem einbezahlten Betrag und den mit Ihrem Geld erwirtschafteten Zinsen bezahlen lassen) oder ein Verkauf auf dem Zweitmarkt. In jedem Fall sollte der Geldzufluss aus der Versicherung zum baldmöglichsten Zeitpunkt in die Rückführung des Immobilienkredits einfließen. Wenn dieser Geldzufluss zeitlich *nach* der Kreditaufnahme erfolgt, sollten Sie die Kreditstruktur von vornherein so gestalten, dass die Mittel aus der Versicherung als Sondertilgung in den Kredit investiert werden können, was dann normalerweise unproblematisch ist, wenn man diesen (ungeführen) Termin bei Abschluss des Kreditvertrages bereits kennt. Nähere Infos zum »ewigen Thema« Lebensversicherung finden Sie in dem frei zugänglichen Blogbeitrag »Die kapitalbildende Lebensversicherung – ein deutscher Irrweg«, den ein Kollege und ich geschrieben haben (Kommer/Schweizer 2020a).

Bausparverträge: In Abschnitt 2.13.4 gehe ich gesondert auf Bausparverträge ein – auch mit Blick auf die Frage, ob es sich lohnt, einen Vertrag weiterzuführen, wenn die Immobilieninvestition zeitlich vor der erwarteten Zuteilung des Bauspardarlehens erfolgt.

Eine bereits vorhandene selbst genutzte Wohnimmobilie: Gegen die gängige Vorgehensweise, so lange wie möglich, das heißt, bis zum Zeitpunkt des Kaufs der neuen Immobilie im bisherigen Heim zu verbleiben, ist nichts einzuwenden. Da beide Objekte normalerweise ähnlichen marktbedingten Wertschwankungen unterliegen, sollte eine unerwartete Preisveränderung des Altobjekts eine ungefähr parallele Preisveränderung des neuen Objekts tendenziell ausgleichen.

Eine bereits vorhandene vermietete Immobilie: Wir unterstellen den Fall eines Arbeitnehmerhaushalts mit relativ normalem Einkommen: Sofern die vermietete Immobilie noch zu mehr als ca. 40% mit Fremdkapital finanziert ist oder ihr Wert nicht trivial niedrig ist, rate ich davon ab, zugleich einen neuen Kredit für einen Eigenheimkauf aufzunehmen. Stattdessen wäre es klüger, die Vermietungsimmobilie zu verkaufen oder den auf ihr lastenden Kredit erst unter die o. g. Grenze zurückzuführen.

Beteiligungen an geschlossenen Fonds (geschlossene Immobilienfonds, Schiffsfonds, Flugzeugfonds, Filmfonds oder geschlossene Fonds in anderen Branchen): Von diesen illiquiden, intransparenten und sehr risikoreichen Produkten ist einem Privatanleger ebenfalls ohne Einschränkung abzuraten. Die Stiftung Warentest untersuchte 2015 die historischen Renditen von 462 geschlossenen Immobilienfonds seit 1972. Die durchschnittliche nominale Anlegerrendite für alle Fonds war negativ. Die reale, inflationsbereinigte Rendite wäre noch schlechter gewesen (in der Studie nicht ausgewiesen). 92% der Fonds (423 Fonds) hatten ihre Prognoserendite aus dem Fondsprospekt verfehlt.

Beteiligungen an nicht börsennotierten Unternehmen: Im Allgemeinen sind hiermit Unternehmen gemeint, in denen man selbst oder ein nahes Familienmitglied unternehmerisch tätig ist. Solche Beteiligungen sind aus offensichtlichen Gründen anders zu beurteilen als die reinen Finanzanlagen, die wir bisher in diesem Abschnitt angesprochen haben. Der Verkauf einer Unternehmensbeteiligung, um Mittel für eine Eigenheimfinanzierung freizusetzen, kommt vermutlich selten infrage. Allerdings: Sofern der Unternehmer im Wege einer Bürgschaft oder aufgrund der Rechtsform des Unternehmens persönlich für die Unternehmensverbindlichkeiten haftet, ist es aus unserer Sicht zweifelhaft, ob er das zusätzliche Risiko einer weiteren Kreditaufnahme für ein Eigenheim überhaupt auf sich nehmen sollte (und noch zweifelhafter, wenn Familienmitglieder ohne eigenes Einkommen existieren) – jedenfalls wenn die notwendige Fremdmittelquote bei der Eigenheimfinanzierung über etwa 40% liegt. Letztlich kann diese Frage jedoch nur einzelfallbezogen und mit Expertenhilfe sinnvoll beantwortet werden.

Fazit

- Neben der Höhe des monatlichen Sparbetrags spielt beim Sparen für eine künftige Eigenheiminvestition die Sparform die wichtigste Rolle. Wer innerhalb der nächsten etwa sieben Jahre ein Eigenheim erwerben will, sollte sich auf die sichersten und liquidesten Anlageformen beschränken. Das sind Geldmarktanlagen und kurz- bis mittelfristige AAA- oder AA-Staatsanleihen, stets in der heimischen Währung. Für den einen oder anderen mag die Verlockung groß sein, durch Spekulation auf eine höhere Rendite zu wetten, als sie der → Geldmarkt oder kurz-/mittelfristige Staatsanleihen bietet, doch das damit unweigerlich verknüpfte zusätzliche Risiko ist diese bloße Aussicht nicht wert. Gier und Selbstüberschätzung sind keine guten Investmentratgeber.
- Wer den genauen Zeitpunkt seines Eigenheimerwerbs ausreichend sicher abschätzen kann, ist mit einem verzinslichen Guthabenkonto innerhalb der staatlichen Einlagensicherungsgrenze oder dem Kauf von Staatsanleihen, die spätestens zwei Monate vor dem Investitionszeitpunkt fällig sind, am besten bedient. Bei (Rest-)Laufzeiten von über drei

Jahren rentieren solche Anleihen zumeist über dem Geldmarkt und zudem ist die Rendite bis zur Fälligkeit bereits bekannt.

- Eine Reihe von Anlageprodukten, wie etwa Rentenfonds, Kapitallebensversicherungen oder Beteiligungen an geschlossenen Fonds, haben so viele Nachteile, dass sie unabhängig vom verbleibenden Anlagehorizont bis zur Eigenheiminvestition selten empfehlenswert sind.

1.5 Eine neue oder eine gebrauchte Immobilie?

> »Schätzungen zufolge ist das Angebot an Altbauten [gebrauchten Immobilien] etwa fünfmal so groß wie die Anzahl der pro Jahr fertiggestellten Neubauten.«
> *(Aus einem Immobilienartikel auf der Webseite* www.heimhelden.de*)*

Eine der vielen grundsätzlichen Entscheidungen, die ein Haushalt auf dem Weg zum Eigenheim treffen muss, ist die Frage: »Neu oder gebraucht?« (Für die Zwecke dieses Abschnitts bedeutet *neu* ein in Eigenregie erstellter Neubau oder ein Bauträgerhaus.) Nachfolgend fasse ich die jeweiligen Vorteile der beiden Kategorien von Eigenheimen kurz zusammen. Jeder Vorteil der einen Kategorie ist spiegelbildlich ein Nachteil der anderen. Natürlich haben nicht alle diese Vor- und Nachteile für jeden Leser die gleiche Bedeutung, doch es lohnt sich, vorab über alle nachzudenken.

- Einflussmöglichkeiten des Erwerbers auf Grundriss, Bauweise und andere wichtige Gestaltungsmerkmale des Gebäudes bzw. der Wohnung. Diese Einflussmöglichkeiten sind bei neu gebauten Immobilien höher als bei gebrauchten Immobilien. *Daher Vorteil: Neubau.*
- Baufertigstellungsrisiko: Dieses komplexe und enorm wichtige Risiko bei Neubauten hat viele Aspekte (einschließlich Bauträgerkonkursrisiko bei Bauträgerprojekten), die ich in Kapitel 3 behandele. Baufertigstellung betrifft letztlich Neubauhaushalte und Gebrauchtimmobilien, die vor einer geplanten größeren Sanierung oder Renovierung gekauft werden.

Insgesamt kann dieses Risiko selbst bei kluger vertraglicher Gestaltung, Nutzung von Versicherungen und kompetenter Bauüberwachung nie ganz auf null reduziert werden, jedenfalls nicht zu vertretbaren Kosten. *Daher Vorteil: Gebrauchte Immobilie.*

- Risiko latenter Bausubstanzmängel: Das Risiko der nicht erkannten Schäden oder Schwächen in der vorhandenen Bausubstanz, die entweder grundsätzlich nicht durch Garantien (Schadenersatzansprüche) gedeckt sind oder die erst nach Ablauf der Gewährleistungsfrist (in der Regel fünf Jahre) entdeckt werden, gibt es streng genommen nur bei gebrauchten Immobilien (das vergleichbare, aber ungleich komplexere und höhere Risiko bei Neubauten ist das oben genannte Baufertigstellungsrisiko). *Daher Vorteil: Neubau.*
- Stressfaktor: Bei manchen Haushalten mag der Stress oder – positiver gewendet – der Trubel einer Bauphase, die mehr als ein halbes Jahr und bei Bauten in Eigenregie mehr als ein Jahr dauern kann, keine Rolle spielen. Tatsache ist allerdings, dass schon mancher den Stress und die Arbeit eines Bauprojekts während einer langen Bauphase bereut hat und dass schon manche Paarbeziehung an diesem Stress zerbrochen ist.[5] *Daher Vorteil: Gebrauchte Immobilie.*
- Gesamtkosten: Auf Quadratmeterbasis sind gebrauchte Objekte in der Regel günstiger als vergleichbare Neubauprojekte, genauso wie der Kauf eines Gebrauchtwagens generell günstiger ist und fast immer wirtschaftlicher ist als der eines Neuwagens. Daran ändert auch die oftmalige Notwendigkeit nichts, im Anschluss an den Kauf einer gebrauchten Immobilie Mittel für Modernisierung oder Umbau aufwenden zu müssen oder zu wollen. Der Kostenvorteil von Gebrauchtimmobilien bezogen auf die reine Bausubstanz bzw. die Wohnfläche wird vielfach noch verstärkt durch das Anfallen von Bauzeitzinsen (Zwischenfinanzierungszinsen) bei Neubauten. *Daher Vorteil: Gebrauchte Immobilie.*
- Komplexität der Finanzierung: Da bei einer gebrauchten Immobilie keine Bauphase finanziert werden muss (damit entfällt auch die nicht

5 Der Berliner Therapeut und Paarberater Christian Thiel schrieb 2015 einen nachdenklich stimmenden Artikel mit dem Titel »Zehn Wege, mit einer Immobilie unglücklich zu werden«. Gemäß Thiel ist einer dieser zehn Wege der Stress einer Bauphase (Thiel 2015). Eine gute Zusammenfassung der Risiken in der Bauphase – vor allem für Haushalte, die zum ersten Mal bauen – bietet der Artikel von Hendrich (2021).

ganz triviale Thematik des phasenweisen Kreditziehungsmodus und der Mittelverwendungskontrolle) und die Finanzierung keine Schutzmechanismen gegen das Baufertigstellungsrisiko enthalten muss, sind Finanzierungen gebrauchter Immobilien technisch einfacher. (Eine Ausnahme bilden aufwendige Sanierungs- oder Umbauprojekte bei gebrauchten Immobilien.) *Daher Vorteil: Gebrauchte Immobilie.*

- Größe der Auswahl: Gebrauchte Immobilien sind für eine gegebene Mikrolage (Stadtteil einer Großstadt oder eine ganze Kleinstadt) im Allgemeinen in größerer Zahl vorhanden als Neubauprojekte, d. h., das Standortangebot ist größer bei Gebrauchtimmobilien. So entfielen beispielsweise im Jahr 2015 von geschätzten 800 000 »Eigentümerwechseln« bei Wohnimmobilien in Deutschland etwa 200 000 auf Fertigstellungen von Neubauten und rund 600 000 auf den Verkauf von Gebrauchtimmobilien. *Daher Vorteil: Gebrauchte Immobilie.*
- Verfügbarkeit von Innenstadtlagen: Verwandt, aber nicht identisch mit dem vorgenannten Gesichtspunkt: Wer in eine sehr zentrale Lage in der Innenstadt ziehen möchte, der wird oft keine andere Möglichkeit haben, als eine Gebrauchtimmobilie zu kaufen, weil es dort – das liegt in der Natur der Dinge – einfach sehr wenig Neubauprojekte gibt. *Daher Vorteil: Gebrauchte Immobilie.*
- Verfügbarkeit von Altbauten: Wer aus Gründen des persönlichen Geschmacks in einen Altbau (ob unter Denkmalschutz stehend oder nicht) ziehen möchte, kann naturgemäß nur eine gebrauchte Immobilie kaufen. Die Patina, die ein schöner Altbau hat, aber auch das Vorhandensein bestimmter persönlich präferierter Baumerkmale (z. B. hohe Decken, ein historischer Baustil oder einfach nur die »Geschichte«, die ein Altbau erzählt) – das kann man mit einem Neubau definitionsgemäß nicht bekommen. *Daher Vorteil: Gebrauchte Immobilie.*
- Wartezeit bis zum Einzug: Eine gebrauchte Immobilie wird in den meisten Fällen schneller verfügbar sein als ein Neubau. Das ist inhärent ein Vorteil, denn wer wartet schon gerne. Oft geht dieser Vorteil auch noch mit Ersparnissen bei Zwischenfinanzierungszinsen oder Bereitstellungsprovision des Kredits einher, denn bei der Finanzierung einer Gebrauchtimmobilie ist der Zeitpunkt der Darlehensauszahlung leichter zu planen und die gesamte Auszahlung geschieht normalerweise preisgünstig in einer einzelnen Ziehung (siehe Abschnitt 2.5). *Daher Vorteil: Gebrauchte Immobilie.*

- Transaktions- und Dokumentationsrisiko: Das Risiko, dass eine gebrauchte Immobilie nach dem Kauf nicht tatsächlich diejenigen wesentlichen Eigenschaften und die Qualität besitzt, die der Käufer bei Unterschrift unter den Kaufvertrag annahm, und sich zugleich der Kauf nicht rückabwickeln lässt oder der dem Käufer entstandene Schaden nicht ersetzt wird. Die möglichen Ursachen für die Materialisierung dieses Risikos sind vielfältig. Sie reichen von Betrug seitens des Verkäufers über mangelnde Sorgfalt oder Unwissen beim Käufer oder seinen Beratern bis hin zu »höherer Gewalt« oder nicht eindeutig zurechenbarem Verschulden. Allerdings besteht dieses Risiko dem Grundsatz nach auch bei Neubauten. *Trotzdem Vorteil: Neubau.*
- Schutz vor enttäuschten Erwartungen: Wenn man das weiter oben eigens aufgeführte Risiko der latenten Bausubstanzmängel ausklammert, dann kommt es bei gebrauchten Immobilien seltener zu ungewollten Überraschungen – ganz einfach, weil das Objekt schon existiert und besichtigt werden kann, bevor man es erwirbt. Die Planung und der Bau eines neuen Wohngebäudes sind ein komplexes, notwendig fehlerträchtiges Vorhaben, bei dem manches am Ende anders sein wird, als die Beteiligten am Anfang erwarteten (Planungsrisiko). Und keine noch so anspruchsvolle Computersimulation kann eine physische Besichtigung des Objekts ganz ersetzen. *Daher Vorteil: Gebrauchte Immobilie.*

Diese Aufstellung mag auf den ersten Blick den Eindruck vermitteln, ich sei gegenüber Neubauten voreingenommen. Dem ist nicht so. Neubauten sind aus dem hier relevanten Blickwinkel eine homogenere Kategorie, die jedenfalls als Kategorie weniger unterschiedliche Merkmale aufweist. Diese unterschiedlichen Merkmale sind es, aus denen sich einzelne Pro- und Kontra-Argumente ableiten. Welches Fazit aus dieser kurzen Zusammenstellung der jeweiligen Vorteile bzw. Nachteile von gebrauchten versus neuen Wohnimmobilien gezogen wird, wird für jeden Leser unterschiedlich ausfallen, denn jeder Leser wird den einzelnen Punkten andere Gewichte und zum Teil auch andere Eintrittswahrscheinlichkeiten zuordnen. Es ist überdies anzunehmen, dass die Aufstellung ein eher ungewöhnliches Argument auslässt, das für Sie, lieber Leser, von großer Bedeutung ist.

Infobox: Das Risiko »unzureichende Besichtigung«

Es soll Fälle geben, in denen Wohnimmobilien nach nur einer einzigen Besichtigung gekauft werden. Wer sich damit begnügt, der geht ein hohes, unnötiges Risiko ein. Hierzu ein interessantes Zitat aus einem Artikel auf *www.immobilienscout24.de*: »Gefällt die Immobilie [nach der ersten Besichtigung], dann ist grundsätzlich eine Folgebesichtigung notwendig, bei der Sie das Haus [oder die Wohnung] auf Herz und Nieren prüfen können. Tauchen dabei Fragen auf, die ungeklärt bleiben, sollten diese vor einem Kauf durch einen Sachverständigen geklärt werden. Eher unwichtig ist die Gestaltung von Böden, Wänden und Decken eines Hauses, obwohl diese bei Besichtigungen oft viel Aufmerksamkeit auf sich ziehen. Wichtiger ist der Zustand wesentlicher Bauteile, wie des Kellers, des Daches, der Fenster, der Heizung, der Wasser- und Abwasserleitungen. Und während zum Beispiel Wärmedämmmaßnahmen später gut nachgerüstet werden können, lassen sich Schallschutzmaßnahmen oft gar nicht oder nur mit unverhältnismäßigem Aufwand nachbessern. Tauchen Fragen im Zusammenhang mit auffälligen Rissen, feuchten Stellen, muffigem Geruch, Schimmel etc. auf, sollten diese sorgfältig geklärt werden.« Gerade bei Käufen von privat ist es üblich, dass der Verkäufer keine Gewährleistung gibt für später entdeckte Schäden oder Wertminderungen. Es gilt »gekauft wie gesehen«. Schadenersatzansprüche sind unter diesen Umständen und generell bei privaten Verkäufern schwer, vielleicht sogar überhaupt nicht durchzusetzen – ganz abgesehen von der Solvenz des Verkäufers, die Sie mangels verbindlicher Informationen nicht beurteilen können. Aussagen von Maklern zur Abwesenheit von Mängeln einer Immobilie sind für gewöhnlich wertlos, denn Makler haften normalerweise nicht.

In der Realität wird es überdies oft nicht auf ein grundsätzliches Entweder-oder hinauslaufen. Die Mehrzahl aller Erwerberhaushalte wird beiden Optionen gegenüber offenstehen und sich im akademischen Sinne »opportunistisch« entscheiden, d. h. die Entscheidung nicht im Voraus treffen, sondern auf der Basis der spezifischen Situation, je nachdem, welche Immobilien zum gegebenen Zeitpunkt zu welchen Konditionen auf dem Radarschirm des Haushalts erscheinen. Gegen diese Vorgehensweise ist nichts einzuwenden. Andererseits ist es ebenso legitim, sich im Voraus auf eine der beiden Kategorien festzulegen. Das mag den anschließenden Suchprozess und die Entscheidungsfindung erleichtern.

Vor dem Kauf einer gebrauchten Immobilie sollte in fast allen Fällen ein Bauexperte zu Rate gezogen werden. Den Nutzen dieser Vorsichtsmaßnahme kann man kaum überschätzen. Es wäre törichte Knauserigkeit, auf solchen Expertenrat zu verzichten – ein klassischer Fall von an der falschen Stelle sparen. Ein Bauexperte kann besser als jeder Laie Aussagen über bauliche Schwachstellen, Risiken und möglichen Renovierungs- oder Sanierungsbedarf treffen. Wichtig ist, dass Sie den Experten selbst beauftragen und bezahlen. Sich (allein) auf ein Gutachten zu verlassen, das der Verkäufer, der Makler oder ein sonstiger Dritter in Auftrag gegeben und bezahlt hat, ist hochgefährlich.

Die Verbraucherzentralen haben zum Kauf sowohl neuer als auch gebrauchter Wohnimmobilien einige nützliche, preiswerte Ratgeber veröffentlicht (siehe *www.ratgeber-verbraucherzentrale.de*). Ich rate zur Lektüre eines dieser nach Wohnimmobilientypen differenzierten Bücher, um die kaufvertraglichen Risiken sowohl beim Erwerb einer gebrauchten als auch einer neuen Immobilie zu minimieren. Ein Buch, das ich aufgrund seiner vielen gelungenen Checklisten für besonders hilfreich halte, ist von Peter Burk (2019a): *Kosten- und Vertragsfallen beim Immobilienkauf. Haus oder Wohnung – neu oder gebraucht.* Auf die Finanzierung geht das Buch im Wesentlichen nicht ein.

Falls noch ein Mietvertrag besteht, der vorfristig beendet werden soll, weil der Käufer selbst einziehen möchte, ist die Hinzuziehung eines mietrechtlichen Fachanwalts geboten. Das Risiko, dass die Vertragsbeendigung zum geplanten Zeitpunkt nicht klappt, sollte minimiert werden.

Wer eine gebrauchte Immobilie über den Sonderweg Zwangsversteigerung erwirbt, kann dabei das sprichwörtliche Schnäppchen erstehen. In Deutschland werden in einem normalen »Nichtimmobilienkrisenjahr« rund 4 000 Objekte zwangsversteigert, die meisten im Rahmen von nicht einvernehmlichen Scheidungen und zerstrittenen Erbgengemeinschaften. Dieser Erwerbsweg hat aber mehrere ganz eigene rechtliche und prozedurale Eigenheiten und Risiken. Zum Beispiel ist vor dem Kauf oft keine Besichtigung des Gebäudes möglich, die verfügbaren technischen Unterlagen über die Immobilie sind u. U. lückenhaft. Und inwieweit der Noch-Bewohner, wenn es der bisherige Eigentümer ist, die Immobilie kurzfristig verlassen wird und muss, mag nicht unbedingt ganz klar oder gewiss sein (ein etwaiger Mietvertrag bleibt ohnehin erst einmal bestehen). Mit all diesen prozeduralen Spezifika des Kaufs via Zwangsversteigerung und der schlechteren Informationslage sollte man sich als Laie lange im Voraus genau auseinandersetzen, es sei denn, man hat einen erfahrenen privaten oder gewerblichen Berater. Ohne fundierte Spezialkenntnisse ist diese Route zum Eigenheim risikoreich. Weil das so ist, weil hier rechtlich und prozedural teilweise völlig andere Regeln als bei einem konventionellen Kauf gelten und weil nur rund 2% aller Immobilienkäufe pro Jahr im Rahmen einer Zwangsversteigerung erfolgen, gehe ich in diesem Buch nicht näher auf Zwangsversteigerungen ein.[6]

Fazit

- Die Wahl zwischen gebrauchter Immobilie oder Neubau bedeutet eine Reihe bedeutender Implikationen für den Weg zum Eigenheim.
- Tendenziell kann man sagen, dass Neubauten pro Quadratmeter teurer sind, zusätzliches Baufertigstellungsrisiko aufweisen (welches eine normale Gebrauchtimmobilie nicht oder weniger hat). Neue Immobilien sind auch hinsichtlich der Kreditfinanzierung zumeist komplexer. Vielleicht verursachen Neubauten auch mehr Finanzierungskosten, bedingt durch die Bereitstellungsprovision in der Bauphase.
- Andererseits bieten klassische Neubauten und – schon deutlich eingeschränkt – Bauträgerprojekte weit mehr persönliche Gestaltungsmöglichkeiten für den Erwerber als typische Gebrauchtimmobilien.

6 Siehe auch die öffentliche Webseite *www.zvg-portal.de.*

1.6 Wie beurteile ich, ob ein Kaufobjekt günstig oder teuer ist?

> »Es gibt keine ›guten‹ und ›schlechten‹ Immobilien,
> es gibt nur günstige, preisgerechte oder zu teure Immobilien.«
> *(Rainer Zitelmann, Immobilienexperte, Autor des Buchs* Vermögen bilden mit Immobilien*)*

Die Frage in der Überschrift dieses Abschnitts kommt letztlich der Frage nach der Immobilienbewertung gleich. Stöbert man durch die Ratgeberliteratur auf der Suche nach Informationen zu *Verfahren und Methoden der Immobilienbewertung,* wird man nach kurzer Zeit merken, dass die in diesen Büchern genannten Bewertungsmethoden (das »Vergleichswertverfahren« für unbebaute Grundstücke, das »Ertragswertverfahren« und »Sachwertverfahren« für bebaute Grundstücke) für Privatpersonen nutzlos sind. Sie sind nutzlos, weil überkompliziert, veraltet und nicht zuverlässiger als einfachere Bewertungsansätze. Lassen wir diese Methoden der deutschen Immobilienwirtschaft also links liegen und konzentrieren uns auf Bewertungsansätze, die für Privatpersonen realistisch anwendbar, verständlicher und vermutlich sogar verlässlicher sind.[7]

Veranschaulichen wir uns zuerst kurz, was den Preis (den wirtschaftlichen Wert) jedes Gebäudes ausmacht. Ich illustriere die wertbestimmenden Faktoren zunächst für eine vermietete Immobilie, weil das leicht zu verstehen ist. Danach übertragen wir die gewonnenen Einsichten auf den minimal komplizierteren Fall eines selbst genutzten Eigenheims.

7 Die Anwendung dieser Verfahren durch Immobiliengutachter ist in Deutschland durch die Immobilienwertermittlungsverordnung (ImmoWertV) normiert. In einem Immobilienlehrbuch werden neben der Immobilienwertermittlungsverordnung sage und schreibe 13 weitere Gesetze, Verordnungen und andere öffentliche Regularien genannt, die Vorgaben zur Bewertung von Immobilien enthalten (Kuckerts u. a., 2020, S. 215 ff.). Die meisten sind vermutlich überflüssig und es hätte ein einzelnes Gesetz genügt, das in wenigen Worten das Selbstverständliche vorschreibt, nämlich dass Immobilienbewertungen möglichst verlässlich und genau den Marktwert wiedergeben sollen. Typisch deutscher Regelungswahn und die Lobbyarbeit der Immobilienindustrie haben diesen pragmatischen Realismus offenbar nicht zugelassen.

Notabene: Dieser Abschnitt ignoriert emotionale Aspekte eines Eigenheimkaufs. Mir ist klar, dass für die Mehrzahl aller Haushalte emotionale Kriterien oder Lebensstilkriterien eine bedeutende und oft die dominierende Rolle beim Eigenheimkauf spielen. Dennoch sind auch diese Haushalte gut beraten, eine realistische Vorstellung vom Marktwert ihres Zielobjekts zu haben, weil sie dann erfolgreicher verhandeln können. Wenn der geforderte Kaufpreis des Traumobjekts am Ende immer noch über dem »fairen Wert« liegt, kann sich der Haushalt bewusst aus Liebhaberschaft und Lebensstilgründen für die vermutlich zu teure Immobilie entscheiden.

Der Wert einer vermieteten Immobilie wird von den *zukünftig erwarteten Nettomieteinnahmen* bestimmt. Jeweils ein paar Worte zu den drei Aspekten dieser allgemein anerkannten Wertdefinition: »zukünftig«, »erwartet« und »Nettomiete«. (a) »Zukünftig«, weil die vergangenen oder gegenwärtigen Mieteinnahmen im engeren Sinne keine Rolle für diesen Wert spielen. Sie sind Schnee von gestern. Im weiteren Sinne werden sie insofern relevant sein, als sie uns üblicherweise gute Anhaltspunkte geben, wie hoch die *künftigen* Mieteinnahmen sein werden. (b) »Erwartet« (im Unterschied zu »gewiss« und daher risikolos): Was die Zukunft betrifft, können wir grundsätzlich nie von Gewissheit sprechen. Selbst bei vertraglich fest vereinbarten Mieten für die nächsten 30 Jahre könnte es im Prinzip anders kommen und wird es auch häufig anders kommen. Daher müssen wir stets das Unsicherheitselement (das Risikoelement) beim Erzielen der künftigen Nettomieteinnahmen berücksichtigen. Je größer dieses Risikoelement in der Wahrnehmung des Marktes ist, desto niedriger ist der Preis der Immobilie unter sonst gleichen Umständen. Wie die Erwartung, sprich das Risikoelement, bewertungsmäßig umgesetzt wird, dazu komme ich gleich. (c) »Nettomieteinnahmen« sind die Bruttomieteinnahmen (Mieteinnahmen *vor* allen Abzügen) minus Instandhaltungskosten, etwaige Steuern (die mit den Objekterträgen zusammenhängen) und andere unvermeidbare laufende Kosten des Eigentümers. (Nicht jedoch Kosten für Energie, Wasser/Abwasser und Müllentsorgung, denn diese Kosten fallen auf der Ebene des Mieters an und sind unterschiedslos in jedem Fall sowohl bei eigengenutzten als auch vermieteten Objekten vom Bewohner zu tragen. Die Unterscheidung in sogenannte umlagefähige und nicht umlagefähige

Nebenkosten nach deutschem Mietrecht ist hier ausdrücklich nicht von Belang.) In der Tasche des Eigentümers landen langfristig nicht die Brutto-, sondern nur die Nettomieteinnahmen (zu den langfristig durchschnittlichen Instandhaltungskosten siehe Abschnitt 2.6).

Die konkrete Umsetzung dieses Bewertungskonzepts (Wert, der sich aus den *zukünftig erwarteten Nettomieteinnahmen* ergibt) geschieht mit einer Methode, die sich »Discounted Cashflow-Methode« nennt. Das klingt komplizierter, als es in Wirklichkeit ist (siehe deutsche *Wikipedia* »Discounted Cashflow«). Letztlich bedeutet die DCF-Methode konzeptionell einfach das Folgende: Man schätzt (prognostiziert) die zukünftige Nettomiete (also die Bruttomiete, die Instandhaltungskosten und andere unvermeidbare Kosten) – z. B. über die nächsten 25 Jahre. Dieser Zahlungsstrom wird dann mit einer → Abzinsungsrate (Diskontrate) auf den Barwert (siehe Infobox in diesem Abschnitt) in heutiges Geld (also einen heutigen Preis) umgerechnet. Dies deswegen, weil eine Zahlung in 15 Jahren von z. B. 500 Euro in heutigem Geld deutlich weniger wert ist als 500 Euro heute, bar auf die Hand. Auf die 500 Euro in 15 Jahren muss man lange warten (wer tut das schon gerne), man weiß nicht genau, wie hoch Inflation und Finanzmarktrenditen (z. B. Zinsen) in diesen 15 Jahren sein werden. Und man kann den Erhalt des Gelds bis zum Ende der 15 Jahre nie als absolut sicher einstufen. Die Höhe der Abzinsungsrate spiegelt den Risikograd der erwarteten Nettomieterträge wider. Je unsicherer die erwarteten Mieterträge sind, desto höher ist die Abzinsungsrate und damit desto niedriger der Gegenwartswert.

Infobox: Barwert (Gegenwartswert)

Der heutige Wert einer erst in der Zukunft zu empfangenden Zahlung oder eines Zahlungsstroms, »abgezinst« oder »diskontiert« auf die Gegenwart. Ein Beispiel: Eine Zahlung in einem Jahr von 1050 Euro hat bei einer Abzinsungsrate (Diskontierungsrate) von 5% einen Barwert (BW) von 1000 Euro, denn wenn man 1000 Euro mit 5% Jahresrendite für ein Jahr anlegt, erzielt man 1050 Euro. Deshalb haben beide Werte – 1000 Euro jetzt oder 1050 Euro in zwölf Monaten – bei dieser Abzinsungsrate denselben Barwert. Mit Barwerten kann man Zahlungen, die zu unterschiedlichen Zeitpunkten anfallen, vergleichbar machen. Die Formel für die Berechnung des Barwerts

(BW) einer einmaligen zukünftigen Zahlung »Z« sieht so aus: BW = Z ÷ (1 + r)N, wobei r die Abzinsungsrate in Prozent ist und N die Anzahl der Perioden, hier 1 (die Abzinsungsrate, d. h., der Zinssatz muss auf die jeweilige Periodenlänge, z. B. ein Monat oder ein Jahr, bezogen sein). Die Formel für eine Serie zukünftiger Zahlungen ist ähnlich, aber etwas komplizierter. Welches die angemessene Abzinsungsrate ist, hängt damit zusammen, wie »sicher« oder wahrscheinlich die zukünftige Zahlung ist. Wenn sie definitiv sicher (»risikofrei«) ist, dann ist der Zinssatz für risikofreie Staatsanleihen der entsprechenden Laufzeit angemessen, wenn sie weniger sicher ist, dann braucht es einen höheren Zinssatz, wodurch sich ein kleinerer Barwert ergibt. Mit einem Tabellenkalkulationsprogramm wie Microsoft Excel kann man Barwerte recht einfach berechnen. In Abschnitt 5.5 werden Internetbasierte Rechner genannt, mit denen das auch geht.

Eine simple, aber für die Praxis ausreichende und auch sehr verbreitete Anwendungsform der DCF-Methode funktioniert so: Man schätzt (prognostiziert) die aus konservativer Sicht langfristig erzielbare monatliche Bruttomietrendite der Immobilie. Hierbei wird der Einfachheit halber unterstellt, dass die Mieteinnahmen zeitlich unbegrenzt anfallen, also quasi bis in alle Ewigkeit. Künftige Inflation bzw. Mieterhöhungen kann man ignorieren. Es geht dabei um die »Marktmiete« – nicht die möglicherweise höhere Miete, die ein einzelner irrationaler Liebhaber des Objekts oder ein »dummer, uninformierter Mieter« möglicherweise zahlen *könnte*. Von dieser geschätzten Marktmiete zieht man ca. 10% für das Mietausfallsrisiko ab, sofern die Immobilie in einer eher ländlichen Gegend und/oder einer Stadt unter 100 000 Einwohnern liegt. Für Immobilien in einer Stadt über 100 000 Einwohner und/oder normalen bis guten Lage genügt ein Abzug von 5%. Bei einem Objekt in hervorragender Lage, z. B. im Innenstadtbereich einer Großstadt, ist ein geringerer oder gar kein Abzug erforderlich.[8] Dann multipliziert man diese »risikobereinigte Marktmiete« mit 12, um zur *nachhaltigen* Bruttomiete pro Jahr zu gelangen. Danach dividiert

8 Nach Zahlen des Statistischen Bundesamts stehen in Deutschland im langjährigen Durchschnitt rund 8% aller Wohnimmobilien zu einem gegebenen Zeitpunkt leer. Seit 2010 ist diese Zahl jedoch deutlich gesunken und in manchen Großstädten lag sie Anfang 2021 zum Teil nur noch bei 1% oder darunter.

man diese Jahresbruttomiete durch den Angebotspreis eines Objekts, für das man sich interessiert. Die Nebenkosten des Kaufs muss man vorher zum Angebotspreis addieren. Voilà! Das Ergebnis ist eine geschätzte (prognostizierte) nachhaltige Bruttomietrendite.[9]

Die Bruttomietrendite ist der in der Praxis beste Wertmaßstab zur Beurteilung der Preiswürdigkeit eines konkreten Immobilienangebots. Bevor ich ein einfaches Beispiel vorrechne, noch die Beantwortung zweier Fragen: (a) Warum verwenden wir die Brutto- und nicht die Nettomietrendite? Ist nicht die Nettomietrendite das, was letztlich beim Eigentümer verbleibt? Und wenn das so ist, führt die Bruttomietrendite dann nicht zu überhöhten Preisschätzungen? (b) Wie ist diese Methode auf ein Eigenheim anzuwenden, bei dem es ja bekanntlich gar keine Mieteinnahmen gibt?

Zunächst zu Frage (a): In der Tat wäre es rationaler und genauer (aber auch etwas schwieriger), die Preisbeurteilungen auf der Basis der Nettomietrendite durchzuführen, weil die Nettomiete in Bezug auf nachhaltige Vermietererträge aussagekräftiger ist. Allerdings hat sich in der Praxis der (traditionell altmodischen und trägen) Immobilienbranche nun einmal das Rechnen mit der Bruttomietrendite eingebürgert und daher bringt es für einen einzelnen Marktteilnehmer wenig, von dieser Praxis abzuweichen. Für unsere Zwecke kommen wir auch mit der Bruttomietrendite zum Ziel, wie wir sogleich sehen werden. Zu Frage (b): Auch für ein Eigenheim kann man die Bruttomiete schätzen. Man unterstellt einfach, dass die Immobilie, so wie sie ist, vermietet statt selbst genutzt wird. Generell leitet sich der Wert aller normalen Wohnimmobilien aus der tatsächlich erzielbaren Miete (bei Vermietungsobjekten) oder der potenziell erzielbaren Miete (bei selbst genutzten Objekten) ab.

Nun ein Rechenbeispiel: Uns wird eine Zweizimmerwohnung mit 65 Quadratmeter Wohnfläche im teuren Münchner Stadtteil Schwabing für den (2020 in diesem Stadtteil eher moderaten) Preis von 460 000 Euro angeboten. Das sind rund 7 100 Euro pro Quadratmeter. Die Nebenkosten

9 Für die rechnerisch Interessierten: Es handelt sich hier um die finanzmathematische Formel einer »ewigen Rente«, nämlich M = MR × P (dabei ist M = Jahresmiete, MR = Bruttomietrendite und P = Preis der Immobilie). Häufig wird die Formel so dargestellt: P = M ÷ MR. Die MR repräsentiert hier den Abzinsungsfaktor (Diskontrate) der angenommenen »ewigen Rente« M (hier eigentlich »ewige Miete«).

des Kaufs (Grunderwerbsteuer usw.) nehmen wir mit 8,5% an. Das führt zu einem »Inklusivpreis« von 499100 Euro. Wir wollen zwar selbst einziehen, aber dennoch können wir die fiktive Bruttomiete schätzen. Auf der Basis vieler einzelner Anhaltspunkte beziffern wir die langfristig erzielbare Bruttomiete in heutigem Geld (also ohne Inflation) auf 1300 Euro im Monat. Davon subtrahieren wir 5% für das Mietausfallwagnis, weil das Objekt zwar im populären, teuren Schwabing liegt, aber eine eher schlechte Mikrolage hat. (Die beiden Hauptschwächen sind Straßenlärm und dass die Wohnung im Erdgeschoss liegt.) Das ergibt eine risikobereinigte nachhaltige Bruttomiete von 1235 Euro pro Monat oder 14820 Euro pro Jahr. Diese 14820 Euro dividieren wir nun durch den Angebotspreis inklusive Transaktionskosten, also durch 499100 Euro. Es resultiert eine Bruttomietrendite von 3,0% p.a. (gerundet). Was uns diese Zahl hinsichtlich der Angemessenheit des Angebotspreises sagt, lässt sich in Tabelle 2 ablesen. Anhand der künftigen Bruttomietrendite (sofern diese korrekt geschätzt wird) kann man beurteilen, ob ein Immobilienangebot billig oder teuer ist. Im Allgemeinen wird eine Bruttomietrendite von 5% bei Wohnimmobilien als normal und als Hinweis auf einen akzeptablen »fairen« Immobilienpreis betrachtet.

Andere Konstellation: Wir haben in Bezug auf eine bestimmte Immobilie, die uns interessiert, (noch) keinen offerierten Kaufpreis, aber wir haben eine (realistisch geschätzte) Bruttomiete. Weil sich der Preis einer Immobilie aus der dazugehörigen künftigen Marktmiete ergibt, kann man durch die simple Division einer realistisch geschätzten künftigen jährlichen Marktmiete einen angemessenen Preis errechnen, indem man diese Marktmiete durch eine als angemessen beurteilte jährliche Bruttomietrendite dividiert, also z. B. durch den o. g. Wert von etwa 5% p.a. Ein Rechenbeispiel: Die erzielbare Jahresmiete (vom Markt vorgegeben) wird mit 750 Euro pro Monat oder 9000 Euro pro Jahr angesetzt. Hierin ist der Abschlag für das Mietausfallwagnis bereits berücksichtigt. Der Käufer erwartet (will) eine Bruttomietrendite von 5% p.a. (Rendite auf das eingesetzte Gesamtkapital). Die Division durch 5% produziert einen »fairen« (angemessenen) Preis von 180000 Euro (= 9000 Euro ÷ 5%). Übrigens wird hier – wenn von »Kapital« die Rede ist – stets die Summe aus Eigenkapital *und* Fremdkapital betrachtet (das Gesamtkapital), denn die Bruttomietrendite ist eine Rendite *vor* Kosten, insbesondere vor Instandhaltung und Fremdkapitalkosten.

In Tabelle 2 wird neben der Bruttomietrendite auch der sogenannte Multiplikator (genauer Mietmultiplikator) angegeben. Der Mietmultiplikator ist einfach nur der mathematische Kehrwert der Mietrendite, das Verhältnis von Kaufpreis zu Jahresmiete. Die wirklich relevante ökonomische Kennzahl ist indes die Mietrendite, nicht der aus ihr abgeleitete Multiplikator. Warum die Immobilienbranche einen solch überflüssigen – weil die ökonomischen Zusammenhänge eher verschleiernden – rechnerischen Zwischenschritt (den Multiplikator) eingeführt hat, statt einfach nur mit der Mietrendite selbst zu rechnen, weiß wohl keiner genau. *De facto* ist der Multiplikator überflüssig.[10] Auch die oft gehörte Aussage, der Multiplikator zeige »nach wie vielen Jahren man den Kaufpreis durch etwaige Mieteinnahmen wieder hereinverdient« habe, ist eher unsinnig. Die volle Miete steht niemals zur »Tilgung« des Kaufpreises zur Verfügung, ganz abgesehen von der in dieser Denke fehlenden Berücksichtigung von Kaufnebenkosten und Fremdfinanzierungskosten. Weil Sie, lieber Leser, dem Multiplikator im Umfeld von Immobilienkauf und -finanzierung aber wohl oft begegnen werden, habe ich ihn hier der Vollständigkeit halber ebenfalls aufgeführt. Wirklich brauchen werden Sie ihn nicht. Übrigens wird außerhalb von Deutschland mehrheitlich die Mietrendite selbst verwendet, nicht der Multiplikator. Auf alle Fälle empfehle ich dem Leser, in Kategorien der Mietrendite zu denken. Es ist einfacher und es lässt die wirtschaftlichen Zusammenhänge klarer hervortreten.

Tabelle 2: Bruttomietrenditen und ihr Verhältnis zum Immobilienpreis (normale Wohnimmobilien)

Bruttomietrendite (Abzinsungsfaktor)	Berechnung des Multiplikators	Mietmultiplikator	Grobe Einschätzung des Preises (Preis einschließlich Kaufkosten)
1,0% p.a.	1 ÷ 1,0%	100,0	Erscheint als ein extrem überteuertes Objekt
2,0% p.a.	1 ÷ 2,0%	50,0	Erscheint als ein um über 100% überteuertes Objekt
3,0% p.a.	1 ÷ 3,0%	33,3	Erscheint als sehr teures Objekt

10 Bei Aktien existiert eine ähnlich sinnlos »verdrehte« Kennzahl, das KGV (Kurs-Gewinn-Verhältnis). Um den ökonomisch relevanten Sachverhalt direkter und klarer auszudrücken, müsste das KGV eigentlich Gewinn-Kurs-Verhältnis (GKV) lauten, also Gewinn ÷ Kurs, statt andersherum, wie es üblich ist.

Bruttomietrendite (Abzinsungsfaktor)	Berechnung des Multiplikators	Mietmultiplikator	Grobe Einschätzung des Preises (Preis einschließlich Kaufkosten)
4,0% p.a.	1 ÷ 4,0%	25,0	Erscheint als teures Objekt
5,0% p.a.	1 ÷ 5,0%	20,0	Erscheint als angemessener Preis
6,0% p.a.	1 ÷ 6,0%	16,7	Erscheint als günstiger Preis
7,0% p.a.	1 ÷ 7,0%	14,3	Erscheint als sehr günstiger Preis
8,0% p.a.	1 ÷ 8,0%	12,5	Erscheint als Schnäppchen

► Diese Tabelle unterstellt einen normalen Risikolevel des Objekts und die Abwesenheit von Spezialfaktoren bei Nichtstandardfällen. Zu den Abweichungen von einer Standardkonstellation siehe weiter unten im laufenden Text. ► Ferner wird unterstellt, dass die Miethöhenschätzung realistisch und nicht überoptimistisch ist. Dass ein vorhandener Mieter eine attraktive Miete zahlt, muss nicht heißen, dass es dabei bleibt, sollte dieser Mieter wegfallen.

Warum führt eine Bruttomietrendite von 5% p.a. zur Einschätzung eines »fairen«, angemessenen Preises? Ganz einfach. Dieser Wert ist ein langfristiger historischer Durchschnitt über viele Märkte und Marktsituationen im In- und Ausland hinweg. In der Immobilienökonomie wird allgemein akzeptiert, dass dieser Wert im Großen und Ganzen die Wasserscheide zwischen – gemessen am Potenzial für laufende Erträge – billigen und teuren Immobilien markiert.

Welche Faktoren könnten erklären, dass auch eine Bruttomietrendite von etwa 3,5% bis 4% p.a. noch einigermaßen akzeptabel ist und nicht in Wirklichkeit ein überteuertes Objekt anzeigt?

Generell gilt auch hier der uralte ökonomische Grundsatz, demzufolge die erwartete Rendite eines Investments umso niedriger ist, je niedriger das erwartete Risiko des Investments ist – und umgekehrt. Eine niedrige erwartete Bruttomietrendite kann – im Prinzip – ein niedriges Risiko der künftigen Zahlungsströme (Cashflows) aus der Immobilie signalisieren. Sie kann aber auch – und deswegen sind Bewertungsfragen nun einmal so knifflig – ein Zeichen von Überbewertung (Überteuerung) sein. Und das wäre aus Käufersicht das Gegenteil von niedrigem Risiko.

Die Welt des Investierens ist nie eindimensional. Öfter, als uns lieb ist, haben wir es mit Kompromissen und mit dem altbekannten »Zwei-Seiten-einer-Medaille«-Dilemma zu tun. Eine besonders hohe Mietrendite kann einen günstigen Immobilienpreis oder vielleicht sogar ein echtes Schnäppchen signalisieren, sie kann aber ebenso gut auch ein Indikator für besonders hohes Risiko sein. Oft ist das das ungewöhnlich hohe Risiko für Leerstand und Mietausfall oder es ist ein anderes Risiko, z. B. eine unklare Rechtslage oder Unsicherheit über Bauqualität oder andere technische Merkmale. Wenn Ihnen eine Immobilie mit ungewöhnlich hoher Mietrendite begegnet, dann müssen Sie besonders genau prüfen, ob Sie einen Haken übersehen haben.

Dies vorausgeschickt, könnte eine niedrige erwartete Bruttomietrendite von 3,5% bis 4% p.a. dann gerechtfertigt und akzeptabel sein: (a) wenn eine ungewöhnlich geringe Unsicherheit über die Höhe der (bei einem Eigenheim hypothetischen) Mieteinkünfte in der Zukunft vorliegt und dieses niedrige Risiko nicht bereits ausreichend über das Weglassen eines Abzugs für das Mietausfallwagnis honoriert wurde. So etwas könnte in bestimmten populären Lagen einer Großstadt über Jahre hinweg der Fall sein. (b) Wenn künftige reale (inflationsbereinigte) Mietsteigerungen mit großer Sicherheit angenommen werden können. Das impliziert allerdings, dass die heute geschätzte Miete eigentlich zu niedrig angesetzt wurde. (c) Wenn Sie annehmen, dass die Lage des Objekts sich in der Zukunft merklich verbessern wird *und* Sie mit dieser Erwartung vom Markt abweichen, also der Markt keine solche Verbesserung annimmt – tut er das, ist diese erwartete Verbesserung nämlich schon eingepreist. (d) Wenn inflationsbereinigte künftige Wertsteigerungen (Preissteigerungen) der Immobilie angenommen werden. Wer das annimmt, muss aber eigentlich steigende Mieten annehmen und dann sind wir wieder bei Argument (b). (e) Wenn die langfristigen künftigen Instandhaltungskosten für die Immobilie – bei einer gegebenen Bruttomietschätzung – als deutlich unterdurchschnittlich angenommen werden. (f) Wenn die Fremdkapitalkosten (Zinsen) *für den ganzen Markt und dauerhaft* niedriger als historisch anzunehmen wären. Trotz der sehr ungewöhnlichen Niedrigzinsverhältnisse in den vergangenen Jahren und bis heute (Mitte 2021) halte ich dieses Argument nicht für sehr schlagkräftig. (g) Wenn Sie als Käufer aus dem *spezifischen* Objekt beträchtliche wirtschaftliche Vorteile erzielen, die mindestens fünf bis zehn Jahre anhalten werden und die Sie voraussichtlich aus einem anderen Objekt nicht erzielen könnten. (h) Wenn der Käufer annimmt, dass alle risikomäßig und illiquiditätsmäßig vergleichbaren Investments noch schlechter rentieren werden. Dieses populäre Argument (Immobilien als Zuflucht im »Anlagenotstand«) erscheint wenig überzeugend und sollte aus unserer Sicht ignoriert werden – siehe Kommer/Weis 2018).

Sofern eine dieser Rechtfertigungen für einen ungewöhnlich niedrigen Risikolevel des Eigenheimobjekts vorliegen, können Sie die »Groben Einschätzungen« in der ganz rechten Spalte von Tabelle 2 jeweils um eine Zeile oder quasi eineinhalb Zeilen nach oben verschieben.

Liegt hingegen ein erhöhter Risikolevel vor, wird die Einschätzung für das, was eine angemessene Bruttomietrendite, also ein angemessener Preis, ist, in der ganz rechten Spalte von Tabelle 2 eine Zeile nach unten rutschen, ebenso wie alle anderen Preiseinschätzungen darüber und darunter. Ein erhöhter Risikolevel kann dann vorliegen, wenn über den baulichen Zustand eines Kaufobjekts viel Unsicherheit besteht oder wenn besondere rechtliche oder wirtschaftliche Risiken auf dem Grundstück lasten oder wenn das Objekt als schwer(er) vermietbar gilt (obwohl wir hier natürlich ein Eigenheim annehmen). Typischerweise werden Objekte auf dem flachen Land bezüglich Vermietbarkeit und Verkäuflichkeit als risikoreicher eingestuft. Dies deswegen, weil sie weiter entfernt sind von einem attraktiven Zentrum, in dessen Umfeld Arbeitsplätze, vielfältige Einkaufsmöglichkeiten und kulturelle Angebote existieren. Höhere Risiken oder höhere Ungewissheit erfordern unter sonst gleichen Umständen höhere Mietrenditen zur Kompensation.

Welche anderen Methoden existieren noch, um einen gegebenen Immobilienpreis (den Preis des »Zielobjekts«) im Hinblick auf seine Preiswürdigkeit einzuschätzen?

Da ist zunächst einmal die banale, aber wichtige Vergleichsmethode: Man sammelt aus allen sinnvollen Quellen Preise oder Preisindikationen von Objekten, die in irgendeiner Hinsicht als mit dem Zielobjekt vergleichbar eingestuft werden. Zu solchen Quellen gehören Zeitungsinserate, Online-Verkaufsangebote, Angaben in einem »Immobilienatlas« (diese werden in bestimmten Zeitschriften, darunter Finanztest, alle sechs bis zwölf Monate veröffentlicht), mehr oder weniger detaillierte Auskünfte von Nachbarn, Maklern und vielen anderen Personen und Institutionen, die man für hinreichend kompetent und vertrauenswürdig hält. Wenn man solche Vergleichspreise sammelt, sollten dabei stets auch die wichtigsten (wahrgenommenen) Unterschiede zwischen Vergleichsobjekt und Zielobjekt dokumentiert werden, um Abweichungen zum Zielobjekt plausibilisieren zu können. Gerade das »penetrante Versuchen«, diese Abweichungen schriftlich zu erklären, wird Sie im Laufe der Zeit zu einem »Preisexperten« für Ihr geplantes Eigenheimprojekt machen.

Generell gilt: Je mehr Vergleichspreise man gesammelt hat, desto besser wird man den Preis eines Zielobjekts einschätzen können. Ein zentrales Merkmal hierbei ist natürlich die Wohnfläche und bei Häusern auch die Grundstücksfläche bzw. die sogenannte Nutzfläche. Es wäre ja offensichtlicher Unsinn, den Angebotspreis eines Zielobjekts anhand desjenigen eines Vergleichsobjekts evaluieren zu wollen, ohne dabei die jeweiligen Flächenunterschiede zu berücksichtigen. Das heißt ganz einfach, dass in den allermeisten Fällen Preise auf Quadratmeterbasis verglichen werden sollten.

Infobox: Beleihungswert

Der → Beleihungswert ist ein im deutschen Bankwesen verwendetes Immobilienbewertungskonzept, das in anderen Ländern so nicht existiert. Der Beleihungswert ist im Pfandbriefgesetz (PfandbG) und der Beleihungswertermittlungsverordnung (BelWertV) definiert und hat die Funktion einer methodischen Bewertungsvorgabe für die Immobiliensicherheiten, die einer Pfandbriefanleihe zugrunde liegen. Der Beleihungswert liegt ca. 10% bis 40% unter dem Marktwert der betreffenden Immobilie zum Zeitpunkt der Bewertung. Der Beleihungswert soll eine Art »Bad-Case«-Preis (nicht »Worst Case«) sein, also ein sehr konservativer Wert, der langfristig und auch in schlechten Marktphasen erzielbar sein soll. Kreditgeber sind nicht verpflichtet, die Ergebnisse ihrer Beleihungswertermittlung offenzulegen. Die in Ratgeberbüchern und zahlreichen Webseiten immer wieder mit Bezug auf den Beleihungswert zitierten angeblichen »Beleihungsgrenzen« von Banken, die bei soundso viel Prozent des Beleihungswerts lägen, gehören ins Reich der Fabel, jedenfalls in Bezug auf die Gesamtkreditsumme, die eine Bank in einem gegebenen Fall gewährt. Tatsächlich legt jede Bank ihre prozentuale Obergrenze selbst fest und diese Obergrenze wird weder für alle Kreditnehmer identisch noch im Zeitablauf fix sein.

Ein weiterer naheliegender Ansatz (wenn auch keine eigenständige Methode) besteht darin, einfache oder komplexe Wertgutachten von dritter Seite einzuholen. Diese Methode hat zwei Vorteile: Man kauft sich die Expertise eines (hoffentlich qualifizierten und keinem Interessenkonflikt unterliegenden) Experten und man spart sich selber Zeit und Arbeit. Die

Nachteile bestehen in den Kosten (die bei traditionellen Gutachten mit 500 Euro bis 2 000 Euro beträchtlich sein können) und darin, dass oft gar nicht ausreichend Daten vorliegen oder eventuell die Zeit zu knapp ist, um ein vollumfängliches Gutachten einholen zu können. (Für den Fall eines Immobilienverkaufs, auf den ich in Abschnitt 6.5 genauer eingehe, kommt auch eine – in der Regel – kostenlose Bewertung durch den zum Verkauf mandatierten Makler in Betracht.)

Eine Abwandlung dieses Ansatzes, die das Kostenproblem bei Bewertungen und das mögliche Zeitproblem abmildert, besteht in der Nutzung von standardisierten Online-Immobilienbewertungsdiensten. Diese Methode erscheint uns in der Tat praxisnah und empfehlenswert. Naturgemäß sind solche Schnellbewertungen weniger genau als die eines menschlichen Experten. Die Webseiten *www.immowelt.de* und *www.immobilienscout24.de* bieten kostenpflichtige, aber vergleichsweise preisgünstige Online-Bewertungen an (preisliche Größenordnung 25 Euro bis 75 Euro). Die Immobilienportale *www.scoperty.de* und *www.wohnpreis.de* geben kostenlose Indikationen (kostenlos Stand Mitte 2021) zu Preisen in bestimmten Lagen. Als erste Orientierungsgröße oder als Überprüfung einer anderen Bewertung sind solche Desktop-Bewertungen oft empfehlenswert und gut genug. Die preisliche Einstufung von Wohnvierteln kann man deutschlandweit über die Webseite *www.wohnlagenkarte.de* des privaten iib Institut innovatives Bauen abfragen.

Last but not least: Banken stellen selbst Bewertungen von Immobilien an, die sie finanzieren. Bei Standardobjekten wie etwa »normalen« Wohnungen werden sie diese Bewertungen in der Regel von eigenem Personal »inhouse« vornehmen lassen, vor allem wenn das dazugehörige Darlehen die Summe von 400 000 Euro nicht überschreitet (der Hintergrund ist eine Regelung in der *Beleihungswertverordnung*). Bei Nichtstandardobjekten, z. B. frei stehenden Einfamilienhäusern, die aufgrund von Lage oder Bauweise merklich von der Norm abweichen, beauftragen sie teilweise externe Gutachter. (Inwieweit Banken die Kosten für solche Gutachten auf den Kreditnehmer abwälzen dürfen, erscheint nicht ganz klar.)

In den Medien und Ratgeberbüchern wird gelegentlich der falsche Eindruck verbreitet, diese Einwertungen würden das maximale Kreditvolumen der jeweiligen Bank bestimmen (»Beleihungsgrenze«). Richtig ist dagegen, dass diese Einwertungen – neben mehreren anderen Faktoren – das maximale Kreditvolumen und andere Kreditkonditionen *beeinflussen*.

Fixe, verallgemeinerungsfähige Obergrenzen aufgrund des Beleihungswerts, den eine Bank für sich ermittelt, existieren nicht. In der Regel wird die Bank das Ergebnis dieser Einwertung nicht offenlegen. Ob die Kenntnis des Werts durch den Kreditnehmer von großem Nutzen wäre, erscheint allerdings ohnehin zweifelhaft. Zum einen käme die offengelegte Bewertung überwiegend zu spät, um im vorhergehenden Such- und Auswahlprozess des Kreditnehmers von großem Nutzen zu sein. Zum anderen zielt die Einwertung der Bank von vornherein nicht darauf ab, den Marktwert der Immobilie zu ermitteln. Vielmehr geht es der Bank um einen Beleihungswert, der auf der Basis bestimmter Bankregularien und der internen Risikopolitik des Instituts berechnet wird. Dieser Wert wird regelmäßig deutlich unter dem Marktwert liegen. Nicht zu vergessen: Der Bank wird es ohnehin gleichgültig sein, ob ihr Kreditnehmer ein überteuertes Objekt erworben hat, sofern dieser ausreichend Eigenkapital einbringt und/oder seine sonstige Bonität (oder die etwaiger Bürgen) gut genug ist.

Fazit

- Je besser fundiert Ihre Preisvorstellung zu einem bestimmten Objekt ist, desto eher werden Sie überteuerte »Zitronen« von vornherein herausfiltern können und desto tendenziell erfolgreicher werden Sie mit dem Verkäufer oder Bauträger über Kaufpreis und sonstige Konditionen verhandeln.
- Sich darauf zu verlassen, dass die Bank mit ihrer Spezialkompetenz beim Preis »ja auch draufschaut« und ihren Kreditnehmer vor einem zu teuren Kauf bewahrt, ist naiv.
- Ein überteuertes Objekt zu kaufen bedeutet, das Risiko des finanziellen Verlusts oder der → Opportunitätskosten einzugehen, das sich insbesondere dann materialisieren kann, wenn man ungeplant das Objekt schon innerhalb von weniger als zehn bis 15 Jahren verkaufen möchte oder muss.
- Aus emotionalen oder Lifestyle-Gründen kann es sein, dass man ein »eigentlich zu teures« Objekt dennoch kaufen möchte. Doch auch in solchen Fällen ist es hilfreich, realistische, gut informierte Vorstellungen zum echten Marktwert des Objekts ohne Liebhaberbonus zu haben.

1.7 Flexibilität in die Finanzierungsstruktur einbauen

> »Der Wechsel allein ist das Beständige.«
> *(Arthur Schopenhauer, 1788–1860, deutscher Philosoph)*

Wenn jemand bei einem Banker oder Baugeldvermittler ein Immobilienfinanzierungsangebot einholt, lobt der Finanzdienstleister nahezu sicher die »besondere Flexibilität«, die seinem Angebot eigen sei. Leider haben wir es dabei überwiegend mit Phrasendrescherei zu tun.

In der Realität ist es mit der tatsächlichen Umsetzung dieser Flexibilität häufig nicht sehr weit her. Die meisten Kreditnehmer kennen die vielfältigen Gründe und Dimensionen nur sehr diffus, in denen Flexibilität und Anpassungsfähigkeit bei einer Finanzierung sinnvoll ist. Auch die »Kosten« dieser Flexibilität sind nur wenig bekannt. Das möchte ich durch diesen kurzen Abschnitt ändern. Die konkrete Verwirklichung von Flexibilität und Anpassungsfähigkeit wird uns dann im späteren Verlauf des Buchs noch vielfach begegnen.

Viele Menschen, vielleicht die Mehrheit, unterschätzen die Wahrscheinlichkeit und die Menge der fundamentalen Veränderungen, die sich in den nächsten fünf oder zehn oder 20 Jahren in ihrem Leben ereignen werden. Weil das auch für Menschen mit Eigenheimkredit gilt, ist Flexibilität – gemeint sind Anpassungsfähigkeit und »Elastizität« einer Finanzierung über einen langen Zeitraum hinweg – genauso wichtig wie Preiswürdigkeit und ein niedriger Effektivzins.

Was exakt ist mit Flexibilität gemeint? Eine Immobilienfinanzierung ist nahezu immer eine sehr langfristige und mit viel Geld verbundene Angelegenheit. Hinzu kommt die »Immobilität« der Immobilie selbst. Lauter Merkmale, die direkt und indirekt eine gewisse »Rigidität« – das Gegenteil von Flexibilität – mit sich bringen. Auf der anderen Seite ändert sich unser Leben eigentlich ständig und oft genug unvorhersehbar oder ungeplant – im Guten wie im Schlechten. Unsere Kinder werden geboren, werden erwachsen und verlassen das Haus, beides oft nicht zu den ursprünglich geplanten Zeitpunkten. Das hat drastische Auswirkungen auf unseren »Wohnnutzungsbedarf«. Manche von uns wechseln ihre Lebenspartner. Wir wechseln den Arbeitsplatz, weil wir wollen oder weil wir müssen. Die Branche, in der wir arbeiten, geht durch Aufschwünge und Krisen. Wir bekommen erfreuliche Gehaltserhöhungen und Boni oder werden unerfreulich arbeitslos. Wir erben kleine oder große Summen. Wir werden krank, manchmal ernsthaft, und wieder gesund, wir haben Unfälle – meistens glimpfliche, aber manchmal auch schwere. Wir werden Jahr für Jahr älter und unsere Einstellung zu existenziellen Dingen ändert sich (oft ohne dass wir es wahrhaben wollen). Wir gründen vielleicht ein Unternehmen. Wir scheiden irgendwann aus dem Arbeitsleben aus. Wir wollen oder müssen von einem Ort an den anderen umziehen. Die Liste der »großen« Ereignisse oder Umschwünge in unserem Leben, die während einer 25-Jahres-Zeitspanne geschehen – die Laufzeit der meisten Immobilienfinanzierungen –, ist endlos lang.

Infobox: »Mietfrei wohnen im Alter« – wirklich?

Es dürfte kein Tag vergehen, an dem nicht republikweit ein Vertreter der Immobilien- oder Bankbranche, ein Politiker oder ein Journalist die »enorme Bedeutung« von »Mietfrei wohnen im Alter« für die Altersvorsorge der Bevölkerung proklamiert. Bei näherer Überlegung offenbart sich allerdings ein dickes Fragezeichen hinter diesem vielleicht gut gemeinten, aber wenig logischen Schlagwort. Das lässt sich leicht illustrieren: Wir nehmen zwei Jungrentnerinnen an, die soeben beide das 65. Lebensjahr vollendet haben und in den Ruhestand getreten sind: Pauline und Dagmar. Beide erhalten eine monatliche Rente von 1300 Euro nach Steuern aus der gesetzlichen Rentenversicherung. Daneben besitzt Pauline 300 000 Euro in einem Bankdepot. Pauline wohnt zur Miete in einer schönen Dreizimmerwohnung in Berlin. Dagmar besitzt im gleichen Gebäude eine identische Dreizimmerwohnung, die sie vor 25 Jahren gekauft und damals teilweise kreditfinanziert hat. Die Wohnung ist seit einiger Zeit schuldenfrei und hat einen Marktwert von 200 000 Euro. Weder Pauline noch Dagmar besitzen weiteres Vermögen. Wer ist wirtschaftlich besser dran? Die Antwort ist simpel: Natürlich Pauline. Ihr Nettovermögen ist um 100 000 Euro höher als das von Dagmar. Dass Pauline jeden Monat Miete bezahlen muss, Dagmar hingegen nicht, ist für die Frage, wer jetzt wirtschaftlich besser dran ist, vollkommen unerheblich. Pauline könnte sich sofort die gleiche Wohnung kaufen wie Dagmar und hätte danach noch etwa 85 000 Euro übrig (nach Berücksichtigung der wahrscheinlichen Nebenkosten des Kaufs). Fazit: Wenns um Altersvorsorge geht, dann kann es nur zwei rationale Ziele geben: (a) im »Zielalter« (z. B.

mit 65 Jahren) ein möglichst hohes Nettovermögen bei einem gegebenen Risikolevel auf dem Weg dahin zu erreichen oder – alternativ – (b) ein gegebenes Nettovermögen bei geringstmöglichem Risiko zu erreichen. Das Ziel »Mietfrei wohnen im Alter« für sich genommen ist letztlich sinnlos, weil es nichts darüber sagt, wie gut es der betreffenden Person oder dem Haushalt insgesamt wirtschaftlich wirklich geht, und das kann nur an der Höhe des Nettovermögens zu Marktpreisen gemessen werden. Der Sinn von Altersvorsorge besteht nicht darin, bestimmte Ausgaben (z. B. Miete) zu vermeiden, sondern im Alter wirtschaftlich möglichst gut dazustehen. »Mietfrei wohnen« allein – auch wenn es nett klingt – sagt dazu nicht viel aus.

Angesichts all dieser tektonisch langsamen oder abrupten, vielfach nicht Jahre im Voraus geplanten oder erwarteten großen Wandlungen in unserem Dasein sollte die Fremdfinanzierungsstruktur, die wir »bauen«, anpassungsfähig und elastisch sein, weil Immobilien ein »eingebautes« Rigiditätselement haben und weil der Verlauf unseres Lebens nur ganz ungefähr vorhersehbar ist. In dieser Perspektive sehen allerdings viele Finanzierungsstrukturen und -produkte eher schlecht und unnötig starr aus. Die im späteren Abschnitt 2.12 behandelten Sondertilgungsrechte sind ein Beispiel für ein Strukturelement, das Flexibilität in eine Finanzierungsstruktur einbringt. Die »Kombinationsfinanzierungen« in den Abschnitten 2.13.5 und 2.13.6 sind Beispiele dafür, wie man Flexibilität regelrecht zerstört.

Generell sollten Haushalte sich in der Planungs- und Strukturierungsphase eines Immobilienkaufs und seiner Finanzierung in Bezug auf Strukturierungsmerkmale des Kaufs und seiner Finanzierung immer wieder die Gretchenfrage stellen: Wie funktioniert das, wenn ich arbeitslos werde? Wie funktioniert das, wenn ich mich scheiden lasse? Wie funktioniert das, wenn ich einen dicken Bonus bekomme oder erbe? Wie funktioniert das, wenn die Gemeinde die von mir heute erwartete Entscheidung ABC *nicht* trifft? Erhöht oder senkt ein vorgeschlagenes Kreditmerkmal XYZ meine Flexibilität?

Die folgenden Kapitel habe ich insbesondere unter dem Blickwinkel geschrieben, wie ein Haushalt, der eine Immobilienfinanzierung braucht, sich dabei möglichst viel Flexibilität bewahren kann.

2 Ihre Eigenheimfinanzierung – wesentliche Bausteine und Konzepte

2.1 Wie viel Eigenkapital einbringen?

> »Je mehr Eigenkapital als Sicherheit eingebracht werden kann, desto bessere Konditionen erhält der Kreditnehmer von der Bank.«
> *(Aus einem Artikel über Baufinanzierung auf der Webseite* www.vergleich.de*)*

»Wie viel Eigenkapital einbringen?« Das ist eine der einfacheren Fragen in diesem Finanzierungskapitel. Die simple Antwort: so viel wie möglich. Und wenn es irgend geht, nicht unter 20% bis 25% der Summe aus Kaufpreis und Nebenkosten des Kaufs, selbst wenn die Bank ausnahmsweise mit weniger zufrieden wäre. Warum so viel wie möglich? Nun, je niedriger der Eigenkapitalanteil und je höher der Kreditanteil an einer Eigenheimfinanzierung ausfällt, desto risikoreicher wird sie – risikoreicher aus Sicht des Kreditnehmers (Eigentümers), aber auch aus Sicht der Bank. Ferner gehen die Kreditmargen der Banken bei niedrigeren Eigenkapitalquoten tendenziell nach oben (der Kredit wird teurer). Und Ihre Verhandlungsposition gegenüber der Bank »jetzt« wie auch eventuell in der Zukunft ist umso stärker, je höher der Eigenkapitalanteil ist. Dass die Rendite eines Immobilieninvestments quasi zwangsläufig mit der Höhe der Fremdfinanzierungsquote steige, ist überdies ein (in der Immobilienbranche allzu gerne verbreitetes) Ammenmärchen, auf das ich noch an anderer Stelle in diesem Buch genauer eingehe.

In den Medien, im Internet und im Marketingmaterial der Immobilienbranche wird oft von besonders niedrigen Eigenkapitalquoten, z. B. 10% oder 15%, berichtet, die hier oder dort üblich oder möglich seien. Angeblich sind ja auch »100%-Finanzierungen« gar nicht so selten. Ob man solchen Informationen allzu viel Glauben schenken sollte, bezweifle ich. Erstens handelt es sich dabei überwiegend nur um nicht wirklich nachprüfbare Schilderungen von Einzelfällen, sehr selten um belastbare, repräsentative Statistiken. Zweitens wird in diesen Veröffentlichungen typischerweise nicht klargestellt, ob sich die 0%- oder 10%-Eigenkapitalfinanzierungen auf den Kaufpreis der Immobilie inklusive oder exklusive der Nebenkosten des Kaufs beziehen. In Deutschland werden Eigenkapitalquoten in der Regel nur auf den reinen Immobilienkaufpreis ohne die Nebenkosten des Kaufs bezogen. Ich nenne das die »sogenannte« EK-Quote.

Die Nebenkosten des Kaufs betragen hierzulande, je nach Einzelfall, zwischen 5% und 12% des Immobilienkaufpreises (siehe Abschnitt 2.4 weiter unten). 10% sogenannte EK-Quote plus 10% aus Eigenmitteln finanzierte Kaufkosten ergeben eine *echte* EK-Quote von (rund) 20% und die ist doppelt so hoch wie die »offiziell« berichtete EK-Quote.

Drittens können Finanzierungsmittel, die der Kreditnehmer als Fremdmittel betrachtet (und also nicht in der EK-Quote berücksichtigt), aus Sicht der Bank Eigenmittel sein. Das ist beispielsweise in folgender Konstellation der Fall: Lisa möchte eine kleine Wohnung erwerben, die inklusive aller Kaufnebenkosten 350 000 Euro kostet. Lisa hat 35 000 Euro echtes Eigenkapital. Das führt zunächst zu einer effektiven Eigenkapitalquote von 10% – zu wenig für die Bank. Lisa bekommt von ihren Eltern daher einen Kredit für den Immobilienerwerb von 55 000 Euro – ohne Sicherheiten stellen zu müssen (wie das innerhalb der Familie oft der Fall ist). Von den mit den Eltern vereinbarten Zinsen (2,5% p.a.) und der Tilgung (2 000 Euro p.a.) erzählt Lisa der Bank nichts. Auf Anfrage der Bank bezeichnet Lisa die 55 000 Euro als Schenkung. Aus Sicht der Bank sind jetzt 90 000 Euro Eigenmittel da. Das ergibt eine Eigenkapitalquote von 90 000 ÷ 350 000 = 25,7%. Damit kann die Bank leben. Ehrlicher wäre es natürlich, wenn Lisa gegenüber der Bank nicht geflunkert hätte und den Kreditcharakter sowie die Kapitaldienstverpflichtung offenlegen würde. (Eine Bürgschaft der Eltern oder eine zusätzliche Grundschuld auf dem schuldenfreien Haus der Eltern, statt des Elternkredits, hätte vielleicht auch funktioniert.) Wären die 55 000 Euro bereits vor der ersten Kontaktaufnahme mit der Bank auf Lisas Konto gewesen, wäre die »Mittelherkunftsfrage« der Bank vermutlich nicht gekommen.

Berichte über angeblich häufige Bankfinanzierungen mit 90% oder mehr Kreditanteil sind daher mit Vorsicht zu genießen. Vermutlich sind es überwiegend nur Geschichten und da, wo sie tatsächlich vorkommen, sind es zum großen Teil gar keine *echten* 90%-Finanzierungen.

Doch wie dem auch sei. Ein simpler Plausibilitätscheck, der Ihnen zeigt, ob Sie über eine ausreichende Eigenkapitaldecke verfügen, könnte so aussehen: Wenn am nächsten Zinsanpassungstermin (Ende der vereinbarten Zinsbindung), ob in zwei, fünf oder zehn Jahren, das Zinsniveau auf den historischen Mittelwert für kurz- und langfristige Immobilienkreditzinsen in Deutschland von etwa 6,5% p.a. oder noch einmal 2 Prozentpunkte darüber hinaus stiege, könnten Sie die Finanzierung auf der Basis des dann bestehenden Schuldensaldos noch stemmen?

Sollte das nicht der Fall sein, müssen Sie einen Plan B haben. Dieser könnte so aussehen: Sie erbitten dann eine vorübergehende Tilgungsreduktion. Darauf würde die Bank eventuell eingehen, wenn die Finanzierung nicht schon von vornherein am Limit war (beispielsweise mit 90% Fremdkapital). Ein anderer Plan B könnte darin bestehen, dass Ihnen in einem solchen Notfall Eltern oder Verwandte finanzielle Unterstützung gewähren.

Ein anderer Gesichtspunkt, der für eine hohe Eigenkapitalquote spricht: Je höher diese ist, desto attraktiver ist man als Kunde für die Bank und desto stärker auch die eigene Verhandlungsposition mit Blick auf einen günstigen Zinssatz, Sondertilgungsmöglichkeiten und andere Kreditmerkmale.

Eine allzu hohe anfängliche → Fremdkapitalquote treibt das Risiko einer Eigenheiminvestition in die Höhe und vielleicht mehr, als sich mancher vorstellt. Eine kleine Fallstudie zur Illustration.

Markus und Theresa kaufen sich Anfang 2022 eine schicke Penthouse-Wohnung in Braunschweig für 475 000 Euro. Die Nebenkosten des Kaufs belaufen sich auf 25 000 Euro (»nur« 5,3%), sodass sich die Gesamtkosten auf 500 000 Euro summieren. Das Paar finanziert 80% des Investments von 500 000 Euro mit einem Bankkredit, bringt also 100 000 Euro Eigenkapital ein. Kurz nach dem Kauf bricht die Konjunktur in Deutschland ein. Da die Immobilienbewertungen auch in der Braunschweiger Innenstadt nach 13 Jahren »Super-Immoboom« sehr hoch sind, geben die Immobilienpreise in Braunschweig im folgenden Jahr um 5% nach. Im Vergleich zu den Preisrückgängen von bis zu 50% über 18 bis 36 Monate in vielen Weltmetropolen zwischen 2006 bis 2009 sind diese 5% Pillepalle.

Trotzdem trifft Markus und Theresa nun die brutale Wucht eines 50%-Verlusts auf ihr Eigenkapital. Die Wohnung verlor 5% × 475 000 Euro = 23 800 Euro an Wert. Dazu kommen noch 25 000 »verlorene« Nebenkosten des Kaufs. Zusammen haben die beiden jetzt 48 800 Euro ihres Eigenkapitals eingebüßt. Das sind fast 50%. Würden sie die Wohnung nun verkaufen, müssten sie mit 2% bis 5% Nebenkosten des Verkaufs rechnen, was den Verlust weiter erhöhen würde. 50% Verlust, obwohl der Markt nur um 5% einknickte.

Kreditgehebeltes Investieren ist eigentlich die einzige Art und Weise, wie ein normaler Privathaushalt sich finanziell ruinieren kann.

Zugleich steigt die monatliche Liquiditätsbelastung des Eigentümers relativ zu der vorher gezahlten Miete, je nach spezifischem Kreditanteil (sofern höher als ca. 60%) und vorgesehener Tilgungsdauer, deutlich an. (Hierbei ist auch zu bedenken: Bei einer neuwertigen oder vollrenovierten Immobilie fallen in den ersten Jahren unterdurchschnittlich hohe, später aber überdurchschnittlich hohe Instandhaltungsausgaben an.)

Materialisiert sich nun eines der vielen möglichen Risiken, die in diesem Zusammenhang bestehen können, kann leicht ein Liquiditätsengpass entstehen, aufgrund dessen der Haushalt die monatlichen Kreditraten nicht mehr pünktlich bedienen kann.

Von welchen Risiken sprechen wir? Denkbar sind Nettoeinkommenseinbußen durch Arbeitslosigkeit, Unfall, Krankheit oder gar Tod eines Haushaltsmitglieds, scheidungsbedingte Liquiditäts- und Einkommensprobleme, unvorhergesehener Nachfinanzierungsbedarf durch nicht ausreichend versicherte Schäden aus Baupfusch, Feuer oder Flut, starker Anstieg der Zinskosten (sofern ein nennenswerter Teil des Kredits eine variable oder kurze Zinsbindung aufweist) und vieles andere mehr. Scheidungsbedingte Probleme dürften unter diesen Risiken am häufigsten auftreten.

Infobox: Wer zahlt die Maklergebühr bei Kauf und Verkauf?

Seit Dezember 2020 gelten in Bezug auf die Zuordnung von Maklergebühren (Maklercourtage oder Maklerprovision) bei Kauf und Verkauf einer Immobilie teilweise neue Regelungen, die gelegentlich mit dem Begriff »unechtes Bestellerprinzip« umschrieben werden. Die neuen Regelungen wurden mit dem »Gesetz über die Verteilung der Maklerkosten bei der Vermittlung von Kaufverträgen über Wohnungen und Einfamilienhäuser« eingeführt und fassen die entsprechenden Paragrafen im BGB neu. Die neuen Bestimmungen gelten nur, wenn der Verkäufer rechtlich ein »Verbraucher« (eine Privatperson) ist.

Zwar gibt es in Bezug auf die entscheidende Frage, wer die Maklerkosten nun zu zahlen hat, formal oder prozessual drei mögliche Varianten, aber alle drei laufen letzten Endes auf das Gleiche hinaus: Käufer und Verkäufer teilen sich die Maklerkosten fifty-fifty. Künftig wird es also nicht mehr so einfach möglich sein, die Maklercourtage vollständig dem Käufer aufzubürden, wenn der Verkäufer den Makler beauftragt hat. Aus Käufersicht könnte man das als Vorteil betrachten. Allerdings ist auch klar, dass ein Verkäufer im Prinzip den von ihm geforderten Kaufpreis entsprechend nach oben anpassen kann, wenn er nicht mehr die Möglichkeit hat, die gesamten Maklerkosten auf den Käufer abzuwälzen. Insofern kann man die neue Regelung aus Käufersicht vielleicht auch belächeln.

Das neue Gesetz enthält (wie bisher schon) keine staatlichen Vorgaben zur Höhe der Maklerprovision. In der Praxis wird sie in Summe zwischen 3% und 6% des notariellen Kaufpreises liegen, zuzüglich Mehrwertsteuer, und ist – wie erwähnt – hälftig auf Käufer und Verkäufer aufzuteilen. Die im Internet und anderen Medien verbreiteten Tabellen, die Maklerkosten nach Bundesländern sortiert angeben, stellen lediglich »marktübliche Größenordnungen« dar.

In der Situation eines solchen Liquiditätsengpasses könnte die finanzierende Bank durch Tilgungsaussetzungen oder Streckung der Rückzahlungsphase (und damit Reduktion der monatlichen Annuität) dem Kreditnehmer eine Verschnaufpause gewähren, bis seine Schwierigkeiten behoben sind. Das wird sie – unter sonst gleichen Umständen – umso eher tun, je höher der in der Immobilie steckende Eigenkapitalanteil ist (aktueller Marktwert der Immobilie minus Bankkreditsaldo). Hinzu kommt, dass die Wahrscheinlichkeit eines Liquiditätsengpasses von vornherein mit steigender Eigenmittelquote abnimmt, denn die monatliche Annuität reduziert sich in dem Maße, wie der Eigenmitteleinsatz ansteigt.

Sofern die Bank bei einem Zahlungsverzug (dessen Länge, Umfang und wirkliche Hintergründe sie ja zunächst nicht abschätzen kann) nervös wird, weil die Finanzierung nur eine niedrige Eigenkapitalquote aufweist, ist nicht auszuschließen, dass sie den Kredit nach einigen Monaten des Verzugs kündigt und Pfändung sowie Zwangsversteigerung der Immobilie einleitet. Kommt es dazu, entsteht üblicherweise ein hoher Verlust für den Eigentümer, der zumeist das eingebrachte Eigenkapital übersteigt und deshalb künftige Gehaltspfändungen mit einschließt. Dass mit einem solchen Vorgang zudem ein schlimmes emotionales Trauma für eine Familie verbunden sein kann, versteht sich leider von selbst.

Wie später im Abschnitt 5.6 erläutert, macht es für gewöhnlich keinen Sinn, Vermögensanlagen wie Aktien, Anleihefonds (Rentenfonds), Sparguthaben, Kapitallebensversicherungen, Bausparguthaben usw. zu halten, während man gleichzeitig eine Immobilienfinanzierung aufnimmt. Verflüssigen Sie diese Anlagen so weit möglich, und setzen Sie sie als Eigenkapital bei Ihrer Finanzierung ein. Wenn das dazu führt, dass Ihre anfängliche Eigenkapitalquote über 30% steigt, umso besser. Sie werden dann vermutlich günstigere Zinskonditionen aushandeln und den Kredit schneller abbezahlen können, d. h. mehr Profitabilität und weniger Risiko. Dies deswegen, weil der Zins unter anderem eine Risikoprämie für den Kreditgeber darstellt. Bei niedrigerem Risiko sind, je nach Verhandlungsgeschick des Kreditnehmers, daher auch niedrigere Zinsen möglich. Unter sonst gleichen Umständen gilt: Je höher die Eigenkapitalquote, desto niedriger das Risiko. Nach der vollständigen Kredittilgung können Sie dann immer noch beginnen, andere Vermögensanlagen aufzubauen, wenn Sie das für sinnvoll erachten.

Insgesamt können wir festhalten, dass das Risiko einer Immobilienfinanzierung oberhalb einer anfänglichen Fremdmittelquote von etwa 75% rapide zunimmt und die erwartete Profitabilität (relativ zur Alternative Mieterstatus + Kapitalmarktsparen) sinkt. Daher die einfache Grundregel: so viel Eigenkapital wie möglich und nicht unter 20% des Kaufpreises + Nebenkosten des Kaufs (gesamte Erwerbskosten). (Dabei wird angenommen, dass die Kredittilgung beim geplanten Eintritt in den Ruhestand 100% erreicht hat, also kein Restkreditsaldo verbleibt.) Ausnahmen von der Grundregel »mindestens 20% Eigenkapitalquote« (inklusive Kaufkosten) können sein:

- Der Haushalt ist sehr vermögend und hat anderweitiges Nettovermögen, das mindestens 30% des Werts der soeben erworbenen Immobilie beträgt. Wenn man dieses anderweitige Nettovermögen mit der fast ausschließlich fremdfinanzierten Immobilie konsolidiert, ergibt sich eine weniger »aggressive« Fremdkapitalquote. Das könnte die Bank im Zweifel beruhigen.

- Andere Vermögenswerte wie Wertpapiere oder Kapitallebensversicherungen (zum Rückkaufswert) können aus bestimmten Gründen im Augenblick der Finanzierung noch nicht flüssig gemacht werden und dienen daher zunächst in Form von Sicherheiten als Ersatz für das zu niedrige Bar-Eigenkapital. Das kann zum Beispiel bei einer Kapitallebensversicherung, deren frühester renditeunschädlicher Auszahlungstermin erst ein oder zwei Jahre später liegt, der Fall sein. Denkbar wäre hier auch ein Bausparguthaben, mit dessen Auszahlung in den nächsten 24 Monaten zu rechnen ist, oder eine andere Immobilie, deren Verkauf noch ein Jahr dauern kann. In diesen Fällen sollten jedoch die zunächst illiquiden Vermögenswerte zum nächstmöglichen Zeitpunkt verflüssigt werden, um dann via Sondertilgungen eine Erhöhung der Eigenmittelquote herbeizuführen.
- In den allermeisten Fällen sollte ein privater Immobilienfinanzierer seinen gesamten laufenden monatlichen Liquiditätsüberschuss für die Tilgung des Kredits einsetzen und Sondertilgungsrechte – so weit der Haushalt das in diesem Moment kann – maximal ausnutzen (ausüben). Hingegen sollte er typischerweise nicht parallel zum Kredit Banksparguthaben, Aktienanlagen oder Ähnliches unterhalten oder aufbauen. Die Gründe und weitere Details hierzu erläutere ich in Abschnitt 5.6. Auf die ebenfalls verwandten Spezialfälle eines Immobilienkredits, der zu Tilgungszwecken mit einer Kapitallebensversicherung oder einem Bausparvertrag gekoppelt ist, gehe ich in den Abschnitten 2.13.5 und 2.13.6 ein.

Fazit

Bringen Sie den höchstmöglichen Eigenkapitalbetrag in Ihre Immobilienfinanzierung ein und »erzwingen« Sie in Ihrem ureigensten Interesse keine Immobilienfinanzierung, wenn Sie nicht wenigstens 20% des Kaufpreises inklusive aller Kaufkosten (Erwerbsnebenkosten) mit Eigenkapital finanzieren können. Dies gilt auch dann, wenn die Bank ausnahmsweise mit weniger zufrieden wäre. Wer unter dieser anfänglichen Eigenmittelquote liegt, riskiert, dass die mit einer Krisensituation verbundenen Liquiditätsengpässe eine Kettenreaktion in Gang setzen, die im schlimmsten Fall zu einer Pfändung der Immobilie durch die Bank und damit zu großen Vermögensschäden für den Investor führen.

2.2 Finanzielle Unterstützung von Eltern oder Großeltern

> »Nur mithilfe der Eltern schaffen es immer mehr junge Haushalte noch, über die Eigenkapitalschwelle [für Immobilienfinanzierungen bei Banken] zu springen.«
> *(Michael Fabricius, Finanzjournalist, Tageszeitung* Die Welt,*09.11.2019)*

Nicht erst seit die Immobilienpreise ab etwa 2010 bis heute enorm in die Höhe geschossen sind, ist die finanzielle Unterstützung eines jungen Haushalts beim Immobilienerwerb durch die Eltern, Großeltern oder andere Familienmitglieder verbreitet. Gemäß einer Umfrage der Versicherungsgesellschaft SwissLife haben in der Schweiz sage und schreibe 52% aller Haushalte mit Immobilieneigentum »finanzielle Unterstützung von Verwandten erhalten« (Loepfe 2020). In Deutschland und Österreich dürfte das nicht grundsätzlich anders sein. Der Sachverhalt der finanziellen Hilfe beim Immobilienkauf durch Eltern wurde auch schon wissenschaftlich untersucht und bestätigt (exemplarisch Bond/Eriksen 2019).

Lässt man die direkte Schenkung (oder Vererbung) der zu bewohnenden Immobilie als eine offensichtliche Form finanzieller Unterstützung durch Familienmitglieder einmal außen vor, wird diese Unterstützung zumeist eine der folgenden Formen annehmen:

- Die Geldschenkung: In der Eltern-Kind-Dimension beträgt der schenkungsteuerliche Freibetrag in Deutschland 400 000 Euro innerhalb einer 10-Jahres-Frist, bei Großeltern-Enkeln 200 000 Euro.
- Die Gewährung eines »Familienkredits« durch Eltern oder Großeltern zusätzlich zu einem konventionellen Bankdarlehen. Typischerweise werden die Konditionen des Familienkredits großzügiger sein als die

eines Bankkredits. Dabei sind beispielsweise anfänglich mehrere tilgungsfreie Jahre und eine → Kapitalisierung der Zinsen in dieser Anfangsphase und/oder der Verzicht auf Sicherheiten denkbar. Sofern der Familienkredit nicht durch eine erstrangige Grundschuld auf dem zu finanzierenden Objekt besichert ist, haben die Familienkreditmittel aus Sicht der Bank letztlich Eigenkapitalcharakter und erhöhen so die Bonität ihres Kreditnehmers.

- Die Beleihung der Immobilie der Eltern. Die Eltern reichen die Kreditmittel dann als Schenkung oder als Kredit an die Kinder weiter.
- Die Mithaftung für den Immobilienkredit einer Bank durch Mitunterzeichnung des Darlehensvertrags. In der Regel haften die Mitunterzeichner damit »einzel- und gesamtschuldnerisch« für die Verpflichtungen aus dem Kreditvertrag. (»Einzel- und gesamtschuldnerisch« bedeutet, dass die Mitunterzeichner gegenüber der Bank grundsätzlich individuell und alleine voll für die gesamte Kreditschuld haften.)
- Die Höchstbetragsbürgschaft: Damit haften die Bürgen bis zu einer betraglichen Obergrenze für die Verpflichtungen aus dem Kredit. Die Bürgschaft kann unterschiedlich ausgestaltet werden, z. B. als eine »Garantie auf erstes Anfordern« oder als eine »Ausfallbürgschaft«. Letztere greift erst, wenn und soweit die Bank die eigentlichen Kreditnehmer bereits erfolglos in die Haftung genommen hat.
- Die Einräumung einer dinglichen Sicherheit durch die Eltern als Zusatzsicherheit für den Bankkredit der Kinder/Enkelkinder, z. B. eine Grundschuld auf dem Eigenheim der Eltern.
- Finanzierung der Immobilie durch die Eltern, die sie dann an das Kind vermieten. Das Kind kauft danach die Immobilie über Ratenkauf von den Eltern.

Bei der Geldschenkung ist zu beachten, dass gegenüber dem Finanzamt zeitnah nach Erhalt der Schenkung eine Schenkungsteuererklärung abgegeben wird. Da gegenüber Schwiegerkindern und Schwiegerenkelkindern nur sehr kleine Freibeträge bestehen, kann durch einen schriftlichen Schenkungsvertrag steuerlich sichergestellt werden, dass die Schenkung nur gegenüber dem Kind/Enkelkind erfolgte. Ich empfehle, hier einen Steuerberater hinzuziehen.

Bei einem Familienkredit sollte der Kreditvertrag unbedingt in einer schriftlichen Form niedergelegt sein und der Kapitaldienst durch entsprechende Unterlagen gegenüber dem Finanzamt fortlaufend klar dokumentiert werden. Der Kreditgeber muss seine Zinseinkünfte aus dem Kredit in seiner Steuererklärung angeben. Auch hier ist bei fachunkundigen Personen die Konsultation des Steuerberaters zu empfehlen.

Zu allen anderen hier genannten Varianten der finanziellen Unterstützung durch Eltern oder Großeltern sollte man sich von einem interessenkonfliktfreien Experten Rat einholen, beispielsweise von einem Fachanwalt, Steuerberater oder einer Verbraucherzentrale. Die »Berater« der kreditgebenden Bank oder ein Baufinanzierungsvermittler sind natürlich nicht interessenkonfliktfrei.

Und mein in diesem Zusammenhang vielleicht wertvollster Rat: Sofern mehrere Geschwister oder Enkelkinder neben dem Empfänger der finanziellen Unterstützung existieren, kann ich nur dringend die ehrliche und volle Offenlegung sowohl von Umfang als auch den genauen Bedingungen der finanziellen Unterstützung anraten. Es wäre naiv und fahrlässig von Eltern bzw. Großeltern, zu glauben, dass eine solche Offenlegung deswegen unterbleiben könne, weil sie ihre finanzielle Hilfe »jedem, der fragt«, oder »jedem, der sie braucht«, gewähren würden. Unterbleibt die Offenlegung, kann das auf lange Sicht schlimme, vielleicht sogar tragische Auswirkungen auf den Familienfrieden haben.

2.3 Eigenleistungen (die »Muskelhypothek«)

> »Die meisten Häuslebauer überschätzen sowohl ihre handwerklichen Fähigkeiten als auch die zeitliche und nervliche Belastung [von Eigenleistungen].«
> *(Finanzjournalistin Monika Hillemacher auf dem Nachrichtenportal* www.t-online.de, *14.05.2018)*

Eigenleistungen – scherzhaft »Muskelhypothek« genannt – haben im Kontext der Immobilienfinanzierung veritables Zankapfelpotenzial, weil dabei zwischen Bauherren und Banken häufig auseinanderklaffende Meinungen über ihren Wert bestehen. Aus Sicht von Banken setzen viele private Häuslebauer, die in Finanzierungsgesprächen angeben, in nennenswertem Umfang Eigenleistungen erbringen zu wollen, den Wert dieser Leistungen zu hoch an und/oder unterschätzen ihr Risiko im Sinne von dadurch verursachten Fertigstellungsverzögerungen oder Baumängeln. Statistisch gesehen dürften die Banken damit recht haben. So ähnlich sieht das auch der Fachmann Peter Burk (Burk 2020a, S. 180 ff.).

Natürlich zählen Eigenleistungen im Prinzip als Eigenkapitalersatz, weil das Bauvorhaben damit billiger wird und der Bedarf an Fremdfinanzierung sinkt – so jedenfalls die Theorie. In der Praxis stellen sich jedoch knifflige Umsetzungsfragen:

- Wie viel sind diese Eigenleistungen aus der Perspektive der Bank wert? Vermutlich deutlich weniger als aus der Perspektive des Bauherrn, jedenfalls sofern dieser nicht berufsmäßiger Fachmann für das entsprechende Gewerk ist.
- Ist mit hoher Wahrscheinlichkeit gewährleistet, dass diese Eigenleistungen nicht am Ende zu zusätzlichen Kosten führen, weil sie partiell schiefgehen und dann von einem Handwerker teuer repariert werden müssen? Ist insbesondere bei Eigenleistungen an Gewerken, deren Fertigstellung baulogistisch die Voraussetzung für den Beginn eines anderen nicht in Eigenleistung erbrachten Gewerks sind, sichergestellt, dass diese Eigenleistungen pünktlich und qualitätsgerecht fertig werden? Falls nicht, dann kann das ebenfalls kostspielige Konsequenzen haben, entweder durch die Reparatur der mangelhaften Eigenleistungen oder durch Baufertigstellungsverzögerungen und damit erhöhte Aufwendungen für die Zwischenfinanzierung oder die Miete vor dem Einzug. Im schlimmsten Fall kann es dazu kommen, dass damit die Gewährleistungs- und Garantieverpflichtungen von Baufirmen oder anderen Gerätelieferanten erlöschen oder die Zahlungsverpflichtungen einer Versicherung, wenn ein Versicherungsfall eintritt. Besonders bitter ist es, wenn diese negativen Konsequenzen erst nach Jahren bemerkt werden, nachdem der Schadensfall eingetreten ist.

Unproblematische Eigenleistungen sind tendenziell solche, die technisch am Ende eines Bauvorhabens stehen, wie beispielsweise Malern und Tapezieren. Dies deswegen, weil das Risiko der Verzögerung der Baufertigstellung damit letztlich entfällt, und vermutlich auch, weil damit der »Haftungsschnittpunkt« unproblematisch ist.

Fazit

Seien Sie beim Thema Eigenleistungen selbstkritisch und realistisch. Jedem, der zum ersten Mal ein Eigenheim baut, lege ich das Buch *Kosten- und Vertragsfallen beim Bauen* von Peter Burk (2019b) nahe. Darin geht der Autor, ein Ingenieur, auch auf das heikle Thema Eigenleistungen ein.

2.4 Nebenkosten von Kauf und Verkauf

> »Das Bild der Immobilienbranche in der Öffentlichkeit ist wahrlich nicht das beste: Für wenig Arbeit verlangt man dort viel Geld, lautet einer der gängigen Vorwürfe an die Branchenvertreter. Korruption und Skandale sind ein ständiger Wegbegleiter. Überhaupt sehen die Immobilienleute seltsam aus. Das Haar zu gegelt, die Uhr zu dick und das Auto zu teuer.«
> *(Steffen Uttich in dem Buch* Es sind nicht nur Gebäude. Was Anleger über Immobilienmärkte wissen müssen*)*

Im Vergleich zu anderen Kapitalanlagen wie etwa Aktien, Anleihen oder Investmentfondsanteilen verursachen Kauf und Verkauf einer einzelnen Wohnimmobilie hohe Nebenkosten, im Fachjargon »Transaktionskosten«. Die Nebenkosten des Kaufs einer Wohnimmobilie sind in Deutschland, insbesondere sofern ein Makler in die Transaktion einbezogen ist, zwischen zehn- und hundertmal so hoch wie die typischen Transaktionskosten von Finanzanlagen, sofern man Letztere über eine preisgünstige Direktbank kauft.

Aus der Perspektive eines Immobilienkäufers fallen zunächst Kaufnebenkosten und später einmal Verkaufsnebenkosten an. Weil diese Kosten außerordentlich hoch sind, kann sie eigentlich niemand ignorieren, auch nicht ein Immobilienkäufer, der vorwiegend oder nur aus emotionalen oder Lifestyle-Gründen kauft.

Bei korrekter Berechnung der Rentabilität von Immobilieninvestments sind stets beide Aufwandsarten (Kauf- und Verkaufskosten) ins Kalkül zu ziehen, auch wenn man zunächst nicht beabsichtigt, die Immobilie wieder zu veräußern, denn der realisierbare Zeitwert einer Immobilie aus Sicht des Eigentümers ist stets der Zeitwert *abzüglich* seiner etwaigen Verkaufskosten.

Tabelle 3 gibt die Größenordnungen für die Nebenkosten von Kauf und Verkauf von Wohnimmobilien in den DACH-Ländern an.

Tabelle 3: Die durchschnittlichen Kauf- und Verkaufskosten (Transaktionskosten) einer Wohnimmobilie in Deutschland, Österreich und der Schweiz in Prozent des notariellen Kaufpreises

	Deutschland	Österreich	Schweiz
Käuferkosten			
Grunderwerbsteuer [10]	3,5% bis 6,5% [2]	0,5% bis 3,5% [4]	0% bis 4,0% [7]
Notargebühren, durchschnittlich	1,1%	1,5% bis 3,0%	0,1% bis 0,5% [8]
Grundbuchgebühren, durchschnittlich	0,4%	1,1% [5]	0,1% bis 1,1% [9]
Maklerkosten inkl. MwSt., durchschnittlich [1]	3,4% [3]	1,2% bis 2,4%	0,5% bis 2,5%
Summe Kaufnebenkosten	8,4% bis 11,4%	4,3% bis 10,0%	0,7% bis 8,1%
Verkäuferkosten			
Maklerkosten (inkl. MwSt.) [1]	3,4% [3]	1,2% bis 2,4%	0,5% bis 2,5%
Gesamtkosten Kauf u. Verkauf bei Einschaltung Makler	11,8% bis 14,8%	5,5% bis 12,4%	1,2% bis 10,6%
Gesamtkosten Kauf u. Verkauf ohne Einschaltung Makler	5,0% bis 8,0%	3,1% bis 7,6%	0,2% bis 5,6%
Einfacher Durchschnitt aus allen vier Gesamtwerten [6]	9,9%	7,2%	4,4%

► Generell sind diese Angaben bei einigen Kosten- oder Steuerkategorien nur als Schätz- oder Durchschnittswerte zu betrachten und es können sich im speziellen Fall beträchtliche Abweichungen ergeben. In der Schweiz existieren bei allen Positionen Differenzen innerhalb der 26 einzelnen Kantone. ► [1] Es wird hier für alle drei Länder vereinfachend unterstellt, dass die Hälfte der Maklergebühr vom Käufer und die Hälfte vom Verkäufer gezahlt wird. ► [2] Der Grunderwerbsteuersatz variiert in dieser Bandbreite von Bundesland zu Bundesland. ► [3] Es wird hier vereinfachend ein Satz von 6,8% angenommen (hälftig Käufer und Verkäufer zugeordnet). Diese 6,8% sind ein einfacher, ungewichteter Durchschnitt aus den gesetzlich vorgegebenen Sätzen für alle Bundesländer. ► [4] Der Satz hängt von der Höhe des Kaufpreises ab (Staffeltarif). Wenn die Transaktion zwischen nahen Verwandten stattfindet, kommt ein ermäßigter Satz zur Anwendung. ► [5] In Osterreich Verbücherung genannt. Sofern ein Pfandrecht aus einer bestehenden Fremdfinanzierung eingetragen wird, kommen noch einmal 1,2% oder eventuell mehr hinzu. ► [6] Bei der Ermittlung dieses Durchschnittswerts wird der Einfachheit halber für alle drei Länder angenommen, dass die Hälfte aller Immobilienkäufe/-verkäufe ohne Einschaltung eines Maklers erfolgt. ► [7] In der Schweiz Handänderungsteuer genannt. Der Satz variiert von Kanton zu

Kanton. In mehreren Kantonen fällt diese Steuer überhaupt nicht an. Vielfach gilt, dass, wenn der Käufer ein vorheriges Eigenheim gleichzeitig verkauft und dafür ein neues Eigenheim erwirbt, die Steuer erst beim Verkauf des neuen Eigenheims fällig wird und nur, falls wiederum keine »Ersatzbeschaffung« stattfindet. ► [8] Von Kanton zu Kanton unterschiedlich. Die Kosten werden in den meisten Fällen zwischen Käufer und Verkäufer hälftig geteilt. Hier der Einfachheit halber voll dem Käufer zugeordnet. Sofern ein Pfandrecht (Schuldbrief) für eine etwaige bestehende Fremdfinanzierung eingetragen wird, fallen weitere Kosten zwischen etwa 0,1% und 0,3% an. ► [9] In der Regel zwischen Käufer und Verkäufer geteilt. Hier der Einfachheit halber der volle Satz beim Käufer ausgewiesen. ► [10] Bei Neubauprojekten fällt – je nach Kaufvertragsgestaltung – Grunderwerbsteuer eventuell nur auf den Grundstückspreis an.

Gegebenenfalls können durch Kauf und Verkauf ausgelöste Transaktionskosten entstehen, die nicht in Tabelle 3 enthalten sind, z. B. Kosten für ein Immobilienwertgutachten (Schätzgebühren), Erschließungsgebühren einer Gemeinde, Zwischenfinanzierungszinsen/Bauzeitzinsen und Bereitstellungsprovisionen für Bankkredite. Letztere können anfallen, wenn das Darlehen nicht schon kurz nach Kreditvertragsabschluss komplett abgerufen werden kann. Das dürfte insbesondere bei Neubauprojekten oder bei Projekten mit Umbaumaßnahmen nach dem Kauf der Fall sein.

Wie hoch die Maklergebühr im Einzelfall ausfällt, ist gesetzlich nicht festgelegt und ist Bundesland-spezifisch. Siehe hierzu auch die Infobox zu Maklergebühren in Abschnitt 2.1.

Bei Neubauprojekten besteht die Möglichkeit, dass substanzielle Erschließungskosten in den zwei bis drei Jahren nach Baufertigstellung anfallen. Weitere Transaktionskosten, die vom Erwerb (Bau oder Kauf) einer Wohnimmobilie ausgelöst werden können, sind etwaige Kosten für die Unfallversicherung von privaten Helfern auf der Baustelle sowie damit in Zusammenhang stehende Abgaben an die Berufsgenossenschaft (siehe Kapitel 4). Der Aufwand für Wertgutachten und Zwischenfinanzierungszinsen kann sich – wenn es für den Käufer ungünstig läuft – auf 1% des Kaufpreises summieren.

Aus der Perspektive eines Privathaushalts fällt Mehrwertsteuer (Umsatzsteuer) beim Immobilienkauf nur dann an, wenn und soweit er Bauleistungen beinhaltet. Das wird z. B. für den Baukostenanteil bei einem Neubau auf einem unbebauten Grundstück der Fall sein oder bei der Modernisierung eines älteren Gebäudes. Mehrwertsteuer fällt nicht an, wenn ein unbebautes Grundstück gekauft wird oder ein bereits bebautes Grundstück.

Fazit

Im Vergleich zu Finanzanlagen (wie Aktien, Anleihen und Fondsanteilen) verursacht ein Eigenheimkauf hohe Kosten für Kauf und Verkauf. Daher wird derjenige, der sein Eigenheim häufiger als ca. alle 15 Jahre wechselt (verkauft und neu kauft), in Deutschland und Österreich einen beträchtlichen Teil der Rendite des Investments einbüßen.

2.5 Zwischenfinanzierungszinsen und Bereitstellungsprovisionen

> »Zwischenfinanzierung ist im Bankwesen die Bezeichnung für eine meist kurzfristig angelegte Finanzierungsart, die zu einem Zeitpunkt erfolgt, an dem die endgültige Finanzierung bereits sichergestellt ist.« *(Wikipedia, Stichwort »Zwischenfinanzierung«)*

Bei Immobilienfinanzierungen kann es aus vielerlei Gründen dazu kommen, dass bestimmte Geldquellen, die für die Finanzierung vorgesehen sind – z. B. Eigenkapital –, nicht genau dann zur Verfügung stehen, wenn sie gebraucht werden. In diesen Fällen ist für gewöhnlich eine Zwischen- oder Brückenfinanzierung durch Fremdkapital erforderlich. Dass solche Zwischenfinanzierungen – es sei denn, sie kommen aus der eigenen Familie – nicht kostenlos sind, wird nicht überraschen. Die beiden wichtigsten Konstellationen, in denen eine Zwischenfinanzierung notwendig ist, sind die folgenden:

- Bei der abschnittsweisen Auszahlung eines Immobilienkredits nach Baufortschritt in typischerweise vier bis fünf Auszahlungstranchen entstehen »Bereitstellungsgebühren« – auch Bereitstellungszinsen oder -provision oder Zwischenfinanzierungs- oder Bauzeitzinsen genannt. (Manche Puristen behaupten, es handelt sich nicht um eine »Zwischenfinanzierung«, aber ökonomisch ist es ohne Zweifel eine.) Die Bereitstellungsprovision kompensiert die Bank in erster Linie für die Bereithaltung des Kapitals, dessen Abruf ja nicht genau zeitlich feststeht. In zweiter Linie auch für den erhöhten Verwaltungsaufwand, den die Bank in dieser Phase hat. Bereitstellungsprovisionen werden – anders als echte Zinsen – zumeist auf monatlicher Basis quotiert, z. B. 0,2% im Monat. Um zu einem jährlichen Satz (Per-annum-Satz) zu kommen, kann man zwar nach der einfachen Methode von z. B. $12 \times 0{,}2\% = 2{,}40\%$ p.a. verfahren, aber ein klein wenig exakter ist diese Methode: $(1 + 0{,}2\%)^{12} - 1 = 1{,}02^{12} - 1 = 2{,}43\%$ p.a. Letztere Methode berücksichtigt den negativen Zinseszinseffekt, der aus der monatlichen Fälligkeit der Zahlungen resultiert. (Im August 2021 war in den Medien zu lesen, dass die Verbraucherzentrale Baden-Württemberg eine Klage gegen die Höhe dieser Gebühr vorbereitete, da sie offenbar in den letzten 30 Jahren nur unwesentlich gesunken ist, während die Kreditzinsen um rund 90% fielen.)

- Es ist eine neue (bereits fertige bzw. gebrauchte) Immobilie erworben worden. Der Kaufpreis ist somit fällig, aber die alte vollständig oder weitgehend schuldenfreie Immobilie ist noch nicht veräußert. (Natürlich wird man im Idealfall die Zeitpunkte des Verkaufs der alten Immobilie und des Kaufs der neuen Immobilie so timen wollen, dass beide buchstäblich in die gleiche Woche fallen. In der Realität wird das jedoch nur selten gelingen, und da man irgendwo wohnen muss, wird typischerweise die alte Immobilie erst rechtlich wirksam verkauft werden können, nachdem die neue Immobilie bereits rechtlich wirksam erworben wurde.) Das heißt, die beiden Transaktionen (Kauf der neuen, Verkauf der alten Immobilie) finden sequenziell statt, nicht parallel. Dementsprechend muss zumindest das Eigenkapital, das in den Erwerb der neuen Immobilie fließen soll, für voraussichtlich einige Monate, vielleicht sogar für mehr als ein Jahr, zwischenfinanziert werden. Alternativ ist auch denkbar, dass der gesamte Kaufpreis zwischenfinanziert wird, nicht nur der Eigenkapitalanteil, aber das ist letztlich nur »Technik«. Ökonomisch braucht es an sich nur die Zwischenfinanzierung des Eigenkapitals. Ähnlichen Zwischenfinanzierungsbedarf kann es im Fall der Auflösung von Kapitallebensversicherungen oder anderen Vermögensanlagen geben, wenn der Zeitpunkt nicht beliebig vorverlegt werden kann.

Infobox: Die Zinsstrukturkurve

Die Zinsstrukturkurve (englisch »Yield Curve«) ist die grafische Abbildung des Zusammenhangs zwischen der Laufzeit von Anleihen und ihrer »Umlaufrendite«. Die Umlaufrendite ist die erwartete Rendite bis zum Ende der Laufzeit einer Anleihe. Für »erwartete Rendite« kann man auch vereinfachend sagen »Zinssatz bis zur Fälligkeit«. Bei den betrachteten Anleihen wird unterstellt, dass sie alle die gleiche Bonität haben, also z. B. Staatsanleihen der Bundesrepublik Deutschland unterschiedlicher Laufzeit. Statt Anleihen könnte man hier im Prinzip auch Kredite mit unterschiedlich langen Zinsbindungen verwenden (eine Anleihe ist eigentlich nur ein börsengehandelter Kredit). Hier die schematische Darstellung einer normalen aufwärtsgerichteten Zinsstrukturkurve:

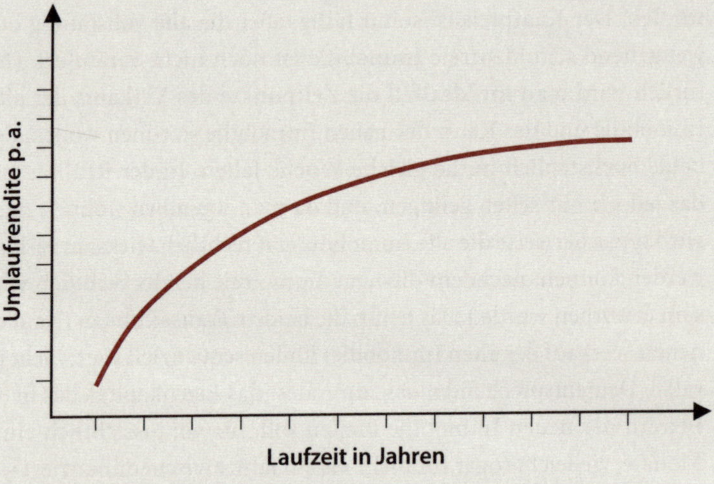

Die Abbildung illustriert, dass (a) die Zinssätze mit der Laufzeit der Anleihe (oder des Kredits) ansteigen und (b) dass die Zinsstrukturkurve nicht linear ist, sondern progressiv abflachend ansteigt. Eine solche Zinsstrukturkurve gilt als »normal«. Und über 90% der Zeit über einen 50-Jahres-Zeitraum wird die tatsächliche Kurve so oder ähnlich verlaufen. Kredite mit langer Zinsbindung sind teurer als Kredite mit kurzfristiger Zinsbindung. In eher seltenen Phasen kann die Zinsstrukturkurve auch umgekehrt verlaufen, nämlich von oben links nach unten rechts. Dann spricht man von einer inversen Zinsstrukturkurve. Bei ihr sind die kurzfristigen Zinsen höher als die langfristigen. Gelegentlich ist die Kurve flach, ohne nennenswerte Steigung oder Gefälle. Dann sind die Zinsen mehr oder weniger identisch für alle Zinsbindungen. Während aufwärtsgerichtete Zinsstrukturkurven normal sind, ist die Steigung in der Kurve typischerweise eher gering. Der Zinssatz für zehnjährige Zinsbindungen war in Deutschland bei Immobilienkrediten in den letzten 50 Jahren im Mittel nur minimal höher als der Zinssatz für variable (kurzfristige) Zinsbindungen.

Die zweitgenannte »echte« Zwischenfinanzierung sollte aus Sicht der Bank risikomäßig – jedenfalls im Standardfall – kein Problem sein, denn die Bank hat ja gleich zwei Immobilien als Sicherheit. Da die Zwischenfinanzierung nur wenige Monate bis vielleicht eineinhalb Jahre läuft, wird man sie in der Regel auf variabler Basis (variable Zinsbindung) eingehen (siehe hierzu Abschnitt 2.13.2). Die Zinskonditionen dürften deswegen und wegen des niedrigen Risikos für die Bank sehr günstig sein. Die Zwischenfinanzierung des Eigenkapitals wird dann aus dem Verkaufserlös der alten Immobilie zurückgeführt.

Es ist klar, dass beide Kostentypen Nebenkosten des Immobilienerwerbs sind, also Transaktionskosten. Trotzdem werden sie in den typischen Aufstellungen für Nebenkosten des Kaufs wie im vorhergegangenen Abschnitt 2.4 zumeist nicht aufgeführt; vermutlich deswegen nicht, weil Zwischenfinanzierungskosten nur bei (teilweise) kreditfinanziertem Immobilienerwerb entstehen und weil ihre Höhe von Fall zu Fall stark schwankt. Diese Höhe kann sich, je nach Dauer der Zwischenfinanzierung, auf eine beträchtliche Größenordnung summieren.

Wichtig hierbei: Diese Kosten sind nach den Vorschriften der deutschen Preisangabenverordnung (PangVO) nicht im von den Banken angegebenen Effektivzinssatz enthalten. Abschnitt 2.14 enthält deswegen eine Tabelle, mit der man diese Zusatzkosten annäherungsweise in Prozentpunkte umwandeln kann, die dann dem Effektivzinssatz zugeschlagen werden. So gelangt man zu einem Effektivzinssatz, der wirklich alle Kosten der Immobilienfinanzierung beinhaltet – genau das ist ja der Sinn des Effektivzinssatzes.

Fazit

Die möglicherweise beträchtlichen Kosten für die vorübergehende Zwischenfinanzierung von Eigenkapital oder langfristigen Kreditmitteln sowie für die Darlehensbereitstellung bei einem noch nicht vollständig gezogenen Kredit werden in der Frühphase der Planung einer Eigenheimfinanzierung manchmal unterschätzt und vielleicht sogar ganz übersehen. Dieses Versehen kann später teuer werden. Besser ist es, sich über diese Thematik rechtzeitig Gedanken zu machen, um vorab die beste Lösung vorzubereiten. Nicht vergessen sollte man, dass diese Kosten in Deutschland nicht in die Effektivzinsberechnung für ein Immobiliendarlehen eingehen.

2.6 Laufende Nebenkosten: Instandhaltung und andere

> »Privatleute und professionelle Investoren tappen immer wieder in die gleiche Falle: Sie unterschätzen die Höhe der notwendigen Bewirtschaftungskosten [einschließlich Instandhaltungskosten] und den Grad der Abnutzung, dem ein Gebäude über die Jahre ausgesetzt ist.«
> *(Tobias Just, Professor für Immobilienwirtschaft an der Universität Regensburg)*

Es dürfte keinen wirtschaftlichen Aspekt bei Immobilien geben, der so häufig zu gravierenden Fehlern bei der Einschätzung der wirtschaftlichen Seite einer Wohnimmobilie führt, wie Instandhaltungskosten. Weil das so ist, lohnt es sich für alle, die mit dem Gedanken eines Eigenheimkaufs schwanger gehen, diesen Aspekt genauer zu betrachten.

Eine selbst genutzte Immobilie verursacht eine Reihe unterschiedlicher laufender Nebenkosten. Nachfolgend gehe ich auf die unterschiedlichen Nebenkostenarten ein und gebe Anhaltspunkte für ihre Größenordnungen.

Tabelle 4: Typen von wirtschaftlich besonders bedeutenden laufenden Nebenkosten einer Immobilie

Nebenkostentyp	Erläuterung
Grundsteuer	In Deutschland in den meisten Fällen effektiv ca. 0,05% bis 0,15% p.a. des Zeitwerts der Immobilie. Der exakte Wert variiert stark gemeindespezifisch. Die tatsächliche Berechnungsmethode, die hinter der deutschen Grundsteuer steckt, kann man wohl als kafkaesk kompliziert, bürgerfeindlich und meilenwert entfernt von nachvollziehbarer ökonomischer Logik bezeichnen. Ab vsl. 2025 wird eine Reform der Grundsteuer wirksam, deren genaue Auswirkungen heute noch nicht endgültig klar sind. Von staatlicher Seite heißt es, dass die Änderungen »insgesamt aufkommensneutral« sein sollen. Bei einzelnen Objekten kann es jedoch zu deutlichen Änderungen gegenüber dem Status quo kommen.
Gebäudeversicherungskosten	Die Höhe hängt vom Umfang des Versicherungspakets und den speziellen Konditionen ab. Ein grober Näherungswert dürfte bei 0,15% p.a. des Gebäudewerts der Immobilie liegen. (Kapitel 4 nennt die Standardversicherungen, die bei Eigenheimbesitz üblich oder empfehlenswert sind.)
Risikolebens- oder Restschuldversicherung	Die Höhe dieser Kostenposition, die u. U. im Fall einer Fremdfinanzierung sinnvoll ist oder sogar von der Bank zwingend eingefordert wird, hängt stark vom Einzelfall ab und kann kaum pauschaliert werden. Sofern diese Kosten eine Verbindung zur Kreditfinanzierung haben, ist zu berücksichtigen, dass sie nicht in die Berechnung des Effektivzinses des Immobilienkredits eingehen.
Hausratversicherung	Die jährlichen Kosten sind typischerweise gering. Ihre konkrete Höhe hängt vom Wert des zu versichernden Hausrats ab.
Energie, Wasser, Abwasser, Müllentsorgung	Diese Kosten fallen bei Mieter und Eigenheimbesitzer gleichermaßen an. Sofern der Mieter diese Kosten nicht direkt von den entsprechenden Versorgern oder Dienstleistern in Rechnung gestellt bekommt, wird der Vermieter sie normalerweise im Wege der Nebenkostenabrechnung an den Mieter weiterbelasten (umlagefähige Nebenkosten). Da diese Kosten unterschiedslos bei Mietern und Eigenheimbesitzern anfallen, sollte ein Haushalt, der den Kauf eines Eigenheims plant, bereits eine ungefähre Vorstellung von ihrer Höhe haben.
Abgaben an die Kommune nach Baufertigstellung, z. B. Erschließungskosten	Sie treten nur in großen Abständen, sehr unregelmäßig und sehr fallspezifisch auf, werden aber oft unterschätzt. Sie betreffen in erster Linie frei stehende Häuser und Reihenhäuser. Bei Gebäuden, die unter fünf Jahre alt sind, sind sie häufiger anzutreffen als bei älteren Gebäuden.
Vergütung für einen Verwalter	Fallspezifisch (bei Wohnungen) – von den Mitgliedern einer Eigentümergemeinschaft zu zahlen.

Nebenkostentyp	Erläuterung
Abgaben an eine Hauseigentümer- oder Verwaltungsgemeinschaft (»Hausgeld«)	Typischerweise nur bei Wohnungen im Unterschied zu Häusern. → Hausgeld sind die i.d.R. monatlichen Vorauszahlungen (»Rücklagen«) der Mitglieder einer Wohnungseigentümergemeinschaft auf die Betriebskosten des Gemeinschaftseigentums, einschließlich laufender Kosten für Hausmeister, Treppenhaus- und Gartenpflege, Hausstrom, gemeinschaftliche Telekommunikationseinrichtungen, Heizung, Abfall, Verwaltung, Wohngebäudeversicherung und Instandhaltung. Liegt häufig in der Größenordnung von 3 bis 4 Euro je Quadratmeter und Monat.
Instandhaltungskosten	Mit Abstand bedeutendste und auch komplexeste Nebenkostenart. Ferner diejenige Kostenart, bei der regelrechte Mythen hinsichtlich ihrer Höhe bestehen und bei der die häufig vorkommende Unterschätzung die gravierendsten Risiken mit sich bringt. Auf Instandhaltungskosten gehe ich daher in diesem Abschnitt genauer ein.
Zins und Tilgung (Kapitaldienst)	Sie sind *keine* laufenden Nebenkosten einer Immobilie und werden hier nur genannt, um Missverständnisse zu vermeiden.

In Immobilienratgeberbüchern, in Immobilienblogs und von Baugeldvermittlern wird für Instandhaltungskosten bei Wohnimmobilien quasi seit anno dazumal die Richtgröße 6 bis 12 Euro pro Quadratmeter Wohnfläche und Jahr genannt. Woher diese Zahlen kommen und wie sie begründet werden, lässt sich nicht nachvollziehen. Sie wurden wohl irgendwann einmal von einem namenlosen Immobilienexperten postuliert und danach von jeder neuen »Expertengeneration« ohne Überprüfung weitergeführt. Warum diese Zahlen statisch sein sollen, also im Zeitablauf nicht mit der Baukosteninflation steigen, ist unklar.

In Köln kostete der Quadratmeter Wohnfläche Ende 2020 durchschnittlich 4 200 Euro. Damit war die Ruhrmetropole die günstigste der sieben Städte in Deutschland mit über 500 000 Einwohnern. Unterstellt man, dass 85% dieser Kosten auf das Gebäude entfallen, ergeben 6 Euro pro Jahr eine aberwitzig niedrige Instandhaltungskostenquote von 0,17% pro Jahr. Selbst 12 Euro wären nur 0,34%.

Doch damit hört das Photoshoppen bei Instandhaltungskostenschätzungen in Veröffentlichungen der Immobilienbranche nicht auf. In solchen Publikationen einschließlich derjenigen vieler Immobilien-Blogger im Internet kursieren Empfehlungen zur Höhe der Instandhaltungskostenrücklage für Wohnungen in Mehrfamilienhäusern, die noch einmal unterhalb der oben genannten 6 bis 12 Euro liegen. Dann spielt auch das regelmäßige Fehlen des Hinweises keine Rolle mehr, dass sich die an die Wohneigentümergemeinschaft zu zahlende Rücklage nur auf das Gemeineigentum (Außenmauern, Dach, Treppenhaus usw.) bezieht – exklusive Sondereigentum, dem wertmäßig größeren Teil einer Wohnung.

Absolute Instandhaltungskostenrichtgrößen in soundso viel Euro pro Quadratmeter sind schon deswegen abwegig, weil sie weder Rücksicht auf den altersbedingten Zustand noch auf die Wertigkeit der Immobilie nehmen. Man kann sich beispielsweise zwei neue, unterschiedliche 180-Quadratmeter-Einfamilienhäuser in der gleichen Mikrolage vorstellen. Die Baukosten des einen betrugen 400 000 Euro, die des anderen 800 000 Euro. Die erste Immobilie wurde einfach und günstig, die zweite hochwertig und teuer gebaut. Es liegt auf der Hand, dass zwei gleich große, aber qualitätsmäßig sehr unterschiedliche Häuser in der Zukunft nicht die gleichen Instandhaltungskosten haben werden, wenn man annimmt, dass der Eigentümer bei beiden Wohnungen den gleichen prozentualen physischen Wertverlust pro Jahr ausgleichen will.

Eine schon etwas realistischere Peilgröße für Instandhaltungskosten ist die in der Ratgeberliteratur manchmal genannte Zahl »1% per annum«, bezogen auf den Anteil des Immobilienwerts, der auf das Gebäude entfällt. Häufig wird dabei jedoch im Ungefähren gelassen, dass mit Gebäudewert hier der allmählich zunehmende Zeitwert gemeint ist, nicht der statische Wert beim Kauf. Dessen ungeachtet sind auch diese 1% sehr wahrscheinlich noch zu niedrig. Warum, das lässt sich folgendermaßen plausibilisieren.

In einem frei zugänglichen Blogbeitrag vom Mai 2021 haben mein Kollege Jonas Schweizer und ich begründet, warum für Instandhaltungskosten im Standardfall eine Größenordnung von 1,5% jährlich des Gebäudezeitwerts eine sinnvolle Peilgröße ist (Kommer/Schweizer 2021).

Verwendet man als mittlere Peilgröße für eine normale Wohnung eine Kostenquote von 1,5% p.a. auf den Zeitwert der Immobilie und unterstellt, dass das Gebäude 90% der Gesamtkosten ausmacht, dann muss der Eigentümer pro Jahr mit durchschnittlich 1,5% × 90% ≈ 1,4% Instandhaltungskosten rechnen. Über einen Zeitraum von 30 Jahren also noch einmal rund 40% des Zeitwerts für Reparaturen aufwenden.

Diese Kostenquote schließt alles mit ein, was in Reparatur und Instandhaltung fließt – bei einer Wohnung auch eine etwaige Instandhaltungsrücklage, nicht jedoch Ausgaben für einen Verwalter. Ausgaben für Modernisierung oder Erweiterung sind keine Instandhaltung, weil sie ja etwas »Neues« oder »Verbessertes« schaffen.

Natürlich ist es möglich, für beispielsweise zehn oder 20 Jahre nur durchschnittlich 0,5% pro Jahr oder noch weniger für Instandhaltung auszugeben. Dann ist allerdings die zwingende Konsequenz, dass die physische Qualität, und damit der Wohnnutzen der Immobilie, in diesem Zeitraum merklich abnehmen wird. Soweit das der Fall ist, muss in einer in die Zukunft gerichteten Wirtschaftlichkeitsrechnung der Schätzwert für die Wertentwicklung der Immobilie entsprechend nach unten korrigiert werden. Die Schätzwerte für die Immobilienpreisentwicklung und für die Höhe der Nebenkosten hängen also direkt und eng miteinander zusammen. Setzt man die Instandhaltung zu tief an, muss man auch den Preissteigerungsschätzwert entsprechend nach unten reduzieren.[11]

Welche Eigenschaften beeinflussen bei einer spezifischen Wohnimmobilie die Instandhaltungskostenquote oder die Instandhaltungskosten pro Quadratmeter Wohnfläche innerhalb der in diesem Abschnitt genannten allgemeinen mittleren Größenordnungen nach oben oder unten?

- Wohnungen in relativ neuen Gebäuden mit einfachem Qualitätsstandard und solche auf dem Land haben 20% bis 30% niedrigere Instandhaltungskostenquoten als der hier angegebene Richtwert.
- Häuser haben um 10% bis 30% höhere Instandhaltungskostenquoten als Wohnungen.
- Sehr alte Gebäude haben, unter sonst gleichen Umständen, eine rund 10% bis 20% höhere Instandhaltungskostenquote als jüngere Gebäude.
- Gebäude in schlechtem baulichen Zustand haben – solange dieser Zustand nicht durch eine umfassende Sanierung behoben wird – eine 10% bis 30% höhere Instandhaltungskostenquote als Gebäude in gutem baulichem Zustand ohne Instandhaltungsrückstau.

11 Ein Immobilienpreisindex unterstellt gleichbleibende Qualität des zugrunde liegenden Immobilienbestands im Zeitablauf, also den vollständigen Ausgleich des alters- und nutzungsbedingten Qualitätsverlusts. Im Index sind Instandhaltungskosten nicht enthalten. Preisprognosen aus der historischen Entwicklung eines Index abzuleiten, ohne Instandhaltungskosten abzuziehen, ist methodisch falsch, geschieht aber regelmäßig.

- Hochwertige, teure Gebäude haben eine etwas höhere prozentuale Instandhaltungskostenquote als einfache, günstige Gebäude.
- Gebäude in Gegenden mit hoher Luftfeuchtigkeit, z. B. nahe einer Meeresküste, haben höhere Instandhaltungskostenquoten als Gebäude in Gegenden mit niedriger Luftfeuchtigkeit.
- Gebäude in Großstädten haben höhere Instandhaltungskostenquoten als Gebäude auf dem Land, da die Lohnkosten für Handwerker in Städten höher sind.
- Denkmalgeschützte Gebäude haben deutlich höhere Instandhaltungskostenquoten als nicht denkmalgeschützte Gebäude.

Für die langfristige Zukunft ist tendenziell mit einem über die allgemeine Produktionsgüterinflation hinausgehenden Anstieg von Instandhaltungskosten zu rechnen, weil der deutsche Staat beinahe jährlich die baurechtlichen Auflagen im Bereich Energetik, Umweltschutz, Gesundheitsschutz und Behindertengerechtigkeit von Wohnraum verschärft.

Fazit

Der von Vertretern der Immobilienbranche gegenüber Selbstnutzern oder Kleinvermietern gerne verbreitete Nebenkostenrichtwert von 6 bis 12 Euro pro Quadratmeter pro Jahr oder 1% pro Jahr mögen gutes Immobilienmarketing sein, kaum jedoch realistische Schätzwerte für eine in die Zukunft gerichtete Wirtschaftlichkeitskalkulation oder Renditeberechnung bei einer typischen Wohnung mittlerer Qualität. Für diese sollten wir einen Satz von nicht unter 1,5% auf den Zeitwert des Gebäudes ansetzen. Bei Immobilien, die keinen Standardfall darstellen, ist es empfehlenswert, die o.g. Abschläge oder Zuschläge vorzunehmen.

2.7 Ansatzpunkte für Einsparungen beim Immobilienerwerb

> »Es liegt in der menschlichen Natur, hohe und zu hohe Ausgaben für ein Eigenheim vor uns selbst zu rechtfertigen, indem wir Fakten und Meinungen so arrangieren, dass sie das Ergebnis stützen, das wir glauben wollen.«
> *(Alex Avery, kanadischer Finanzanalyst, Immobilienbuchautor)*

In diesem kurzen Abschnitt versuche ich einige Hinweise dazu zu geben, wie man beim Eigenheimerwerb Kosten reduzieren kann. Ich gebe freimütig zu, dass die meisten der nachfolgend genannten Ansatzpunkte für Einsparungen eher offensichtlich sind. Dennoch kann es in Anbetracht der Wichtigkeit der Einsparfrage für viele Eigenheimaspiranten Sinn machen, sich eine solche Liste anzusehen.

(a) Einsparmöglichkeiten bei Bauprojekten (Häuser)

- Gebrauchtes Haus statt neues Haus kaufen. (Bei einem gebrauchten Haus entfällt normalerweise auch die teure Notwendigkeit, noch über lange Zeit Miete für die bisherige Behausung zu zahlen, während bereits Ausgaben für die neue anfallen.)
- Günstigeres Fertighaus statt teureres Architektenhaus kaufen.
- Verzicht auf Keller, stattdessen eventuell zusätzliche Garage als Ersatzkeller.
- Verzicht auf Garage und/oder Verschiebung des potenziellen Garagenbaus in die Zukunft.
- Verschiebung Ausbau Obergeschoss und/oder Dachgeschoss in die Zukunft.
- Verschiebung Fertigstellung Außenanlagen in die Zukunft (sich zunächst einmal nur mit »einfachem Rasen« begnügen).
- Oberflächengewerke (Malerarbeiten innen, Tapezieren, Fußböden) in Eigenleistung erbringen, sofern man sich das zutraut.
- Kauf betont schlichter Innenausstattung mit der Absicht, höherwertige Innenausstattung in künftigen Jahren peu à peu nachzuholen, sobald es dann die finanziellen Mittel erlauben.

- Neue Möbel erst in »Jahr 3« kaufen.
- Untervermietung eines Zimmers.

(b) Einsparmöglichkeiten bei Wohnungen

Beim Kauf einer Wohnung existieren typischerweise weniger Einsparmöglichkeiten als bei einem Haus. Einige der bereits oben unter (a) genannten Ansatzpunkte bestehen auch hier.

(c) Einsparmöglichkeiten bei der Finanzierung

Unter den folgenden Ansatzpunkten für Senkung der Gesamtfinanzierungskosten befinden sich einige, über die der Leser schmunzeln wird, weil sie entweder trivial oder in seinem Fall nicht verfügbar sind. Soweit das der Fall ist, bitte ich dafür um Verständnis.

- Hinzuziehung von Darlehen von Freunden oder Familie mit einigen tilgungsfreien Jahren am Beginn – dadurch Senkung der gesamten Kapitaldienstbelastung. Dieser Familienkredit kann ggf. mit einer nachrangigen Grundschuld besichert werden (nachrangig relativ zum Bankkredit).
- Bereitstellung zusätzlicher Sicherheiten für den Bankkredit. Durch solche Zusatzsicherheiten, sofern sie aus Sicht der Bank nennenswert sind, müsste es möglich sein, den Zinssatz für den Bankkredit zu senken und/oder die Möglichkeit für anfängliche tilgungsfreie Jahre eingeräumt zu bekommen.
- Mit Bürgschaften bonitätsstarker Familienmitglieder oder Freunde kann u. U. der gleiche Effekt erzielt werden wie mit Zusatzsicherheiten (siehe oben).
- Wahl einer kürzeren Zinsbindung, sofern das zu einem niedrigeren Zinssatz führt. Durch diese Maßnahme erhöht sich naturgemäß das → Zinsänderungsrisiko. Sofern man mit einer deutlichen Steigerung des eigenen Einkommens in einigen Jahren rechnet, könnte sich eine solche Strategie lohnen. (Von einem Fremdwährungskredit mit dem Ziel, die Kreditbelastung zu senken, rate ich in jedem Fall ab – siehe Abschnitt 2.13.9).

2.8 Die monatliche Belastung berechnen

»Für die meisten Eigenheimkäufer ist weniger die Rendite entscheidend als vielmehr die monatliche Belastung.« *(Christian Siedenbiedel, Wirtschaftsjournalist bei der* Frankfurter Allgemeinen Zeitung*)*

Die laufenden Ausgaben, die mit dem Erwerb und Besitz eines Eigenheims zusammenhängen, lassen sich den in Tabelle 5 genannten Bereichen zuordnen. Einige dieser Kosten würden – sofern die gleiche Immobilie gemietet würde – auch in einem Mietverhältnis anfallen. Der größte einzelne Aufwandsposten dürfte in den meisten Fällen die Kreditannuität sein und – jedenfalls auf lange Sicht – der zweitgrößte Posten die Instandhaltungskosten. Es liegt auf der Hand, dass der Kaufpreis und die Finanzierung so dimensioniert sein müssen, dass die monatliche Belastung für den Haushalt nachhaltig tragfähig ist – auch ohne Hoffnung auf baldige Gehaltserhöhungen, kräftige Wertsteigerung der Immobilie und Ignorieren der Instandhaltungskosten.

Tabelle 5: Übersicht der Kosten (Ausgaben), welche die monatliche Belastung bestimmen

Kostenart	Haupteinflussfaktoren auf die Kostenhöhe	Weitere Anmerkungen
Kapitaldienst (Annuität)	Kreditbetrag, Sollzinssatz, »anfänglicher Tilgungssatz« (planmäßige Tilgungsdauer)	Weiter unten beschreibe ich, wie sich die Höhe der monatlichen Annuität berechnet. Eine entscheidende Frage in diesem Zusammenhang ist: Wann will ich schuldenfrei sein? Oder wie hoch soll die »Tilgungsgeschwindigkeit« sein (siehe auch Abschnitt 2.11)?
Instandhaltung	Wert, Alter und Qualität (Standard) der Immobilie, Qualitätsansprüche des Eigentümers	Instandhaltungskosten fallen nicht laufend an, sondern unregelmäßig und in für ein gegebenes Jahr im Voraus oft schwer zu schätzender Höhe. Bei Wohnungen können obligatorische Rückstellungen (oftmals als Teil des Hausgelds) einen Teil der Instandhaltungskosten für das Gemeinschaftseigentum abdecken. Auf lange Sicht werden Instandhaltungskosten vielfach unterschätzt, weil die Immobilienbranche hierzu gerne Wunschzahlen verbreitet (Details hierzu in Abschnitt 2.6).

Kostenart	Haupteinflussfaktoren auf die Kostenhöhe	Weitere Anmerkungen
Energie, Wasser, Abwasser, Müll	Größe des Eigenheims, Anzahl der Haushaltsmitglieder	Sofern das Eigenheim größer und aufwendiger ist als das vorherige Heim, können diese Kosten gegenüber dem vorherigen Mieterstatus steigen.
Rundfunk, Telefonie, Internet	Einzelfallabhängig	—
Wohngebäudeversicherung, Grundbesitzerhaftpflicht, Hausratversicherung	Größe und Kosten (Wert) des Gebäudes, Wert des Hausrats	Bei Wohnungen ist die Gebäudeversicherung i.d.R. Angelegenheit der Eigentümergemeinschaft und wird von den einzelnen Eigentümern über das Hausgeld bezahlt. In vielen Fällen sollte eine Gebäudeversicherung durch eine Elementarschadenversicherung ergänzt werden. Details hierzu siehe Kapitel 4.
Grundsteuer	Größe des Grundstücks	Dürfte in den meisten Fällen recht eng um einen ungefähren Mittelwert von effektiv 0,1% des Immobilienmarktwerts pro Jahr schwanken. Könnte ab 2025 im Rahmen einer schon beschlossenen Gesetzesänderung etwas steigen.
Andere Abgaben an die Kommune	Größe des Grundstücks	Die Abgaben kommen selten vor, können jedoch vor allem bei Häusern in einzelnen Jahren anfallen, z. B. Herstellungsbeiträge nach Kommunalabgabegesetz oder Erschließungsbeiträge nach Baugesetzbuch.
Opportunitätskosten des anfänglichen Eigenkapitals (Anzahlung)	Höhe des anfänglichen Eigenkapitals	Es handelt sich hier um die entgangenen Zinsen, Erträge und Kursgewinne aus dem nun in das neue Eigenheim investierten Eigenkapital (Anzahlung). Dies ist keine Kostenart im landläufigen Sinne. Dennoch sind diese entgangenen Erträge relevant, denn *vor* dem Eigenheimerwerb haben sie vermutlich zu den laufenden Einkünften oder der Vermögensbildung des Haushalts beigetragen.

Hier ein einfaches Beispiel für die Berechnung der Höhe der monatlichen Kreditannuität. Wir treffen die folgenden Annahmen: Die Kreditsumme beträgt 200 000 Euro, der Sollzinssatz 3,5% p.a. und der anfängliche Tilgungssatz 2,0% p.a. In diesem Fall errechnet sich die monatliche Annuität folgendermaßen: 200 000 Euro × (3,5% p.a. + 2,0% p.a.) = 11 000 Euro p.a. ÷ 12 Monate = 916,67 Euro pro Monat. Innerhalb der allerersten Monatsrate entfallen 583,33 Euro auf Zinsen und 333,34 Euro auf Tilgung. Bereits im folgenden Monat steigt der Anteil der Tilgung in der gleichbleibenden Rate ganz geringfügig um etwa 1 Euro, während der Zinsanteil in Euro gerechnet im gleichen Maße etwas sinkt. Auf dieser Basis würde der Kredit knapp 29 Jahre bis zur vollständigen Tilgung benötigen (siehe auch Abschnitt 2.11). Würde man den anfänglichen jährlichen Tilgungssatz von 2% auf 3% erhöhen, wäre der Kredit bereits in 22,1 Jahren getilgt. Andererseits würde die monatliche Annuität auf 1083,33 Euro steigen. Im Abschnitt 2.13.1 beschreibe ich die Funktionsweise eines Annuitätendarlehens im Detail.

Fazit

- Die monatliche Belastung ist vermutlich eine der wichtigsten Größen bei der Beantwortung der Frage, wie teuer das Eigenheim und wie hoch die maximale Kreditsumme sein dürfen. Daher sollte man hier genau rechnen und nichts vergessen. Nur die Kreditannuität alleine zu betrachten ist zu kurz gesprungen, denn es fallen weitere laufende Kosten an. Andererseits betrifft ein Teil dieser Kosten auch einen Mieterhaushalt in einer identischen Immobilie.
- Instandhaltungskosten, soweit sie nicht die Instandhaltungskostenrücklage (Hausgeld) bei Wohnungen betreffen, fallen sehr unregelmäßig und in schwankender Höhe an. Das ist jedoch kein Grund, sie zu unterschätzen.
- Vergessen sollte man auch nicht, dass nach dem »Verbrauch« der Eigenmittel (des Eigenkapitals) im Rahmen des Eigenheimkaufs für die Anzahlung »Opportunitätskosten», also entgangene Erträge, anfallen. Diese Erträge hatte der Haushalt vorher und möglicherweise waren sie ein relevanter Bestandteil bei der Bestreitung der laufenden Lebenshaltungskosten.
- Sehen Sie sich Abschnitt 5.5 an. Dort werden eine Reihe von Internettools genannt, mit denen Sie z. B. den Sachverhalt, der hier konzeptionell dargestellt wurde, auf andere Weise nachrechnen und plausibilisieren können.

2.9 Historische Immobilienkreditzinssätze seit 1970

»Aktuell wird gerne ausgeblendet, dass niedrige Zinsen
kein Naturgesetz sind.«
(Tobias Just, Professor für Immobilienwirtschaft an der Universität Regensburg)

Die (nominalen) Immobilienfinanzierungszinsen in Deutschland (und vielen anderen westlichen Ländern) kennen seit Anfang der 1990er-Jahre eigentlich nur eine Richtung, die nach unten. Abbildung 1 zeigt die Entwicklung der Immobilienfinanzierungszinssätze in Deutschland seit 1970.

Abbildung 1: Nominale Effektivzinssätze (Monatsdurchschnitte) für Immobilienkredite an Privatkunden in Deutschland von Januar 1970 bis April 2021

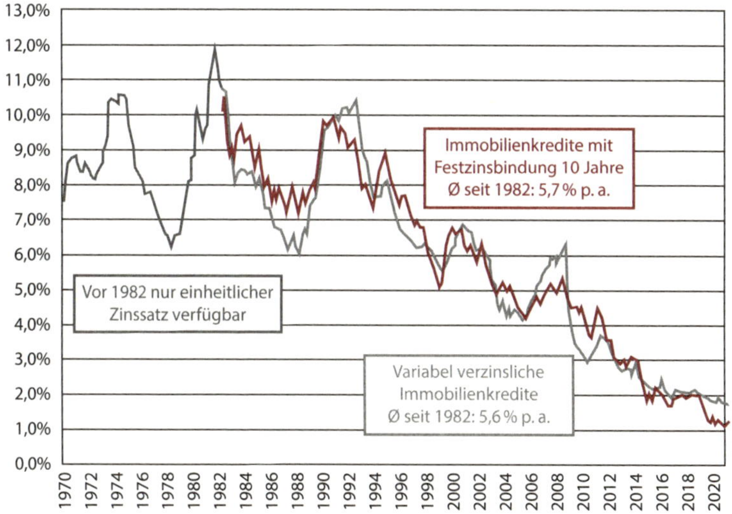

► Deutsche Bundesbank.

Welche Einsichten lassen sich aus diesen Daten ableiten?

- Der Unterschied zwischen den Kurzfristzinsen und den Langfristzinsen war im Durchschnitt der vergangenen rund 40 Jahre (seit Mitte 1982) minimal. Er betrug nur etwa 0,1 Prozentpunkte. Das deutet da-

rauf hin, dass man jedenfalls in der Vergangenheit zumindest im Prinzip keinen nennenswerten Zinshöhenvorteil aus der Wahl von Kurzfristzinsen hatte. Ich sage hier bewusst »im Prinzip«. Wenn man nur die letzten rund 25 Jahre ab etwa 1994 betrachtet, wäre der Vorteil aus einer variablen Zinsbindung nämlich sehr beträchtlich gewesen, und zwar einfach deswegen, weil es seit diesem Zeitpunkt bis heute (Mitte 2021) zinsniveaumäßig kontinuierlich nach unten ging. Ein Kreditnehmer mit variabler Zinsbindung hätte die sinkenden Zinsen also immer sofort »mitgenommen«, einer mit zehnjähriger Zinsbindung hätte nach der Zinsfestschreibung zehn Jahre warten müssen, um von den gefallenen Zinsen zu profitieren. Diese Betrachtungsweise gilt aber nur in einer per saldo fallenden Zinslandschaft und die können wir nicht generell und schon gar nicht für die nun kommende Zukunft unterstellen. In einem Zeitfenster mit per saldo steigenden Zinsen hätte ein Kreditnehmer mit variabler Verzinsung einen beträchtlichen Nachteil gehabt.
- Die Kurzfristzinsen (variable Zinsen) schwanken insgesamt deutlich stärker als die Langfristzinsen. Das bestätigt die verbreitete Sicht, dass kurzfristige Zinsbindungen weniger Zinssicherheit bieten.
- Alle beiden Zinssätze (Zinsbindungen) sind inzwischen so niedrig und liegen so weit unter ihrem historischen Mittelwert aus den vergangenen vier Jahrzehnten, dass ein weiterer deutlicher Rückgang schwer vorstellbar ist, eher ist mittel- und langfristig mit einem Anstieg zu rechnen.

Würde man statt der Nominalzinsen die Realzinsen (also die Zinsen abzüglich Inflation) betrachten, würde sich zeigen, dass die in den letzten 40 Jahren beobachtbare Tendenz nach unten deutlich schwächer war als bei den Nominalzinsen. Beispielsweise lagen die Realzinsen in den 1970er-Jahren (trotz hoher Nominalzinsen) etwa auf dem gleichen Niveau wie in den Nullerjahren.

Die Grafik zeigt übrigens auch, dass der Zinsrückgang schon lange vor 2009/2010 begann. 2009/2010 begann die Europäische Zentralbank mit ihrer expansiven, zinssenkenden Geldpolitik.

2.10 Die beste Zinsbindungsdauer

> »Der Trend zu längeren Zinsfestschreibungen
> hat sich weiter fortgesetzt.«
> *(Thomas Hofer, Verband deutscher Pfandbriefbanken, November 2015)*

Bei der Wahl des für Sie bestmöglichen Immobilienkredits steht die Frage der richtigen Zinsbindung ganz oben auf der Liste der wichtigsten Einflussgrößen. Im vorigen Abschnitt 2.9 sahen wir die Entwicklung der Immobilienkreditzinsen mit kurz- und langfristigen Zinsbindungen in Deutschland von Anfang der 1980er-Jahre bis Anfang 2021.

Welche schlagartigen Schwankungen auch in kurzen Zeiträumen auftreten können, zeigen die drei Jahre von Anfang 1988 bis 1993, als die variablen Zinsen etwa vier Jahre um mehr als 5 Prozentpunkte anstiegen. Wer in dieser Zeit einen variabel verzinslichen Immobilienkredit mit einer monatlichen Rate von anfangs beispielsweise 1 000 DM besaß, dessen Zinszahlungsverpflichtung (ohne Tilgung) erhöhte sich innerhalb weniger Jahre auf rund 1750 DM – ein Anstieg von etwa 75%. Es gibt keinen zwingenden Grund anzunehmen, dass die → Volatilität der Zinsen in den nächsten 20 Jahren geringer sein wird. In der höheren Schwankungsintensität der kurzfristigen Zinsen liegt ein nicht unbeträchtliches Risiko für Kreditnehmer mit variabel verzinslichen Krediten.

Zwar sind die Zinsen bei langfristiger Zinsbindung über sehr lange Betrachtungszeiträume hinweg durchschnittlich geringfügig höher als bei variablen Zinsen oder sehr kurzfristiger Zinsbindung, aber der Unterschied ist geringer, als viele von uns intuitiv annehmen. Bei den Immobilienkreditzinsen in Deutschland betrug er seit 1982 nur etwa 0,2 Prozentpunkte und es gab sogar eine Reihe von Jahren, in denen die Zinssätze für variable Zinsen über denen von langfristigen Zinsbindungen lagen.

Abbildung 1 im vorigen Abschnitt illustriert insbesondere den historisch einmaligen Rückgang der langfristigen Zinsen von Anfang der 1980er-Jahre bis Ende 2020. Dieser Rückgang trat in ähnlicher, wenn auch nicht identischer Form in den meisten industrialisierten Ländern auf. Eine so lange Periode mit weitgehend kontinuierlichem Zinssenkungstrend hat es in den vergangenen 100 Jahren nicht gegeben (in Großbritannien, wo die Daten weiter zurückreichen als in Deutschland, nicht einmal in den vergangenen 300 Jahren). Sollten die nominalen und die realen Zinsen dauerhaft steigen, wofür gute Chance bestehen, könnte dies einen negativen Effekt auf die Immobilienmärkte haben.

Die historisch außerordentlich niedrigen Zinsen gleichen die seit 2010 in Deutschland deutlich gestiegenen Immobilienpreise in den meisten Fällen mehr als aus, will heißen, dass die Zinsen relativ stärker gefallen sind, als die Immobilienpreise gestiegen sind. Im Ergebnis führt das dazu, dass die Kapitaldienstbelastung bei einer gegebenen Fremdfinanzierungsquote (→ Loan to Value) heute in den meisten Fällen niedriger liegt als vor einigen Jahren, als die Immobilienpreise noch höher waren. Anders dürfte es nur in einigen ganz besonders teuren Großstädten aussehen, in denen die Preise in den vergangenen zwölf Jahren weit stärker gestiegen sind als im bundesweiten Mittel.

Infobox: Lassen sich Zinsen prognostizieren?

Wenn man mit dieser Frage meint, ob sich Zinssätze so prognostizieren lassen, dass man daraus zuverlässig einen ökonomischen Vorteil ziehen kann, dann ist die Antwort ganz eindeutig: Nein – und diese Einschätzung gilt ohne Wenn und Aber. Fachleute können Zinsen genauso wenig verlässlich vorhersagen wie ein Schuhmacher die Fußbekleidungs-Hits im übernächsten Jahr, Buchverlage die Top-Ten-Titel in der Spiegel-Bestsellerliste in zwölf Monaten, Politiker die nordafrikanischen Flüchtlingszahlen in den kommenden 24 Monaten, Rohstoffkonzerne den Preis von Öl oder Gold in drei Monaten oder Autohersteller das Auto des Jahres im kommenden Jahr oder danach. Die Zukunft in sozialen Systemen, wie sie Märkte einschließlich Finanzmärkte darstellen, ist aus gut belegbaren Gründen von niemandem zuverlässig prognostizierbar. Wenn Banken, Politiker und andere »Experten« künftige Zinsen, Aktien- und Immobilienpreise auch nur ansatzweise zuverlässig vorhersagen könnten, wäre es erstens nicht zum globalen Immobiliencrash (2007 bis 2010) und Aktiencrash (2008 bis 2010) gekommen – ebenso wenig wie zu den De-facto-Konkursen der damals größten deutschen Immobilienfinanzierungsbank Hypo Real Estate (2008/2009) und des größten deutschen Immobilienunternehmens IVG AG (2013). Zweitens wäre jeder »Experte«, der zuverlässig Zinsen vorhersagen könnte, märchenhaft reich und bräuchte nicht mehr zu arbeiten, geschweige denn mühselig für

Geld Prognosen zu formulieren. Sich auf kurz- und mittelfristige Vorhersagen von Wertsteigerungen und Renditen im Immobilienmarkt oder Zinssätzen im Kreditmarkt zu verlassen ist nicht nur nutzlos, sondern gefährlich. Tun Sie es um Himmels willen nicht.

In Deutschland, anders als in der Schweiz, Österreich und in vielen anderen Ländern, weist die Mehrzahl aller privaten Immobilienkredite Zinsbindungen von fünf Jahren und länger auf. Auch in Großbritannien dominierten noch bis Mitte der 1980er-Jahre langfristige Zinsbindungen, während die dortigen Kreditnehmer heute variabel verzinsliche Kredite oder kurze Zinsbindungen bis zu zwei Jahren bevorzugen, weil diese – so die Kundensicht – billiger und flexibler sind. Warum das in Deutschland wie auch in Frankreich und den USA mehrheitliche Festhalten an langfristigen Zinsbindungen der bessere Weg ist, wird dieser Abschnitt zeigen.

In den USA beträgt die häufigste anfängliche Zinsbindungsfrist sogar 30 Jahre. Diese praktisch vollständige Absicherung gegen Zinsanstiege während der gesamten erwarteten Kreditlaufzeit ist allerdings nur möglich, weil der Staat seit den 1930er-Jahren die Refinanzierung privater Immobilienkredite aufseiten der Geschäftsbanken zugunsten von Häuslebauern und zulasten des allgemeinen Steuerzahlers auf zweifache Weise subventioniert, indem er die Kosten der Mittelbeschaffung der Banken senkt und das bei derartig langen Zinsbindungen vorhandene Risiko hoher Vorfälligkeitsentschädigungen für die Kreditnehmer übernimmt.

Welche Zinsbindung sollte ein typischer Eigenheimfinanzierer vor dem Hintergrund unserer historischen Beobachtungen der Kreditzinsen in Deutschland in den letzten über 51 Jahren und vor dem Hintergrund dessen, was man über den risikoerhöhenden Effekt einer Kreditfinanzierung[12] weiß, wählen? Zwar ist die Antwort auf diese Frage zu einem gewissen Grad einzelfallabhängig, aber es gibt eine Reihe allgemeingültiger Faustregeln:

- Je länger die Zinsbindung, desto tendenziell risikoärmer ist die Finanzierung und damit der Immobilienkauf. Analog gilt: Je kürzer die Zinsbindung, desto risikoreicher ist die Finanzierung. Mit einer Zins-

12 Siehe Glossareintrag »Kredithebeleffekt«.

bindung von zehn Jahren ist noch keineswegs das Ende der Fahnenstange erreicht. Verschiedene Banken gewähren auch 20 Jahre und manchmal sogar noch mehr.

- Für die meisten Eigenheimfinanzierer dürfte es sinnvoll sein, etwa die Hälfte des Gesamtkredits mit einer Zinsbindung deutlich über zehn Jahre auszustatten. In diesem Zusammenhang bedenke man auch die folgende gefährliche Konstellation: Aufgrund des derzeit sehr niedrigen Zinsniveaus mag manch einer einen Immobilienkaufpreis finanzieren, den er sich bei »normalerem« Zinsniveau nicht leisten könnte. Denkt man dieser Konstellation einen anfänglichen Tilgungssatz von unter 2% p.a. und eine Zinsbindung von »nur« zehn Jahren hinzu, haben wir – vielleicht unabsichtlich – einen gefährlichen Cocktail gemixt. Ein Zahlenbeispiel: Ein Kredit zum heutigen Zinsniveau (Mitte 2021) von etwa 1,5% p.a., kombiniert mit einem anfänglichen Tilgungssatz von 1,5%, wäre nach zehn Jahren erst etwa zu 14% getilgt. Nehmen wir an, dass im Jahr 11 das allgemeine Zinsniveau wieder auf 5% p.a. gestiegen ist. (Das ist immer noch deutlich unter dem historischen Durchschnitt seit 1970 von etwa 6,5% p.a.). Ferner unterstellen wir, dass die Bank von diesem Punkt an nur noch 25 Jahre bis zur Volltilgung toleriert, weil sowohl Kreditnehmer als auch Immobilie inzwischen zehn Jahre älter sind. Trotz gesunkener Kreditsumme würde sich die monatliche Belastung in diesem Szenario wegen des Zins- und Tilgungseffekts verdoppeln. Das Ergebnis: Eine monatliche Belastung, die der Kreditnehmer möglicherweise nicht mehr schultern kann. Eine längere Zinsbindung hätte dieses Risiko reduziert.
- In der Regel sind langfristige Zinsbindungen etwas teurer als kurzfristige. Der zu einem bestimmten Zeitpunkt bestehende Kostenunterschied hängt von der sogenannten Zinsstrukturkurve ab (siehe Infobox »Die Zinsstrukturkurve« in Abschnitt 2.5). Es lohnt sich für private Haushalte fast immer, den typischerweise höheren Zinssatz einer längerfristigen Zinsbindung in Kauf zu nehmen, um damit ihr Finanzierungsrisiko zu senken, sich also Kostensicherheit einzukaufen. Die Zusatzkosten einer längeren Zinsbindung gegenüber einer kürzeren Zinsbindung sind aus Sicht des Kreditnehmers die Prämie für eine Versicherung gegen unerwartete Zinserhöhungen. Auch wenn die kreditgebende Bank einmal selbst in Schwierigkeiten geraten sollte, ist man mit langen Zinsbindungen besser (aber nicht vollständig) vor Zinserhöhungen geschützt.

- Abgesehen von ihren zumeist etwas höheren Kosten haben lange Zinsbindungen den Nachteil, dass sie Sondertilgungen (außerplanmäßige Tilgungen), zum Beispiel wenn ein Haushalt aufgrund einer Erbschaft oder eines Gehaltsbonus unerwartet über zusätzliche Barmittel verfügt, erschweren oder sogar verhindern. Zudem besteht die Gefahr, dass eine vorzeitige Komplettrückzahlung des Kredits eine Vorfälligkeitsentschädigung auslöst, sofern die Zinsen seit Festlegung der Zinsbindung gefallen sind (siehe Abschnitt 2.12). Dennoch bieten heutzutage viele Banken auch bei langfristigen Zinsbindungen von vornherein die Möglichkeit begrenzter Sondertilgungen an. In den meisten Fällen sind Sie gut beraten, eine Bank zu wählen, die diese Option offeriert.
- Nach Ablauf von zehn Jahren sind auch Kredite mit längerer als zehnjähriger Zinsbindung in Deutschland aus gesetzlichen Gründen jederzeit (mit sechsmonatiger Kündigungsfrist) vom Kreditnehmer kündbar. Sondertilgungen sind dann ohne Mehrkosten möglich, es sei denn, man geht sofort wieder eine neue mehrjährige Zinsbindung ein.
- Eine clevere Lösung für einen Kreditnehmer (mit einem entsprechend großen Kreditvolumen) sieht folgendermaßen aus: Es werden drei Kredite (oder drei Tranchen eines einzelnen Kredits) aufgenommen. Alle drei Kredite werden typischerweise gleichrangig mit der erstrangigen Grundschuld besichert.[13] Kredit A hat eine Festzinsbindung von beispielsweise 20 Jahren und umfasst 50% der Gesamtkreditsumme. Kredit B hat eine Festzinsbindung von fünf Jahren und umfasst 30% der Gesamtkreditsumme. Kredit C ist ein variabel verzinslicher Kredit (mit zum Beispiel halbjährlicher oder jährlicher Zinsanpassung). Hierbei ist es sehr wichtig, dass der Referenzzinssatz ein öffentlich bekannter Marktzinssatz wie beispielsweise der → Euribor ist, den man in der Zeitung nachlesen kann und den die kreditgebende Bank nicht manipulieren kann. Diese Struktur hat den Vorteil, dass Tilgungen in beliebiger Höhe bei Kredit C praktisch jederzeit möglich sind. Bei Kredit B sind Tilgungen am Ende der fünfjährigen Zinsbindung zulässig und bei

13 Sofern einzelne Immobilienkredite oder -kredittranchen vom gleichen Kreditgeber kommen, spielt die Rangstufe der einzelnen Kredite an sich keine Rolle. Bei z. B. drei Kredittranchen wäre es aus Sicht des Kreditgebers letztlich unerheblich, ob alle gleichrangig (Fachbegriff »pari-passu«) im 1. Rang sind oder eine Tranche im 1. Rang, die nächste im 2. Rang und die letzte im 3. Rang ist. Die Rangigkeit wird nur wirklich bedeutsam, wenn es unterschiedliche Kreditgeber gibt.

Kredit A nach Ablauf von zehn Jahren. Sofern der ungefähre Zeitpunkt eines nennenswerten Mittelzuflusses in den nächsten Jahren (zum Beispiel aus dem Verkaufserlös eines Geschäfts oder einer Schenkung/Erbschaft) abgeschätzt werden kann, könnte es sinnvoll sein, Zinsbindung und Volumen von Kredit B an diesem geschätzten Zeitpunkt zu orientieren. Auf diese Art und Weise wird ein sinnvoller Kompromiss zwischen Zinssicherheit (die Versicherung gegen Zinserhöhungen) und Flexibilität (Möglichkeit von Sondertilgungen) erzielt. In dem ebenfalls nicht auszuschließenden Fall, dass man den gesamten Kredit (A, B, C) nach zum Beispiel fünf Jahren zurückführen will, dürfte die Vorfälligkeitsentschädigung, wenn in diesem Moment das allgemeine Zinsniveau niedriger ist als fünf Jahre zuvor, nicht inakzeptabel hoch sein. Der Einwand der vorgeblichen Komplexität dieser Struktur ist unangebracht, wenn es um so viel Geld geht. Natürlich kann und sollte ein Kreditnehmer ohne Weiteres von der Struktur 50:30:20 abweichen, um seinen persönlichen Verhältnissen gerecht zu werden, aber die Grundidee, dass mehr als die Hälfte des Kredits sehr langfristig gegen Zinsänderungen gesichert werden sollte, wird in den meisten Fällen richtig sein. Wenn die Kreditsumme für drei Unterkredite zu klein ist, kann man einen ähnlichen Effekt auch schon mit zwei Krediten erreichen, etwa 60% mit 20-jähriger Zinsbindung und 40% mit fünfjähriger Zinsbindung. Wenn sich eine angesprochene Bank weigert, mehr als einen Kredit auszureichen, dann sollte man zur nächsten gehen. Wer sich ganz sicher ist, auf die Möglichkeit von Sondertilgungen vollständig oder weitgehend verzichten zu können, der kann den Anteil des variabel verzinslichen Kreditteils noch unter die hier beschriebene 20%-Grenze reduzieren. Alternativ offerieren fast alle Banken heutzutage die Möglichkeit begrenzter jährlicher Sondertilgungen für Kredite mit langfristiger Zinsbindung (Kredit mit »eingebauten Sondertilgungen«). Welche Lösung am besten ist – das Multikreditmodell oder das Modell mit dem eingebauten Sondertilgungsrecht –, muss anhand eines Einzelfallvergleichs beurteilt werden.

- Wo liegt die aus Risikogründen maximale Obergrenze für den Anteil des variabel verzinslichen Kreditteils? Rechnen Sie nach, ob Sie den Gesamtkredit mit Ihrem heutigen Einkommen noch bedienen können, wenn die kurzfristigen Zinsen auf den oben angegebenen Höchstwert der letzten 50 Jahre (etwa 12% p.a.) oder noch etwas höher ansteigen.

Wenn Ihre Liquidität dann zu knapp wird, sollten Sie den Anteil des variabel verzinslichen Kreditteils so weit reduzieren, bis es »passt«. Es handelt sich hier nur um eine grobe Faustregel. Wie erwähnt: Niemand kann das künftige Zinsniveau zuverlässig vorhersagen, weder kurzfristig noch langfristig.

Je wohlhabender ein Haushalt ist (im Sinne von zusätzlichem Nettovermögen neben demjenigen, das die finanzierte Immobilie selbst repräsentiert), desto eher kann er sich leisten, weniger Zinsrisikoabsicherung als oben beschrieben zu betreiben. Daraus ergibt sich ein scheinbares Paradoxon: Ein sehr wohlhabender Haushalt kann eher das zusätzliche Risiko eingehen, das kurzfristige Zinsbindungen repräsentieren, und wird damit wohl langfristig ein klein wenig billiger finanzieren. Zugleich aber hat es der wohlhabende Haushalt nicht nötig, das zu tun, denn er kann sich die Versicherung durch langfristige Zinsbindungen gut leisten. Ein weniger wohlhabender Haushalt hingegen, der stärker vom langfristigen Kostenvorteil der kurzen Zinsbindungen profitieren würde, kann (und sollte) es jedoch aus Risikogründen nicht oder nur in geringerem Umfang tun.

Bei der Niederschrift dieses Abschnitts im Juli 2021 lagen die langfristigen Zinsen im Euro-Bereich auf außerordentlich niedrigem Niveau. Zehnjährige Zinsbindungen waren für 1,0% p.a. und 20-jährige Zinsbindungen für 1,5% p.a. zu haben (Effektivzinssatz). In einer solchen Zinssituation ist es für einen potenziellen Immobilienkäufer doppelt sinnvoll, einen möglichst großen Teil seines Immobilienkredits auf der Basis einer langfristigen Zinsbindung von mindestens zehn Jahren gegen künftige Zinserhöhungen abzusichern.

Fazit

- Sowohl kurz- als auch langfristige Marktzinssätze schwanken im langfristigen Zeitablauf dramatisch. Diese Schwankungen **können vor allem** bei Kurzfristzinsen fatale Folgen für einen privaten Immobilienfinanzierer haben, wenn dieser nur einen geringen Einkommenspuffer hat (Nettoeinkommen abzüglich Annuität und anderen laufenden

Kosten) und zugleich ein großer Teil seines Kreditvolumens eine kurzfristige oder variable Zinsbindung besitzt.

- Eine langfristige Zinsbindung (von 5 bis 20 Jahren) für mindestens zwei Drittel des Gesamtkreditvolumens bietet eine Versicherung gegen einen unerwarteten Anstieg der kurzfristigen Zinsen. Diese Versicherung ist für alle Haushalte, ausgenommen sehr wohlhabende, enorm wichtig. Sie kostet aber Geld in Form (zumeist) etwas höherer Zinssätze für langfristige Zinsbindungen. Wer sich diese Versicherung nicht leisten kann, sollte eine billigere Immobilie in Erwägung ziehen oder den Immobilienkauf so lange verschieben, bis er mehr Eigenkapital angespart hat.
- Sollten die Zinsen nach zehn Jahren gefallen sein, hat der Kreditnehmer auch bei Zinsbindungen oberhalb von zehn Jahren ein gesetzliches Kündigungsrecht.

2.11 Die richtige Tilgungsdauer und der passende Tilgungsmodus

> »Die Immobilie ist die beste Altersvorsorge – glauben viele Deutsche. Das gilt allerdings nur dann, wenn sie irgendwann auch abbezahlt ist. Das Haus kann im Alter zur Schuldenfalle werden.«
> *(Michael Fabricius, Leiter Immobilien-Ressort,* Die Welt, *23.02.2016)*

Der maximale Kaufpreis einer Immobilie, den sich ein Haushalt im Fall teilweiser Kreditfinanzierung leisten kann, wird in erster Linie von der Höhe des Eigenkapitals, dem laufenden Nettoeinkommen und seiner Stabilität (Sicherheit), vom Zinssatz und von der angenommenen Dauer bis zur Volltilgung bestimmt. Eigenkapital und laufendes Einkommen sind letztlich vorgegeben. Der Zinssatz wird fast vollständig vom Markt bestimmt. Nur »fast« deshalb, weil der Kreditnehmer in gewissen Grenzen die Wahl hat zwischen kurzfristigen und langfristigen Zinsbindungen. In manchen (eher seltenen) Phasen liegen die kurzfristigen Zinsen merklich tiefer. Ferner ist ein kleiner Teil der Kreditmarge der

Bank durch den Kreditnehmer beeinflussbar, speziell durch sein Verhandlungsgeschick, seine persönliche Bonität und die Eigenkapitalquote der Finanzierung.

Letztlich ist die Dauer bis zur Volltilgung die wichtigste Einflussvariable für die Bestimmung der Höhe der monatlichen Belastung des Haushalts. In diesem Abschnitt nenne ich diese Größe der Einfachheit halber die »Tilgungsdauer«. Sie beträgt in der Praxis oft rund 30 Jahre, weil viele Kreditnehmer die Tilgung so lange wie möglich strecken wollen, um die monatliche Belastung gering zu halten.[14] Banken gehen andererseits ungern über diesen Zeitraum hinaus, denn dann verliefe die Tilgung u. U. langsamer als – unter ungünstigen Umständen – der zeitbedingte Wertverlust der Immobilie. Soweit das der Fall ist, würde das Finanzierungsrisiko der Bank im Zeitablauf möglicherweise zustatt abnehmen.

Bei → annuitätischer Tilgung, die im Privatkundengeschäft in Deutschland die Regel darstellt und für die meisten Kreditnehmer in der Tat besser geeignet ist als die eher unübliche → ratierliche Tilgung, bestimmt der sogenannte »anfängliche jährliche Tilgungssatz«[15] maßgeblich die Höhe der monatlichen Annuität und die Länge der (Voll-) Tilgungsdauer. Tabelle 6 veranschaulicht den Zusammenhang zwischen Tilgungsdauer, monatlicher Annuität auf der einen sowie Zinssätzen und anfänglichem jährlichen Tilgungssatz auf der anderen Seite. Der Tilgungssatz wird deswegen als »anfänglich« bezeichnet, weil er tatsächlich nur für die allererste (monatliche) Annuität (Kreditrate) stimmt. Schon bei der zweiten monatlichen Annuität macht der Tilgungsanteil einen geringfügig höheren Anteil innerhalb der Annuität aus, was den Tilgungssatz etwas ansteigen lässt. Aufgrund dieses Mechanismus braucht ein Annuitätendarlehen mit einer anfänglichen Tilgung von 1% keine 100 Jahre zur Volltilgung.

14 Ein Viertel aller Eigenheimbesitzer über 69 Jahre hat sein Haus noch nicht voll abbezahlt (Untersuchung der Deutschen Leibrenten AG, zitiert nach Die Welt, 23.02.2016).

15 Typischerweise ungenau und latent falsch nur »anfänglicher Tilgungssatz« genannt.

Tabelle 6: Tilgungsdauer und monatliche Annuität in Abhängigkeit von verschiedenen Sollzinssätzen und anfänglichen Tilgungssätzen bei einer angenommenen Kreditsumme von 100 000 Euro

	Anfänglicher jährlicher Tilgungssatz (Annuitätendarlehen)						
Sollzinssatz	**1,00%**	**2,00%**	**3,00%**	**3,50%**	**4,00%**	**5,00%**	**6,00%**
0,50% p.a.	81,1 Jahre	44,6 Jahre	30,8 Jahre	26,7 Jahre	23,6 Jahre	19,1 Jahre	16,0 Jahre
	€ 125	€ 208	€ 292	€ 333	€ 375	€ 458	€ 542
1,00% p.a.	69,3 Jahre	40,6 Jahre	28,8 Jahre	25,1 Jahre	22,3 Jahre	18,2 Jahre	15,4 Jahre
	€ 167	€ 250	€ 333	€ 375	€ 417	€ 500	€ 583
2,00% p.a.	55,0 Jahre	34,7 Jahre	25,6 Jahre	22,6 Jahre	20,3 Jahre	16,8 Jahre	14,4 Jahre
	€ 250	€ 333	€ 417	€ 458	€ 500	€ 583	€ 667
3,00% p.a.	46,3 Jahre	30,6 Jahre	23,1 Jahre	20,7 Jahre	18,7 Jahre	15,7 Jahre	13,5 Jahre
	€ 333	€ 417	€ 500	€ 542	€ 583	€ 667	€ 750
4,00% p.a.	40,3 Jahre	27,5 Jahre	21,2 Jahre	19,1 Jahre	17,4 Jahre	14,7 Jahre	12,8 Jahre
	€ 417	€ 500	€ 583	€ 625	€ 667	€ 750	€ 833
5,00% p.a.	35,9 Jahre	25,1 Jahre	19,7 Jahre	17,8 Jahre	16,3 Jahre	13,9 Jahre	12,1 Jahre
	€ 500	€ 583	€ 667	€ 708	€ 750	€ 833	€ 917
6,00% p.a.	32,5 Jahre	23,2 Jahre	18,4 Jahre	16,7 Jahre	15,3 Jahre	13,2 Jahre	11,6 Jahre
	€ 583	€ 667	€ 750	€ 792	€ 833	€ 917	€ 1000
7,00% p.a.	29,8 Jahre	21,5 Jahre	17,2 Jahre	15,7 Jahre	14,5 Jahre	12,5 Jahre	11,1 Jahre
	€ 667	€ 750	€ 833	€ 875	€ 917	€ 1000	€ 1083
8,00% p.a.	27,6 Jahre	20,2 Jahre	16,3 Jahre	14,9 Jahre	13,8 Jahre	12,0 Jahre	10,6 Jahre
	€ 750	€ 833	€ 917	€ 958	€ 1000	€ 1083	€ 1167
10,00% p.a.	24,1 Jahre	18 Jahre	14,7 Jahre	13,6 Jahre	12,6 Jahre	11,0 Jahre	9,8 Jahre
	€ 917	€ 1000	€ 1083	€ 1125	€ 1167	€ 1250	€ 1333

► Angaben gerundet. ► Die monatliche Annuität ergibt sich aus der einfachen Formel: (Sollzinssatz p.a. + anfänglicher jährlicher Tilgungssatz) × Kreditsumme ÷ 12. Der Anteil der Tilgung an der periodischen Annuität steigt mit jeder folgenden monatlichen Annuität und im Gegenzug sinkt der Zinsanteil – daher die Bezeichnung »anfänglicher« Tilgungssatz.

Betrachten wir beispielhaft in Tabelle 6 zwei Konstellationen aus der zweiten Spalte von links. Bei einem Sollzinssatz von 2,0% p.a. und einem anfänglichen jährlichen Tilgungssatz von 1,0% würde es voraussichtlich 55 Jahre dauern, bis der Kredit vollständig getilgt wäre. Dass sich darauf wohl kaum eine Bank einlässt, dürfte nicht überraschen. Hingegen beliefe sich die Tilgungsdauer bei einem Sollzins von 10,0% (wie z. B. Anfang der 1980er-Jahre) und demselben anfänglichen jährlichen Tilgungssatz von 1,0% auf nur 24 Jahre. Die beiden Beispiele verdeutlichen, dass bei einer annuitätischen Tilgung die Länge der Tilgungsdauer nicht nur vom anfänglichen Tilgungssatz bestimmt wird, sondern auch vom Sollzinssatz.

Eine naheliegende Faustregel lautet: Allerspätestens bei Eintritt in den Ruhestand desjenigen Haushaltsmitglieds, das den größeren Teil des Arbeitseinkommens im Haushalt beisteuert (oder das einzige Arbeitseinkommen), sollte der Eigenheimkredit vollständig getilgt sein. Konservativer und sicherer wäre es, die Volltilgung schon drei bis fünf Jahre vorher anzustreben, denn manchmal müssen Menschen aus gesundheitlichen Gründen oder wegen Altersarbeitslosigkeit unfreiwillig vorzeitig in Ruhestand gehen. Von der Spätestens-bei-Eintritt-in-den-Ruhestand-Faustregel sollten nur deutlich überdurchschnittlich wohlhabende Haushalte abweichen oder Haushalte mit sehr hohen Renteneinkünften.

Daraus ergibt sich die folgende praktische Schlussfolgerung: Der anfängliche Tilgungssatz allein sagt wenig oder nichts über die voraussichtliche Tilgungsdauer aus. Daher sollten Sie im Verkaufsgespräch mit dem Banker keine Zeit mit der für sich genommenen aussagelosen Größe des »anfänglichen Tilgungssatzes« vergeuden, sondern direkt über die gewünschte oder voraussichtliche Tilgungsdauer sprechen – »voraussichtlich«, denn die tatsächliche Tilgungsdauer kann hiervon abweichen, da es ja ungeplante Sondertilgungen (siehe folgender Abschnitt) geben kann und weil beim Auslaufen der Zinsbindung ein vermutlich neuer abweichender Zinssatz ebenfalls Einfluss auf die Resttilgungsdauer hat.

Für den Fall, dass sich die finanziellen Verhältnisse eines Haushalts langfristig besser entwickeln als geplant, sollte der Kreditvertrag Sondertilgungsrechte enthalten.

Gelegentlich wünschen sich Kreditnehmer eine Klausel (ein Recht) auf vorübergehende Tilgungsaussetzung im Kreditvertrag, um z. B. das Risiko einer zeitweiligen Arbeitslosigkeit oder anderweitiger Liquiditätsengpässe abzufedern.[16] Die meisten Banken lassen sich darauf nicht ein, jedenfalls nicht im »Breitengeschäft«. Aus meiner Sicht ist ein solches Tilgungsaussetzungsrecht in der Tat verzichtbar.

Erstens kann ein Kreditnehmer, der in vorübergehenden Liquiditätsproblemen steckt, stets *ad hoc* versuchen, mit seiner Bank eine zeitweilige Tilgungsaussetzung zu verhandeln, sofern diese wirklich unumgänglich ist. Die meisten Banken sind hierbei im Eigeninteresse recht flexibel, werden und wollen das jedoch nicht im Voraus versprechen. (Das sollte niemanden überraschen.)

Zweitens wird ein vertragliches Recht auf Tilgungsaussetzung unter sonst gleichen Umständen die Zinskonditionen vermutlich verschlechtern.

Drittens könnte man konzeptionell anstelle einer Tilgungsaussetzungsklausel die »normale« Tilgung von Anfang an etwas niedriger ansetzen, als es eigentlich für den Haushalt finanziell machbar wäre, und zugleich das im Kreditvertrag enthaltene Sondertilgungsrecht in allen »normalen« Jahren wahrnehmen, nur in den »schlechten« Jahren nicht. Das kehrt den ursprünglichen Charakter der »Sonder«-Tilgung zwar um, führt im Ergebnis aber in Richtung des angestrebten Effekts der Flexibilisierung des Kapitaldienstprofils, wenngleich natürlich nur bis zu einem gewissen Grad.

Neben der hier dargestellten annuitätischen Tilgung existieren noch der ratierliche Tilgungsmodus und der → endfällige Tilgungsmodus. Beide werden im Glossar erläutert. Immobilienkredite mit ratierlicher Tilgung sind in der privaten Immobilienfinanzierung in Deutschland und Österreich selten, weil sie für Kreditnehmer ganz einfach unpraktisch sind – unpraktisch aufgrund ihres im Zeitablauf nicht gleichbleibenden Kapitaldienstprofils. Das würde die Liquiditätsplanung eines normalen Haushalts ungemein erschweren.

Kredite mit endfälliger Tilgung kommen – abgesehen von Zwischenfinanzierungen – im privaten Immobilienfinanzierungsgeschäft eigentlich nur in »Kombinationsfinanzierungen mit kapitalbildenden Lebensversicherungen« vor. Diese beschreibe ich in Abschnitt 2.13.5 und 2.13.6 weiter unten. Solche Kombinationsfinanzierungen sind, das kann ich vorwegnehmen, nahezu ausnahmslos abzulehnen.

16 Hiermit ist nicht ein etwaiger tilgungsfreier Zeitraum unmittelbar nach Vollauszahlung des Kredits gemeint.

Fazit

- Das Kreditverkaufsgespräch mit der Bank sollte sich um die gewünschte voraussichtliche Tilgungsdauer drehen, nicht um den anfänglichen Tilgungssatz.
- Das derzeit (Mitte 2021) historisch immer noch außerordentlich niedrige Zinsniveau erfordert aus finanzmathematischen Gründen höhere anfängliche Tilgungssätze, als sie noch bei Marktzinssätzen von 5% oder mehr erforderlich waren, um zu einer gegebenen voraussichtlichen Tilgungsdauer von unter 30 Jahren zu gelangen.
- Verlangen Sie von den Banken oder Darlehensvermittlern, mit denen Sie verhandeln, schon früh in der Verhandlungsphase einen tabellarischen Zins- und Tilgungsplan, der alle Kapitaldienstzahlungen vom ersten Tag bis zur voraussichtlichen Volltilgung ausweist (Annuitäten, Zinsanteile, Tilgungsanteile).

2.12 Sondertilgungen und Vorfälligkeitsentschädigungen

> »Da auch die schuldenfreie Immobilie noch viel Geld kosten kann, ist es oft sinnvoll, bereits viele Jahre vor Rentenbeginn schuldenfrei zu sein.«
> *(Verbraucherzentrale Baden-Württemberg, Broschüre* Immobilienfinanzierung – häufige Fragen und Antworten*)*

Banken leihen sich das Geld für Immobilienkredite bei ihren Sparern (zum Beispiel in Form von Sparguthaben und Termingeldern), am Kapitalmarkt über kurz- und langfristige Anleihen (zum Beispiel Bankschuldverschreibungen, Pfandbriefe), durch Kreditaufnahme von anderen Banken und durch Kreditaufnahme gegen Sicherheiten bei der Zentralbank. Daneben haben Banken auch noch Eigenkapital (ca. 10% der Bilanzsumme). Diese Liquiditätsbeschaffung aus Fremdmitteln heißt »Refinanzierung«.

Bei der Refinanzierung der Ausleihungen (der ausgereichten Kredite) durch eine Bank gilt das Prinzip der »Fristen- oder Laufzeitenkongruenz«.

Zur Illustration: Die Bank gewährt einem Kreditnehmer ein annuitätisches Immobiliendarlehen über 300 000 Euro mit einer Zinsbindung von zehn Jahren und einem anfänglichen Tilgungssatz, der so bemessen ist, dass das Darlehen in 25 Jahren getilgt sein müsste.

Um das Risiko der Insolvenz (Illiquidität) für die Bank selbst zu reduzieren, das sich dann materialisieren könnte, wenn die Bank Kredite, die sie langfristig zugesagt hat (hier für zehn Jahre und letztlich länger, da der Kunde den Kredit ja am Ende der zehn Jahre nur zum Teil getilgt haben wird), kurzfristig refinanzieren würde (etwa über jederzeit von Anlegern »kündbare« Sparguthaben), muss die Bank dafür sorgen, dass die ausgeliehenen Mittel (Kredite) und die geliehenen Mittel (Einlagen, ausgegebene Anleihen, eigene Kreditaufnahme der Bank) und das Eigenkapital (Aktionärskapital) ganz grob betrachtet (im gewichteten Mittel) die gleichen vertraglichen Laufzeiten und Zinsbindungen haben. Ist das der Fall, spricht man von fristenkongruenter Refinanzierung.

Wäre fristenkongruente Refinanzierung nicht wenigstens näherungsweise gegeben, könnte ein unerwarteter Liquiditätsabfluss in der Refinanzierung (weil zum Beispiel plötzlich viele Sparer aufgrund eines Gerüchts über Schwierigkeiten der Bank gleichzeitig ihre Guthaben abheben) die Bank in die Insolvenz (Illiquidität) zwingen – mit fatalen Folgen für die übrigen Sparer, Anleihebesitzer und Aktionäre.

Da also die Bank aus Risikogründen ihre ausgereichten Kredite so weit wie möglich fristenkongruent refinanzieren muss, sowohl bezüglich der zugesagten Laufzeit als auch hinsichtlich der zugesagten Zinsbindungen, erwächst ihr bei langfristig zugesagten Krediten ein Problem, wenn Kreditnehmer »ungeplante« (nicht von vornherein vereinbarte) Sondertilgungen für einen Teil oder den ganzen Restkreditbetrag vornehmen wollen. Das wird insbesondere dann der Fall sein, wenn das allgemeine Zinsniveau seit der ursprünglichen Darlehensaufnahme merklich gefallen ist und eine → Umschuldung daher Kostenvorteile für die Schuldner (Kreditnehmer) hätte. Dabei ist zu bedenken, dass die Bank ja ihrerseits bei ihren eigenen langfristigen Kreditgebern (den Anleihebesitzern) keine Sondertilgungen vornehmen darf, um sich »glattzustellen«, wenn es zu solchen ungeplanten Sondertilgungen gekommen ist.

Räumte sich die Bank – in Vorbereitung auf nicht vereinbarte Sondertilgungen – ein solches Sondertilgungs- oder Sonderkündigungsrecht zum Nennbetrag bei der Emission einer langfristigen Anleihe ein (was durchaus möglich wäre), würde das den Zinssatz der Anleihe erhöhen und die Refinanzierung der Bank somit verteuern. Das wiederum würde die Kreditkonditionen für die Immobilienfinanzierer erhöhen, was nicht in ihrem Interesse liegt.

Käme es zu nicht erwarteten Sondertilgungen bei Immobilienkrediten, muss die Bank nun also das »überflüssige« Geld neu am Finanzmarkt anlegen (zum Beispiel neue Kredite gewähren). Dabei ist jedoch vermutlich nur ein niedriger Zinsertrag zu erwirtschaften – je nach der in diesem Moment bestehenden Marktsituation für kurz-, mittel- und langfristige Zinsen (Sondertilgungen finden insbesondere dann statt, wenn das Zinsniveau für die relevante Restzinsbindung seit Kreditausreichung gefallen ist). Hinzu kommt, dass die ungeplante Sondertilgung Verwaltungsaufwand innerhalb der Bank verursacht, der ebenfalls gedeckt werden muss. Den Zinsmargenminderertrag (oder sogar Verlust) und die zusätzlichen Verwaltungskosten lässt sich die Bank, wenn ein Schuldner eine nicht vereinbarte teilweise oder komplette Sondertilgung vornehmen will, von diesem Kreditkunden in Form einer »Vorfälligkeitsentschädigung« (VFE) erstatten. Wer die ökonomischen Zusammenhänge versteht, für den ist diese Vorgehensweise jedenfalls grundsätzlich legitim; rechtens ist sie ohnehin.[17]

Infobox: Die Auslöser der globalen Finanzkrise 2007/2008

Die zwei Hauptauslöser der weltweiten Finanzkrise ab Ende 2007, in deren Gefolge die Staatsverschuldung in Deutschland und den meisten anderen Industrieländern stark anstieg, waren zu niedrige Eigenkapitalquoten bei privaten Immobilienfinanzierungen in den angelsächsischen Ländern, den Ländern Südeuropas und den meisten osteuropäischen Staaten sowie ein zu hoher Anteil variabel verzinslicher Kredite (sehr kurze Zinsbindungen). Als die kurzfristigen Zinsen zunächst im Dollarraum, später auch in anderen Währungsräumen ab Mitte 2004 bis Ende 2007 anzogen, gerieten Millionen Haushalte in eine Schieflage, die oft mit der Pfändung des Hauses und dem Verlust des gesamten Eigenkapitals endete.

17 Der alte Hollywoodfilm von 1946 *It's a Wonderful Life* (dt. *Ist das Leben nicht schön?*) mit James Stewart dramatisiert das Problem der Fristenkongruenz zusammen mit einer Liebesgeschichte und kleinstädtischem Altruismus. *It's a Wonderful Life* gilt in manchen Rankings als einer der 100 besten Filme aller Zeiten.

Ignoriert man die eher unbedeutende Verwaltungskostenkomponente in einer VFE, wird deren Höhe vor allem anhand der Differenz zwischen (a) den im Augenblick der ungeplanten Sondertilgung für die verbleibende Restlaufzeit des Kredits bestehenden Marktzinsen und (b) den ursprünglichen Marktzinsen bei Abschluss des Kreditvertrags bestimmt. In den eher seltenen Fällen, bei denen (a) größer als (b) ist, wird die VFE sehr klein oder sogar null sein, denn dann hat die Bank keinen »Wiederanlageschaden« oder sogar einen Wiederanlagevorteil. In diesem Fall wird die Bank beim Wunsch nach einer teilweisen oder vollständigen Sondertilgung in der Regel kulant sein, denn die Sondertilgung stellt für die Bank eine Gelegenheit dar, einen zusätzlichen Gewinn zu erwirtschaften.

Wenig überraschend haben Kreditnehmer insbesondere dann Interesse an einer teilweisen oder vollständigen Sondertilgung, wenn das allgemeine Zinsniveau relativ zum Zeitpunkt des Vertragsabschlusses merklich gefallen ist. Ohne VFE könnte der Schuldner in diesem Fall den alten teuren Kredit durch einen neuen billigen Kredit ablösen (umschulden) und so seine monatliche Kostenbelastung senken sowie die Rentabilität seiner Investition erhöhen. Eine VFE entspricht im Großen und Ganzen genau dem Vorteil, den ein Kreditnehmer durch die Umschuldung in einen billigeren Kredit bei unveränderter Restlaufzeit gewinnen könnte.

Da viele Kreditnehmer nicht verstehen, warum es überhaupt zu einer VFE kommt, oder aber ihre konkrete Höhe für überzogen halten, hat es hierzu in Deutschland wie auch in anderen Ländern zahllose gerichtliche Auseinandersetzungen zwischen Kreditnehmern und Banken gegeben. Ein wichtiges Ergebnis dieser Auseinandersetzungen war, dass der Bundesgerichtshof während der vergangenen 30 Jahre in mehreren Urteilen (das vorläufig letzte 2021) die Bedingungen und das Kalkulationsverfahren für VFEs geklärt hat. Damit wurde die diesbezügliche Rechtsunsicherheit zum großen Teil, wenn auch nicht vollständig, beseitigt. Auf alle Fälle lohnt es sich, einige wichtige Gesichtspunkte in diesem Zusammenhang zu kennen. Fassen wir zusammen:[18]

- Bei einem Darlehen, das durch eine Grundschuld oder Hypothek gesichert ist, besitzt der Schuldner innerhalb des Zinsbindungszeitraums

18 Die folgenden Aussagen gelten nur für private Kreditnehmer in Deutschland, jedoch nicht in jedem Fall für private Kreditnehmer in der Schweiz und in Österreich und nicht in allen Aspekten für Kredite an Unternehmen.

und vor Ablauf von zehn Jahren kein *generelles* Recht zur vorzeitigen Kündigung des Vertrags oder zu Sondertilgungen. Dennoch wird die Bank normalerweise einer Kündigung zustimmen, wenn der Kreditnehmer bereit ist, ihr den entstandenen Schaden in Form einer VFE zu ersetzen. Sofern die Bank einer solchen Kreditkündigung (vorzeitige Komplettrückzahlung) zustimmt, obwohl sie dazu gesetzlich nicht verpflichtet ist, gelten die gesetzlichen Vorgaben darüber, wie die VFE berechnet wird, nicht (dazu mehr weiter unten).

- Nicht grundpfandrechtlich besicherte Darlehen an Verbraucher (zum Beispiel Kredite zur Finanzierung sonstiger Konsumgüter oder Dienstleistungen wie etwa Reisen) können unter Einhaltung einer drei- bzw. sechsmonatigen Kündigungsfrist entschädigungsfrei gekündigt werden.
- Nach wie vor besteht kein vom Gesetzgeber oder der laufenden Rechtsprechung völlig eindeutig definierter Berechnungsmodus für die Kalkulation einer VFE. Deswegen lohnt es sich normalerweise, eine VFE von einem Experten überprüfen zu lassen. In der jüngeren Vergangenheit überprüften die Verbraucherzentralen in Deutschland viele Tausend VFE-Berechnungen und kamen zu dem Schluss, dass zwei von drei zu hoch berechnet waren. Im Zweifel sollten Sie einen gegebenen Bescheid der Bank über eine VFE mit zur nächstgelegenen Verbraucherzentrale nehmen und sich dort beraten lassen.
- Darlehen mit einer Zinsbindung von mehr als zehn Jahren können mit einer Frist von sechs Monaten vom Schuldner gekündigt werden (damit endet die Zinsbindung in diesem Kündigungsfall frühestens nach 10,5 Jahren), wenn seit der vollständigen Kreditauszahlung oder der letzten Neuvereinbarung der Konditionen zehn Jahre vergangen sind (§ 489 Abs. 1 Nr. 2 BGB).[19] Eine VFE kann die Bank dann nicht geltend machen. Wer eine Zinsbindung von 15 oder gar 20 Jahren vereinbarte (was grundsätzlich eine gute Idee sein kann), muss also nicht bis zum Ende der Zinsbindung warten, bis er den restlichen Kredit zurückzahlen oder umschulden kann. Hat ein Kreditnehmer einen solchen Kredit mit Zinsbindung über zehn Jahre (z. B. über 18 Jahre)

19 Die Annahme, dieses gesetzliche Kündigungsrecht nach Ablauf von zehn Jahren sei ein uneingeschränkter Vorteil für den Verbraucher, ist ein Irrtum. Die Einräumung dieses Rechts auf Drängen von Verbraucherschützern hat dazu geführt, dass die Zinssätze für Zinsbindungen über zehn Jahre höher sind, als sie es ansonsten wären.

und kündigt er z. B. im Jahr 4 auf der Basis eines der im folgenden Absatz genannten Gründe, muss die Bank bei der Kalkulation einer VFE unterstellen, dass die Zinsbindung am Ende von Jahr 10 ausgelaufen wäre, auch wenn sie tatsächlich erst später ausläuft (hier nach 18 Jahren). Mit anderen Worten: Für die letzten acht Jahre darf sie keine VFE berechnen.

- Nach allgemein akzeptierter Rechtsprechung hat der Immobilienkreditnehmer ein Kündigungsrecht auch innerhalb der Zinsbindungsfrist, einschließlich einer Zinsbindung bis zu zehn Jahren, wenn er (a) die Immobilie verkauft (das dürfte der häufigste Grund sein) oder (b) den Immobilienkredit aufstocken will, die Bank diese Aufstockung indes »ohne guten Grund« verweigert und damit eine wirtschaftliche Nutzung der Immobilie verhindert. Ein naheliegendes Kriterium für »ohne guten Grund« ist die Bereitschaft einer anderen Bank, die Aufstockung zu finanzieren. In beiden Konstellationen darf die Bank eine VFE verlangen (zum Kündigungsrecht des Kreditnehmers siehe auch Abschnitt 2.16).
- Bei Darlehen mit variabler Verzinsung kann der Kreditnehmer teilweise oder vollständige (Sonder-)Tilgungen zum Zeitpunkt des Auslaufens der Zinsbindung (typischerweise alle drei, sechs oder zwölf Monate) ohne VFE-Berechnung durchführen. Allerdings ist auch hier eine Kündigungsfrist von üblicherweise drei Monaten einzuhalten. Eine bedenkenswerte Struktur könnte die Kombination eines kleineren variabel verzinslichen Kredits A mit einem größeren Kredit B sein, der eine langfristige Zinsbindung von zehn oder 20 Jahren hat (siehe Abschnitt 2.10 »Die beste Zinsbindungsdauer«).
- Bei der vorzeitigen Rückzahlung von Darlehen aus Bausparverträgen fällt keine VFE an. Teilweise oder vollständige Sondertilgungen sind jederzeit und ohne Fristeinhaltung möglich. Das gilt jedoch nicht für »Bausparvorausdarlehen« (siehe Abschnitt 2.13.5.).
- Für die Höhe der VFE kann der exakte Berechnungszeitpunkt von Bedeutung sein. Tritt ein Kreditnehmer mit einem Kündigungswunsch oder einer Kündigung an seine Bank heran, kommt es in der Regel zunächst zu einer vorläufigen VFE-Berechnung. Bis zur Wirksamkeit der Kündigung kann und wird in der Praxis noch einige Zeit verstreichen. Der Kunde sollte dann darauf bestehen, dass die endgültige VFE-Berechnung genau zu dem Tag erfolgt, an dem er den Kreditbetrag an die Bank überwiesen hat; andernfalls besteht die Gefahr, dass die Bank eine

mögliche Reduzierung der VFE aufgrund von Marktzinsveränderungen seit der vorläufigen Berechnung nicht an den Kunden weitergibt. Wenn es hingegen zu einer Erhöhung der VFE kommt, wird die Bank die Neuberechnung ohnehin vornehmen.

- Bei der Kalkulation einer VFE muss die Bank den maximalen Betrag aller vertraglich vereinbarten Sondertilgungsrechte (tatsächlich ausgeübte und nicht ausgeübte) von der Restschuld abziehen, die der Berechnung zugrunde liegt, also so tun, als wären alle Sondertilgungsrechte in der Zukunft auch ausgeübt worden.
- Weitere Spezialfälle, bei denen die Bank zwar nicht gezwungen ist, auf eine VFE zu verzichten, dies in der Praxis gleichwohl oft tut, sind der »Objekttausch« oder der »Schuldnertausch«. Beim Objekttausch verkauft der Kreditnehmer eine Immobilie und erwirbt eine neue. Der alte Kreditvertrag wird mit geänderter Kreditsicherheit und den alten Konditionen fortgeführt und ggf. aufgestockt. Wesentlich aus Sicht der Bank ist in der Regel, dass die neue Immobilie relativ zur Kreditsumme mindestens so werthaltig ist wie die alte. Auch die persönliche Bonität des Kreditnehmers spielt eine Rolle. Beim Schuldnertausch tritt anstelle des bisherigen Schuldners ein anderer in den Kreditvertrag ein. Dies dürfte bei einem Immobilienverkauf der Käufer sein. Hier ist wesentlich, dass die Bonität des neuen Schuldners der des alten entspricht oder besser ist. In beiden Fällen entstünde der Bank kein Nachteil. Stimmt sie einer derartigen Vertragsänderung zu, berechnet sie keine VFE, sondern nur eine Bearbeitungsgebühr. Dass sich beim etwaigen Verkauf Ihrer Immobilie deren Käufer auf einen Schuldnertausch in Bezug auf einen Kredit einlässt, der im Fall der Tilgung mit einer VVE einherginge, ist unwahrscheinlich (abgesehen davon, dass ja auch die Bank zustimmen müsste). Eine VVE fällt primär immer dann an, wenn die aktuellen Marktzinsen nennenswert günstiger sind als die kreditvertraglichen alten Konditionen. So gesehen besteht kein offensichtlicher Grund für einen Käufer, sich auf einen Schuldnertausch einzulassen, denn dieser wäre für ihn wirtschaftlich nachteilig.
- Kündigt die Bank, weil der Kreditnehmer gegen seine vertraglichen Pflichten verstößt (z. B. den Kapitaldienst nicht leistet) und diese Pflichtverletzung die gesetzliche Anforderung eines »wichtigen Grunds« erfüllt (§ 314 BGB), hat die Bank einen Schadenersatzanspruch gegen den Kreditnehmer, der analog der VFE berechnet wird.

- Die Stiftung Warentest bietet einen Web-basierten Rechner zur Kalkulation von Vorfälligkeitsentschädigungen an. Mit diesem kann man eine von der Bank angebotene Vorfälligkeitsentschädigung auf Plausibilität (»Fairness«) prüfen oder man kann errechnen, wie hoch die Vorfälligkeitsentschädigung einer Bank vermutlich wäre, würde man den eigenen Kredit kündigen. Googeln Sie einfach die Stichworte »Stiftung Warentest so hoch darf die Vorfälligkeitsentschädigung sein«.

Die Möglichkeit teilweiser oder vollständiger Sondertilgungen ist, wie wir nun gesehen haben, ein zwischen Banken und ihren Kreditkunden heikles Thema. Daher besteht die beste »VFE-Problemlösungsstrategie« für Kreditnehmer darin, das Problem von vornherein zu vermeiden. Das geht recht einfach, indem man sein Kreditpaket so strukturiert wie in Abschnitt 2.10 vorgeschlagen. Zwar wird die Bank ob dieser zusätzlichen Komplexität zunächst einmal reserviert oder ablehnend reagieren, aber sofern Sie hartnäckig genug sind, werden Sie eine Bank finden, die diesen Vorschlag für Sie umsetzt.

Wenn das allgemeine Immobilienkreditzinsniveau, das in Deutschland seit einigen Jahren und aktuell (Mitte 2021) sehr niedrig ist und in der Zukunft eher ansteigen wird, dürfte das VFE-Problem in den nächsten Jahren an Bedeutung verlieren, denn die Höhe einer VFE bestimmt sich in erster Linie aus dem Abstand zwischen der Zinshöhe für die verbleibende Dauer der Zinsbindung und dem aktuellen Marktzins für diese Restzinsbindung. Ist der Marktzins um mehr als 1 Prozentpunkt höher, wird es normalerweise nur eine kleine oder vielleicht gar keine VFE geben.

Fazit

- Sondertilgungen und Vorfälligkeitsentschädigungen sind ein ewiger Zankapfel zwischen Banken und ihren Kreditnehmern. Allerdings ist die Legitimität solcher Entschädigungen, auch wenn uns das als Betroffene nicht gefällt, nicht in Abrede zu stellen. Wären sie verboten, würde das die Zinskosten für alle Kreditnehmer erhöhen.
- Jeder Kreditnehmer sollte sein Kreditpaket so schnüren, dass er (sofern das für ihn wichtig ist) in ausreichendem Maße die Möglichkeit

zu kostenfreien Sondertilgungen und damit einer Erhöhung der Tilgungsgeschwindigkeit innerhalb der ersten zehn Jahre hat. Nach Ablauf von zehn Jahren seit der letzten Konditionenvereinbarung besteht in Deutschland ohnedies ein gesetzliches unbegrenztes Sondertilgungsrecht.

2.13 Die wichtigsten Kreditformen und Fördermittel

2.13.1 Annuitätendarlehen mit Festzinsbindung – der Standardfall

> »Leverage makes everything ›more‹.
> It makes good things better and bad things even worse.«[20]
> *(Alex Avery, kanadischer Finanzanalyst, Immobilienbuchautor)*

Um es vorab zu sagen: In der Mehrzahl aller Eigenheimfinanzierungen wird ein simples Annuitätendarlehen mit einer Festzinsbindung (Festsatzfixierung) von zwischen fünf und 20 Jahren ohne weiteren Schnickschnack die beste Lösung für einen Eigenheimkredit sein. Das Annuitätendarlehen vereinigt eine Reihe von Vorteilen, welche die meisten komplexeren Finanzierungsstrukturen in der Summe so nicht besitzen. Im Vergleich zu anderen Finanzierungsstrukturen schließen diese Vorteile mit ein:

- Einfachheit und Verständlichkeit,
- Transparenz,
- Verfügbarkeit bei praktisch allen Banken,
- Bei einer gegebenen Zinsbindung maximale Flexibilität[21],
- Gute Kombinierbarkeit mit anderen Eigen- und Fremdkapitalquellen,

20 »Der Kredithebel verstärkt alles. Er macht gute Dinge noch besser und er macht schlechte Dinge noch schlechter.«

21 Siehe Abschnitt 1.7 zur Flexibilität als Kernthema bei Immobilienfinanzierungen. Die Länge der Zinsbindung und damit der Schutz vor dem Zinsänderungsrisiko steht – jedenfalls bis zu einer Zinsbindung von zehn Jahren – in einem umgekehrten Verhältnis zur Flexibilität der Finanzierungsstruktur.

- Vermeidung »versteckter«, oft gravierender Zusatzrisiken, wie sie beispielsweise bei sogenannten Kombinationsfinanzierungen mit Bausparkrediten oder Kapitallebensversicherungen enthalten sind, die weiter hinten in diesem Kapitel beschrieben werden.

Das Hauptmerkmal eines Annuitätendarlehens ist die über die Zeit der Zinsbindung gleichbleibende periodische, üblicherweise monatliche Zahlungsbelastung für den Kreditnehmer. Diese uniform laufende Zahlungsbelastung (die monatliche »Annuität«) erleichtert Privathaushalten die kurz-, mittel- und langfristige Finanzplanung in Bezug auf den nachhaltigen Abgleich von Einnahmen und Ausgaben. Mit anderen Worten, ein Kreditnehmerhaushalt weiß bei der Unterschrift unter dem Vertrag für ein Annuitätendarlehen genau, welche Zahlungsbelastung für eine lange Zeit (z. B. zehn oder 20 Jahre) monatlich unveränderlich auf ihn zukommen wird. Das ist ein beträchtlicher Vorteil.

Abbildung 2: Zusammenwirken von Zinsanteil und Tilgungsanteil in einem Annuitätendarlehen: Kreditbetrag 500 000 Euro, Sollzinssatz 2,0% p.a., anfänglicher Tilgungssatz 2,44% p.a., Tilgungsdauer 30 Jahre (360 Monate), monatlicher Kapitaldienst 1 848 Euro

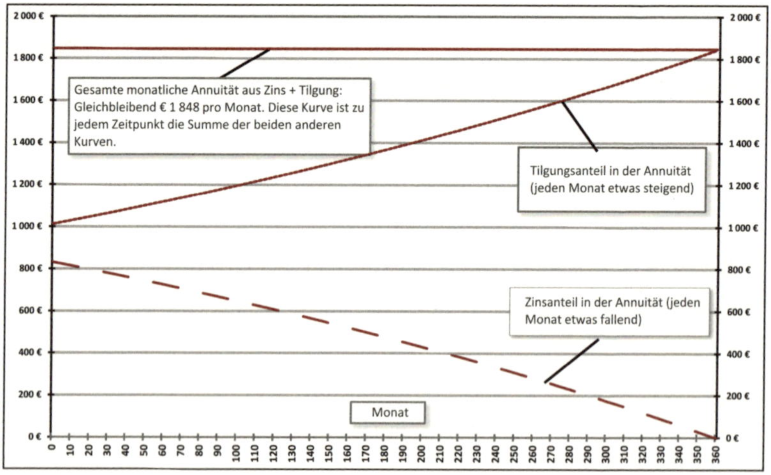

► Die monatliche Annuität berechnet sich so: (2,0% + 2,44%) × 500 000 Euro ÷ 12 Monate = 1 848 Euro pro Monat. ► In der Praxis erstrecken sich Zinsbindungen selten über 30 Jahre bis zur Volltilgung wie in diesem illustrativen Beispiel.

Abbildung 2 illustriert die Wirkungsweise eines Annuitätenkredits. Für diese Beispielrechnung nehmen wir einen Kredit von 500 000 Euro an, einen Sollzinssatz von 2,0% p.a. und eine Tilgungsdauer von 30 Jahren. Diese Tilgungsdauer produziert einen anfänglichen Tilgungssatz von 2,44% p.a. (In Abschnitt 2.11 erläutere ich, wie man auf der Basis des Sollzinssatzes und dem anfänglichen Tilgungssatz, der auf Per-annum-Basis angegeben wird, auf die Höhe der monatlichen Annuität kommt.)

Zwar ändert sich die Zusammensetzung aus Zins und Tilgung in der monatlichen Kreditrate (Annuität) buchstäblich jeden Monat, doch bleibt die Gesamthöhe der Annuität stets unverändert – jedenfalls so lange, wie der Zinssatz fixiert ist, also während der Zinsbindung – bei einer zehnjährigen Zinsbindung über zehn Jahre, bei einer 20-jährigen über 20 Jahre. Wäre die Zinsbindung in unserer Beispielrechnung nur zehn Jahre (statt der in Abbildung 2 unterstellten 30 Jahre), dann würde sich die monatliche Annuität und damit auch die beiden Komponenten Zins und Tilgung nach Ablauf dieser ersten zehn Jahre sehr wahrscheinlich ändern.

Bei einem sogenannten »Ratendarlehen« (manchmal auch »Tilgungsdarlehen« oder »Ratentilgungsdarlehen« genannt) ist die monatliche Gesamtbelastung während der Zinsbindung, anders als bei einem Annuitätendarlehen, nicht konstant. Dort ist lediglich die periodische (z. B. monatliche) Tilgungsrate unveränderlich. Weil aber die ausstehende Restschuld nach jeder Tilgungsrate ein klein wenig sinkt, wird auch die Zinszahlung abnehmen (wir nehmen hierbei einen konstanten Zinssatz an). Die Gesamtbelastung aus Zins und Tilgung ist bei einem Ratendarlehen im ersten Monat am höchsten und nimmt dann im Zeitablauf langsam ab. Ein solches »Cashflow-Profil« passt aber schlecht zu den wirtschaftlichen Verhältnissen und Bedürfnissen eines Privathaushalts. Deswegen sind Ratendarlehen bei privaten Immobilienfinanzierungen – zu Recht – unüblich.

Tilgungslose Darlehen (auch Festdarlehen oder endfällige Darlehen genannt) kommen im nicht gewerblichen Immobilienfinanzierungsgeschäft eigentlich nur in sogenannten Kombi-Finanzierungen mit Bausparverträgen oder Kapitallebensversicherungen zum Einsatz. Diese historisch zwar weit verbreiteten, aber fast immer abzulehnenden Konstruktionen behandele ich in den Abschnitten 2.13.5 und 2.13.6.

Variabel verzinsliche Kredite (Kredit ohne langfristige Zinsbindung), die im Rahmen von privaten Immobilienfinanzierungen oft eine Spezial-

oder ergänzende Rolle einnehmen, stelle ich im unmittelbar folgenden Abschnitt dar. Fremdwährungskredite, die aufgrund ihres erhöhten Risikos ebenfalls nur sehr selten sinnvoll sind, werden weiter hinten in diesem Kapitel erläutert.

Zurück zum Annuitätendarlehen: In Bezug auf einige andere wichtige Merkmale eines Immobilienkredits gibt es keinen Unterschied zwischen Annuitätendarlehen und anderen verbreiteten Kreditstrukturen. Im verbleibenden Teil dieses Abschnitts gehe ich auf die wichtigsten dieser Merkmale ein.

Zinsbindung: Bei einem Annuitätendarlehen liegt die Zinsbindung zwischen zwei und 30 Jahren (bei einer Zinsbindung von unter zwei Jahren kann man de facto von einem variabel verzinslichen Kredit sprechen). Unter sonst gleichen Umständen kann man sagen: Je länger die Zinsbindung, desto geringer das Zinsänderungsrisiko, aber desto unflexibler wird die Finanzierung tendenziell. In Deutschland haben Kreditnehmer nach Ablauf einer zehnjährigen Zinsbindung (mit sechsmonatiger Kündigungsfrist, also de facto nach zehneinhalb Jahren) das Recht zur vollständigen Rückzahlung des Kredits ohne Vorfälligkeitsentschädigung – auch bei Zinsbindungen, die länger als zehn Jahre vereinbart sind.

Laufzeit: Die Laufzeit ist die voraussichtliche Dauer bis zur Volltilgung (bei einer Darlehensform, die laufende Tilgung vorsieht) oder bis zur Fälligkeit bei einem »endfälligen« (»tilgungslosen«) Darlehen, das keine laufende Tilgung vorsieht. Die Laufzeit ist nicht identisch mit der Zinsbindung, kann aber den gleichen Zeitraum umfassen. Beispiel 1: Ein Darlehen mit einer Zinsbindung von 20 Jahren kann auch eine vertragliche Laufzeit von 20 Jahren haben (vertraglich vereinbarte teilweise oder vollständige Tilgung über 20 Jahre hinweg). Beispiel 2: Ein Darlehen mit einer Zinsbindung von fünf Jahren kann eine voraussichtliche vertragliche Laufzeit von 20 Jahren haben.

Tilgungsmodus: »Annuitätisch« (wie oben beschrieben) oder »ratierlich« (in absolut und prozentual gleichbleibenden periodischen Raten) oder »endfällig«. Bei einem endfälligen Darlehen erfolgt die Tilgung in einem Betrag am Ende der Laufzeit.

Tilgungsfreiperioden: Auch Tilgungsaussetzung genannt. Im Kreditvertrag kann vereinbart werden, dass die Tilgung nicht schon einen Monat nach der vollständigen Auszahlung des Kredits einsetzt, sondern dass z. B. erst noch sechs oder neun tilgungsfreie Monate folgen. Während dieser Monate zahlt der Kreditnehmer nur Zinsen. Vorübergehende Tilgungsaussetzungen sind auch dann denkbar, wenn der Kreditnehmer liquiditätsmäßig in einen Engpass gerät. Kreditgeber sind umso wahrscheinlicher zu solchen »späteren« Tilgungsaussetzungen bereit, je niedriger der Loan to Value in diesem Moment ist.

Sondertilgung und Veränderungen des Tilgungssatzes: Seit einigen Jahren ist es üblich, dass Kreditgeber auch bei Annuitätendarlehen mit langfristiger Zinsbindung in einem begrenzten Ausmaß Sondertilgungsrechte anbieten und/oder das Recht, den Tilgungssatz im Verlauf der ersten zehn Jahre ein- oder zweimal innerhalb bestimmter Bandbreiten zu ändern. Die meisten Kreditnehmer tun in der Tat gut daran, solche Rechte in den Kreditvertrag hineinzuverhandeln, wenn diese nicht von vornherein angeboten werden. Zugleich muss man sich allerdings vergegenwärtigen, dass Sondertilgungsrechte und das Recht zur Änderung des Tilgungssatzes nicht kostenlos sind. Das kann man daran sehen: Wer auf sie verzichtet (soweit sie bei einem bestimmten Institut überhaupt »verzichtbar« sind), erhält üblicherweise minimal günstigere Zinskonditionen als bei Nichtverzicht. Im Detail haben wir uns mit diesem Thema bereits in Abschnitt 2.12 befasst. Es soll vereinzelt Banken geben, die Festzinskredite mit Kündigungsoption für den gesamten ausstehenden Kreditsaldo innerhalb der Zinsbindung und ohne Vorfälligkeitsentschädigung anbieten. Soweit das der Fall ist, dürfte diese »Freiheit« sich konditionenmäßig negativ auswirken. Auf eine Flexibilisierung oder auf begrenzte Wahlrechte beim Tilgungssatz kann m. E. verzichtet werden (dieses Feature bieten sowieso nur wenige Banken an). Stattdessen sollte/könnte man eher einen ausreichend niedrigen anfänglichen Tilgungssatz vereinbaren und nennenswerte Sondertilungsrechte in den Vertrag hineinverhandeln (bei diesen besteht seitens der Banken mehr Flexibilität). Diese Sondertilgungsrechte sollten Sie dann in den Jahren nach der Kreditaufnahme auch im Rahmen des finanziell für Sie Tragbaren maximal wahrnehmen. Auf diese Weise flexibilisieren Sie Ihr tatsächliches Tilgungsprofil auch ohne Tilgungsprofilwahlrecht. Und wenn Sie Jahre später einmal in einen nicht vorhersehbaren, vorübergehenden Liquiditätsengpass geraten (z. B. wegen Arbeitslosigkeit), dann wird die Bank typischerweise über eine zeitweilige Tilgungsaussetzung mit sich reden lassen, sofern an diesem Zeitpunkt nennenswert Eigenkapital in der Immobilie steckt (der realistisch geschätzte Marktwert der Immobilie ist deutlich höher als der verbleibende Kreditsaldo).

Vorfälligkeitsentschädigung: Diese Thematik wird in Abschnitt 2.12 behandelt.

Zinssatz (Sollzinssatz, Effektivzinssatz): Dieser zentrale Gesichtspunkt kommt gesondert in Abschnitt 2.14 zur Sprache.

Zinskapitalisierung: In relativ seltenen Fällen lassen sich Kreditinstitute darauf ein, dass nicht nur die Tilgung vorübergehend oder dauerhaft ausgesetzt wird, sondern vorübergehend auch die *Zinszahlungen*. Das bedeutet, dass die Zinsen dem Kreditbetrag (dem Kapital) hinzugefügt werden (»kapitalisiert« werden). Solche Kredite waren in den Jahren vor Einsetzen des großen Immobiliencrashs in den USA (Ende 2006) bei Kreditnehmern schlechter Bonität verbreitet. Wer nicht einmal die Zinsen eines Kredits problemlos und laufend zahlen kann, sollte den Kredit ganz offensichtlich erst gar nicht aufnehmen.

Zins- und Tilgungsverrechnung: Die für die Berechnung des Effektivzinses finanzmathematisch wichtige spezifische Berücksichtigung der zeitlichen Intervalle und innerhalb des Intervalls dessen Anfang oder dessen Ende, wenn Kapitaldienstzahlungen (Zins und Tilgung) auf dem Darlehenskonto tatsächlich angerechnet (mit Zinslast und Darlehenssaldo verrechnet) werden. Intervalle können monatlich, vierteljährlich, halbjährlich oder jährlich sein (monatlich ist die Norm). Die Verrechnung innerhalb des Intervalls kann am Anfang (vorschüssig) oder am Ende erfolgen (nachschüssig). Nachschüssig ist Standard.

Auszahlungskurs: Dieser sollte stets 100% sein. Sofern er nicht 100% beträgt, liegt ein »Disagio« vor (auch Damnum genannt). Ein Disagio ist ein Abschlag beim Auszahlungsbetrag eines Darlehens. Das heißt, es werden nicht 100% der Darlehenssumme ausgezahlt, sondern nur z. B. 95%; zu tilgen sind jedoch die vollen 100%. Für Eigenheimfinanzierer in Deutschland hat ein Disagio eigentlich nur Nachteile und sollte daher vermieden werden. Ein Disagio führt zu einem niedrigeren Nominalzinssatz (Sollzinssatz), da ja nur (in diesem Beispiel) 95% der Darlehenssumme ausbezahlt werden (der eigentliche Kredit beträgt also nur »95«, nicht »100«), während der Nominalzinssatz sich auf 100% der Kreditsumme bezieht. Immerhin: Das Disagio geht bei Verbraucherkrediten (einschließlich Eigenheimfinanzierungen) in die Berechnung des Effektivzinssatzes ein. Der Grund für die Existenz eines Disagios bei Immobilienkrediten liegt im Steuerrecht für Vermietungsobjekte: Das Disagio wird steuerrechtlich als absetzbare Zinszahlung im Jahr der Kreditausreichung betrachtet. Das kann für den Kreditnehmer steuerlich von Vorteil sein. Dieser Sachverhalt trifft aber auf Eigenheimfinanzierer in Deutschland normalerweise nicht zu.

Auszahlungsmodus (Kreditziehungsmodus): Ist bei Immobilienfinanzierungen ein traditioneller Zankapfel zwischen Kreditnehmern und Kreditgebern. Letztere bevorzugen die für sie einfachste Lösung, nämlich den Gesamtkredit an einem im Kreditvertrag genannten spezifischen Datum in einer Summe auszuzahlen. Das ist andererseits für viele Kreditnehmer genau der Modus, den sie *nicht* wollen, weil sie die »Kreditvaluta« (Bankjargon) eben nicht komplett an diesem Tag brauchen und für die dann noch nicht benötigten Mittel keine unnötigen Zinsen zahlen wollen. Besonders schwierig gestaltet sich dieses Thema bei Bauprojekten, die sich bekanntlich über mehrere Monate oder Jahre hinziehen. Prinzipiell existieren mehrere Ansätze, dieses Problem anzugehen. Die konkrete Nutzung einiger Ansätze scheitert im Privatkundengeschäft allerdings oft daran, dass die Kreditvolumina aus Sicht der Bank dafür zu klein sind. Die Bank sieht sich außerstande, diese maßgeschneiderten, aber verwaltungsmäßig komplexeren Lösungen für Kleinkreditnehmer zu stricken. In der Regel wird die Bank wollen, dass das gesamte Eigenkapital des Kreditnehmers zuallererst fließt oder alternativ zusammen mit dem Abruf der ersten Kreditteilauszahlung. Das wird die Bank aus Risikogründen so vorgeben und dieser Wunsch ist legitim. Allgemein kommen für den Kredit folgende Auszahlungsmodi in Betracht:

- Kreditauszahlung in einem Betrag und vorübergehende Anlage der Kreditsumme als Festgeld: Zwar ist das der simpelste Auszahlungsmodus, doch hat er den beträchtlichen, oben beschriebenen Nachteil: Der Kreditnehmer zahlt Zinsen für einen Teil der Mittel, die er zu diesem Zeitpunkt noch gar nicht benötigt. Die Guthabenzinsen für das Festgeld kompensieren die Aufwandszinsen nur partiell. Das ist ein »negatives Zinsdifferenzgeschäft«.

- Kreditauszahlung in Teilbeträgen über eine festgelegte Zeitspanne hinweg: Im einfachsten Fall wird diese Auszahlung in einzelnen »Tranchen« im Vertrag betraglich und zeitlich festgelegt. Das hat allerdings den Nachteil der Inflexibilität. Wenn die Mittel wider Erwarten doch früher oder später als geplant gebraucht werden, könnte es zu einem teuren Problem kommen. Alternativ und flexibler ist dagegen – zumindest bei Bauprojekten – die »Auszahlung nach Baufortschritt«, kombiniert mit einem fixen Enddatum, zu dem die letzten Mittel in jedem Fall abgerufen sein müssen. »Baufortschritt« bedeutet, dass der Bauherr den Baufortschritt anhand bestimmter Unterlagen nachweisen muss, um eine einzelne Auszahlung für die nun fertiggestellten Gewerke in der ursprünglich vorgesehenen (begrenzten) Höhe auszulösen. Für die nicht ausgezahlten Kreditteile ist eine Bereitstellungsprovision zu zahlen (siehe Abschnitt 2.5), doch ist diese niedriger als der Zinssatz und wohl auch niedriger als die Differenz zwischen dem Kreditzinssatz und einem relevanten Anlagezinssatz, der bei der Kreditauszahlung in einem Betrag zur Anwendung käme (siehe oben).
- Variabel verzinslicher Kredit, der dann nach Vollauszahlung in einen Festsatzkredit umfinanziert wird: Ein variabel verzinslicher Kredit ist typischerweise einfacher und flexibler und oft auch billiger, wenn es um eine abschnittsweise Auszahlung geht. Der Nachteil ist, dass der Kredit nach der Vollauszahlung in einen langfristigen Festsatzkredit (normalerweise ein Annuitätendarlehen) umgewandelt oder durch einen solchen refinanziert (abgelöst) werden muss. Diese Ablösung bringt ihre eigenen Schwierigkeiten mit sich. Zum einen die Frage, wann die Zinsbindung des Annuitätendarlehens vertraglich fixiert wird (solange das nicht der Fall ist, hat der Kreditnehmer hierüber keine Gewissheit) und ab wann dann die Kostenuhr tickt. Zum Zweiten sind Banken bei relativ kleinen Kreditsummen, wie sie in der Eigenheimfinanzierung üblich sind, oft nicht gewillt, die administrative Komplexität eines ersten variabel verzinslichen Kredits kombiniert mit einem anschließenden langfristigen Festsatzkredit einzugehen.

- Gemischter Ansatz: Es ist denkbar, mehrere der hier genannten Ansätze zu kombinieren. Glücklich schätzen kann sich auch jener Haushalt, der ein privates »Familiendarlehen« von Familienmitgliedern als Zwischenfinanzierung nutzen kann, das dann mit der Auszahlung des eigentlichen Bankkredits in einer Summe refinanziert wird. Auf diese Art kann sich der Kreditnehmer natürlich Zwischenfinanzierungszinsen und/oder Bereitstellungsprovisionen sparen.

Bereitstellungsprovision, Zwischenfinanzierungszinsen: Diese Kosten hängen eng mit dem Auszahlungsmodus zusammen. Immer dann, wenn nicht der gesamte Kreditbetrag in einer Summe zu einem einzelnen Zeitpunkt abgerufen wird, stellt sich die Frage von Bereitstellungsprovisionen und/oder der Zwischenfinanzierungszinsen. In Abschnitt 2.5 gehe ich im Detail auf diese Kosten ein.

Besicherung: Ein Immobiliendarlehen ist fast immer mit einem im Grundbuch eingetragenen Grundpfandrecht besichert, typischerweise mit einer erstrangigen Grundschuld. In manchen Ratgeberbüchern zur Immobilienfinanzierung wird viel Aufhebens um die unterschiedlichen »Rangstufen« von Grundschulden im Grundbuch und den sogenannten Abteilungen des Grundbuchs gemacht. Da ist dann die Rede von Grundschulden im Rang »1a«, »1b« oder im 2. Rang (alles, was nicht Rang 1a ist, sind »nachrangige« Grundschulden). Letztlich sind diese technischen Rangfragen in der Praxis aber von untergeordneter Bedeutung, weil der Kreditnehmer hier ohnehin keinen oder allenfalls nur theoretischen Einfluss hat und weil die Bank zusammen mit dem Notar diese Fragen in einem standardisierten Prozess regeln und umsetzen wird. Wichtig für den Kreditnehmer ist eigentlich nur: Die Pfandrechte unterschiedlicher Kreditgläubiger – sofern es im speziellen Fall mehrere gibt – haben eine Reihenfolge. Diese Reihenfolge kommt in den Rangstufen der Grundschulden zum Ausdruck. Der Gläubiger auf der ersten Stufe hat ein erstrangiges Pfandrecht. Im Pfändungsfall, wenn es zur »Verwertung« der Immobilie kommt, weil der Kreditnehmer seinen Zahlungsverpflichtungen längerfristig nicht nachkommt, werden die Zahlungsansprüche des Gläubigers im ersten Grundbuchrang zuerst befriedigt. Nur wenn danach noch Verwertungserlöse übrig bleiben, kommt der nächstrangige Gläubiger zum Zug. Insofern ist die erste Rangstufe bei Grundpfandrechten aus Sicht des Kreditgebers die risikoärmste. Der Wert (bzw. das Risiko) einer Grundschuld im 2. Rang hängt vom Marktwert der Immobilie und vom Betrag der vorrangigen Grundschulden ab. Ein wichtiges technisches Detail: Zwar bleibt eine Grundschuld, sobald sie eingetragen ist, in ihrer Höhe trotz fortschreitender Tilgung des besicherten Darlehens betragsmäßig unverändert, doch darf der Grundschuldgläubiger sie naturgemäß nur in der Höhe seiner tatsächlichen Forderungen in Anspruch nehmen. Ein Beispiel: Eine erstrangige Grundschuld lautet auf einen Betrag von 300 000 Euro (das war das Volumen des Kredits an »Tag 1«). Sieben Jahre später ist der Kredit auf 190 000 Euro heruntergetilgt. Daher »valutiert« (Bankjargon) die Grundschuld zu diesem Zeitpunkt nur noch mit 190 000 Euro, obwohl im Grundbuch weiterhin 300 000 Euro stehen. Sofern der Kreditnehmer und seine Bank sich einig wären, könnte er nun einen neuen Immobilienkredit aufnehmen oder seinen alten Kredit aufstocken, z. B. zur Finanzierung der Renovierung des gleichen oder eines anderen Gebäudes oder zur Finanzierung eines neuen Autos. Dieser neue Kredit, oder diese »Nachfinanzierung«, kann dann mit dem frei gewordenen Differenzbetrag (hier 110 000 Euro) auf der ursprünglichen Immobilie besichert werden. Das spart weitere Ausgaben für eine neuerliche Eintragung einer Grundschuld.

Nichtabnahmeentschädigung: Nachdem ein Kreditvertrag unterschrieben ist und alle im Vertrag genannten Bedingungen für seine Wirksamkeit erfüllt sind, sind beide Parteien zur Einhaltung des Vertrags verpflichtet. Das schließt die Pflicht des Kreditnehmers mit ein, das Darlehen auch tatsächlich abzunehmen. Tut er das nicht, wird er vertragsbrüchig und wird damit vermutlich den Schaden, welcher der Bank hierdurch entstanden ist, ersetzen müssen. Wirtschaftlich handelt es sich bei der vertragswidrigen Nichtabnahme um einen ähnlichen Sachverhalt, wie er bei einer vorzeitigen Kündigung des Kreditnehmers eines Kredits innerhalb dessen Zinsbindungsfrist vorliegt: Die Bank erleidet einen Refinanzierungsschaden, denn sie hat die Kreditmittel ja bereits am Kapitalmarkt aufgenommen und steht dort also ihrerseits unter einer Zahlungsverpflichtung. Dieser Schaden wird, je nach spezieller Sachlage, so berechnet wie eine Vorfälligkeitsentschädigung (siehe Abschnitt 2.12). Eventuell kommt auch eine einfachere, pauschale Berechnungsmethode zur Anwendung, z. B. ein fixer Prozentsatz der Darlehenssumme. Es empfiehlt sich, die Klausel zur

Nichtabnahmeentschädigung im Kreditvertrag sehr genau zu lesen, um sich über ihre möglichen Konsequenzen klar zu werden.

Kombinierung mehrerer unterschiedlicher Kredite: Die meisten Eigenheimfinanzierungen bestehen aus mehr als nur zwei Finanzierungsquellen, nämlich dem Eigenkapital des Eigenheimbesitzers und einem einzelnen Bankkredit. Tatsächlich dürften in zahlreiche Eigenheimfinanzierungen neben diesen beiden Quellen auch noch Mittel aus anderen »Fremdkapitalformen« einfließen. Dagegen ist grundsätzlich nichts einzuwenden. Unter diese anderen Fremdkapitalformen können beispielsweise fallen: (a) private Darlehen von Familienmitgliedern oder Freunden bzw. Schenkungen oder vorgezogene Erbteile von Eltern und Großeltern, die dann zu Eigenkapital des Eigenheimbesitzers werden, (b) Bausparkredite, (c) Förderkredite von der KfW oder anderen öffentlichen Banken, (d) Wohn-Riester-Mittel, (e) Arbeitgeberdarlehen oder (f) die Kombinationsstrukturen mit Kapitallebensversicherungen oder Bausparverträgen (siehe Abschnitte 2.13.5 und 2.13.6). Vielfach bleibt dem Eigenheimfinanzierer gar nichts anderes übrig, als auf eine dieser Kapitalquellen zurückzugreifen, weil es ohne sie »nicht gehen« würde. In anderen Fällen sind die anderen Kapitalquellen wirtschaftlich attraktiv, d. h. preisgünstiger als ein konventioneller Bankkredit, und ersetzen diesen ganz oder teilweise. In Anbetracht der beinahe unendlichen Vielfalt möglicher Kombinationen solcher Kapitalquellen mit den beiden Primärquellen (normales Eigenkapital und ein normaler Bankkredit) würden differenzierte Ratschläge zu solchen Kombinationen den Rahmen dieses Buchs sprengen. In solchen wohl komplexeren Fällen kann es daher besonders angeraten sein, auf Rat von Dritten zurückzugreifen, auch wenn dieser Rat selten kostenlos sein wird. Wo Sie ihn bekommen, beschreibe ich in Abschnitt 5.1.

Wer unterschreibt den Kreditvertrag (die Haftungsfrage)?: Aus Sicht der Bank ist es wünschenswert, so viele Unterzeichner eines Kreditvertrags wie rechtlich möglich zu haben, denn jeder, der den Kreditvertrag unterzeichnet, haftet damit persönlich gegenüber der Bank für die gesamte Kreditschuld (»einzel- und gesamtschuldnerische Haftung«). Bei einem Ehepaar (oder einer sonstigen Lebensgemeinschaft) bedeutet dies, dass die Bank eine Unterschrift beider Eheleute einfordert. Soweit sich das vermeiden lässt, sollte es auch vermieden werden, denn wer weiß schon, was in den kommenden zehn oder 20 Jahren alles passieren wird. Wichtig: Die Unterschrift unter dem Kreditvertrag hat – jedenfalls grundsätzlich – nichts zu tun mit den zivilrechtlichen Eigentumsverhältnissen an der Immobilie, einem Ehevertrag oder den Regeln des Bürgerlichen Gesetzbuchs zur Zugewinngemeinschaft, die im Fall einer Scheidung zur Anwendung kommen können. In wirtschaftlicher Hinsicht kann eine Bürgschaft ein Ersatz für eine (Mit-)Unterschrift unter dem Kreditvertrag sein. Zum Beispiel bürgen Eltern oder Großeltern nicht selten für Immobilienkredite ihrer Kinder oder Enkel. Eine Bürgschaft kommt rechtlich indes nicht einer Mitunterschrift unter dem Kreditvertrag gleich. Wer für einen Kredit an einen Dritten (auch die eigenen Kinder) bürgt, sollte sich dazu in jedem Fall rechtlich beraten lassen. Empfehlenswert dürfte in diesem Zusammenhang sein, die Bürgschaft betraglich und/oder zeitlich zu begrenzen.

Widerrufsrecht und Widerrufsbelehrung: Wie in vielen anderen Kaufkonstellationen verfügen Verbraucher auch bei einem Eigenheimkredit über ein Widerrufsrecht nach § 355 BGB. Dieses besteht normalerweise für 14 Tage, nachdem der Verbraucher über sein Widerrufsrecht (hier das Recht, vom unterzeichneten Kreditvertrag zurückzutreten) in Kenntnis gesetzt worden ist – da die Klausel im Kreditvertrag enthalten ist, also typischerweise für 14 Tage nach Unterzeichnung des Kreditvertrags. In den vergangenen Jahren gab es viel Medienecho über fehlerhafte Widerrufsbelehrungsklauseln in alten Kreditverträgen und der damit zusammenhängenden Frage, ob ein Verbraucher u. U. auch noch Jahre nach Unterzeichnung des Kreditvertrags aus diesem ohne Vorfälligkeitsentschädigung oder andere Schadenersatzforderungen aussteigen konnte. Dieser gut bekannte Sachverhalt dürfte allerdings für neue Kreditverträge keine Rolle mehr spielen und wird deswegen hier nicht behandelt. Auf alle Fälle empfiehlt es sich, die Widerrufsbelehrung genau zu lesen und bei Bedarf vom Widerrufsrecht vertragsmäßig Gebrauch zu machen. Es gibt einem Kreditnehmer immerhin die Chance einer nochmaligen 14-tägigen Bedenkzeit.

Anschlussfinanzierung: Siehe Abschnitt 2.13.10 (»Anschlussfinanzierungen«).

Verkauf des Kredits durch den Kreditgeber: Mittlerweile enthalten viele Kreditverträge standardmäßig eine Klausel, die dem Kreditgeber das Recht einräumt, die Kreditforderung (oder allgemeiner gesagt den Kredit) ab einem bestimmten Zeitpunkt an einen Dritten, z. B. eine andere Finanzierungsinstitution, zu veräußern (»abzutreten«). Diese Klausel – wie grundsätzlich jede andere in einem Kreditvertragsangebot – können Sie ablehnen oder versuchen abzulehnen. Ich halte es allerdings im Allgemeinen nicht für sinnvoll, das zu tun, denn – unter sonst gleichen Umständen – diese Ablehnung wird entweder explizit oder implizit zu einer Verschlechterung der von der Bank angebotenen Kreditkonditionen führen. Das heißt, Sie erleiden einen Nachteil aus der Ablehnung. Diese Konditionenverschlechterung sollte nicht verwundern, und soweit sie geschieht, ist sie aus meiner Sicht legitim. Die Kreditforderung ist für den Kreditgeber ein normales Investment, mit dessen Hilfe in der Zukunft Erträge generiert werden sollen. Das ist ja die Aufgabe einer Bank. Genauso wie bei einem Automobilhersteller eine beliebige Maschine ein Investment zur Erzeugung künftiger Erträge ist. Wird dem Unternehmen nun aber vertraglich untersagt, dieses Investment in Zukunft zu verkaufen, sollte eine solche Notwendigkeit aus buchstäblich »einer Million« unvorhersehbarer Gründe entstehen, ist das Investment von Anfang an offenkundig weniger attraktiv, weil weniger liquide. Dieser Nachteil kommt dann vermutlich in relativ schlechteren preislichen oder anderen Kreditkonditionen zum Ausdruck. Überdies ist nicht offensichtlich, warum ein Kreditnehmer überhaupt einen grundsätzlichen Nachteil aus einem solchen Kreditgeberwechsel haben sollte. Zum Ersten repräsentiert der Kreditgeber, nachdem der gesamte Kredit ausgezahlt wurde, für einen Schuldner (für den Häuslebauer) ja kein Bonitätsrisiko. Zum Zweiten wird der neue Kreditgeber ebenso an die Vertragsbedingungen gebunden sein wie der alte. Zum Dritten ist im Voraus keineswegs einzusehen, warum ein neuer Kreditgeber generell schlechter sein sollte als der alte. Daher unser Rat: Nehmen Sie den finanziellen Vorteil der Akzeptanz dieser Klausel mit. Wenn Sie Elemente aus dem Kreditvertrag herausverhandeln wollen, dann konzentrieren Sie sich auf Dinge, die echte Pluspunkte für Sie bringen werden, nicht auf symbolische Scheinvorteile.

Fazit

- In den meisten Fällen von Eigenheimfinanzierung wird ein simples Annuitätendarlehen mit einer Zinsbindung von zehn oder mehr Jahren – sofern der Kreditnehmer bei den Zinskonditionen gut verhandelt hat – die beste Lösung sein. Vorwiegend deswegen, weil die meisten Alternativen zu dieser Standardlösung den Nachteil von mehr Komplexität, weniger Transparenz und weniger Flexibilität mit sich bringen. Zwar sind diese Aspekte zwischen alternativen Angeboten nicht so einfach vergleichbar wie der Effektivzinssatz, doch heißt das keineswegs, dass man sie vernachlässigen sollte.
- Finanzierungsangebote und Darlehensverträge sollten vor der Annahme bzw. vor der Unterschrift peinlich genau durchgelesen werden, und zwar von A bis Z, einschließlich der AGB (Allgemeine Geschäftsbedingungen). Nur wer das Angebot und den Vertragsentwurf gut kennt und voll versteht, kann wirklich kompetent verhandeln.

2.13.2 Variabel verzinsliche Kredite

> »Variabel verzinsliche Darlehen sind für risikofreudige ›Experten‹ geeignet. Ihr Einsatz ist in der Regel nur dann sinnvoll, wenn in absehbarer Zeit eine größere Einnahme erwartet wird.«
> *(Prof. Martin Weber, Dr. Ulrich Seubert, Universität Mannheim, 2014)*

Bei einem Immobilienkredit mit einem variablen, also laufend fluktuierenden, Zinssatz ändert sich dieser Satz an jedem Zinsanpassungszeitpunkt, z. B. alle drei, sechs oder zwölf Monate in Abhängigkeit von dann im Geldmarkt vorherrschenden Marktverhältnissen. (Ist die Zinsbindung länger als zwölf Monate, spricht man nicht mehr von variabel verzinslichen Krediten.) Tilgungstechnisch gesehen handelt es sich bei einem variabel verzinslichen Kredit um einen Raten- oder Tilgungskredit (siehe Glossar ratierliche Tilgung). Bei diesem ist lediglich die Tilgungsrate längerfristig zwischen Kreditgeber und -nehmer fest vereinbart, nicht jedoch die Gesamtrate aus Zins und Tilgung wie bei einem Annuitätendarlehen.

Der Zinssatz, genauer der Gesamtzinssatz, eines variabel verzinslichen Kredits ergibt sich nach der Formel: Referenzzinssatz + Aufschlag. Der Referenzzinssatz sollte ein marktüblicher allgemeiner kurzfristiger Marktzinssatz sein. Heutzutage kommt hierbei für Kredite in Euro eigentlich nur noch der sogenannte »Euribor« infrage. Der Euribor ist der Zinssatz, zu dem sich Banken im »Interbankenmarkt« gegenseitig kurzfristig (d. h. zwischen einem Tag und einem Jahr) Geld leihen. Mit anderen Worten: Dieser Geldmarktzinssatz ist objektiv und transparent – man kann ihn buchstäblich jede Minute im Internet nachprüfen oder jeden Tag in der Zeitung nachlesen. Eine einzelne Bank kann ihn nicht nach eigenem Gutdünken abändern. Und das ist in diesem Zusammenhang wichtig. Auf einen Referenzzinssatz, der kein allgemein öffentlich zugänglicher Marktzinssatz ist, sollte sich kein Kreditnehmer einlassen (im Sparkassenlager werden solche »internen« Referenzzinssätze immer noch gelegentlich angeboten).

Der Aufschlag repräsentiert die → Bankmarge. Der Aufschlag kann z. B. 1,2 Prozentpunkte betragen. Seine Höhe wird von dem Risiko, das die konkrete Finanzierung aus Sicht der Bank repräsentiert, abhängen. Mancher Leser wird sich fragen, warum bei variabel verzinslichen Krediten die Bankmarge explizit angegeben wird, hingegen nicht bei Krediten mit Zinsbindungen, die länger sind als ein Jahr. Die Frage ist berechtigt. Im Prinzip wäre die schön transparente Preisquotierungsmethode »Referenzzinssatz + Aufschlag« auch bei Krediten mit Zinsbindung über ein Jahr möglich. Sie hat sich aber weder in Deutschland noch meines Wissens in anderen Ländern eingebürgert. Dessen ungeachtet existiert die Bankmarge bei Krediten mit längerer Zinsbindung natürlich ebenso und in ähnlicher Höhe, sie wird nur nicht gesondert ausgewiesen, sondern ist Teil des im Kreditvertrag vereinbarten Zinssatzes.

Der gesamte Zinssatz aus Referenzzinssatz + Aufschlag ist dabei als Per-annum-Zinssatz zu verstehen (Zinssatz auf Jahresbasis). Sofern der Kredit monatlich bedient wird (monatliche Zinszahlung), muss man den Jahreszinssatz und die Marge durch 12 dividieren, um zur monatlichen Zahlung zu gelangen. Variabel verzinsliche Kredite bieten – das ist leicht zu erkennen – keine Zinssicherheit oder, umgekehrt formuliert, beinhalten ein hohes Zinsänderungsrisiko. Diesem Zinsänderungsrisiko steht natürlich auch eine Zinsänderungschance gegenüber, also die Möglichkeit, von fallenden Zinsen zu profitieren.

In Abbildung 1 in Abschnitt 2.9 haben wir gesehen, wie stark die Zinsen in den 51 Jahren von 1970 bis Anfang 2021 geschwankt haben. Dem strukturellen Nachteil des Zinsänderungsrisikos stehen drei strukturelle Vorteile variabel verzinslicher Kredite gegenüber:

- Variable Zinssätze sind in den meisten (aber nicht allen) Marktphasen und somit im langfristigen Durchschnitt etwas günstiger als längere Zinsbindungen. Der Unterschied war aber in den vergangenen viereinhalb Jahrzehnten eher gering und lohnte kaum das mit variablen (also superkurzen) Zinsbindungen einhergehende Zinsänderungsrisiko. Ob das in der Zukunft auch so sein wird, kann man nicht zuverlässig prognostizieren.
- In einem abwärts tendierenden Zinsmarkt, wie er in den vergangenen fast 40 Jahren bestand, sind variable Zinsen für einen Kreditnehmer (nicht jedoch für einen Sparer) natürlich profitabler, weil man den Abwärtstrend sofort mitnimmt. Bei einem Kredit mit z. B. zehnjähriger Zinsbindung würde man davon erst nach zehn Jahren bei der Zinsanpassung profitieren. In die Zukunft gerichtet ist allerdings heute, Stand Mitte 2021, ausgeschlossen, dass die nominalen Zinsen noch einmal so stark fallen wie beispielsweise im Jahrzehnt bis Ende 2020.
- In einem abwärts tendierenden Zinsmarkt beinhalten variabel verzinsliche Kredite im Unterschied zu Krediten mit langer Zinsbindung kein nennenswertes Risiko, eine hohe Vorfälligkeitsentschädigung zahlen zu müssen, wenn man den Kredit vorzeitig zurückführen möchte. Zu jedem Zinsanpassungszeitpunkt (also z. B. alle drei oder sechs Monate) kann man den Kredit teilweise oder ganz außerplanmäßig kündigen und zurückführen, sofern man eine kurze Kündigungsfrist beachtet. Beim derzeitigen historisch tiefen Zinsniveau (Mitte 2021) in Deutschland dürfte dieser Vorteil allerdings wenig ins Gewicht fallen.
- Das Zinsänderungsrisiko von variablen Krediten gemessen in Euro ist bei tilgungslosen, endfälligen Krediten weit höher als bei Krediten mit annuitätischer Tilgung oder ratierlicher Tilgung, denn bei endfälligen Krediten sinkt der Schuldensaldo bis zur Fälligkeit nicht.
- Der Effektivzinssatz (genauer der anfängliche effektive Jahreszins) ist bei verschiedenen Angeboten zu variabel verzinslichen Krediten ein besonders ambivalentes Vergleichskriterium (siehe Abschnitt 2.14).

Zunächst einmal ist klar, dass die Höhe des Referenzzinssatzes sich künftig ändern wird und jedwede Annahme der Bank oder von Ihnen selbst über dessen Höhe in der kurzfristigen oder langfristigen Zukunft letztlich Kaffeesatzleserei ist. Auf solchen Prognosen basierende Effektivzinssätze sind dann notwendigerweise ebenfalls Kaffeesatzleserei. Sofern zwei Kreditgeber hier leicht abweichende Annahmen treffen, sind die Effektivzinssätze nicht mehr sinnvoll vergleichbar, selbst bei Identität aller anderen wichtigen Kreditmerkmale. Daher ist bei variabel verzinslichen Krediten der Vergleich des Aufschlags (Bankmarge, Kreditmarge) aussagekräftiger als der Vergleich des Effektivzinssatzes. Diese Schlussfolgerung setzt natürlich voraus, dass alle wichtigen sonstigen Kreditmerkmale identisch oder nahezu identisch sind.

Generell sind variabel verzinsliche Kredite flexibler als Kredite mit langer Zinsbindung: Laufende Sondertilgungen in beliebiger Höhe sind bei variabel verzinslichen Krediten praktisch jederzeit möglich und auch die Ziehungsphase gestaltet sich zumeist unproblematischer. Dennoch machen variabel verzinsliche Immobiliendarlehen vorwiegend nur in folgenden Konstellationen Sinn:

- Der Kreditnehmer erwartet relativ kurzfristig eine größere Zahlung, z. B. aus einer Erbschaft oder dem Verkauf einer anderen Immobilie. Da der Mittelzufluss entweder sehr kurzfristig geschehen wird oder in den nächsten sechs bis 24 Monaten erwartet wird, aber nicht genau zeitlich zu planen ist, bietet sich eine variable Verzinsung an, denn der Kredit kann dann praktisch jederzeit zurückgeführt werden. Denkbar wäre in einer solchen Konstellation, die gesamte Finanzierung zweizuteilen: in einen Kreditteil A auf variabler Basis und Kreditteil B auf Festzinsbasis. Teil A wird dann ganz oder teilweise aus dem erwähnten Mittelzufluss zurückgeführt. Kreditteil B wird ein Annuitätendarlehen mit langfristiger Zinsbindung und normaler monatlicher Bedienung aus Zins und Tilgung.
- Der Kreditnehmer hat dauerhaft stark unregelmäßige Einkünfte, z. B. Freiberufler oder Personen, bei denen der größere Teil des Gehalts variabel ist und stark schwankt.
- Die Kreditsumme ist im Vergleich zum Einkommen und/oder Vermögen des Kreditnehmers (sehr) klein. Das heißt, der Kreditnehmer

kann das mit der relativ gesehen kleinen Kreditsumme einhergehende Zinsänderungsrisiko leicht tragen, um im Gegenzug von den o. g. Vorteilen eines variabel verzinslichen Kredits zu profitieren.

- Das allgemeine Zinsniveau für Kredite mit langfristiger Zinsbindung ist historisch deutlich überdurchschnittlich, also merklich über rund 7,0% p.a. In so einem Fall kann es Sinn machen, einen nennenswerten Teil des Kredits auf variabler Basis zu finanzieren, um dadurch von künftig sinkenden Zinsen zu profitieren. Nichtsdestoweniger sind selbst in diesen Fällen variabel verzinsliche Kredite für die gesamte Kreditsumme mit Vorsicht zu genießen, sofern die Finanzierung »auf Kante genäht« ist, d. h. der Kreditnehmer sich keine dauerhafte Erhöhung der monatlichen Belastung leisten kann.

Fazit

- Obwohl in manchen Ländern, z. B. Großbritannien, die Mehrzahl aller langfristigen Immobilienkredite auf variabler Zinsbasis ausgereicht wird, ist sie in Deutschland (und auch Frankreich oder den USA) für diese Zwecke zu Recht unüblich. Variabel verzinsliche Kredite bringen ein beträchtliches Zinsänderungsrisiko mit sich und machen so aus einem Häuslebauerhaushalt einen Zinsspekulanten. Das ist keine gute Idee.
- In bestimmten Konstellationen können variabel verzinsliche Kredite trotzdem sinnvoll sein, z. B. für Zwischenfinanzierungen oder wenn das vorherrschende Marktzinsniveau für langfristige Zinsbindungen weit über dem historischen Durchschnitt liegt. Derzeit (Juli 2021) ist das aus Kreditnehmersicht erfreulicherweise nicht der Fall.

2.13.3 Zinskappendarlehen

> »Das Angebot klingt verlockend: Bei Cap-Darlehen können Kunden ihre Schuld mit hohen Sondertilgungen vorzeitig begleichen. Der Zins ist zwar variabel, hat aber eine Obergrenze. Sinn macht das Ganze jedoch nur, wenn die Zinssätze schnell steigen.«
> *(Aus einem Artikel zu Zinskappen-Krediten auf* www.focus.de *[Focus Money], 19.11.2013)*

Ein Zinskappendarlehen (Cap-Darlehen) ist ein variabel verzinsliches Darlehen, das eine Zinssatzobergrenze (englisch »Cap«) auf einem bestimmten Zinsniveau hat. Diese Obergrenze liegt typischerweise oberhalb des Zinsniveaus für variable Kredite zum Zeitpunkt des Vertragsabschlusses. Ihre spezifische Höhe kann der Kreditnehmer (KN) im Prinzip frei wählen. Das Cap-Darlehen kann eine Laufzeit von einem Jahr haben oder deutlich länger, eventuell auch länger als zehn Jahre. Die Vorteile des Cap-Darlehens umfassen: (a) Der Kreditnehmer (KN) nimmt bei sinkenden Zinsen diesen Vorteil sofort mit, genauso wie bei einem normalen variabel verzinslichen Kredit. (b) Es können, ebenfalls wie bei einem normalen variabel verzinslichen Kredit, praktisch jederzeit Sondertilgungen in beliebiger Höhe geleistet werden, einschließlich einer Kompletttilgung ohne Vorfälligkeitsentschädigung. (c) Der KN ist vor einem Zinsanstieg über die vertraglich vereinbarte Zinskappengrenze hinaus geschützt (vor Zinsanstiegen *unterhalb* der Zinskappe ist er nicht geschützt). Der wesentliche Nachteil des Cap-Darlehens: Der Zinskappenschutz wird natürlich nicht gratis gewährt. Vielmehr kostet er einen Einmalbetrag (»Optionspreis«), dessen Höhe in erster Linie davon abhängt, wie tief die Zinskappengrenze relativ zum bei Vertragsabschluss vorherrschenden Zinsniveau liegt und für wie lange die Zinskappe gilt (Laufzeit). Eine Zinskappe bei 10% p.a. für eine bestimmte Laufzeit ist billiger als eine bei 5% p.a. und eine gegebene Kappe ist billiger für eine kurze Laufzeit als für eine lange. Dabei ist offensichtlich, dass die 10%-Kappe weniger Schutz bietet als die 5%-Kappe. Gleiches gilt für eine kurze relativ zu einer langen Laufzeit.

Die Kosten des Caps (Optionspreis) kann der KN entweder bei Vertragsabschluss in Cash bezahlen oder er kann sie auf die Kreditsumme aufschlagen (mitfinanzieren). In diesem Fall liegt die Kreditauszahlung »unter 100« (also Kreditsumme minus Optionspreis). Die Auswirkung dieser beiden Zahlungsmodi auf den Effektivzins des Cap-Darlehens ist annähernd identisch.

Cap-Darlehen sind weder in Deutschland noch in anderen Ländern sehr populär. Banken scheinen sie ungern zu vertreiben, weil sie möglicherweise ein erhöhtes Haftungsrisiko mit sich bringen, sofern die Beratung rechtlich nicht »wasserdicht« war: Gerichte könnten diese Darlehen als »Finanzderivate« betrachten. Der Verkauf von Derivaten durch Banken an Privatkunden unterliegt in der EU indes besonderen Aufklärungspflichten und der Nachweispflicht eines gehobenen Kunden-Know-hows. Auch unabhängig davon glaube ich nicht, dass Zinskappendarlehen allgemein eine besonders attraktive Kreditart sind. Mit einem Festzinsdarlehen, das Sondertilgungsmöglichkeiten besitzt, und/oder mit der Kombination eines variabel verzinslichen Darlehens mit einem Festzinsdarlehen können ähnliche Vorteile womöglich billiger erreicht werden.

2.13.4 Bausparfinanzierungen

> »Bausparen. Kein Schlüssel zum Glück«
> *(Artikelüberschrift im* manager magazin, *24.02.2005)*

Auf die gut 40 Millionen Wohneinheiten in Deutschland (davon rund die Hälfte Eigenheime) kommen rund 25 Millionen Bausparverträge – eine gigantische Zahl. Alle Bundesregierungen, egal welcher politischen Couleur, betrachten Bausparen seit jeher als einen sinnvollen Weg, auf dem junge Menschen Sparen lernen und Eigenkapital für eine eigene Immobilie bilden können. Dennoch sind Medienberichte zum Finanzierungsprodukt Bausparvertrag erstaunlich oft kritisch bis ablehnend; dasselbe gilt für die Publikationen mehrerer Verbraucherzentralen in den Bundesländern. Was ist dran an dieser Kritik?

Bevor ich diese Frage beantworte, kurz zum Funktionsprinzip eines Bausparvertrags (BSV), der aus zwei Phasen besteht: einer Ansparphase und einer Kreditphase. Zunächst zur Ansparphase. Aus der Höhe der im BSV vereinbarten monatlichen Sparleistung relativ zur vereinbarten »Zielsparsumme« ergibt sich ein spezifischer »Spartarif«, eine Kombination aus Sparleistung und Guthabenzinssatz. Auf der Basis des Spartarifs prognostiziert die Bausparkasse – auf ausdrücklich unverbindlicher Basis – den ungefähren Zeitpunkt in etwa vier bis zehn Jahren, an dem eine Zielsparsumme erreicht sein soll.

Der Guthabenzinssatz des Sparvertrags liegt praktisch immer unter dem zu diesem Zeitpunkt gültigen Marktzinssatz für kurzfristige Sparguthaben bei Banken. Der Bausparzinssatz ist keineswegs immer fix und garantiert für die gesamte Ansparphase. Es kommt auf das Vertragsmodell an. Es existieren Modelle mit de facto variabler Verzinsung und andere mit fixer Verzinsung.

Während der vier- bis zehnjährigen Sparphase teilt die Bausparkasse ihrem Kunden zu keinem Zeitpunkt einen verbindlichen »Zuteilungstermin« mit; sie darf eine solche Aussage schon aus gesetzlichen Gründen nicht treffen. Verbindlich wird die Terminzusage buchstäblich erst wenige Wochen vor dem eigentlichen Zuteilungszeitpunkt. Der Sparer weiß somit bis zu zehn Jahre lang oder noch länger nicht, wann genau die Zuteilung erfolgen wird. Dieser Zeitpunkt kann ein Jahr früher oder ein Jahr später eintreten als ursprünglich geschätzt – das hängt vor allem von den Erträgen ab, welche die Bausparkasse mit dem Geld des Sparers erwirtschaftet, von ihrer generellen Liquiditätssituation und der Frage, wie schnell die andere Kundenkategorie der Bausparkassen, die Kreditnehmer, tilgen.

Ist der Zuteilungstermin erreicht, wird dem Kunden sein Sparguthaben ausgezahlt. Zusätzlich gewährt ihm die Bausparkasse ein zinsgünstiges Annuitätendarlehen (das Bauspardarlehen) in gleicher Höhe oder bis zur anderthalbfachen Höhe (wiederum Spartarif-abhängig) des Sparguthabens. Das heißt, der Häuslebauer hat nun eine Eigenkapitalquote von 40% bis 50% des Vorhabens erreicht – ohne oder mit Nebenkosten des Kaufs, je nach Einzelfall. Allerdings kann die Bausparkasse die Einräumung des Darlehens aus Bonitätsgründen verweigern, was jedoch eher selten geschieht.

Sofern mehr Fremdfinanzierungsvolumen als das Bauspardarlehen notwendig ist: Bausparkassen geben sich mit einer nachrangigen Grundschuld als Kreditsicherheit zufrieden, wobei die gesamte Fremdkapitalquote aus vorrangigem (Bank-)Darlehen und nachrangigem Bauspardarlehen 80% bis 90% normalerweise nicht überschreiten darf. Dieser Wert setzt mithin eine Obergrenze für die maximale Darlehenssumme. Somit kann eine Bank, die einen zusätzlichen herkömmlichen Immobilienkredit ausgereicht hat, eine erstrangige Grundschuld als Kreditsicherheit erhalten (Banken akzeptieren relativ selten eine nachrangige Position). Die

Laufzeit (Tilgungsphase) des Bauspardarlehens ist typischerweise kürzer als die eines vergleichbaren Bankdarlehens, weil die monatliche Mindesttilgungsleistung höher ist. Bis zur Volltilgung des Kredits gilt eine fixe Zinsbindung. Sondertilgungen in beliebiger Höhe sind jederzeit möglich.

Als wesentlicher Vorteil des Bausparvertrags gilt der zum Zeitpunkt des Vertragsabschlusses schon bekannte Kreditzinssatz für einen Kredit, der typischerweise erst vier bis zehn Jahre später gezogen werden soll. Ferner die Möglichkeit der Besicherung mit einer nachrangigen Grundschuld, was zu einer insgesamt höheren Kreditsumme führen kann (aber keineswegs muss), und die uneingeschränkte Sondertilgungsmöglichkeit. Welches also sind die Nachteile?

Es dürfte nur eine kleine Übertreibung sein, den niedrigen Zinssatz von Bauspardarlehen als Mogelpackung einzustufen. Errechnet man den → Break-even-Zinssatz, den ein alternativer Bankkredit zum Zuteilungszeitpunkt überschreiten müsste, um unattraktiver zu sein als der BSV, stellt sich in der Mehrzahl der Fälle heraus, dass der BSV ein Verlustgeschäft ist. Die Guthabenzinsen in der langen Ansparphase sind gegenüber entsprechenden Bankprodukten so niedrig, dass sie den Zinsvorteil des Bausparkredits in der späteren Kreditphase finanzmathematisch nicht ausgleichen – mit anderen Worten, der Bausparkredit ist nicht billig genug, um die verloren gegangenen Guthabenzinsen wettzumachen. Hierbei ist auch die zu Beginn zu bezahlende erstaunlich hohe, aber manchmal »übersehene« Abschlussgebühr von 1% bis 1,5% der »Bausparsumme« zu berücksichtigen. Diese Gebühr wird unfairerweise nicht in der Effektivzinsberechnung des Kredits mitberücksichtigt. Da die Bausparsumme als die Summe aus Sparguthaben *und* Bausparkredit definiert ist, beläuft sich die Abschlussgebühr auf etwa 2% bis 3% der Kreditsumme; zudem ist sie bis zu zehn Jahre vor Inanspruchnahme des Kredits zu entrichten. Das verteuert sie finanzmathematisch noch zusätzlich (die Gebühr wird von den ersten Sparraten abgezogen). Nach einer im August 2008 veröffentlichten Untersuchung der Verbraucherzentrale Bremen führte eine korrigierte Effektivzinsberechnung bei den vier untersuchten Angeboten von Bausparkassen in Hamburg und Bremen zu einer Erhöhung des tatsächlichen Effektivzinses des Bausparkredits um ein Fünftel im günstigsten Fall und um kaum glaubliche 100% (also einer Verdoppelung) im ungünstigsten Fall. Angesichts der seit 2008 bis heute fast kontinuierlich sinkenden Zinssätze für Darlehen von Banken kann man davon ausgehen, dass auch die allermeisten Bausparkredite zwischen 2008 und 2020 relative Verlustgeschäfte waren. Alles in allem wird man schlussfolgern können, dass ein korrekt berechneter Effektivzinssatz für Bausparkredite mehrheitlich nicht niedriger und oft deutlich höher wäre als der eines vergleichbaren simplen Bankdarlehens.

Bei genauem Hinsehen ist ein BSV ein ziemlich unflexibles Finanzprodukt. Insbesondere verbleibt der Zeitpunkt der Verfügbarkeit des Darlehens über Jahre hinweg bis kurz vor dem eigentlichen Termin im Unklaren. Diese Starrheit und Unsicherheit können dem Investor im Hinblick auf die Zahlung des Kaufpreises der Immobilie nennenswerte Zusatzkosten und Zusatzaufwand bescheren (z. B. eine nicht eingeplante Zwischenfinanzierung) – ganz zu schweigen davon, dass sie die Lebensplanung eines Haushalts übel durcheinanderbringen können. Entscheidet sich der Kunde, sein Sparguthaben für etwas anderes einzusetzen (zum Beispiel für eine Existenzgründung oder den Kauf einer Immobilie im Ausland), kann er den zinsgünstigen Kredit dafür in vielen Fällen nicht einsetzen und hat über Jahre hinweg Geld »verschenkt«, da er durch anderweitige Geldanlagen eine höhere Rendite erhalten hätte.

Die unbegrenzte Sondertilgungsmöglichkeit von Bauspardarlehen ist in der Realität wohl kein schlagkräftiger Vorteil. Bauspardarlehen haben von Haus aus schon einen hohen Tilgungssatz, was die Möglichkeit weiterer Sondertilgungen in den meisten Fällen einschränkt oder zunichtemacht. Auch beim Aushandeln von Bankdarlehen können Sondertilgungen bei Kreditabschluss vereinbart werden (siehe Abschnitt 2.12 und 2.13.1.). Und schließlich: Warum sollte man bei einem Kredit eine Sondertilgung erbringen, dessen Zinssatz – jedenfalls nach dem ursprünglichen Sinn und Zweck eines Bausparvertrags – *unter* dem Marktzins und/oder unter demjenigen eines parallel zumeist vorhandenen Bankdarlehens liegt und man diesen Vorteil vorher durch das Opfer des niedrigen Sparzinses und einer langen, unklaren Wartezeit erkauft hat?

Dass man mit einem (zweitrangig besicherten) Bausparvertrag plus einem (erstrangig besicherten) Bankdarlehen stets eine höhere Fremdkapitalquote erreichen könne als mit einem Bankdarlehen alleine, war einmal eine allgemein akzeptierte Faustregel, die schon lange obsolet ist. Um einen hohen »Beleihungsauslauf« (Fremdkapitalquote) zu erzielen, ist ein BSV vermutlich gar nicht nötig, auch mit einem einfachen Bankdarlehen kommt man auf über 80% Fremdkapitalquote. Im Übrigen zeige ich in meinem Buch *Kaufen oder Mieten?* (2020), dass hohe Fremdkapitalquoten in den vergangenen gut 50 Jahren in der Mehrzahl der Fälle die Profitabilität von Eigenheiminvestitionen im Sinne der Eigenkapitalrendite gesenkt haben, also jedenfalls aus Rentabilitätsgründen gar nicht anstrebenswert sind. Aus Risikoperspektive sind Fremdkapitalquoten merklich über 60% im Allgemeinen ohnehin eher bedenklich.

Bei Abschluss eines Bausparvertrags ist keineswegs vertraglich garantiert, dass man nach Abschluss der Ansparphase am (ohnehin nicht genau abschätzbaren) Zuteilungszeitpunkt tatsächlich auch einen Bausparkredit gewährt bekommt. Vielmehr muss der Bausparkunde nun erst einmal nachweisen, dass er kreditwürdig ist. Das heißt, die Bausparkasse beurteilt, ob seine persönliche Bonität hinreichend ist, ob ausreichende Sicherheiten vorhanden sind und die Mittel tatsächlich vorgabegemäß eingesetzt werden. Falls eines dieser Kriterien nicht erfüllt wird, gibt es keinen Kredit. Das mag statistisch relativ selten geschehen, doch ausgeschlossen ist es nicht. In diesem Fall erhält der Kunde sein Sparguthaben zurück, aber dieses wurde bis zu zehn Jahre lang unter den Marktverhältnissen verzinst.

In ungewöhnlichen Niedrigzinsphasen wie etwa in den Jahren von 2012 bis zum Redaktionsschluss dieses Buchs kann es geschehen, dass alte Bausparverträge existieren, die sich noch in der Ansparphase befinden und höhere Guthabenzinsen abwerfen, als man derzeit für einen Immobilienkredit mit langfristiger Zinsbindung bezahlt. Hier kann es sich unter bestimmten Umständen lohnen, das Bausparguthaben nicht aufzulösen und nicht als Eigenkapital in die Finanzierung einzusetzen, wie es ansonsten normal wäre. (Wer in solchen Fällen das aufgrund einer unvorhersehbaren historischen Ausnahmekonstellation vergleichsweise gut verzinsliche Bausparguthaben nur deswegen nicht auflöst, weil er im Nachhinein gar keine Immobilienfinanzierung braucht, hat übrigens einfach nur Glück gehabt. Dieser aus einer Fehlplanung resultierende Nutzen kann jedoch kaum als Vorteil des BSV-Produkts an sich gelten. Zudem gehen Bausparkassen vielfach juristisch gegen diese »Nichtabnahmefälle« vor.)

Ein Bausparguthaben aufgrund der heute attraktiven Guthabenverzinsung nicht aufzulösen und den Bausparkredit nicht in Anspruch zu nehmen impliziert, dass das konventionelle Bankdarlehen dann natürlich um den Betrag des Guthabens und um den Betrag des nicht genutzten Bausparkredits höher sein wird, als es andernfalls der Fall wäre. In dieser

Konstellation kommt es zu einem sogenannten »Zinsdifferenzgeschäft«, das in der Mehrzahl der Fälle Geld draufzulegen bedeutet, obwohl das für viele Immobilienkäufer auf den ersten Blick anders erscheint. Zum wichtigen Aspekt des »negativen Zinsdifferenzgeschäfts« siehe der frei zugängliche Blogbeitrag Kommer/Schweizer 2020b und das YouTube-Video Kommer 2021a.

Auf alle Fälle wird der Effektivzins der Gesamtkonstellation Bausparfinanzierung, gerechnet über die gesamte Laufzeit von Sparphase und Kreditphase hinweg, typischerweise von keiner Partei bereitgestellt und müsste daher vom Kreditnehmer oder seinem Berater berechnet werden. Daneben führt die Struktur zu ansonsten vermeidbarer Komplexität, reduzierter Flexibilität und auch zur Gefahr einer unnötig hohen Vorfälligkeitsentschädigung, sofern der Kredit jemals unplanmäßig zurückgeführt werden sollte.

Die staatliche Fördermaßnahme namens »Wohnungsbauprämie«, die auf Sparbeträge zu Bausparverträgen gewährt wird, wenn eine Reihe von Voraussetzungen gegeben sind, erläutere ich in diesem Buch nicht näher, weil sie betraglich sehr bescheiden ist, an vergleichsweise niedrige Einkommensgrenzen gebunden ist und vor allem, weil ich der Meinung bin, dass Bausparverträge ex ante generell keine sinnvolle Route zu Eigenheimbesitz sind. Wer sich über die Wohnungsbauprämie informieren möchte, sei auf die Verbraucherschutz-Webseite *www.finanztip.de* und dort das Stichwort »Wohnungsbauprämie« verwiesen. Eine mögliche »Riester-Förderung« bei Bausparverträgen behandele ich in Abschnitt 2.13.7.

Fazit

- Ein BSV lohnt sich nur für Haushalte, die (a) mit an Sicherheit grenzender Wahrscheinlichkeit in den nächsten zehn Jahren eine Wohnimmobilie im Inland erwerben und finanzieren müssen, (b) keinen nennenswerten Nachteil erleiden, wenn die Finanzierung ein Jahr früher oder später als gewünscht erfolgt, (c) der Meinung sind, dass das Zinsniveau normaler Bankimmobilienkredite für etwa zehnjährige Zinsbindungen zum voraussichtlichen Zuteilungszeitpunkt des Bausparvertrags *mindestens* 2,5 Prozentpunkte höher liegen wird als der fixierbare Bausparkreditzinssatz, und (d) die den Kredit ganz sicher nicht für etwas anderes, z. B. eine Existenzgründung, brauchen werden. All jene, für die eine oder mehrere dieser restriktiven Bedingungen oder Annahmen nicht zutreffen, dürften besser beraten sein, ihre geplante Immobilienfinanzierung ohne Bausparvertrag anzugehen.

- Fast alle Bausparkassen leiden an strukturellen Ertragsrückgängen,[22] weil ihr aus der Zeit gefallenes, überstrukturiertes Finanzprodukt immer unpopulärer wird. Angesichts der zahlreichen Nachteile von Bausparverträgen sollte das nicht verwundern.

2.13.5 Kombinationsfinanzierungen mit Bausparvertrag

> »Potenzielle Bauherren und Käufer einer Immobilie sollten wissen, warum Finanzierungspakete, die den Baukredit mit einer Kapitallebensversicherung koppeln, nicht funktionieren können und warum diese Finanzierungsart deutlich teurer ist als ein klassisches Hypothekendarlehen.«
> *(»Infos für kritische Bankkunden«, Presseservice der ING-DiBa AG, 01/2006)*

Eines kann man der Finanzbranche gewiss nicht vorwerfen: mangelnde Kreativität bei der Produktentwicklung. Ob diese Kreativität sich immer zum Vorteil der Kundschaft auswirkt, ist allerdings offen. Das gilt ganz besonders für Investmentprodukte, die aus mehreren Komponenten bestehen. Ein solches Mehrkomponentenprodukt ist das sogenannte Bausparvorausdarlehen, kombiniert mit einem (üblicherweise neu) abzuschließenden Bausparvertrag (nachfolgend »BSV-Kombi« genannt).

Wie funktioniert die BSV-Kombi? Der Häuslebauer will heute einen Immobilienkauf finanzieren, hat aber nicht bereits fünf bis zehn Jahre vorher – wie bei Bausparverträgen (BSV) eigentlich erforderlich – einen BSV abgeschlossen, der nunmehr zuteilungsreif wäre (das heißt einen BSV, dessen Bausparguthaben samt zusätzlichem Bauspardarlehen in etwa gleicher

22 »Deutsche Bausparkassen kämpfen ums Überleben«, Artikelüberschrift in *Süddeutsche Zeitung*, 04.03.2017.

Höhe nun ausgezahlt werden könnten). Um das Manko der fehlenden Ansparphase zu umgehen (und aus Sicht einer Bausparkasse trotzdem einen BSV verkaufen zu können), wird daher ein normaler Immobilienkredit in der notwendigen Höhe bei einer mit der Bausparkasse kooperierenden Bank arrangiert oder eventuell bei der Bausparkasse selbst. Dieser Kredit heißt bei dieser Konstruktion »Bausparvorausdarlehen«. Dabei handelt es sich – wichtig – um einen endfälligen (tilgungsfreien) Kredit, bei dem der Kreditnehmer bis zur Fälligkeit lediglich Zinsen zahlt. Die Differenz zur höheren Kapitaldienstrate (Zins *und* Tilgung) eines konventionellen Annuitätendarlehens muss er bei der BSV-Kombi parallel in einen BSV ansparen. Diese ersten rund zehn Jahre nennen wir hier »Phase 1«.

Wenn der BSV dann nach typischerweise rund zehn Jahren zuteilungsreif ist, wird aus dem BSV-Guthaben und dem nun ausreichenden eigentlichen Bauspardarlehen das bisher ungetilgte Bausparvorausdarlehen zurückgeführt. Nimmt man an, dass Bausparguthaben und Bauspardarlehen etwa gleich hohe Beträge darstellen (wie in der Praxis häufig der Fall), dann würde in diesem Moment die Hälfte des ursprünglichen Bausparvorausdarlehens getilgt, die andere Hälfte hingegen durch einen neuen Kredit ersetzt. Das neue Bauspardarlehen wird dann – wie ein normaler Immobilienkredit – über weitere zehn Jahre laufend getilgt (»Phase 2«).

Infobox: »Finanzpornografie« – was ist das?

In der Investment- und Anlagewelt existiert der Begriff Finanz- oder Investmentpornografie. Er wurde vor einigen Jahren von der amerikanischen Wirtschaftsjournalistin Jane Bryant Quinn geprägt. Finanzpornografie ist eine Metapher für reißerische, übertriebene, verzerrte und gefährliche Schlagzeilen, »Clickbaiting« und Aussagen in den Medien, in der Werbung und im Internet. Die Urheber dieser Schlagzeilen und Aussagen zielen damit bewusst auf einige der schlechtesten Eigenschaften des Menschen: Gier, Neid, Torschlusspanik, Naivität, Selbstüberschätzung und andere.

Finanzpornografie gibt es nicht nur in Bezug auf Kapitalmarktanlagen, sondern leider auch in Bezug auf Immobilien, und zwar schon seit Jahrzehnten. Hier könnte man sie »Immoporn« nennen. Einige Beispiele: »Mit Immobilien kann sich jeder, der eine solide Einkommens- und Vermögensstruktur hat, ein riesiges Vermögen aufbauen« (ein Immobilienbuchautor in einem Blog 2014) oder »Die Immobilie: die wohl immer noch sicherste Anlageform der Welt«[23] oder Buchtitel wie *Das Einmaleins der Immobilien-Investition. Warum Immobilien so phänomenal lukrativ sind* (2015), *Mit null Euro in fünf Jahren zum Immobilien-Millionär* (2016) oder »Lerne eine sichere Methode kennen, um mit Immobilien ein Vermögen aufzubauen. Sie ist zu 100% risikofrei« (Klappentext eines Ratgeberbuchs von 2016).

Beispiele für Investmentpornografie aus der Börsenwelt sind: »Zehn Aktien mit 100% Gewinnchance in 6–12 Monaten«, »227% Gewinn an einem Tag mit brandheißen Pennystocks« oder »Mit den richtigen Aktien 5 000 Prozent Gewinn. Titel, die Jahr für Jahr steigen«. Auch Buchtitel wie *Ich mache Sie reich, Automatisch Millionär, Schnell reich.* Die ewigen Gesetze der Börse sind Investmentpornografie. Doch nicht nur bei Wertpapieren existiert dieses schlüpfrige Sirenengeplärre à la »schnell reich ohne Risiko«, das alljährlich allein in den deutschsprachigen Ländern Hunderttausenden Privatanlegern zu bitteren Verlusten »verhilft«.

Lassen Sie sich nicht von »Immoporn« und FOMO-Gefühlen (»Fear of missing out«) in schlechte, unangemessene Risiken leiten. Um mit Immobilien reich zu werden, braucht es Fachwissen, Arbeit und eine Portion Glück. Wer Pech hat, kann mit Immobilien, insbesondere kreditfinanzierten Immobilien, viel Geld verlieren, sogar mehr als sein gesamtes Eigenkapital. Wenn Immobilien wirklich »phänomenal lukrativ« und dabei außerdem »sicher« wären, würden diese »Experten« ihre Zeit gewiss nicht mit dem mühseligen und finanziell trivialen Verfassen von Ratgeberbüchern und dem Betreiben von Immobilien-Blogs verplempern.

Als Vorteile dieser Konstruktion werden der bei Abschluss des Geschäfts schon bekannte, besonders niedrige Zinssatz des Bauspardarlehens für die zweiten zehn Jahre (Phase 2) und die bei Bauspardarlehen jederzeit zulässigen Sondertilgungen in beliebiger Höhe genannt. Man könne sich

23 Zu finden auf der Webseite des Immobilienfonds-Initiators S&K Immobilien (Stefan Schäfer, Jonas Köller). Im Februar 2013 wurde die Webseite im Zuge der Polizeiermittlungen vom Netz genommen. Medienberichten zufolge ist von 11 000 Betrugsopfern, Zehntausenden indirekt Geschädigten und etwa 240 Millionen Euro Schaden auszugehen. Im März 2017 wurden Schäfer und Köller zu jeweils achteinhalb Jahren Gefängnis verurteilt. Siehe auch Infobox »Immobilienbetrug – ist das ein relevantes Thema?« in Abschnitt 5.2.

mithin auf diese Weise im Ergebnis einen Festzinssatz für 20 Jahre sichern, der insgesamt unter dem historischen Durchschnitt liege (gemeint ist der einfache Durchschnitt aus dem Satz für das Bausparvorausdarlehen und dem Satz für das eigentliche Bauspardarlehen).

Die Vorteilhaftigkeit der Kombi-Konstruktion setzt im quantitativen Vergleich mit einem herkömmlichen Immobiliendarlehen eine weitgehende spekulative Annahme voraus, nämlich dass der Zinssatz des Bausparkredits in Phase 2 sehr deutlich niedriger ist als der Zinssatz eines konventionellen Bankimmobiliendarlehens. In Modellrechnungen, die dem Kunden vorgelegt werden, liegen die Annahmen naturgemäß so, dass das gewünschte Kalkulationsergebnis eintritt und die BSV-Kombi daher attraktiv erscheint. Wer sich jedoch von dieser »Zielrechnerei« nicht blenden lässt, für den liegen die Nachteile der Kopplungskonstruktion recht offen zutage:

- Der im Marketingmaterial oft erwähnte durchschnittliche Zinssatz aus Phase 1 und Phase 2 ist nicht ernst zu nehmen. Finanzmathematisch ist er falsch, vor allem wenn der Kreditzinssatz in Phase 1 höher ist als der folgende Zinssatz in Phase 2, und das trifft auf die BSV-Kombi zu. Doch selbst wenn man diesen kombinierten Zinssatz korrekt errechnen würde, wäre er noch nutzlos, sofern er die Zahlungsströme aus dem Sparvertrag nicht mit einschließt.
- Ob die Zinssätze für konventionelle Immobilienkredite von Banken in Phase 2 der BSV-Kombi so hoch sind, wie es die Bausparkassenvertreter prognostizieren, damit ihr Kombi-Produkt im Vergleich preisgünstiger aussieht, können wir getrost ins Reich der Spekulation verweisen.
- In Bezug auf die BSV-Kombi trifft schon lange nicht mehr zu, dass man sich (nur) auf diese Weise eine Zinsfestschreibung für 20 Jahre sichern könne gegenüber einer nur zehnjährigen Festschreibung bei herkömmlichen Bankkrediten. Wer ein wenig sucht, wird leicht eine Bank finden, die auch Zinsbindungen von 20 Jahren und länger anbietet, einschließlich Sondertilgungsmöglichkeiten (nach Ablauf einer zehnjährigen Zinsbindung kann ohnehin jeder Immobilienkredit außerplanmäßig und ohne Vorfälligkeitsentschädigung getilgt werden). Der Effektivzins eines solchen Darlehens wäre dann mit dem (leider nicht offengelegten) Gesamteffektivzins der BSV-Kombi zu vergleichen. Geschähe das, würde sich zeigen, wie teuer die BSV-Kombi in Wirklichkeit ist. Und

dieser Vergleich würde noch nicht einmal das geringere Risiko und die größere Flexibilität eines traditionellen Darlehens berücksichtigen für den Fall, dass der Kunde auf halber Strecke die Immobilie verkaufen oder andere Änderungen vornehmen will.

- Da in Phase 1 keine Tilgung erfolgt, schleppt der Kunde über viele Jahre hinweg einen unnötig hohen Schuldenberg mit sich herum. In Bezug auf die Schufa-Bonität und andere Kreditwürdigkeitsfragen des Kunden, aber auch im Hinblick auf seinen Seelenfrieden ist das ein gravierender Nachteil, der letztlich auch dadurch nicht ausgeglichen wird, dass dem Kredit in Phase 1 eine illiquide Geldanlage (Bausparguthaben) gegenübersteht. Dazu kommt – da ja in Phase 1 keine Tilgung stattfindet – das Risiko einer höheren Vorfälligkeitsentschädigung (siehe Abschnitt 2.12) als bei einem konventionellen Immobilienkredit.
- Einer der Gründe vieler Häuslebauer für den Eigenheimerwerb ist ihr Widerwille, einem »fremden Dritten« (dem Vermieter) jahrzehntelang den Mietzins (die Miete) »in den Rachen zu stopfen«. Bei einer Kombi-Konstruktion ist die Zinszahlung (Kapitalmiete) über 20 oder 30 Jahre betrachtet rund doppelt so hoch wie bei einem Annuitätendarlehen. Der Grund: Über den gesamten Zeitraum sinkt die Restschuld des Darlehens nicht, da die laufende Tilgung fehlt. Es entbehrt nicht einer gewissen Ironie, dass mancher deswegen eine Immobilie erwirbt, weil er seinem Vermieter die Mieteinkünfte nicht gönnt, aber danach irrationalerweise kein Problem damit hat, seiner Bank den gleichen Vorteil einzuräumen.
- Der Kunde setzt sich in Phase 1 dem Bonitätsrisiko der Bausparkasse aus. Die Kreditauszahlung am Ende von Phase 1 sowie die Rückzahlung des Sparguthabens – jedenfalls wenn das Guthaben 100 000 Euro (die staatliche Einlagensicherungsgrenze) überschreitet – während der gesamten Phase 1 hängen von der Bonität der Bausparkasse ab. Dies ist ein Risiko, das der Kunde bei einer herkömmlichen, einfachen Finanzierung nicht trägt.[24]
- Der aus Sicht dieses Autors vielleicht allergrößte Nachteil der BSV-Kombi ist ihre Inflexibilität. Ein vorzeitiges Aussteigen aus der Finanzierung ist noch schwerer und vermutlich noch teurer, als das bei

24 In Großbritannien ging 2008 eine der größten Bausparkassen (Bradford & Bingley) in die Insolvenz und musste zur Rettung verstaatlicht werden.

simpleren, konventionelleren Krediten der Fall ist. Wenn man bedenkt, was in 20 bis 30 Jahren alles passieren kann, dann ist das ein beunruhigender Gedanke.

Wegen all dieser Nachteile und zusätzlichen Risiken für den Kunden genügt es nicht, wenn die BSV-Kombi einen etwa gleichen oder sogar etwas niedrigeren *Gesamt*-Effektivzins, dessen Offenlegung leider nicht gesetzlich vorgeschrieben ist, als ein wirklich vergleichbares traditionelles Darlehen hat. Wo Effektivzinssätze für eine Kombi-Finanzierung angegeben werden, sind sie finanzmathematisch nicht zwangsläufig vergleichbar mit dem Effektivzins eines konventionellen langfristigen Annuitätendarlehens (Seubert/Weber 2014).

Dessen ungeachtet müsste das Kombi-Produkt aufgrund seiner vielen sonstigen Nachteile schon *sehr deutlich* günstiger sein, bevor man es in Erwägung ziehen sollte. Wenn man sich die komplexe Konstruktion des Kombi-Produkts vergegenwärtigt und die Tatsache, dass zwei Finanzinstitutionen statt nur einer an ihm verdienen möchten, erscheint das beinahe unmöglich. Dennoch wird das in den bunten Angebotspapieren von Banken oder Bausparkassen praktisch nie sichtbar sein. Da überrascht es nicht, dass die Zeitschrift Focus-Money die BSV-Kombi eine »gut getarnte Mogelpackung« nannte (Focus Online, 10.11.2009).

Fazit

- Im Vergleich zu einem simplen Annuitätendarlehen ist die BSV-Kombi eine weniger flexible Konstruktion.
- Die beträchtliche historische Popularität dieser Kombinationsfinanzierung hing zu einem Teil damit zusammen, dass bis 2016 der Gesamteffektivzins aus den verschiedenen Teilkomponenten der Kombi nicht angegeben werden musste. Der isolierte Effektivzins des Bausparkredits (Phase 2) allein war typischerweise attraktiv niedrig, wenn auch völlig irrelevant und letztlich irreführend. Diesen Unfug stellte eine gesetzliche Neuerung ab März 2016 ab. Gut möglich, dass sie zu einer merklichen Minderung des Kundenappetits für dieses Produkt führen wird.

- Bei der BSV-Kombi wird mit der Angst mancher Kunden vor Zinserhöhungen in zehn Jahren Kasse gemacht. Wer solche Befürchtungen hat, kann sich durch ein traditionelles Annuitätendarlehen mit einer Zinsbindung von 15 bis 20 Jahren flexibler und billiger schützen.

2.13.6 Kombinationsfinanzierungen mit Kapitallebensversicherung

> »Tatsache ist, dass die meisten Rechnungen rund um das Thema Immobilienerwerb und Altersvorsorge nicht sehr weit von der Praxis des Bleigießens oder des Knochenwerfens entfernt sind.«
> *(Christian Kirchner, Finanzjournalist)*

Im vorigen Abschnitt befassten wir uns mit einer überkomplizierten Finanzierungskonstruktion – der Bauspar-Kombi-Konstruktion –, deren tatsächliche Kosten im Sinne des Gesamteffektivzinses bis Anfang 2016, als eine Gesetzesänderung wirksam wurde, kaum je offengelegt werden und die zudem unflexibler ist als ein simples, konventionelles Annuitätendarlehen. Ähnlich abwegig und gleichfalls seit Jahrzehnten in Deutschland und Österreich an gutgläubige Häuslebauer verkauft, die oftmals nicht verstehen, worauf sie sich dabei einlassen, ist eine andere Kopplungskonstruktion. Hier wird – so wie bei der Kombinationsfinanzierung mit Bausparer – wiederum ein endfälliger (tilgungsloser) Immobilienkredit mit einem Anlageprodukt kombiniert, diesmal jedoch einer Kapitallebensversicherung statt einem Bausparvertrag. Wir nennen diese Kombination nachfolgend »KLV-Kombi«. Sie ist alles in allem genauso schlecht wie die BSV-Kombi.

Die KLV-Kombi funktioniert so: Es wird wiederum ein endfälliger Immobilienkredit aufgenommen, das heißt, der Kreditnehmer leistet monatlich nur die (während der anfänglichen Zinsbindung von typischerweise zehn Jahren) gleichbleibende Zinszahlung. Die monatliche Differenz zur höheren Annuität (aus Zins *und* Tilgung) eines konventionellen Annuitätenkredits zahlt der Kreditnehmer in eine Kapitallebensversicherung (KLV) ein, sodass per saldo seine monatliche Belastung etwa gleich hoch ist wie bei einem konventionellen Annuitätendarlehen. Bei der KLV handelt es sich überwiegend um eine sogenannte »fondsgebundene« KLV, bei der die monatlichen Versicherungsbeiträge in einen Aktienfonds oder eventuell einen Mischfonds investiert werden (zumeist ein oder mehrere Aktienfonds aus der Unternehmensgruppe der kreditierenden Bank).[25] Das bedeutet, dass die aggregierte monatliche Belastung des Kunden (Zinsen für das Darlehen, monatlicher Beitrag in die Versicherung) ungefähr derjenigen eines alternativen konventionellen Immobiliendarlehens entspricht.

Nach einer Laufzeit von mindestens zwölf Jahren (die in Deutschland aus steuerlichen Gründen notwendig ist), aber in der Praxis häufiger nach 20 oder 30 Jahren, ist die KLV fällig, der sogenannte »Erlebensfall« ist eingetreten, sofern der Versicherungsnehmer (der hier wohl identisch ist mit der versicherten Person) nicht vorher gestorben ist. Der Auszahlungsbetrag, dessen Höhe bei einer fondsgebundenen KLV nicht im Vorhinein bekannt ist, sollte – so die Theorie – dann mindestens so hoch wie oder höher sein als der dann immer noch nicht ausgetilgte Immobilienkredit. Dieser soll aus dem Endwert des Fondsdepots nun komplett zurückgezahlt werden. Fällt der Endwert des Fondsdepots höher aus, verbleibt für den Kreditnehmer ein Überschuss (Gewinn); wenn er niedriger ist, dann muss der Kreditnehmer den restlichen Kredit weiter in normaler Weise tilgen. In den Modellrechnungen der Bank – sehr gerne auf der Basis selektiv ausgewählter historischer Daten – kommt es stets zu attraktiven Überschüssen; in der Realität jedoch leider oft zu Defiziten.

Die KLV-Kombi-Konstruktion setzt im quantitativen Vergleich mit einem herkömmlichen, simplen Immobiliendarlehen eine spekulative, optimistische Annahme voraus: dass nämlich die Rendite aus den Beiträgen in die fondsgebundene Lebensversicherung bei Berücksichtigung der Zinskosten für den Immobilienkredit und nach Abzug der in der KLV selbst enthaltenen beträchtlichen Kosten und Steuern bis zum planmäßigen Tilgungstermin (z. B. nach 25 Jahren) mindestens so hoch ist, dass der Immobilienkredit voll getilgt werden kann. Das kann gut gehen oder auch nicht. Ob das beispielsweise in den 21 Jahren von 2000 bis 2020 immer der Fall war, darf in hohem Maße bezweifelt werden.

---

25 Bei einer normalen (nicht fondsgebundenen) Kapitallebensversicherung werden die Versicherungsprämien vorwiegend oder ausschließlich in Staatsanleihen investiert, die langfristig deutlich niedrigere Renditen als Aktien liefern, aber im Gegenzug auch risikoärmer (weniger schwankungsintensiv) sind.

Man stelle sich vor, dass man 20 bis 30 Jahre genauso viel »zahlt« wie bei einem normalen Immobilienkredit bis zu seiner Volltilgung, aber am Ende dieser langen Zeit dann bei der Kombinationsfinanzierung immer noch ein mittelgroßer oder großer Schuldenberg übrig bleibt. Die sprichwörtliche Horrorvorstellung.

Welches sind im Einzelnen die Nachteile der KLV-Kombi?

- Den ersten und größten Nachteil habe ich oben schon genannt: Ein Eigenheimkäufer macht sich durch die KLV-Kombi zum kreditfinanzierten Wertpapierspekulanten – »mit allen Risiken und Nebenwirkungen«. Dieses Argument alleine sollte reichen, von dieser schrägen Konstruktion die Finger zu lassen.
- In der Regel bezieht sich der angegebene Effektivzins nur auf den Immobilienkredit und schließt die KLV-Zahlungsströme nicht mit ein (anfängliche Prämieneinzahlungen, spätere Auszahlung bei Fälligkeit der Versicherung). Eine solche Effektivzinsberechnung ist, bezogen auf die *ganze* KLV-Kombi, unvollständig und damit wertlos. Es fehlt der Gesamteffektivzins. (An sich verpflichtet das Gesetz die Bank zur Nennung des Gesamteffektivzinses, wenn der Abschluss der KLV eine Bedingung für die Kreditausreichung ist.)
- Selbst wenn der Effektivzins angegeben wird, dürfte er wertlos sein, weil er in diesem Fall aus mathematischer Notwendigkeit die Annahme einer bestimmten positiven Rendite für die Einzahlungen in die fondsgebundene Versicherung voraussetzt (und eines entsprechenden Vermögensendwerts). Diese Renditen sind jedoch unsicher und müssen daher geschätzt werden. Schätzungen kann man optimistisch oder weniger optimistisch anstellen. Der geneigte Leser ahnt nun schon, wo der Hase hinläuft … Durch eine ausreichend optimistische Schätzung der langfristigen Fondsrendite kann von der Bank im Ergebnis eigentlich jeder beliebig niedrige Gesamteffektivzins für die Kombi-Konstruktion produziert werden. Das Dumme daran ist, dass es nur eine Schätzung ist und dazu eine, die vom Produktverkäufer kommt. Die Realität in den folgenden 25 Jahren muss sich jedoch nicht um diese Schätzung kümmern und wird es auch sehr oft nicht tun. Das Risiko, dass sie das nicht tut, trägt der Kreditnehmer. Dass die Gleichung in der Mehrzahl der Fälle nicht aufgehen wird, hängt auch mit den viel höheren Verwaltungskosten solcher komplexen Kombi-Produkte gegenüber einem

simplen Immobiliendarlehen zusammen und mit der Tatsache, dass zwei Parteien, die Bank und ihre Partnergesellschaft, hier die LV-Gesellschaft, eine Produktmarge verdienen wollen.

- Wie auch bei der BSV-Kombi schleppt der Kunde hier über viele Jahre oder sogar Jahrzehnte hinweg einen unnötig hohen Schuldenberg mit sich herum, der nicht wie beim normalen Immobiliendarlehen von »Tag 1« an schrittweise sinkt. In Bezug auf die Schufa-Bonität und andere Kreditwürdigkeitsfragen des Kunden, aber auch im Hinblick auf seinen Seelenfrieden ist das ein Nachteil, der letztlich auch dadurch nicht ausgeglichen wird, dass dem Kredit eine intransparente und illiquide Geldanlage (Bausparguthaben oder Rückkaufswert der KLV) gegenübersteht.
- Sofern ein Eigenheimbesitzer seine Kombi-Finanzierung vorzeitig zurückführen möchte (z. B. wegen Verkaufs der Immobilie oder aus anderen Gründen), wird die mögliche Vorfälligkeitsentschädigung bei einer KLV-Kombi unter sonst gleichen Umständen höher sein als bei einem konventionellen Immobiliendarlehen, weil der ausstehende Schuldensaldo zum Rückzahlungszeitpunkt definitionsgemäß höher ist.
- Wenn ein Kreditnehmer bei der KLV-Kombi unbedingt sein Todesfallrisiko absichern will oder muss (um zum Beispiel die Kreditrückführung im Todesfall im Interesse der Familie zu sichern), kann er das viel preisgünstiger, einfacher und bequemer über eine separate Risikolebensversicherung bei einem der günstigen Direktversicherer tun (siehe Kapitel 4).
- Ferner setzt sich der Kunde dem Bonitätsrisiko des Lebensversicherers aus. Die KLV-Auszahlung am Ende der Transaktionslaufzeit stünde im Fall eines zwischenzeitlichen Konkurses dieser Gesellschaft infrage. Von der nervenaufreibenden Zitterpartie des Kunden bis dahin ganz abgesehen. Auch dies ist ein Risiko, das der Kunde bei einer herkömmlichen einfachen Finanzierung nicht trägt. In den vergangenen Jahren sind mehrere deutsche und ausländische Lebensversicherer in Zahlungsschwierigkeiten oder Insolvenz geraten, darunter AIG, die bis 2008 weltgrößte Versicherungsgruppe.
- Die KLV-Kombi macht den Kreditnehmer zum Gefangenen der Bank, denn es ist viel schwerer und in jedem Fall mit zusätzlichen Kosten verbunden, beim Auslaufen der Zinsbindung zu einer anderen Bank

zu wechseln, die ein besseres Finanzierungsangebot vorlegt. Ähnlich wie die BSV-Kombi ist diese Kombinationsfinanzierung im Vergleich zu einem einfachen Annuitätendarlehen deutlich weniger flexibel – ein gewichtiger Nachteil.

Wegen all dieser Nachteile und wegen zusätzlicher Risiken für den Kunden genügt es nicht, wenn die KLV-Kombi einen etwa gleichen oder sogar etwas niedrigeren *Gesamt*effektivzins aufweist (der dem Kunden jedoch in der Regel ohnehin nicht offengelegt wird) als ein wirklich einfaches traditionelles Darlehen. Das Kombi-Produkt müsste schon *sehr* deutlich günstiger sein, bevor man es in Erwägung ziehen sollte.

Fazit

- Solange die Bank dem Kunden keine Gesamteffektivzinsberechnung vorlegt, weiß er gar nicht, was ihn die Kombi-Finanzierung im Vergleich zu einem traditionellen Darlehen tatsächlich kosten wird. Das ist Grund genug, dieses Produkt abzulehnen.
- Bei der KLV-Kombi setzt sich der Kunde mehreren ganz und gar unnötigen Risiken aus, die oben beschrieben wurden. Diesen Risiken steht keine hinreichende Chance (Upside) gegenüber.
- Im Vergleich zu einem simplen Annuitätendarlehen ist die KLV-Kombi eine weit weniger flexible Konstruktion.
- Der wesentliche Grund für die Existenz dieser »wilden« Konstruktion ist seine weit erhöhte Marge für die Finanzbranche im Vergleich zu einem schnörkellosen Immobilienkredit.

2.13.7 Riester-Darlehen (Wohn-Riester)

> »Mit einer Riester-Eigenheimrente [Riester-Darlehen] sparen Sie in aller Regel mehr Zinsen, als Sie zum Beispiel mit Ihrer Riester-Rentenversicherung oder Ihrem Riester-Banksparplan erzielen können.«
> *(Stiftung Warentest in der Zeitschrift* Finanztest, *Januar 2014).*

Im Allgemeinen erntet man wenig Widerspruch, wenn man »Riester-Sparen« und sein Eigenheim-Äquivalent »Wohn-Riester« als »unpopulär«, »ungeliebt«, »überkompliziert« oder sogar als »gescheitert« bezeichnete. Andererseits existieren mehr als 16 Millionen Riester-Sparverträge in Deutschland.

Neben ihrer Komplexität ist einer der oft gehörten Hauptkritikpunkte von Riester-Sparverträgen ihre schwache Rendite.[26] Die dürfte zwei Ursachen haben: die hohen Verwaltungskosten der Produktanbieter (Banken und Versicherungen) und die vom Gesetzgeber vorgeschriebene Kapitalgarantie. Die hohen Verwaltungskosten resultieren mindestens zum Teil aus den überkomplexen regulatorischen Vorgaben des Staates. Die rechtlich vorgeschriebene Kapitalgarantie ist renditeschädlich. Sie ist gut gemeint, aber dennoch Unsinn. Auf der Basis einer nahezu »risikolosen« Anlage ist generell – das gilt nicht nur für Riester-Sparen – keine nennenswerte inflationsbereinigte Rendite zu erwarten und nach Berücksichtigung der erwähnten hohen Kosten ist die Rendite-Null nahezu garantiert.

Erfreulicherweise ist Wohn-Riester – auch »Eigenheimrente« genannt – im Allgemeinen vermutlich rentabler, wenngleich komplizierter als klassische Riester-Sparverträge. Wohn-Riester könnte deswegen rentabler sein als Spar-Riester, weil das renditeschädliche Merkmal der Kapitalgarantie bei Riester-Darlehen, der u. E. attraktivsten Wohn-Riester-Variante, entfällt. Ferner sind Darlehenszinsen höher als Guthabenzinsen. Diese Dar-

26 Siehe z. B. den Eintrag »Riester-Rente« auf der deutschen Wikipedia. In dem Artikel werden zahlreiche kritische Untersuchungen zitiert. Nach der Lektüre Dutzender mehrseitiger Artikel zu Wohn-Riester ist leider unser Eindruck, dass sehr viele entweder offensichtliche Fehler enthalten, sich in wichtigen Details gegenseitig widersprechen oder bei wesentlichen Sachverhalten unklar sind. Nicht-Riester-Fachleute (das dürften in Deutschland rund 83 Millionen Bürger sein) werden auf dieser Basis vielfach falsche Schlussfolgerungen zu Wohn-Riester ziehen.

lehenszinsen können bis zu einem bestimmten Umfang mit Wohn-Riester vermieden werden.

Die Komplexität von Wohn-Riester hat der Gesetzgeber zu verantworten. In der Konsequenz dürfte dieser Abschnitt der komplizierteste im ganzen Buch sein. Das hätte man, glaube ich, nur vermeiden können, indem man Wohn-Riester sehr oberflächlich und vereinfachend beschrieben hätte. Eine solche Oberflächlichkeit hätte aber für die Leser dieses Buchs wenig echten Nutzen gehabt.

Trotz der vom Gesetzgeber verschuldeten Komplexität lohnt es sich für Eigenheimaspiranten ebenso wie für Bereits-Besitzer, über die Nutzung von Wohn-Riester nachzudenken – jedenfalls für kinderreiche Familien. Dieser Abschnitt wird daher einen kurzen Überblick der zentralen Aspekte von Wohn-Riester geben. Da die Riester-Förderung kompliziert ist, muss ich hier aus Platzgründen viele Details weglassen, die besonders spezielle Konstellationen betreffen.

Die meisten allgemeinen Regeln gelten für Spar-Riester und Wohn-Riester gleichermaßen. Auf Spar-Riester werden wir hier nicht weiter eingehen. Ein bestehendes Guthaben aus einem Riester-Sparvertrag kann bei Eigenheimerwerb sofort aufgelöst werden und förderunschädlich als Eigenkapital in den Kauf der Immobilie eingebracht werden, sofern das Eigenheim ab dem 01.01.2008 erworben wurde. Bei früher erworbenen Eigenheimen muss der Eigentümer die »Auszahlphase« des Spar-Riesters abwarten (typischerweise bei Eintritt in den Ruhestand), um das Riester-Sparguthaben zur Tilgung eines Eigenheimkredits einsetzen zu dürfen.

Generell besteht der Sinn von Wohn-Riester darin, mit staatlicher Hilfe (Zulagen, also Zuschüsse und Steuererleichterungen) die finanzielle Belastung, die ein kreditfinanziertes Eigenheim repräsentiert, zu senken. Rechtlich ist Wohn-Riester in sage und schreibe 29 verschiedenen Paragrafen des Einkommensteuergesetzes geregelt.

(a) Förderberechtigter Personenkreis von Wohn-Riester

Einkommens- oder Vermögensobergrenzen für die Riester-Förderungsberechtigung existieren nicht. Förderberechtigt sind Pflichtversicherte in der gesetzlichen Rentenversicherung, also Arbeitnehmer einschließlich

Angestellte im öffentlichen Dienst und Beamte. Im Allgemeinen nicht förderberechtigt sind Selbstständige, Freiberufler, Ärzte, Rechtsanwälte, Architekten und Angehörige anderer Berufe, die ihre Altersvorsorgebeiträge in eine berufsständische Versorgungseinrichtung einzahlen. Die Altersobergrenze für die Förderung beträgt 68 Jahre. Wer nicht selbst förderberechtigt ist, kann eventuell über seinen förderberechtigten Ehepartner »riestern«, d. h. trotz fehlender eigener Förderberechtigung die Riester-Zulagen erhalten, allerdings nicht die steuerlichen Absetzungsmöglichkeiten. Ein Beispiel: Thomas ist normaler Angestellte und damit förderberechtigt. Seine Ehefrau Hanna ist freiberuflich als Hebamme tätig. Hanna ist selbst nicht förderberechtigt, aber sie kann für sich die gleiche persönliche Zulage wie Thomas erhalten. Etwaige kinderbezogene Zulagen werden dem Vertrag von Thomas zugeordnet.

Ehepartner können keinen gemeinsamen Riester-Vertrag abschließen; jeder braucht einen separaten Vertrag, aber dieser kann sich auf ein und dieselbe selbst genutzte Immobilie beziehen (bei Riester-Darlehen sind in diesem Fall zwei Darlehensverträge erforderlich).

(b) Was und wie wird bei Wohn-Riester gefördert?

Entweder wird ein Eigenheim (Haus, Wohnung) gefördert, das schon vorhanden ist (Bestandsimmobilie) *und* auf dem noch ein Kredit lastet, oder ein Eigenheim, das nun erworben und teilweise mit Kredit finanziert werden soll. Ein schuldenfreies Bestandseigenheim zu fördern lässt sich mit Wohn-Riester im engeren Sinne nicht bewerkstelligen. Vermietete Immobilien werden ebenfalls nicht gefördert.

Das Eigenheim kann auch eine selbst genutzte Wohnung in einem Mietshaus sein, wenn Wohnung und ganzes Mietshaus dem Antragsteller gehören. In diesem Fall wird nur der Finanzierungsanteil, der auf die selbst genutzte Wohnung entfällt, Riester-begünstigt sein. Auch der Erwerb von Genossenschaftsanteilen für eine selbst genutzte Wohnung ist Riester-berechtigt; ebenso die Finanzierung eines alters- oder behindertengerechten Eigenheimumbaus. Dabei gelten allerdings leicht abweichende Regelungen, die in diesem Buch der Kürze halber nicht gesondert ausgeführt werden. Die Finanzierung einer konventionellen Renovierung oder Modernisierung eines Eigenheims wie auch ein Anbau oder eine Erweiterung sind nur dann Wohn-Riester-fähig, wenn diese Maßnahmen innerhalb von drei Jahren nach dem Kauf des Objekts stattfinden, und dann auch nur bis maximal 15% der ursprünglichen Anschaffungskosten.

Das geförderte Eigenheim muss sich nicht unbedingt in Deutschland befinden: Es kann in der gesamten EU, Norwegen, Island und Liechtenstein stehen, nicht hingegen in der Schweiz oder der Türkei. Allerdings muss der Antragsteller in allen Fällen in Deutschland unbeschränkt steuerpflichtig sein und die weiter oben unter (a) genannten anderen Voraussetzungen erfüllen.

Es werden folgende Wohn-Riester-Fördertypen angeboten:

- Wohn-Riester mit einem klassischen Annuitätendarlehen (Riester-Darlehen): Förderung der Kredittilgung (nicht jedoch der Zinszahlungen). Sowohl eine neue Finanzierung für den Erwerb eines Eigenheims als auch eine Anschlussfinanzierung sind förderfähig.
- Wohn-Riester mit einem klassischen Bausparvertrag: Förderung des Ansparvorgangs (wie bei Spar-Riester) und der anschließenden Kredittilgung (wie bei Wohn-Riester).
- Wohn-Riester mit einer Bausparkombinationsfinanzierung: Förderung des Ansparvorgangs (Spar-Riester) und der anschließenden Kredittilgung (Wohn-Riester).

Alle geförderten Wohn-Riester-Finanzprodukte, also z. B. ein »Riester-Annuitätendarlehen« oder ein »Riester-Bausparvertrag«, müssen eigens staatlich zertifizierte »Riester-Produkte« sein. Ein normales Annuitätendarlehen oder ein normaler Bausparvertrag sind nicht Riester-fähig.

Viele Banken bieten keine Riester-Darlehen oder nur mit bewusst unattraktiven Konditionen an, weil sie den internen Verwaltungsaufwand von Riester-Darlehen scheuen. Wenn Sie die Riester-Förderung als attraktiv einschätzen, dann könnte das für Sie ein Grund sein, nicht mit der Bank zusammenzuarbeiten. Bei Baugeldvermittlern kann man nötigenfalls spezifisch Banken suchen, die auch Riester-Darlehen offerieren, bzw. solche Banken, die keine Riester-Darlehen anbieten, von der Suche ausschließen.

Unter den drei Wohn-Riester-Produkten favorisiere ich das oben zuerst genannte Riester-Darlehen (Annuitätendarlehen). Diese Förderungsform ist zunächst einmal simpler und flexibler als die beiden folgenden

Formen. Darüber hinaus ist sie nicht verknüpft mit zwei Produktformen, die ich generell entweder skeptisch sehe (Bausparverträge) oder ablehne (Bauspar-Kombi-Finanzierungen). Und schließlich sind die finanziellen Vorteile eines Riester-Darlehens alles in allem leichter einzuschätzen als die der noch komplizierteren Bauspar-Riester und Riester-Bauspar-Kombi-Finanzierung. Die nachfolgenden Ausführungen betreffen daher nur einfache Riester-Darlehen.

(c) Umfang der Förderung

Die Förderung, also der effektive finanzielle Vorteil aus einem Riester-Darlehen, errechnet sich nach einer – zumindest auf den ersten Blick – komplizierten Logik. Um diese Logik darzustellen, sind leider zunächst eine Reihe individueller Komponenten und Bedingungen einzeln zu beschreiben, die gemeinsam die effektive Förderung bedingen. Das spezifische Zusammenwirken dieser Komponenten und der Bedingungen wird sich für Sie erst erschließen, wenn Sie diesen Abschnitt bis zu seinem Ende gelesen haben.

Die Hauptkomponenten der Förderung bei einem Riester-Darlehen sind (a) »Zulagen« (Zuschüsse), die der Vertragsinhaber für sich selbst und seine Kinder vom Staat erhält, sowie (b) ein Einkommensteuervorteil, d. h. eine Steuerersparnis. Die schlussendliche effektive Förderung besteht wirtschaftlich gesehen (und das ist die Perspektive, die zählt) entweder aus den Zulagen oder aus dem Steuervorteil, aber nie aus beidem. Wie dieses Zusammenwirken funktioniert, erläutere ich nachfolgend. Zunächst zu den Zulagen, dann zum Steuervorteil.

Die Zulagen betragen für einen Erwachsenen 175 Euro im Jahr; für jedes Kind im Haushalt 185 Euro, sofern vor dem 01.01.2008 geboren, oder 300 Euro im Jahr, sofern ab dem 01.01.2008 geboren. Beispiel 1 zur Berechnung der Zulagenhöhe: Eine vierköpfige Familie mit zwei kleinen Kindern erhält daher 950 Euro p.a. (2 × 175 Euro + 2 × 300 Euro). Voraussetzung für diese Maximalwerte ist, dass entweder mindestens 4% des Bruttogehalts des Vorjahres des Vertragsinhabers oder 2100 Euro, jeweils abzüglich der Zulagen, in das Wohn-Riester-Produkt investiert werden. Es muss nur eines dieser beiden Kriterien (4%-Kriterium oder 2100-Euro-Kriterium) erfüllt sein, um diese maximalen Zulagen zu erhalten. Bei einem Riester-

Darlehen heißt »investieren« tilgen. Mit anderen Worten: Die lukrativen Zulagen allein kassieren ist nicht möglich. Um sie zu bekommen, muss man einen sogenannten »Eigenbeitrag« leisten.

Wir nehmen für die soeben erwähnte vierköpfige Familie ein Riester-Darlehen und ein Haushaltseinkommen (Bruttoeinkommen) von jährlich 35 000 Euro an. Ziel der Familie ist es, die maximalen jährlichen Zulagen zu erhalten. Hierzu muss die Familie zunächst mindestens 492 Euro p.a. »eigenes Geld« in die Tilgung des Riester-Darlehens stecken. Dieser Betrag errechnet sich wie folgt: 4% × 35 000 Euro – 908 Euro. Diese 492 Euro sind in der Riester-rechtlichen Sprache der »Eigenbeitrag«. Die Zulagen und der Eigenbeitrag ergeben zusammen die gesamte Tilgungsleistung. Die Kinderzulagen fließen, solange auch Kindergeld gezahlt wird.

Beispiel 2: Eine alleinerziehende Mutter mit zwei Kindern, von denen eines vor und eines nach dem 01.01.2008 geboren ist, erhält 154 Euro + 185 Euro + 300 Euro = 639 Euro Zulagen im Jahr, sofern sie mindestens 4% ihres Bruttogehalts oder 2100 Euro in das Wohn-Riester-Produkt investiert. Nehmen wir an, das jährliche Bruttogehalt der Mutter beträgt 25 000 Euro und sie verwendet davon 2% (500 Euro) zur Tilgung ihres Riester-Darlehens. Weil 2% nur die Hälfte von 4% ist und weil auch die 2100-Euro-Marke nicht erreicht wird, werden auch die Zulagen pro-rata-risch (anteilsmäßig) gekürzt. Daher betragen die Zulagen nur die Hälfte von 639 Euro, nämlich 319,50 Euro. Die Differenz zu 500 Euro ist der Eigenbeitrag von 180,50 Euro.

Der »nominelle« Steuervorteil ist definiert als: Tilgungsleistung × → Grenzsteuersatz des Vertragsnehmers.[27] Häufig beträgt die Tilgungsleistung 2100 Euro, da dies der maximale »förderfähige« Betrag bei einem Riester-Darlehen ist und diese 2100 Euro oft den effektiven Gesamtvorteil maximieren. Wie sich die Tilgungsleistung zusammensetzt, habe ich weiter oben in diesem Abschnitt beschrieben. Den Steuervorteil nenne ich »no-

27 Das Konzept des Grenzsteuersatzes wird im Glossar erläutert. Tatsächlich ist die Berechnung etwas komplizierter, denn der Grenzsteuersatz gilt definitionsgemäß nur für den ersten zusätzlichen Euro. Bereits für den zweiten Euro gilt schon ein geringfügig höherer Grenzsteuersatz. Wer die Beispiele weiter unten in diesem Abschnitt ganz genau nachrechnen will, der sei auf den Rechner des Bundesministeriums der Finanzen verwiesen: www.bmf-steuerrechner.de/ekst/. Das zugrunde liegende zu versteuernde Einkommen kann man anhand einer Einkommensteuertabelle ermitteln.

minell«, weil er – wie gleich gezeigt werden wird – nur unter bestimmten Bedingungen wirklich zur Anwendung kommt, also tatsächlich in dieser Höhe im Portemonnaie des Vertragsinhabers ankommt.

Der eigentliche oder »effektive« wirtschaftliche Vorteil aus einem Riester-Darlehen errechnet sich so:

Zulagen und nomineller Steuervorteil werden verglichen. Der höhere Betrag repräsentiert die effektive Förderung. Anders formuliert: Die gesamte Förderung pro Jahr ist der jeweils höhere Betrag aus Zulagen und Steuerersparnis.

Zu dieser jährlichen »gesamten Förderung« muss man noch die – relativ gesehen – kleine jährliche Zinsersparnis addieren. Diese entsteht, wenn man die gesamte Förderung in einem Jahr tatsächlich für die Tilgung des Darlehens verwendet. Für den so getilgten Darlehensbetrag muss man dann naturgemäß im Folgejahr keine Zinsen mehr bezahlen; daher die Zinsersparnis. Die gesamte Förderung und Zinsersparnis bilden zusammen den tatsächlichen, effektiven wirtschaftlichen Vorteil des Vertragsnehmers.

Wie oben bereits angedeutet: Die Tilgungsleistung, also die Summe aus Eigenbeitrag und Zulagen, wird als »Sonderausgabe« in der Einkommensteuererklärung angesetzt und ist steuerlich abzugsfähig. Diese Sonderausgabe führt zu einer Steuerersparnis in der jährlichen Einkommensteuererklärung – der besagte Steuervorteil. Deswegen wird hier oft von »steuerfreien« Leistungen gesprochen. Prozessual (und diese Einschränkung ist zum Verständnis der Mechanik von Wohn-Riester sehr wichtig) muss der Eigenbeitrag jedoch aus dem Nettoeinkommen, also dem Einkommen nach Abzug der Lohnsteuer, geleistet werden. Die etwaige Steuerersparnis (die »Steuerfreiheit«) wird somit erst mit der jährlichen Einkommensteuererklärung verwirklicht.

Insbesondere Vertragsnehmer mit wenigen Kindern werden ihren effektiven finanziellen Vorteil maximieren können, indem sie nach Möglichkeit den Maximalbetrag von 2100 Euro im Jahr tilgen. Dies deshalb, weil bei diesen Personen die Zulagen (mangels ausreichend hoher Kinderzahl) niedrig sein werden und daher die gute Aussicht besteht, einen Steuervorteil zu generieren, der die Zulagen übersteigt. Ähnliches gilt für Vertragsnehmer mit einem hohen Grenzsteuersatz (Einkommensteuer). Auch hier ist es wahrscheinlich, dass der nominelle Steuervorteil die Zulagen überschreitet.

Bei einem niedrigen oder mittleren Einkommensniveau wird ein Haushalt mit hoher Kinderzahl vermutlich mehr von der Riester-Förderung einschließlich eines Riester-Darlehens profitieren als einer mit wenigen Kindern. Weiter unten werden wir zwei Beispiele für unterschiedliche Konstellationen durchrechnen.

Der Wohn-Riester-Vertragsnehmer kann bei einem Riester-Darlehen durchaus mehr als 2100 Euro im Jahr tilgen. Allerdings wird der überschießende Betrag weder durch Zulagen noch durch Steuervorteile gefördert. Anders formuliert: Tilgungsleistungen, die über 2100 Euro p.a. pro Vertrag hinausgehen, erhöhen weder die Zulagen über den Maximallevel hinaus noch fallen sie unter das, was bei Wohn-Riester steuerrechtlich als Tilgungsleistung definiert und – je nach Konstellation – durch eine Steuerersparnis gefördert wird.

Noch einige weitere technische Einzelheiten: Riester-Darlehen müssen spätestens bei Vollendung des 68. Lebensjahres des Darlehensnehmers vollständig getilgt sein. Die Kombination von Riester-Darlehen mit KfW-Förderdarlehen (siehe nachfolgender Abschnitt) ist grundsätzlich zulässig. Die Ablösung eines normalen Darlehens durch ein neues, zertifiziertes Riester-Darlehen ist zulässig (Umschuldung).

(d) Nachversteuerung im Alter (Prinzip der nachgelagerten Besteuerung)

Sowohl Spar-Riester als auch Wohn-Riester basieren auf dem »Prinzip der nachgelagerten Besteuerung«, d. h., ein Einkommensbestandteil, der normalerweise sofort steuerpflichtig wäre, wird zunächst einmal steuerfrei gestellt und dann später – nach Jahren – doch noch versteuert. Analoges gilt für die Zulagen. Sie sind anfänglich echte Geschenke, müssen aber später in der Phase der nachgelagerten Besteuerung (grob gesagt im Ruhestand) versteuert werden, was ihren endgültigen wirtschaftlichen Wert etwas reduziert. Dennoch ist das auch für den etwaigen Steuervorteil keine »Linke-Tasche-rechte-Tasche«-Spielerei, sondern führt zu einem echten wirtschaftlichen Vorteil, dem sogenannten steuerlichen → Barwertvorteil. Dieser Vorteil wird normalerweise noch verstärkt, weil der Grenzsteuersatz der meisten Haushalte nach Eintritt in den Ruhestand, wenn sie den ursprünglichen Steuervorteil wieder teilweise zurückzahlen müssen, aufgrund eines dann geringeren Einkommens sinkt.

Die Nachversteuerung der Vorteile aus einem Riester-Darlehen beginnt mit dessen Volltilgung, aber planmäßig frühestens, wenn der Darlehensnehmer 62 Jahre alt ist, und spätestens, wenn er 68 Jahre alt ist. Unter besonderen Umständen, z. B. früherer Tod des Darlehensnehmers, Verkauf des Eigenheims ohne Neukauf eines neuen Eigenheims, Vermietung des Eigenheims ohne Absicht, später wieder einzuziehen, und bestimmten anderen Konstellationen, kann die Besteuerung schon früher einsetzen.

Um Wohn-Riester und Spar-Riester bei der Nachversteuerung etwa gleichzustellen, musste der Gesetzgeber bei Wohn-Riester eine auf den ersten Blick seltsame Konstruktion einführen: das »Wohnförderkonto«. Das ist ein fiktives Konto, das die sogenannte Zentrale Zulagenstelle in Brandenburg an der Havel führt. Auf dem Wohnförderkonto werden die Zulagen und der steuerlich begünstigte Eigenbeitrag (also maximal 2100 Euro pro Jahr pro Vertragsnehmer) im Zeitablauf fiktiv angesammelt und zudem, technisch wie ein normales Guthabenkonto, mit 2,0% p.a. fiktiv verzinst.

Bei Eintritt in den Ruhestand (Rentenbeginn) und nach Erreichen der Volltilgung des Darlehens haben Sie zwei Optionen: (1) Sie versteuern den gesamten fiktiven Betrag auf dem Wohnförderkonto auf einmal und erhalten dabei einen Rabatt (Nachlass) auf die steuerliche Bemessungsgrundlage von 30%. Beispiel: Wilhelms Wohnförderkonto hat nach der Volltilgung des Riester-Darlehens und seinem Eintritt in den Ruhestand (er ist jetzt 65 Jahre alt) einen Kontostand von 25 000 Euro. Der Rabatt beträgt 30% (7 500 Euro). Das bedeutet, dass 17 500 Euro zu versteuern sind (70% von 25 000 Euro). Bei Wilhelms einkommensteuerlichem Grenzsteuersatz von 22% betrüge die abzuführende Steuerlast 3 850 Euro. Damit wäre das Wohn-Riester-Darlehen für Wilhelm erledigt.

Option (2): Alternativ versteuert Wilhelm bis zum 85. Lebensjahr jedes Jahr einen gleichbleibenden Teil der 25 000 Euro. Wenn Wilhelm mit 65 Jahren in Rente geht (und das Darlehen voll getilgt hat), hat er mithin jedes Jahr eine steuerliche Bemessungsgrundlage von einem Zwanzigstel von 25 000 Euro = 1250 Euro. Bei einem Grenzsteuersatz von 22% wäre das eine Steuerlast von 275 Euro. Der 30%-Nachlass entfällt hier.

Trotzdem dürfte Option (2), die graduelle Besteuerung, meistens vorzuziehen sein, weil sie liquiditätsmäßig weniger belastet und weil Option

(1) angesichts der hohen Einmalberücksichtigung des Kontostands des Wohnförderkontos (einkommensteuerlich ist das Einkommen) in dem betreffenden Jahr zu einem ungünstigeren Grenzsteuersatz führen könnte (in unserer Wilhelm-Beispielrechnung nicht berücksichtigt). Die Entscheidung zwischen (1) und (2) braucht man jedoch nicht vorab zu treffen. Wer Option (1) (Sofortbesteuerung) wählt und das Eigenheim vor Ablauf von 20 Jahren verkauft, ohne ein neues Eigenheim zu kaufen, muss den 30%-Rabatt nachversteuern.

Die Sofortbesteuerung (Option 1) wird sich tendenziell dann lohnen, wenn der persönliche Grenzsteuersatz einschließlich Soli und eventuell Kirchensteuer bei Beginn der Phase der nachgelagerten Besteuerung bereits ohne den einmaligen Zusatzertrag etwa 35% übersteigt. Dann ist der Steuernachlass (Rabatt) von 30% mehr wert als die relativ geringfügige weitere Erhöhung des Grenzsteuersatzes im Fall der Sofortbesteuerung. Das gilt auch für die beiden Beispielberechnungen im folgenden Absatz (Fall A und Fall B).

Wer vor dem 85. Lebensjahr stirbt, dessen Erben müssen (sofern sie das Erbe nicht ausschlagen) eine dann noch ausstehende Steuerschuld begleichen, was allerdings bei der Einkommensteuer normal ist (nicht Riester-spezifisch ist). Ein Wohnförderkonto kann vom überlebenden Ehegatten unverändert übernommen werden, wenn der überlebende Ehegatte die Versteuerung bis zum 85. Lebensjahr weiterführen will, statt eine Sofortbesteuerung auszulösen.

(e) Beispielrechnungen

Nachfolgend stelle ich zwei Beispielrechnungen A und B dar. Im Fall A handelt es sich um Robert, der alleinstehend und ohne Kinder ist. Fall B umfasst das Ehepaar Alexander und Karina, die drei Kleinkinder haben.

Fall A: Robert, alleinstehend, keine Kinder: Als Zulage erhält Robert lediglich 154 Euro im Jahr. Um die höchstmögliche Gesamtförderung in seinem Riester-Darlehen zu erreichen, tilgt Robert das jährliche Maximum von 2100 Euro. Diese setzen sich aus der Zulage von 154 Euro und seinem Eigenbeitrag von 1946 Euro zusammen (Eigenbeitrag = 2100 Euro – 154 Euro). Robert hat einen Grenzsteuersatz von 35%. Das bedeutet, dass er sich im Wege seiner jährlichen Steuererklärung 735 Euro von diesen 2100 Euro zurückholen kann (35% × 2100 Euro).[28] Seine gesamte jährliche Förderung (das Geschenk vom Staat) beträgt 735 Euro, denn wie oben erwähnt ist die jährliche Förderung der höhere Betrag aus Zulagen und Steuerersparnis. Wir unterstellen, dass der Zinssatz des Riester-Darlehens 3% p.a. beträgt. Weil Robert ja mit dem geschenkten Staatsgeld jedes Jahr das Darlehen tilgt, spart er also zusätzlich jedes Jahr Zinsen in Höhe von 3% × 735 Euro = 22 Euro und danach noch weitere Zinsen aus der förderungsbedingten Tilgung der Vorjahre. Das erhöht seinen jährlichen Cash-Vorteil auf 757 Euro (735 Euro + 22 Euro). Wir nehmen weiterhin an, dass er sein Riester-Darlehen über 25 Jahre hinweg auf null tilgt. In absoluten Zahlen hat er somit am Ende der Kreditlaufzeit 25 × 757 Euro = 19683 Euro direkt und indirekt vom Staat erhalten. Während dieser 25 Jahre hat die Zentrale Zulagenstelle sein Wohnförderkonto mit einer jährlichen fiktiven Verzinsung von 2% geführt. Am Ende der 25 Jahre hat das Konto einen fiktiven Kontostand von 70709 Euro (25 × 2100 Euro + die Zinsen). In unserem einfachen Beispiel tritt Robert nun in den Ruhestand. Damit beginnt die Phase der nachgelagerten Besteuerung. Er entscheidet sich, über 20 Jahre hinweg jedes Jahr ein Zwanzigstel dieser 70709 Euro zu versteuern. Weil sein Einkommen ruhestandsbedingt nun niedriger ist, ist sein Grenzsteuersatz annahmegemäß von 35% auf 25% gefallen. Er muss also in den nächsten 20 Jahren jedes Jahr 70709 Euro × 1/20 × 25% = 884 Euro an Steuern zahlen. Errechnen wir nun den Barwert[29] am Beginn des gesamten 45-jährigen Zahlungsstroms (also am »Tag 1« bei Darlehensausreichung) und verwenden dafür eine (willkürlich gewählte) Abzinsungsrate von 2,5% p.a., dann summiert sich der Riester-Vorteil für Robert auf (gerundet) 7096 Euro in Geldwert von Tag 1 (Tag der Darlehensausreichung). Attraktiver wird ein Riester-Darlehen, wenn Kinder vorhanden sind, wie das folgende Rechenbeispiel zeigen wird.

Fall B: Alexander und Karina, verheiratet, drei Kleinkinder, die alle nach dem 01.01.2008 geboren wurden. Als fünfköpfige Familie erhalten sie gemeinsam jährliche Zulagen in Höhe von 1208 Euro (2 × 154 Euro + 3 × 300 Euro). Alexander und Karina sind beide berufstätig. Sie tilgen bei

28 Alle folgenden Zahlen sind auf volle Euro gerundet. Bitte die Rundung berücksichtigen, sofern Sie nachrechnen.

29 Siehe Infobox zu »Barwert« in Abschnitt 1.6.

ihren beiden Riester-Darlehen den Maximalbetrag von 2 × 2100 Euro = 4200 Euro pro Jahr. Da sie 1208 Euro im Jahr an Zulagen erhalten, ist ihr aufaddierter Eigenbeitrag 4200 Euro – 1208 Euro = 2992 Euro p.a. Wie erwähnt: Die beiden könnten mehr tilgen, aber alles, was über 2 × 2100 Euro p.a. hinausginge, wäre dann rechtlich gesehen weder Zulage noch Eigenbeitrag und würde daher auch nicht staatlich gefördert. Wir nehmen aufgrund von Ehegattensplitting bei den beiden die gleichen Grenzsteuersätze an wie im Fall A (Robert). Somit ergibt sich eine jährliche »nominelle« Steuerersparnis von 4200 Euro × 35% = 1470 Euro. Ergo beträgt für die beiden zusammengenommen die gesamte jährliche Förderung 1470 Euro, weil auch hier (wie im Fall A) die nominelle Steuerersparnis höher ist als die Zulagen (Vergleichsprinzip). Die zusätzliche Zinsersparnis beläuft sich auf 1470 Euro × 3% = 44 Euro p.a. Wir gehen ebenfalls (wie im Fall A) von einer Darlehenstilgung auf null innerhalb von 25 Jahren aus und danach von einer nachgelagerten Versteuerung des fiktiven Guthabens auf dem Wohnförderkonto über 20 Jahre hinweg unter Verwendung eines nun auf 25% gesunkenen Grenzsteuersatzes. Auch die übrigen Annahmen sind die gleichen wie im Fall A. Alles in allem beläuft sich hier der Gegenwartswert der Förderung über den Gesamtzeitraum hinweg (25 Jahre + 20 Jahre = 45 Jahre) auf 14192 Euro. Ich habe hier der Einfachheit halber und etwas optimistisch unterstellt, dass Alexander und Karina Kindergeld für ihre drei Kinder über die vollen 25 Jahre der Darlehenslaufzeit erhalten. Sofern alle drei Kinder ein Studium absolvieren, ist das immerhin nicht ganz abwegig. Andererseits würden bei einer Darlehenstilgung über 30 Jahre (statt 25 Jahre), und dementsprechend einem höheren Riester-Darlehen,[30] die Zulagen und die Steuerförderung länger fließen und der Fördervorteil damit relativ und absolut wohl zunehmen. Ebenfalls steigen würde er bei einem höheren Grenzsteuersatz in der Darlehensphase und/oder einem niedrigeren Satz in der Phase der nachgelagerten Versteuerung.

Wichtig: Die hier ermittelten Vorteile des Riester-Darlehens in Fall A und Fall B unterstellen, dass das Riester-Darlehen den gleichen Effektivzins hat

30 Als Faustregel zur Bestimmung der Höhe eines Riester-Darlehens könnte die folgende Formel dienen: erwartete Anzahl Jahre bis zur Kompletttilgung × erwartete Summe aus Zulagen und Eigenbeitrag. Für den Fall B wäre das 25 × 4200 Euro = 105000 Euro.

wie ein konventionelles Annuitätendarlehen. Auf diesen Gesichtspunkt komme ich weiter unten im Absatz (g) genauer zu sprechen.

Ebenfalls wichtig für das korrekte Verständnis eines Riester-Darlehens: »Prozessual« oder »technisch« muss man für die Zwecke der o. g. »gesamten Förderung« pro Jahr zwischen den Zulagen und der Steuerersparnis unterscheiden. Prozessual erhält der Vertragsnehmer die Zulagen stets direkt vom Staat in die Tilgung des Riester-Darlehens. Ist der Steuervorteil größer als die Zulagen, bekommt der Vertragsnehmer die Differenz zwischen Steuervorteil und Zulagen im Wege seiner jährlichen Steuererklärung erstattet. Im *wirtschaftlichen* Ergebnis erhält der Vertragsnehmer dann den höheren Betrag von entweder Zulagen oder Steuervorteil, aber prozessual bekommt er immer erst die Zulage gesondert und – später im Wege der Steuerrückerstattung – den Differenzbetrag zur Steuerersparnis, sofern, und nur sofern, diese höher ist als die Zulage (die sogenannte Günstigerprüfung des Finanzamts). Der Vertragsnehmer ist formal nicht verpflichtet, diesen Differenzbetrag auch tatsächlich in die Tilgung des Darlehens zu stecken, obwohl das natürlich der Sinn der Sache ist. Für unsere Beispielrechnungen haben wir das auch angenommen.

(f) Verkauf des Eigenheims

Ein Verkauf des Eigenheims wird de facto selten förderschädlich sein (also nicht die Verpflichtung auslösen, die Fördergelder zurückzuerstatten). Beispielsweise lässt sich eine Rückerstattung vermeiden, wenn innerhalb von spätestens fünf Jahren der Kauf eines weiteren Eigenheims erfolgt. Auch vorübergehende mehrjährige Vermietung ist nicht zwangsläufig förderschädlich. In einem Immobilienratgeberbuch von 2013 stand zur Möglichkeit, die Riester-Förderung rückerstatten zu müssen, Folgendes: »Achtung: Wer ein Wohn-Riester-Darlehen abschließt, sollte unbedingt das Kleingedruckte lesen. Die Liste der ›förderschädlichen Verwendung‹ ist lang. Wenn man die Immobilie während der Rente verkauft oder wenn der Wohn-Riester-Sparer stirbt, können hohe Steuerrückzahlungen drohen!« Lassen Sie sich von solchem Nonsens nicht beunruhigen. Ein Verkauf während der Rente ist keineswegs zwangsläufig förderschädlich. Selbst wenn es so wäre, wird es überdies selten ein Problem sein, weil aus dem Verkauf während der Rente etwaige Steuerrückzahlungen leicht beglichen werden können.

Wenn der Sparer stirbt, dann geht eine etwaige ausstehende Steuerschuld auf die Erben über. Das gilt – wie oben erwähnt – für alle Einkommensteuern. Erben, welche die Steuerlast nicht zahlen wollen, können das Erbe ausschlagen. Und generell: In dem relativ unwahrscheinlichen Fall, dass ein Wohn-Riester-Nutzer eine Förderung zurückerstatten muss, zahlt er schlimmstenfalls eine früher erhaltene »Subvention« zurück, die er ohne Riester gar nicht bekommen hätte. Wer das als »besondere Gefahr« sieht, hat das Wesen der Wahrnehmung von Subventionen und Steuervorteilen nicht verstanden.

(g) Woran lässt sich ein ausreichend preisgünstiges Riester-Darlehen erkennen?

Wenig überraschend ist ein Riester-Darlehen immer dann attraktiv, wenn es den gleichen oder einen niedrigeren anfänglichen Effektivzins aufweist als ein ansonsten identisches oder nahezu identisches konventionelles Annuitätendarlehen. In diesem Fall liefert das Riester-Darlehen, insbesondere wenn Kinder da sind, eine Ersparnis aus den Zulagen oder dem Steuervorteil (je nachdem, welche Komponente größer ist), der ja *nicht* im Effektivzins des Riester-Darlehens berücksichtigt ist. In der Regel sind Riester-Darlehen jedoch – wegen ihres erhöhten Verwaltungsaufwands bei Banken – teurer als vergleichbare ungeförderte Annuitätendarlehen. Wo genau der Break-even-Punkt beim Effektivzinssatz liegt, ab dem ein Riester-Darlehen unter Berücksichtigung des jeweiligen Fördervorteils gegenüber einem konventionellen Annuitätendarlehen uninteressant wird (also um wie viel teurer ein Riester-Darlehen maximal sein darf), das lässt sich nicht universell in einer einzelnen Zahl ausdrücken. Die Verbraucherschutz-Webseite *www.finanztip.de* hat hierzu im Jahr 2016 modellhafte Berechnungen durchgeführt und – je nach Konstellation – zwischen 0,22 Prozentpunkte und 0,77 Prozentpunkte ermittelt. Die einzelnen Konstellationen waren jeweils Kombinationen entlang dreier Dimensionen: (a) alleinstehend versus Paar, (b) Anzahl Kinder von 0 bis 3, (c) Gesamteinkommen 30 000, 50 000 oder 70 000 Euro. Besonders die Anzahl der Kinder wirkt sich auf das Ergebnis aus. Bei null Kindern durfte das Riester-Darlehen nur geringfügig teurer sein als ein konventionelles Annuitätendarlehen, um noch attraktiv zu sein, bei drei

Kindern dagegen durfte das Riester-Darlehen bis zu 0,77 Prozentpunkte mehr kosten. In unseren eigenen Berechnungen ergaben sich Riester-Darlehensvorteile für die Fälle A und B, die diese Größenordnungen eher überschritten.

Auf einen weiteren technischen Aspekt sei abschließend noch hingewiesen: Bei einem Annuitätendarlehen könnte finanzmathematisch der Tilgungsanteil, je nach Darlehenshöhe, vor allem in der Frühphase nach Darlehensausreichung niedriger sein als die Summe aus Zulagen und Eigenbeitrag oder sogar niedriger als die Zulagen alleine. Das ist insofern relevant, als bei Riester-Darlehen vorgeschrieben ist, dass diese Zahlungen nur in die Tilgung des Riester-Darlehens fließen dürfen, nicht hingegen in Zinszahlungen. Dennoch spielt das aus Kreditnehmersicht keine Rolle, denn die ausreichende Bank wird bei Riester-Darlehen dafür sorgen, dass dieses technische Detail korrekt verarbeitet wird. Zulagen und Eigenbeitrag werden stets als Tilgung kategorisiert; mit der Zinsbelastung des Kreditnehmers können sie nicht verrechnet werden.

Fazit

- Die Riester-Förderung für Eigenheimfinanzierung ist, wie dieser Abschnitt gezeigt hat, leider kompliziert.
- Viele Artikel zu Wohn-Riester in Zeitschriften und im Internet schaffen es nicht, diese Komplexität didaktisch zu reduzieren, und schrecken daher mehr von Wohn-Riester ab als eigentlich gerechtfertigt.
- Von den drei Produktkategorien bei Wohn-Riester halte ich das Riester-Darlehen für am interessantesten. Die beiden anderen (Riester-Bausparvertrag und Riester-Bauspar-Kombi-Finanzierung) haben die gleichen Nachteile wie die konventionellen Nicht-Riester-Varianten dieser Produkte und führen noch ein zusätzliches Komplexitäts- und Inflexibilitätselement ein.
- Riester-Darlehen sind – jedenfalls wenn zwei oder mehr Kinder vorhanden sind – ein bedenkenswerter Weg, beim Eigenheimerwerb Geld zu sparen. Wer keine Kinder hat, der mag den administrativen Zusatzaufwand eines Riester-Darlehens angesichts seines dann wohl eher geringen finanziellen Mehrwerts scheuen.

- Bei der Suche nach einem ausreichend preisgünstigen Riester-Darlehen muss man Eigeninitiative entwickeln, da viele Banken keine Riester-Darlehen oder nur solche mit Abschreckungskonditionen anbieten.

2.13.8 Förderkredite

> »Der Wohnungsbau wird in Deutschland mit Milliardenbeträgen unterstützt. Doch wer keinen Berater hat, verheddert sich schnell im Dickicht der Richtlinien.«
> *(Aus einem Artikel zu Förderkrediten in der Wirtschaftszeitung* Handelsblatt, *23.08.2018)*

Bei Bund, Ländern, Kommunen und Kirchen existieren eine Reihe von Förder- und Sonderkreditprogrammen und direkten Zuschüssen (»Zulagen«) für Eigenheimerwerber, die bestimmte Voraussetzungen erfüllen. Förderkredite haben weicherer Konditionen, als sie im gewerblichen Markt erhältlich sind. Bevor ich auf die wesentlichen Merkmale der wichtigsten Förderkredite unter diesen Programmen eingehe, vorab sieben einfache Feststellungen, die in fast allen Fällen zutreffen:

(1) Die Situation bei Fördermitteln (direkte Zuschüsse und Förderkredite) ist unübersichtlich. Zumeist ist mühselige Recherche vonnöten, um festzustellen, was davon infrage kommt und welche Bedingungen für die Förderung bestehen. Auch hier gilt: Vor den Erfolg haben die Götter den Schweiß gesetzt.

(2) Die meisten, wenn auch nicht alle, Fördermittel haben mit ökologischen Aspekten zu tun, beispielsweise in Bezug auf Dämmung, Fenster oder Heizung.

(3) Banken haben im Allgemeinen wenig Interesse, von sich aus in Sachen Förderkredite und -mittel tätig zu werden, denn mit der Beantragung ist für Banken zusätzlicher Verwaltungsaufwand verbunden und vielfach bedeuten diese Mittel sogar weniger Ertrag für die Banken, weil

dadurch ihr eigenes Finanzierungsvolumen sinkt. Die vom Staat für die Bank gewährte Margenbeteiligung aus dem Förderkredit wird das oft nicht ausgleichen. Daher ist die Initiative des Kreditnehmers erforderlich.

(4) Sie müssen den Antrag auf diese Mittel *vor* Unterschrift unter einen Kaufvertrag oder Bauvertrag stellen. Danach wird es – mit wenigen Ausnahmen – zu spät sein.

(5) Bei den vielen Förderkreditprogrammen, die nicht beim Bund (der KfW – siehe unten) aufgehängt sind, haben Haushalte mit niedrigem Einkommen und mit Kindern (je mehr, desto besser) deutlich bessere Chancen, gefördert zu werden.

(6) Sie haben keinen Rechtsanspruch auf Förderung. Will heißen, Ihr Antrag kann abgelehnt werden, selbst wenn Sie die Antragsbedingungen erfüllen. Der hauptsächliche Grund für solche Ablehnungen wird sein, dass die vorhandenen Mittel für ein gegebenes Haushaltsjahr bereits voll ausgeschöpft sind. Es gilt das Windhundprinzip.

(7) Es ist generell keine schlechte Idee, seine Immobilienkreditgeber von nur einem auf zwei zu diversifizieren. In einer Krisensituation könnte es ein beträchtlicher Vorteil sein, betraglich etwas weniger von einer einzelnen gewerblichen Bank abhängig zu sein, weil es daneben auch noch eine nachrangig besicherte Förderbank mit geringerem Kreditvolumen gibt.

Dieses Buch kann – wie jede allgemeine Ratgeberpublikation – nur einen ersten groben Überblick über die zahlreichen Fördermittel für Eigenheimerwerber in Deutschland geben. Insbesondere die vielen Programme bei Kommunen und Kirchen für Haushalte mit niedrigem Einkommen kann ich aus Platzgründen nicht berücksichtigen.

Zwei allgemeine Webseiten, die einen weit detaillierteren Überblick bieten als der vorliegende Abschnitt, sind *www.baufoerderer.de* (Webseite der Verbraucherzentralen) und *www.aktion-pro-eigenheim.de* (private Webseite). Auf der www.baufoerderer.de-Webseite kann man relativ schnell und bequem prüfen, ob wenigstens eine grundsätzliche Chance auf staatliche Förderung besteht und, sofern ja, welche Förderungen infrage kommen.

(a) KfW-Sonderkredite (Bundesmittel)

Die KfW-Förderbank (100%-Gesellschafter der Bank ist der Bund) in Frankfurt vergibt Sonderkredite an Eigenheimerwerber. Zwei wesentliche Vorteile dieser Förderkredite sind: Sie sind nicht an Einkommensgrenzen gebunden (kommen also nicht nur für Haushalte mit geringem Einkommen in Betracht) und die Programme sind relativ übersichtlich. Daher lautet meine Empfehlung, dass Sie auf jeden Fall prüfen sollten, ob die KfW-Kredite für Ihr Vorhaben interessant sind. Die beste Übersicht über die KfW-Förderkreditprogramme findet sich auf der benutzerfreundlichen Webseite der KfW selbst (*www.kfw.de*). Nachfolgend die wichtigsten Merkmale dieser Kreditprogramme:

- Die KfW vergibt die Kredite nicht direkt, sondern über Banken oder Sparkassen (die nicht verpflichtet sind, die Kredite zu vermitteln) – das ist das sogenannte Hausbankprinzip. Für den Arbeitsaufwand bekommt die ausreichende Bank von der KfW eine laufende Provision (Marge), aber das Kreditrisiko trägt die KfW.
- KfW-Kredite werden gewährt für (a) den Ersterwerb eines Eigenheims (die Förderung eines Zweiterwerbs ist normalerweise ausgeschlossen). Das kann ein Neubau oder eine gebrauchte Immobilie sein. (Gelegentlich begegnet man dem Missverständnis, dass es KfW-Sonderkredite nur für energetische Maßnahmen im Eigenheim gäbe.) (b) Für allgemeine Sanierungsmaßnahmen an Bestandsimmobilien. (c) Energetische Investitionen an Neubauten oder energetische Investitionen/Sanierungen/Modernisierungen von Bestandsimmobilien (einschließlich Fotovoltaikanlagen und Maßnahmen zur Verringerung des CO2-Ausstoßes). (d) Behindertengerechten oder altersgerechten Umbau einer Bestandsimmobilie. Grundsätzlich können unterschiedliche KfW-Programme miteinander kombiniert werden. Verbraucherzentralen in den Bundesländern leisten Energieberatung. Dort ist oft auch viel Expertise zur Thematik der Finanzierung entsprechender Investitionen vorhanden.
- KfW-Programme, die nicht die Eigenheimfinanzierung im Allgemeinen fördern, sondern *spezielle* Investitionen, z. B. die energetische oder behindertengerechte Umrüstung, können im Prinzip auch mehrfach in Anspruch genommen werden.

- Im Fall des Eigenheimerwerbs wird der KfW-Kredit ergänzend zu einem größeren Bankkredit in Anspruch genommen werden (Darlehensmix). Bei kleineren Investitionen, z. B. einer Sanierungsmaßnahme oder die Finanzierung einer Umrüstung der Heizungsanlage, ist es auch denkbar, dass der KfW-Kredit ausreicht, um das gesamte Vorhaben zu finanzieren.
- Die Kreditsummen sind – je nach Programm – auf 10 000 Euro bis 100 000 Euro pro Eigenheimvorhaben begrenzt. Wenn die energetische Umrüstung z. B. 35 000 Euro kostet, dann können maximal 35 000 Euro in Anspruch genommen werden, auch wenn die Obergrenze für den Förderkredit höher liegt.
- Die Besicherung des KfW-Kredits geschieht – das ist ein wichtiger Vorteil – durch nachrangige Grundschulden, sofern auch ein normaler, erstrangig besicherter Bankkredit existiert.
- Per Mitte 2021 erschienen die Zinskonditionen für KfW-Kredite auf den ersten Blick gar nicht so sehr viel niedriger als die günstigsten Kredite von Banken. Und es gibt nicht wenige Fälle, in denen normale Bankkredite sogar billiger sind als KfW-Förderkredite. Das sollte nicht zu dem einseitigen Schluss verleiten, der zusätzliche Verwaltungsaufwand der Beantragung von KfW-Mitteln lohne sich dann nicht. Warum? Es liegt auf der Hand, dass das, was die KfW in einem gegebenen Eigenheimerwerb (oder einer großen Sanierung) finanziert, nicht mehr von der gewerblichen Bank finanziert wird. Dadurch verringert sich das Risiko der Bank, denn sie hat ja eine erstrangige Grundschuld (ihre Gläubigerrechte rangieren vor denen der KfW). Ein Beispiel: Nehmen wir an, die Immobilie kostet 300 000 Euro exklusive Kaufkosten. Das Eigenkapital beträgt 60 000 Euro (20%) zuzüglich der Kaufkosten, die wir nachfolgend ignorieren. Die KfW finanziert 40 000 Euro und die Bank den Rest, nämlich 200 000 Euro. Das bedeutet, dass aus Sicht der Bank ein Loan to Value von 200 000 ÷ 300 000 = 66,7% besteht. (66,7% des Kaufpreises der Immobilie wurde durch den Bankkredit finanziert – man bedenke hierbei, dass der nachrangige KfW-Kredit aus der Risikosicht der gewerblichen Bank wie Quasi-Eigenkapital wirkt.) Ohne die KfW-Mittel betrüge der Loan to Value 240 000 ÷ 300 000 = 80%. Das ist aus Sicht der Bank risikoreicher. Weil der Bankkredit durch den KfW-Kredit mithin risikoärmer wird, kann und sollte die Bank für den Bankkredit günstigere Konditionen anbieten als ohne den

KfW-Kredit. Sofern Sie zusätzlich von einem Tilgungszuschuss (siehe folgender Punkt) profitieren sollten, werden die Konditionen in jedem Fall unschlagbar günstig sein.

- Die KfW bietet fünf- und zehnjährige Zinsbindungen mit einer voraussichtlichen Tilgungsdauer von bis zu 35 Jahren. Die annuitätische Tilgung setzt entweder normal unmittelbar nach Ausreichung ein oder es werden auf Antrag bis zu zehn Tilgungsfreijahre gewährt. In einigen wenigen Konstellationen sind sogar »Tilgungszuschüsse« bis zu 15% denkbar, d. h., nicht der ganze Kredit muss zurückgezahlt werden. Bei manchen Kreditprogrammen sind Sondertilgungen jederzeit kostenfrei möglich, bei anderen wird ggf. eine Vorfälligkeitsentschädigung wie bei einem normalen Bankdarlehen innerhalb der Zinsbindung berechnet.
- Auch bei KfW-Förderkrediten führt eine vorzeitige Rückzahlung normalerweise zu einer Vorfälligkeitsentschädigung, wenn die Marktzinsen zum Zeitpunkt des Rückzahlungswunschs niedriger sind als der vertraglich vereinbarte Zinssatz.

Für Eigenheimaspiranten lohnt es sich auf jeden Fall, die Webseite der KfW zu besuchen (*www.kfw.de*) und sich dort sozusagen an der Quelle genauer mit den auf den jeweiligen Spezialfall zutreffenden Fördermöglichkeiten zu beschäftigen – nicht zuletzt deswegen, weil die Banken gar keine so großen Freunde der KfW-Förderung sind (siehe Anmerkung weiter oben).

(b) Förderkredite der Bundesländer

Bundesländer fördern eigenheimbezogene Projekte auf ihrem Territorium. Die Förderprogramme der Bundesländer basieren auf dem deutschlandweiten Wohnraumförderungsgesetz (WoFG), das einen gewissen Rahmen – aber eben nicht mehr als einen Rahmen – vorgibt. Innerhalb dieses Rahmens entwickeln die Bundesländer ihre eigenen Förderprogramme. Als Förderinstrument am wichtigsten sind hier ebenfalls Förderkredite mit »weichen« Konditionen.

- Unsere Empfehlung lautet, sich auf *www.baufoerderer.de* über die in Ihrem Bundesland verfügbaren Programme eine Übersicht zu verschaffen. Zusätzlich sollten oder könnten Sie die Webseite der Förderbank Ihres Bundeslandes konsultieren (siehe Tabelle 7 weiter unten). Auch die Gemeinde- und Kreisverwaltungen oder Landratsämter Ihrer Kommune geben Auskunft (Wohnungsbauförderungsstellen).

- Aufgrund leerer Haushaltskassen stellen manche Bundesländer ihre Eigenheimförderung von Zeit zu Zeit vorübergehend ein.
- In vielen Programmen werden Neubauprojekte stärker gefördert als der Kauf von Gebrauchtimmobilien. (Das ist ökonomischer Unsinn, aber so ist es halt. Es ist ökonomischer Unsinn – und dazu unsozial –, weil es besser verdienende Haushalte begünstigt, da diese relativ häufiger Neubauten erwerben. Es ist ökonomischer Nonsens, weil es volkswirtschaftlich keinen Unterschied macht, ob jemand eine nagelneue Immobilie erwirbt, eine, die 36 Monate alt ist, oder eine, die 50 Jahre alt ist – in jedem Fall kurbelt der Käufer die Nachfrage nach Immobilien und Einrichtungsgegenständen an. Derjenige, der die gebrauchte Immobilie verkauft, kann nun selbst investieren, vielleicht in einen Neubau oder in ein Unternehmen.)
- Die Programme der Bundesländer sind sozialpolitisch motiviert. Das bedeutet, dass sie in erster Linie einkommensschwache Haushalte fördern. § 9 WoFG definiert Einkommensobergrenzen für Haushalte, die von dieser Förderung profitieren können. Die dort definierten Einkommenswerte sind jedoch aus Sicht dieses Autors so niedrig, dass de facto auch mit zinsverbilligten Krediten ein Eigenheimerwerb selten möglich wäre. Ein Beispiel: Das jährliche Bruttoeinkommen für einen Vierpersonenhaushalt (davon zwei Kinder) muss unter 27 200 Euro liegen. Die Bundesländer dürfen daher von diesen Grenzen deutlich nach oben abweichen (über 30%).
- Auch für die Inanspruchnahme solcher Kredite gelten Bonitätsvoraussetzungen, d. h., die Finanzierung muss tragfähig sein.
- Die Förderkredite von bis zu 50 000 Euro (und in einigen wenigen Programmen auch mehr) besitzen Zinskonditionen, die unterhalb der Marktkonditionen für vergleichbare Bankkredite liegen. Häufig besteht eine zinsfreie oder besonders stark zinsvergünstigte Phase am Anfang. Die voraussichtlichen Tilgungslaufzeiten betragen üblicherweise 30 Jahre. Mehrere tilgungsfreie Jahre am Beginn sind möglich. Kostenfreie Sondertilgungen sind bei vielen, aber nicht allen Programmen zulässig. Oftmals findet nach 15 Jahren eine Prüfung statt, ob die

Förderungswürdigkeit bezüglich der Einkommensobergrenze noch gegeben ist. Wenn nicht, könnten die Zinskonditionen nach oben angepasst werden.

Tabelle 7: Internetadressen der Förderbanken der deutschen Bundesländer

Bundesland	Webadresse	Bundesland	Webadresse
Baden-Württemberg	www.l-bank.de	Niedersachsen	www.n-bank.de
Bayern	www.bayern labo.de	Nordrhein-Westfalen	www.nrwbank.de
Berlin	www.ibb.de	Rheinland-Pfalz	www.isb.rlp.de
Brandenburg	www.ilb.de	Saarland	www.sikb.de
Bremen	www.bab-bremen.de	Sachsen	www.sab.sachsen.de
Hamburg	www.ifbhh.de	Sachsen-Anhalt	www.ib-sachsen-anhalt.de
Hessen	www.wibank.de	Schleswig-Holstein	www.ib-sh.de
Mecklenburg-Vorpommern	www.lfi-mv.de	Thüringen	www.aufbaubank.de

Das Bundesförderprogramm »Baukindergeld« lief Mitte 2021 aus. Derzeit (Mitte 2021) ist nicht erkennbar, dass es zu einem künftigen Zeitpunkt in gleicher oder ähnlicher Form wieder eingeführt wird.

Nachdem Sie Ihre Hausaufgaben in Sachen Förderkredite (oder anderer Fördermittel) gemacht haben, präsentieren Sie diese Ergebnisse Ihrer Bank. Je mehr Vorarbeit Sie bereits geleistet haben, desto wahrscheinlicher ist es, dass die Bank auf den vielleicht nun schon langsam fahrenden Zug aufspringt und Sie bei der Antragstellung unterstützt. Sollte Ihre Bank hingegen nicht mitspielen, könnte das ein Grund sein, ein anderes Institut in Betracht zu ziehen. Andere Institute können Sie z. B. gut über einen Baugeldvermittler ins Spiel bringen (siehe Abschnitt 5.2).

Fazit

- Förderkredite und Zuschüsse lohnen sich fast immer. Wenn Sie bezüglich Ihres Eigenheimvorhabens nicht gerade unter extremem Zeitdruck stehen, dann sollten Sie ein paar Tage in die Recherche nach möglichen Förderprogrammen investieren. Vielleicht kann sich gerade hier ein Berater für Sie bezahlt machen.

- Abgesehen von den attraktiven Konditionen von Förderkrediten haben Sie noch den indirekten Vorteil, dass Sie damit eine gewisse Diversifikation unter Ihren Fremdkapitalgebern erreichen und den Loan to Value für die Hausbank senken. Wenn es einmal unerwartet ganz schlecht für Ihren Haushalt läuft (lange Arbeitslosigkeit oder Ähnliches), könnte sich das vorteilhaft für Sie auswirken.
- Den größten Vorteil bringt die Einbindung von Förderkrediten und Fördermitteln naturgemäß Eigenheimfinanzierern mit geringem Eigenkapital.
- Ein Antrag auf Förderung hat stets vor Unterschrift unter einen Bau- oder Kaufvertrag zu erfolgen. Ansonsten haben Sie Ihre Förderungswürdigkeit wahrscheinlich verspielt.

2.13.9 Fremdwährungskredite

> »Das vermeintlich gute Geschäft mit dem günstigen Fremdwährungskredit kann sich am Ende als katastrophal für den Darlehensnehmer erweisen. Denn ein niedriger Zinssatz sagt bei einem Fremdwährungskredit nichts darüber aus, wie viel der Kredit schließlich tatsächlich kosten wird.«
> *(Rechtsanwalt René Richard, Berlin, auf der Webseite seiner Kanzlei)*

Fremdwährungskredite sind bei Häuslebauern in Deutschland und der Schweiz selten. Bis vor wenigen Jahren waren sie jedoch in Österreich erstaunlich verbreitet. Zeitweilig konnte man sie dort beinahe als eine Art finanziellen Volkssport bezeichnen – ähnlich auch in Polen und anderen Ländern Mittel- und Osteuropas. In der schönen Alpenrepublik lauteten bis etwa 2015 annähernd 20% des Bestands aller privaten Immobilienfinanzierungen ganz oder teilweise auf Schweizer Franken oder Yen. Grund: In diesen beiden Währungen war das Zinsniveau historisch dauerhaft niedriger als in Euro und (vor 1999) in Schilling. Fremdwährungskredite sind üblicherweise variabel verzinslich, haben also keine langfristige Zinsbindung. Über die gesamte Laufzeit fallen Geldwechselkosten (Spesen und Gebühren) an, welche die Kreditinstitute oft in anderen Preiskomponenten verstecken.

Seit etwa 2016 sind die Immobilienkreditzinsen in Deutschland und Österreich jedoch so niedrig, dass die relative Attraktivität von CHF- oder Yen-Fremdwährungskrediten deutlich abgenommen hat. Das könnte sich in der mittel- und langfristigen Zukunft jedoch wieder ändern.

Auf alle Fälle hatte und hat der Zinsvorteil von Fremdwährungen einen Preis: Ein Fremdwährungskredit macht einen Privathaushalt, der seine Einkünfte in Euro hat – das muss man klipp und klar sagen –, zum Währungsspekulanten. Das ist insofern kurios, als Haushalte doch eigentlich nur das einfache Ziel haben und haben sollten, ein Eigenheim zu erwerben, die damit verknüpften Schulden möglichst bald und risikoarm auf null zu tilgen und wirtschaftlich Abhängige wie etwa Kinder einem möglichst geringen Risiko auszusetzen.[31]

Als im Januar 2015 der Schweizer Franken in wenigen Tagen und völlig unvorhersehbar um über 20% gegenüber dem Euro aufwertete, erhöhte sich damit das in Euro berechnete Volumen eines Franken-Immobilienkredits zahlloser österreichischer Haushalte um ebendiese rund 20%. Quasi über Nacht wuchsen die Schulden dieser Haushalte also um ein Fünftel. Dass das Zinsniveau in Schweizer Franken auch danach (etwas) niedriger blieb als in Euro, war ein schwacher Trost, denn Zinsen sind von vornherein nur ein Bruchteil des Kapitals. Ein simples Beispiel:

Wir nehmen an, die Zinsen in Österreich (in Euro) betragen 4% p.a., diejenigen in Schweizer Franken dagegen nur 2% p.a. (tatsächlich war der *relative* Zinsvorteil in CHF gegenüber Euro-denominierten Krediten in den vergangenen zehn Jahren eher geringer). Eine Familie nimmt nun einen Eigenheimkredit im Gegenwert von 100 000 Euro in Schweizer

31 Die steuerliche Situation für Eigenheimbesitzer in der Schweiz unterscheidet sich stark von derjenigen in Deutschland und Österreich (siehe Kapitel 7). Steuerlich gesehen existiert in der Schweiz ein Anreiz, eigenheimbezogene Schulden nicht oder nur langsam zu tilgen, weil Zinsaufwand für Eigenheimfinanzierungen dort einkommensteuerlich absetzbar ist. Aus diesem Grund liegt die Verschuldungsquote Schweizer Haushalte statistisch deutlich über derjenigen österreichischer und deutscher Haushalte. Gleichwohl ist das durchschnittliche Nettovermögen der Schweizer Haushalte (Bruttovermögen abzüglich Schulden) weit höher als das in den beiden Nachbarländern.

Franken auf, um von dieser Zinsdifferenz zu profitieren. Die Familie zahlt daher effektiv nicht 4000 Euro Zinsen im Jahr, sondern nur 2000 Euro. Wir befinden uns nun im Januar Anfang 2015 und der Frankenkurs rast Knall auf Fall innerhalb weniger Tage um 20% nach oben. Folge: In Euro gerechnet – und nur diese Währung zählt wirtschaftlich für unsere österreichische Familie – beläuft sich der Kredit plötzlich auf 120000 Euro. Unterstellen wir optimistisch, dass der Zinsvorteil in Franken unverändert bleibt. Dann würde es etwa 13 Jahre dauern, bis der Haushalt seinen Verlust wieder hereinverdient hätte (hierbei ist der Zeitwert des Geldes berücksichtigt). Sofern der Kredit zwischenzeitlich allmählich getilgt wird, dauert es sogar noch länger. Sofern sich die Immobilie im Privatvermögen befindet (bei Selbstnutzung der Regelfall), ist der Verlust aus der in Euro erhöhten Tilgung nicht steuerlich absetzbar. Das Gleiche gilt für einen aus ungünstigen Wechselkursentwicklungen resultierenden laufenden Zinsaufwand in Euro. Ergo: Der Ernährer, der seine Familie auf ein solches Pulverfass setzt und der ihr diesen potenziellen oder tatsächlichen Schaden und Stress zumutet, handelt unverantwortlich.

Die neueste Entwicklung auf dem Marktsegment *Fremdwährungskredite an Verbraucher* (einschließlich Immobilienkredite) hat eine EU-Richtlinie gebracht, die im März 2016 auch in Deutschland in Gestalt von § 503 BGB rechtlich umgesetzt wurde (Gesetz zur Umsetzung der Wohnimmobilienkreditlinie). Nach der neuen regulatorischen Vorgabe besitzt der Kreditnehmer bei einem Fremdwährungskredit während der gesamten Laufzeit des Kredits ein »Wandlungsrecht«. Das soll heißen, dass er dann, wenn sich der Wechselkurs gegenüber seiner Heimatwährung für ihn um 20% oder mehr verschlechtert hat, den Fremdwährungskredit zu diesem verschlechterten Kurs in seine Heimatwährung umwandeln kann. Damit ist er zumindest vor einer weiteren Verschlechterung geschützt, hat aber auch die Chance auf jede künftige Verbesserung und vermutlich auch auf einen möglichen Gewinn über die Gesamtlaufzeit verloren. Es ist gut möglich, dass diese gesetzliche Neuerung den Markt für Fremdwährungsimmobilienkredite an Privatpersonen austrocknet, weil die Banken die hiermit einhergehenden Refinanzierungsrisiken für sie selber nicht tragen wollen oder aber die Kreditmarge wegen dieser Risiken erhöhen.

Doch wie dem auch sei: Dass sich in den vergangenen, sagen wir, 30 Jahren manche oder vielleicht sogar viele Fremdwährungskredite am Ende als mehr oder weniger gutes Geschäft herausstellten, ist kein Argument, ein solches Vabanquespiel in Zukunft zu versuchen.[32] Auch eine schlechte Strategie kann aus Zufall (Glück) oder anderen nicht vorhersehbaren Gründen ein gutes Ergebnis zeitigen. Das belegt aber nicht die Richtigkeit der Strategie.

Die primäre Ausnahme von dieser Einschätzung: Hat ein Haushalt dauerhaft laufende Einkünfte in einer Fremdwährung, dann kann er auch einen Kredit in dieser Währung aufnehmen, und zwar im gleichen Verhältnis, wie die Fremdwährungseinkünfte zu den Heimatwährungseinkünften stehen. Man kann sogar einen Schritt weiter gehen und sagen: Der Haushalt *sollte* in diesem Fall sogar seine Kreditaufnahme im gleichen Verhältnis nach Währungen aufsplitten wie auch seine Einkünfte. Diese Konstellation könnte auf Grenzpendler zutreffen, z. B. in Deutschland lebende Bürger, die dauerhaft in der Schweiz arbeiten und ihr Einkommen in Schweizer Franken beziehen.

Fazit

- Finger weg von Fremdwährungskrediten – jedenfalls im Kontext von Eigenheimfinanzierung. Hier geht es mehr um Sicherheit als um Kosten- und Renditespekulation.
- Es ist überdies wahrscheinlich, dass eine Währung mit einem dauerhaft niedrigeren Nominalzinsniveau auf sehr lange Sicht gegenüber einer Währung mit einem dauerhaft höheren Nominalzinsniveau aufwertet (genau das, was sich zwischen Schweizer Franken und Euro in den vergangenen Jahren ereignet hat). Welche spezifischen Wechselkursveränderungen allerdings in einem bestimmten Zeitfenster von z. B. fünf oder zehn Jahren geschehen, das wissen die Götter.

32 In der wissenschaftlichen Finanzökonomie heißt diese Spekulationsstrategie »Carry Trade«. Eine Reihe akademischer Untersuchungen zeigen, dass Carry Trade kein »Free Lunch« ist (kein Gratismittagessen). Die Chance, an Zinsunterschieden in verschiedenen Währungen zu verdienen, wird ganz banal mit erhöhtem Risiko erkauft. Dieses Risiko materialisiert sich in bestimmten Phasen, wenn auch eher selten. Zuverlässig genug vorhersehbar sind solche gefährlichen Phasen für einen normalen Häuslebauer jedoch kaum (Berkin/Swedroe 2016, S. 139 ff.).

2.13.10 Anschlussfinanzierungen

> »Darlehen sind teuer und jeder Euro, der zu einer rascheren Tilgung beiträgt, ist gut investiert, weil Darlehenszinsen in der Regel höher sind als Sparzinsen.«
> *(Verbraucherzentrale Baden-Württemberg)*

Sofern eine bestehende Immobilienfinanzierung die »Bagatellgrenze« von z. B. rund 50 000 Euro nach mehrjähriger Tilgung noch nicht unterschritten hat, sollte der Kreditnehmer spätestens neun Monate vor Ablauf der Zinsbindung konkrete Schritte in Richtung Anschlussfinanzierung unternehmen. Keine gute Idee ist es, die Zinsbindung erst ablaufen zu lassen und zu warten, bis die Bank sich von sich aus rührt. Diese wird das relativ spät tun, weil es taktisch für sie besser ist, mit dem Verhandeln erst anzufangen, wenn die Zinsbindung in Kürze abläuft oder sogar schon abgelaufen ist. Die wichtigste Ausnahme hiervon: Der Kreditnehmer war bis zu diesem Zeitpunkt ein unattraktiver Schuldner und die Bank will ihn loswerden. In diesem Fall wird sie sich besonders frühzeitig melden.

In Bezug auf einen etwaigen Bankwechsel ist zunächst einmal festzuhalten, dass dieser den Kreditnehmer Geld kosten wird. Warum? Es werden voraussichtlich Einmalkosten anfallen für Notar, Grundbucheintragung, wenn noch eine Grundschuld besteht (was im Fall eines Kredits anzunehmen ist), und möglicherweise für ein Wertgutachten, das die neue Bank braucht; u. U. auch Kosten für anderweitige Beratung, die man in dieser Situation braucht. Dennoch ist es gut möglich, dass ein Kreditgeberwechsel diese Einmalkosten durch günstigere Zinskonditionen oder andere Vorteile mehr als ausgleicht.

Die Kosten für die Löschung und Neueintragung einer Grundschuld kann man eventuell vermeiden, indem die bisherige Bank die bestehende Grundschuld pragmatisch an die neue Bank abtritt – ohne Löschung und anschließende Neueintragung. Dieser kostengünstige und kundenfreundliche Weg wird zwischen Banken erfreulich oft praktiziert.

Andere Vorteile eines Wechsels könnten beispielsweise darin bestehen, einen bisherigen Bürgen für die Finanzierung aus dieser Bürgschaft entlassen zu können, wenn die bisherige Bank dazu nicht bereit ist. Ferner wird das mit konkreter Evidenz unterlegte Einholen von Konditionen der Konkurrenz den Kreditnehmer allgemein in eine bessere Verhandlungsposition mit seiner bestehenden Bank versetzen. Das wird ein Vorteil sein, selbst wenn er am Ende die Bank gar nicht wechselt: Faule oder träge Eigenheimfinanzierer im Bestandsgeschäft sind für die Bank oft die ertragreichsten Kunden.

In diesem Zusammenhang vielleicht nicht unwichtig: Nach Ablauf von zehn Jahren haben Immobilienkreditnehmer (gewerbliche und private) ein grundsätzliches Kündigungsrecht und die Bank darf auch innerhalb einer etwaigen noch bestehenden Zinsbindung keine Vorfälligkeitsentschädigung mehr verlangen (also beispielsweise, wenn ursprünglich eine Zinsbindung von 15 Jahren bestand). Allerdings muss der Kreditnehmer den Kredit in diesem Fall dennoch eigens kündigen – ansonsten läuft er einfach bis zum Ende des Vertrags oder der Zinsbindung unverändert weiter, sofern im Kreditvertrag nichts anderes bestimmt ist.

Für die Kündigung nach zehn Jahren gilt per Gesetz eine sechsmonatige Kündigungsfrist. Das bedeutet, dass de facto die wirklich verbindliche Zinsbindung 10,5 Jahre dauert, denn die wirksame Kündigung kann erst am Ende der zehn Jahre erfolgen.

Infobox: Warum enthält dieses Buch keinen Abschnitt zu »Wie finde ich die für mich richtige Immobilie?«

Die Antwort auf diese Gretchenfrage lautet: »Weil man dazu nur etwas Vernünftiges sagen kann, wenn man ein »halbes« Buch darüber schreiben würde.« Auf ein oder zwei Seiten kann man zu dieser Frage vermutlich nur jedem schon bekannte Trivialitäten schreiben. Die in den meisten Ratgeberbüchern zum Immobilienkauf abgedruckte »Checkliste zur Qualität einer Lage« habe ich in diesem Buch bewusst weggelassen, weil sie ganz einfach überflüssig ist. Sie fragt vollkommen banale Dinge ab, wie z. B. die »Nähe guter Einkaufsmöglichkeiten« und »Anschluss an den öffentlichen Nahverkehr«. Dafür braucht niemand eine statische Checkliste aus einem Buch. Auch für die Identifikation der Qualität einer Lage und des nicht bereits allgemein bekannten Veränderungspotenzials einer Lage in der Zukunft sind solche Checklisten nutzlos, weil die Qualität einer Lage und ihr bekanntes bzw. allgemein erwartetes Veränderungspotenzial (ob nach oben oder unten) schon längst eingepreist sind.

Das Suchen und Identifizieren eines Eigenheims wird im Englischen »House Hunting« genannt und ist in den angelsächsischen Ländern sozusagen als eigenständiges Hobby für bestimmte Lebensabschnitte anerkannt, ein Hobby, das sich selten über weniger als ein Jahr und oft über zwei, drei und mehr Jahre hinzieht, bis man am Ziel angekommen ist (oder das Ziel aufgibt).

Wie man den Preis einer Immobilie beurteilt, damit haben wir uns schon in Abschnitt 1.6 beschäftigt. Was an dieser Stelle vielleicht für den einen oder anderen Leser nützlich sein könnte, ist der Hinweis auf einige Webseiten, die bei der Suche von Objekten (in Deutschland) nützlich sein könnten. Diese Webseiten sind im Anhang des Buchs aufgelistet.

Rechtlich gesehen unterscheidet sich eine Anschlussfinanzierung gar nicht so sehr von einer neuen, erstmaligen Finanzierung. Daher sind mehrere Abschnitte in Kapitel 2 für Anschlussfinanzierungen weitgehend analog zu erstmaligen Finanzierungen anwendbar.

Andererseits besteht doch ein grundsätzlicher Unterschied zwischen einer erstmaligen Finanzierung und einer Anschlussfinanzierung. Bei Letzterer hat der Kreditnehmer nämlich den enormen Vorteil, dass mehrere Dinge, die seine Verhandlungsposition gegenüber einem Kreditgeber stärken, »alle schon da sind«: die Immobilie, die Grundschuld, seine Kapitaldienstzahlungshistorie (insbesondere soweit diese zufriedenstellend war). Darüber hinaus sind vermutlich noch andere Vorteile entstanden: Das früher vielleicht bestehende Bau- oder Bauträgerrisiko ist weggefallen, der Wert der Immobilie ist in der Regel ebenfalls einfacher zu bestimmen, als das bei einem Neubau oder einem Entwicklungsprojekt der Fall ist (ergo besteht diesbezüglich weniger Unsicherheit), das in der Immobilie steckende Eigenkapital ist prozentual nun höher (und der Loan to Value niedriger), da die Immobilie nominal vermutlich im Wert gestiegen ist und es zwischenzeitlich Tilgungen gegeben hat.

All diese Aspekte stärken die Verhandlungsposition des Kreditnehmers und er sollte diesen Hebel energisch zu seinem Vorteil einsetzen. Am besten geht das, indem er rechtzeitig vor Ablauf der Zinsbindung ein oder besser zwei konkrete, relativ weit fortgeschrittene Konkurrenzangebote einholt, seiner Bank zeigt und sie damit »ermuntert«, die bestmöglichen Konditionen zu offerieren.

Ob es sich lohnt, für eine Anschlussfinanzierung ein Vorwärtsdarlehen zu bedenken, wird im folgenden Abschnitt erläutert.

Fazit

- Anschlussfinanzierungen sind grundsätzlich eine Gelegenheit, die bisherigen Konditionen (Kreditmarge, aber auch andere Kreditmerkmale) – bei einem gegebenen Zinsniveau – zu verbessern. In der Mehrzahl der Fälle dürfte sich die Verhandlungsposition des Kreditnehmers relativ zum vorherigen Vertragsabschluss verbessert haben. Und das sollte der Kreditnehmer zu seinem Vorteil nutzen.
- Von Vorteil ist es, rechtzeitig in die Gänge zu kommen – nicht erst vier Wochen vor Ablauf der Zinsbindung oder der Kreditfälligkeit.
- In vielerlei Hinsicht sollte man eine Anschlussfinanzierung ähnlich angehen wie eine Neukreditvereinbarung. Dementsprechend sind viele Abschnitte dieses Buchs, in denen der Einfachheit und Kürze halber nicht gesondert von Anschlussfinanzierungen die Rede ist, auf diese analog anwendbar.

2.13.11 Vorwärtsdarlehen (Forward-Darlehen/Vorauskredit)

> »In Zeiten niedriger Zinsen überlegen viele Kreditnehmer, wie sie diese günstige Situation für ihre Baufinanzierung nutzen können. Ein Forward-Darlehen funktioniert wie eine normale Anschlussfinanzierung – mit der Besonderheit, dass der neue Zinssatz deutlich vor dem Ende der alten Zinsbindungsfrist festgeschrieben wird. Im Kern geht es dabei um die Einschätzung der zukünftigen Zinsentwicklung.«
> *(Aus einem Artikel zu Vorwärtsdarlehen auf der Verbraucherschutz-Webseite* www.finanztip.de*)*

Mancher Eigenheimbesitzer, dessen Darlehensschuld sich seit der ursprünglichen Kreditaufnahme erst wenig reduziert hat und dessen kreditvertragliche Zinsbindung in den nächsten Jahren ausläuft, wird gelegentlich etwas bange in die Zukunft blicken und sich fragen, wo die Marktzinsen wohl am »Stichtag« stehen werden. Ganz besonders drängt sich diese Frage auf, wenn die langfristigen Immobilienkreditzinsen so niedrig sind wie gegenwärtig (Mitte 2021).

In einer solchen Situation bietet es sich an, über ein sogenanntes Vorwärtsdarlehen (gelegentlich auch Vorauskredit oder Forward-Darlehen genannt) nachzudenken. Mit dieser Art von Immobilienkredit kann ein Kreditnehmer bis zu fünf Jahre vor Auslaufen der Zinsbindung seines bestehenden Kredits (nachfolgend »Altkredit« genannt) die Konditionen für eine Anschlussfinanzierung festzurren. Das Zinsänderungsrisiko, dem er andernfalls bis zum Auslaufen der Zinsbindung seines Altkredits ausgesetzt wäre, kann er durch ein Vorwärtsdarlehen (»VD«) vollständig eliminieren. Klingt fast zu schön, um wahr zu sein. Wo ist der Haken? Eigentlich gibt es keinen, abgesehen davon, dass man sich durch die vorzeitige Konditionenfixierung die Chance vergibt, von möglicherweise fallenden Zinsen zu profitieren.

Bevor ich zur Gretchenfrage komme, anhand welcher Kriterien man entscheiden sollte, ob sich ein VD in einer gegebenen Situation lohnt, noch ein paar Worte zur Abgrenzung zu einem herkömmlichen Darlehen mit aufgeschobener Darlehensauszahlung (Ziehung): Sofern die Anschlussfinanzierung in *weniger* als zwölf Monaten ansteht, aber der Kreditnehmer die Zinskondition bereits bis zu zwölf Monate im Voraus festschreiben will, ist ein herkömmliches Annuitätendarlehen zumeist die einfachere und billigere Alternative zu einem VD. In diesem Fall vereinbart man einfach eine relativ späte Auszahlung und zahlt eine Bereitstellungsprovision zwischen dem Zeitpunkt des Darlehensabschlusses und der eigentlichen Ziehung des Darlehens zwei bis zwölf Monate später (zur Thematik der Bereitstellungsprovision siehe Abschnitt 2.5).

Nun eine kurze Beschreibung der Mechanik eines VDs: Ein VD und ein konventionelles Immobiliendarlehen (das wir im Folgenden zur klaren Abgrenzung »Sofortdarlehen« nennen) unterscheiden sich primär darin, dass bei einem VD die Auszahlung nicht unmittelbar bei Vertragsabschluss oder wenige Wochen danach erfolgt, sondern erst nach einer bestimmten »Vorlaufzeit«, auch Forward-Periode genannt. Diese beträgt zwischen zwölf und 60 Monate, je nach Vereinbarung zwischen Bank und Kreditnehmer. Während der Forward-Periode fallen keine Bereitstellungszinsen an. Die Zinsbindung und alle übrigen Konditionen einschließlich des genauen Auszahlungstermins werden, wie bei einem Sofortdarlehen, bei Vertragsabschluss vereinbart.

Ein konkretes Beispiel: Vertragsabschluss Vorausdarlehen am 31.01.2022. Vorlaufzeit: 36 Monate, daher Auszahlung am 31.01.2025. Bis zur Auszahlung hat der Kreditnehmer keine Kosten an die Bank zu entrichten; danach zehnjährige Zinsbindung bis zum 31.01.2035.

Korrekt betrachtet hat dieses Darlehen eine Zinsbindung von 13 Jahren (31.01.2022 bis 31.01.2035), nicht von zehn Jahren, wie überwiegend in den Medien in entsprechenden Fällen behauptet.

Am Markt kursieren verschiedene Begrifflichkeiten hinsichtlich des Herzstücks des VDs, der Zinsbindung. Manche Banken geben die Zinsbindung ab dem Vertragsabschlussdatum an, andere ab dem Auszahlungstermin. Es könnte also sein, dass Bank A bei dem oben beschriebenen VD-Beispiel von einer 13-jährigen Zinsbindung spricht und Bank B von einer zehnjährigen. Trotz dieses terminologischen Unterschieds wären die VDs von Bank A und Bank B ökonomisch gesehen identisch. Hingegen wäre ein VD mit zehnjähriger Zinsbindung vom Vertragsabschluss an gerechnet natürlich nicht dasselbe wie ein VD mit einer zehnjährigen Zinsbindung ab Auszahlungstermin.

Zur Beantwortung der Frage, wie man entscheiden kann, ob ein VD sich rechnet, muss ich ein klein wenig ausholen. Vielfach wiederholen die Medien hierzu nämlich einen Irrtum. Typischerweise wird als größter Nachteil eines VDs angeführt, dass es einen »Zinsaufschlag« von x% gegenüber einem Sofortdarlehen habe. Diesen typischerweise bestehenden Aufschlag als »Hauptnachteil« des VDs einzustufen ist allerdings Unsinn, obwohl das ständig geschieht.

Bleiben wir bei dem eingangs beschriebenen VD-Beispiel. Das Darlehen hat eine Zinsbindung von 13 Jahren. Dennoch wird ein solches Darlehen in allen mir bekannten Veröffentlichungen mit einem Sofortdarlehen, das eine Zinsbindung von zehn Jahren hat, verglichen. Hat das VD einen höheren Effektivzins als das Sofortdarlehen, sprechen diese Artikel von einem »Aufschlag«, da normalerweise die langfristigen Zinssätze höher sind als die kurzfristigen (siehe Infobox »Die Zinsstrukturkurve« in Abschnitt 2.5). Je nach Artikelautor und den gerade vorherrschenden Marktverhältnissen wird dann die Schlussfolgerung formuliert, das VD sei derzeit »teuer« oder »billig«.

Übertragen wir diese absurde Logik einmal auf die uns allen besser vertraute Standardsituation, in der ein Kreditnehmer einen normalen Kredit, also ein Sofortdarlehen, abschließen will. Der Kreditnehmer denkt in dieser Situation über die für ihn beste Zinsbindung nach und sieht sich mit der üblichen Marktsituation konfrontiert:

Ein variabel verzinslicher Kredit ist – bei einer normalen Zinsstrukturkurve – billiger als einer mit fünfjähriger Zinsbindung, dieser ist billiger als einer mit zehnjähriger Zinsbindung und dieser wiederum billiger als einer mit 20-jähriger Zinsbindung. Sollte unser Kreditnehmer deshalb stets den billigen variabel verzinslichen Kredit wählen? Natürlich nicht. Generell sind Kredite mit unterschiedlicher Zinsbindung einfach Äpfel und Birnen. Eine langfristige Zinsbindung birgt weniger Zinsänderungsrisiko in sich und diesen Vorteil (diese Versicherung gegen das Zinsänderungsrisiko) muss man normalerweise in Form eines höheren Zinssatzes bezahlen. Diese Erkenntnis ist Allgemeingut, auch in den Medien. Aber warum vergessen diese beim Vergleich eines VDs mit einem Sofortdarlehen diese Logik plötzlich und vergleichen unterschiedliche Kredite und nennen den einen »teurer« als den anderen?

Infobox: »Nominalzinsen« versus »Nominalzinsen« – Vorsicht, Verwechslungsgefahr!

Die Bezeichnung »Nominalzinsen« (bzw. Nominalzinssatz) wird in zwei verschiedenen Bedeutungen gebraucht, die nichts miteinander zu tun haben. Diese begriffliche Überlappung kann zu Verwirrung führen. In der allgemeinen Wirtschaftswissenschaft bezeichnen »Nominalzinsen« (oder der »Nominalzinssatz«) die Zinsen *vor* oder *inklusive* Inflation (also die Zinsen, von denen die Inflation noch nicht abgezogen ist). Das Gegenstück zum Nominalzinssatz in diesem Sinne ist der »Realzinssatz« (Nominalzinssatz minus Inflationsrate = Realzinssatz).[33] Daneben wurde der Begriff »Nominalzins« (oder Nominalzinssatz) in der Immobilienfinanzierung bis vor einiger Zeit jedoch auch für den Zinssatz verwendet, der das Gegenstück zum »Effektivzins« (Effektivzinssatz) bildet. Inzwischen ist hier allerdings die Bezeichnung »Sollzinssatz« an die Stelle von »Nominalzinssatz« getreten. Das reduziert die Wahrscheinlichkeit einer Begriffsverwirrung. Auf alle Fälle

33 Streng genommen stimmt das nicht ganz, weil der rechnerische Zusammenhang eigentlich so ist: (1 + Realzinssatz) × (1 + Inflationsrate) = 1 + Nominalzinssatz. Aber die vereinfachte Formel weiter oben ist in den meisten Fällen genau genug.

ist die alte, nun durch *Sollzinssatz* abgelöste Bezeichnung *Nominalzinssatz* in der Immobilienfinanzierung etwas anderes als der *Nominalzinssatz* in der allgemeinen Ökonomie.

Dieser unsinnige Preisvergleich zwischen den beiden Darlehenstypen ist aber auch noch aus einem anderen Grund kontraproduktiv: Das Sofortdarlehen ist nicht einmal grundsätzlich eine denkbare Alternative zum VD. Der Kreditnehmer kann ja das Sofortdarlehen zum Betrachtungszeitpunkt gar nicht aufnehmen, selbst wenn ihm die Konditionen gegenüber jenen eines VDs attraktiv erschienen, denn seine bestehende Zinsbindung des Altkredits läuft ja noch mehrere Jahre.

Medienartikel, die wortreich zum Zinsaufschlag oder -abschlag eines VDs gegenüber dem Sofortdarlehen Stellung nehmen und ihn mit allerlei historischen Daten »bewerten«, gehören letztlich in die Schulnotenkategorie »Thema verfehlt«. Die einzige mögliche Aussage zu Preisen eines VDs lautet, dass Bank A ein günstigeres VD-Angebot macht als Bank B. Aber sobald der Kreditnehmer das günstigste Angebot gefunden hat, führt der Blick auf den Aufschlag gegenüber einem Sofortdarlehen in die Irre. (Einige der in Abschnitt 5.2 erwähnten Kreditvermittler veröffentlichen laufend aktualisierte Vergleiche der VD-Konditionen unterschiedlicher Anbieter.)

Ein Kreditnehmer muss für sich persönlich und subjektiv entscheiden, wie viel ihm die Zinsversicherung (die das VD darstellt) wert ist. Der Zinsaufschlag gegenüber einem nicht vergleichbaren Finanzprodukt hilft ihm bei dieser Entscheidung nicht weiter, und wenn er ihn doch berücksichtigt, dann macht er einen Fehler.

Als Faustregel: Ein VD ist umso bedenkenswerter, je geringer der gegenwärtige Einkommenspuffer ist (der Spielraum zwischen monatlicher Immobilienbelastung und frei verfügbarem Einkommen). Je weniger man sich eine etwaige Zinserhöhung leisten kann, desto eher sollte man die Zinsversicherung (VD) abschließen, ganz gleich, ob sie mit einem »Aufschlag« gegenüber einem nicht vergleichbaren Sofortdarlehen verbunden ist.

In der seit einigen Jahren bestehenden Niedrigzinssituation (Stand Mitte 2021) mag ein VD besonders bedenkenswert sein, denn ein weiteres deutliches Absinken der Immobilienkreditzinssätze erscheint unwahrscheinlich.

Für Unentschlossene: Denkbar wäre der Ansatz einer »teilweisen Zinsversicherung«, indem nur ein Teil des Restkreditsaldos mit einem VD umfinanziert wird. Diesen Ansatz könnte man als einen Mittelweg zwischen konservativer (aber eben teurerer) Absicherung mit einem VD und risikoreicher (aber billigerer) Nichtabsicherung ohne VD betrachten.

Fazit

- Vorwärtsdarlehen (VD) sind ein interessantes Produkt für all jene, die auf Nummer sicher gehen wollen oder müssen und sich die für sie finanziell leistbaren, heute bereits bekannten Konditionen für eine bis zu 60 Monate in der Zukunft liegende Anschlussfinanzierung sichern wollen – entweder für den ganzen ausstehenden Kreditbetrag oder für einen Teil davon. Man verliert mit der Zinsversicherung VD allerdings auch die Chance, von sinkenden (oder jedenfalls nicht steigenden) Zinsen zu profitieren.
- Die Tatsache, dass VDs zu einem gegebenen Zeitpunkt zumeist einen Aufschlag beim Effektivzins gegenüber einem herkömmlichen Darlehen aufweisen, wird oft fälschlicherweise dahingehend interpretiert, dass sie »teurer« seien als konventionelle Darlehen. Diese verbreitete Sichtweise führt in die Irre, denn die beiden Produkte sind nicht vergleichbar und ohnedies kommt das konventionelle Vergleichsdarlehen für den Darlehensnehmer nicht infrage, weil er es zu diesem Zeitpunkt ja gar nicht abschließen könnte.

2.14 Kreditangebote richtig vergleichen – der Effektivzins und andere Kriterien

> »Während Autofahrer beim Tanken auf jeden Cent achten, werfen Häuslebauer und Immobilienkäufer Tausende von Euro zum Fenster hinaus, indem sie sich auf das erstbeste Angebot der Hausbank verlassen.«
> *(Kai Oppel, Immobilienbuchautor)*

Das Gebot, dass man Kreditangebote verschiedener Banken nicht auf der Basis des Sollzinssatzes vergleichen sollte, ist inzwischen fast jedem bekannt. Damit Verbraucher den oft irreführenden Sollzinssatz nicht als Auswahlkriterium zwischen verschiedenen Darlehensangeboten verwenden (und dadurch u. U. einen unnötig teuren Kredit wählen), hat der deutsche Gesetzgeber 1985 versucht, Abhilfe zu schaffen, indem er § 492 des BGBs und die ergänzende *Preisangabenverordnung* einführte. Damit wurde die Nennung des Effektivzinses in Kreditgeschäften mit Privathaushalten (Verbrauchern) zur Pflicht und dessen einheitliche Berechnungsweise festgelegt. Analoge Vorschriften existieren in Österreich und der Schweiz. Der Effektivzins hilft Kreditnehmern – jedenfalls im Prinzip –, den Preis (die Kosten) alternativer Kreditangebote objektiv zu vergleichen, selbst wenn diese Angebote in ihrer Struktur voneinander abweichen, zum Beispiel in der Höhe der Bearbeitungsgebühr, des anfänglichen jährlichen Tilgungssatzes oder hinsichtlich eines der zahlreichen anderen preisbeeinflussenden Kostenmerkmale.

Zwar ist der Effektivzins bei dem Vergleich von Angeboten verschiedener Banken oder dem Vergleich verschiedener Darlehensvarianten einer einzelnen Bank das wichtigste einzelne Vergleichskriterium, doch leider ist auch er nicht unfehlbar. Mit anderen Worten: Wer bei einer Immobilienfinanzierung allein auf der Basis des Effektivzinssatzes auswählt und alles andere ignoriert, der kann mit einem Darlehen enden, das (a) eben gerade nicht das insgesamt preisgünstigste war oder (b) vielleicht das preisgünstigste war, aber andere, vielleicht gravierende Nachteile aufweist, die den Preisvorteil aus Sicht des Kreditnehmers mehr als ausgeglichen hätten, hätte er sie erkannt. Nachfolgend daher einige Hinweise, die Ihnen dabei helfen sollen, das für Sie tatsächlich beste Darlehensangebot auszuwählen.

Seit 2010 muss in Deutschland bei Verbraucherkrediten (also auch Eigenheimfinanzierungen) der Effektivzins für die *gesamte* voraussichtliche

Laufzeit des Kredits bis zur Volltilgung angegeben werden (»Gesamteffektivzins«). Typischerweise ist die vertraglich vereinbarte Zinsbindung eines Immobilienkredits jedoch kürzer als die gesamte voraussichtliche Laufzeit bis zur Volltilgung. Daher muss die Bank für die Phase nach Auslaufen der Zinsbindung einen Anschlusszinssatz schätzen, also prognostizieren. Steht im Kreditvertrag, dass nach Auslaufen der Zinsbindung der Kredit zu variablen Zinskonditionen fortgeführt wird, sofern sich die Vertragsparteien nicht auf eine neue längerfristige Zinsbindung einigen, dann darf die Bank für die Zwecke dieser Schätzung den variablen Zinssatz, der zum Zeitpunkt des ursprünglichen Vertragsabschlusses (also am »Tag 1«) besteht, als unveränderlichen Anschlusszinssatz bis zur voraussichtlichen Volltilgung annehmen. (Das ist zwar sehr unrealistisch, aber eine bessere Methode scheint dem Gesetzgeber offensichtlich nicht eingefallen zu sein.) Dieser variable Zinssatz ist zumeist niedriger als jede längerfristige Zinsbindung am »Tag 1«. Das kann zum Kuriosum führen, dass der angegebene »Effektivzinssatz für die Gesamtlaufzeit« unterhalb des »anfänglichen effektiven Jahreszinses« (oder »anfänglichen Effektivzinssatzes«) und unter dem Sollzinssatz für die Phase der Zinsbindung liegt. Dessen ungeachtet: Effektivzinssatzangaben für Kredite mit Festzinsbindung sind nur aussagefähig für die Phase der Zinsfestschreibung. Der Effektivzinssatz für die Gesamtlaufzeit kann und sollte in aller Regel ignoriert werden, denn er basiert zum wesentlichen Teil auf einer nicht vertraglich vereinbarten Schätzgröße, die mit hoher Wahrscheinlichkeit nie Realität werden wird. Ihn über verschiedene Bankangebote hinweg zu vergleichen dürfte eher zu falschen Schlussfolgerungen führen. Vergleichen Sie lediglich den »anfänglichen Effektivzinssatz« für die Zeit der vertraglich fixierten Zinsbindung.

Bei Krediten, deren Zinssatz oder andere preisbestimmende Faktoren sich während der Laufzeit ändern können (wenn also die Zinsbindung nicht bis zur Volltilgung reicht, was die Regel ist, oder wenn es sich generell um einen variabel verzinslichen Kredit handelt), spricht man vom »anfänglichen effektiven Jahreszins«. Für die Berechnung des anfänglichen effektiven Jahreszinses werden berücksichtigt: Sollzins, Zinsbindungsfrist, Disagio, Bearbeitungsgebühr, Tilgungssatz, Verrechnungszeitpunkte von Zins und Tilgung, Vermittlerprovisionen.

Die besonderen Bedingungen, die beim Vergleich zweier Angebote für variabel verzinsliche Kredite gelten, habe ich in Abschnitt 2.13.2 genannt.

Es gibt in der Immobilienfinanzierung einige Gebühren und Kosten, welche die Banken gemäß deutscher Preisangabenverordnung nicht in die Effektivzinsberechnung einfließen lassen müssen, während das bei einer ganz korrekten Berechnung des internen Zinsfußes (was der Effektivzins ja eigentlich sein soll) erforderlich wäre. Dazu gehören beispielsweise folgende Kostentypen: (a) Schätzgebühren für den Immobilienwert (gelegentlich auch »Besichtigungsgebühr« genannt), (b) Bereitstellungszinsen (und damit auch der Vorteil aus einer mehr oder weniger langen bereitstellungszinsfreien Phase), (c) Teilauszahlungszuschläge (vor allem bei Neubau- und Umbauprojekten) und (d) Kreditkontoführungsgebühren. Besonders die Bereitstellungszinsen können eine betragsmäßig stark ins Gewicht fallende Kostenkomponente sein. Falls diese Gebühren und Kosten dem Betrag und dem Zahlungszeitpunkt nach nicht bei allen verglichenen Alternativen identisch sind, steht der Vergleich der Effektivzinssätze auf wackeligem Boden. Überschlägig kann man diese Zusatzkosten mithilfe von Tabelle 8 »manuell« zu dem von der Bank berechneten anfänglichen Effektivzinssatz addieren. Ein Beispiel: Die (erwarteten) Bereitstellungszinsen summieren sich auf 2 500 Euro, das Wertgutachten kostet 700 Euro und die Teilauszahlungszuschläge insgesamt voraussichtlich 400 Euro. In der Summe machen diese 3 600 Euro bei einer Darlehenssumme von 350 000 Euro etwa 1% der Darlehenssumme aus. Bei einer Zinsbindung von zehn Jahren produziert das einen Zuschlag von 0,15 Prozentpunkten auf den von der Bank angegebenen Effektivzinssatz.

Tabelle 8: Wie Nebenkosten, die nicht in die Effektivzinsberechnung nach Preisangabenverordnung (PangVO) eingehen, den anfänglichen Effektivzinssatz erhöhen (überschlägige Berechnung)

Summe der Nebenkosten in % des Kreditbetrags	Effektivzinserhöhung in Prozentpunkten bei einer Zinsbindung von …		
	5 Jahren	10 Jahren	15 Jahren
0,25%	0,06	0,04	0,03
0,50%	0,13	0,07	0,06
0,75%	0,19	0,11	0,09
1,00%	0,25	0,15	0,12
1,25%	0,31	0,19	0,15

Summe der Nebenkosten in % des Kreditbetrags	Effektivzinserhöhung in Prozentpunkten bei einer Zinsbindung von ...		
	5 Jahren	10 Jahren	15 Jahren
1,50%	0,38	0,23	0,18
1,75%	0,44	0,26	0,21
2,00%	0,51	0,30	0,24

► Quelle: Stiftung Warentest, *Finanztest Spezial* »Bauen und Kaufen« (2012).

Weitere Faktoren, die nicht in die Effektivzinsberechnung mit einfließen: die Höhe des geforderten Eigenkapitals und damit einhergehend der maximalen Kreditsumme, die Besicherungsanforderungen (zum Beispiel hinsichtlich der Haftung weiterer Personen oder der geforderten Bereitstellung anderer zusätzlicher Sicherheiten), der genaue Zeitpunkt des Angebots (schon ein Tag kann einen Unterschied machen), die Dauer, für die ein Angebot gültig bleibt, der Status des Angebots (verbindlich oder unverbindlich). Wenn zwei zu vergleichende Angebote in einem dieser Merkmale abweichen, ist der Effektivzins vermutlich kein allein aussagefähiges Kriterium mehr.

Sowohl ein unverbindliches als auch ein verbindliches Kreditangebot ist in der Regel nur wenige Tage gültig (die Gültigkeitsdauer ist im Angebot vermerkt).

Will man zwei Kreditangebote sinnvoll vergleichen, muss die kalendermäßige Zinsbindung der zu vergleichenden Varianten eigentlich exakt identisch sein. Ein Effektivzinsvergleich von Darlehen mit unterschiedlichen Zinsbindungen ist sinnlos; selbst geringe Unterschiede von nur drei Kalendermonaten können in bestimmten Marktphasen einen nennenswerten Einfluss haben.

Einen uralten und besonders schweren Anfängerfehler bei Bewertung und Vergleich von Krediten sollten Sie konsequent vermeiden: die Verwendung der über die Zinsbindungsphase oder über die gesamte erwartete Kreditlaufzeit aufsummierten Zinszahlungen oder Kapitaldienstzahlungen. Dieser Indikator ist völlig unzuverlässig, wenn es um die Abwägung geht, welcher Kredit am billigsten oder – allgemeiner – am »besten« ist. Wären die Dinge so einfach, dann bräuchte es das Gebiet der Finanzmathematik nicht. Bedenklich stimmt, dass sich dieser krasse Irrtum sogar in manchen Ratgeberbüchern zur Immobilienfinanzierung findet.

Eine Restschuldversicherung, sofern von der Bank zwingend gefordert, ist bei der Effektivzinsberechnung zu berücksichtigen, nicht jedoch zum Beispiel eine nur »empfohlene« Risikolebensversicherung, die letztlich einen ähnlichen (wenn auch eingeschränkteren) Zweck erfüllt.

Insgesamt gilt daher auch hier: Wirken Sie darauf hin, dass alle zu vergleichenden Angebote, wo immer möglich, exakt dieselbe Struktur haben und nach Möglichkeit am gleichen Tag gemacht werden. Wo Angebote dennoch voneinander abweichen, sollten Sie nachfragen, ob das abweichende Merkmal in die Effektivzinsberechnung eingeflossen ist. Lassen Sie sich eine etwaige Bestätigung schriftlich geben.

Fazit

- Entgegen der landläufigen Meinung ist der Effektivzins oft keine eindeutige Vergleichsgröße für den Preis einer Immobilienfinanzierung, wenn die zu vergleichenden Kredite in einem der hier genannten Merkmale voneinander abweichen – sei es, weil manche Kosten verursachenden Merkmale gemäß deutscher Preisangabenverordnung nicht in die Effektivzinsberechnung einfließen oder weil sie ihrer Natur nach eine Zinssatzberechnung nicht beeinflussen können. Aufmerksamkeit bei diesen nicht berücksichtigten Faktoren wird sich durch die Vermeidung von teuren Nachteilen auszahlen, die vielleicht erst Jahre später sichtbar würden.
- Um die Wahrscheinlichkeit von Fehlentscheidungen bei Kreditangebotsvergleichen zu minimieren, ist es – trotz Effektivzinsbetrachtung – von hoher Bedeutung, darauf zu bestehen, dass die Angebote sich in ihrer Struktur möglichst wenig, am besten gar nicht unterscheiden und am annähernd gleichen Tag abgegeben werden. Darauf hat der Kunde durch entsprechende Vorgaben, die er den anbietenden Banken macht, großen Einfluss. Dass sich die Banken manchmal mit fadenscheinigen Argumenten dagegen wehren, ihr Angebot den Wünschen des Kunden genau anzupassen, ist völlig normal. Wo Zweifel bestehen, ob eine Kostenposition in die Effektivzinsberechnung einfloss, sollte man sich unbedingt vergewissern.

2.15 Clever verhandeln bei Kreditprolongation und Umschuldung

> »Entscheidend für den erfolgreichen Verlauf jeder Verhandlung ist es, sein Ziel genau zu kennen. Je genauer Sie es definieren, desto weniger werden Sie in die Verlegenheit kommen, plötzlich auf glattem Eis herumzueiern.«
> *(Thomas Veitengruber, Unternehmensberater)*

Mindestens drei Monate vor Ablauf einer Zinsbindung muss die Bank ihren Kreditnehmer kontaktieren und bei ihm nachfragen, ob er zu einer neuen »Sollzinsbindungsabrede« (Fachjargon für eine Prolongation, Anschlussfinanzierung) bereit ist. Dabei wird sie typischerweise gleich ein Zinskonditionenangebot unterbreiten, vielleicht auf variabler Basis, vielleicht auf Festzinsbasis. Akzeptieren Sie nicht dieses Ihnen einfach zugeschickte erste Anschlussfinanzierungsangebot, denn da ist vermutlich noch eine Menge Spielraum nach unten drin, vielleicht beim Zinssatz, vielleicht bei den übrigen Elementen des Konditionenpakets, das ein Kredit repräsentiert, vielleicht bei beidem.

Durch gute Vorbereitung und ein klein wenig Mühe kann man bei einer Kreditprolongation eine Menge Geld sparen und auch andere Vorteile herausholen, die es bei passivem Abwarten und bloßem Abnicken des ersten Anschlussfinanzierungsangebots nicht gegeben hätte.

Viele Kreditnehmer überschätzen den Aufwand einer Umschuldung bei Auslaufen der Zinsbindung und schrecken vor einem Bankwechsel zurück.

Grundsätzlich müsste Ihre bisherige Bank bereit sein, Ihnen jetzt eher attraktivere Konditionen im Sinne einer dünneren Marge anzubieten – jedenfalls dann, wenn einige der üblichen Entwicklungen seit der Erstfinanzierung stattgefunden haben.[34] In den meisten Fällen sind Sie nämlich nun ein kreditwürdigerer Schuldner als einige Jahre zuvor bei der ursprünglichen Kreditaufnahme. Und das sollte sich für Sie in barer Münze auszahlen.

Warum ein kreditwürdigerer Schuldner? (a) Der Loan to Value hat sich aufgrund der bisherigen Tilgungen und/oder eines gestiegenen Werts der Immobilie verbessert. (b) Die wirtschaftlichen Verhältnisse in Ihrem

---

34 Attraktivere Konditionen heißt nicht notwendigerweise ein niedrigerer Effektivzinssatz. Dessen Höhe hängt ja in allererster Linie von den Marktzinsverhältnissen ab, welche die Bank nicht beeinflussen kann. Es geht hier also nur um die Marge, den Aufschlag auf die reinen Marktzinsen.

Haushalt könnten sich ebenfalls verbessert haben, beispielsweise aufgrund eines gestiegenen Einkommens und/oder geringerer Ausgaben, weil Sie ein Kind finanziell weniger unterstützen müssen. (c) Die Bank hat nun konkrete, jahrelange Erfahrungen mit Ihnen. Sofern diese Erfahrungen positiv waren (Sie waren ein zuverlässiger Kapitaldienstzahler), bedeutet das aus der Bankperspektive mehr Sicherheit. (d) Die Bank hat weniger Bearbeitungsaufwand als bei der Erstfinanzierung.

Machen Sie Ihre Hausaufgaben vier bis fünf Monate *vor* Auslaufen der Zinsbindung. Dann können Sie mit der Bank auf Augenhöhe und ohne Druck verhandeln. Überprüfen Sie rechtzeitig und gründlich, inwieweit die oben genannten Entwicklungen in Ihrem Fall vorliegen. Dokumentieren Sie Ihre Erkenntnisse, sodass Sie damit der Bank gegenüber argumentieren können. Informieren Sie sich im Internet oder bei anderen Banken über Anschlussfinanzierungskonditionen.

Es könnte nun auch ein guter Augenblick für Sondertilgungen sein. Führen Sie den Kredit mit freien Mitteln so weit zurück, wie Sie können. Tun Sie das insbesondere unter dem Blickwinkel der Vermeidung etwaiger negativer Zinsdifferenzgeschäfte. Genaueres dazu im Blogbeitrag Kommer/Schweizer 2020b und im YouTube-Video Kommer 2021a.

Wenn das günstigste und auch ansonsten akzeptable beste Konkurrenzangebot beim Effektivzins um mehr als 0,1 Prozentpunkte besser ist und die Kreditsumme noch nicht trivial klein ist, könnte es sich lohnen, die Bank zu wechseln.

Wie würde ein Wechsel der Bank ablaufen? Sie schließen mit einer neuen Bank über die abzulösende Kreditsumme einen Kreditvertrag ab. (Natürlich müssen Sie dafür der neuen Bank all die Informationen und Unterlagen vorlegen, die ich in Abschnitt 5.4 aufgelistet habe.) Die neue Bank kontaktiert die alte Bank und informiert diese darüber, dass sie den alten Kredit am Ende der Zinsbindung ablösen wird. Die neue Bank überweist am Tag der Umschuldung den Kreditbetrag an die alte Bank und führt damit den alten Kredit auf null zurück.

Mit Ausnahme von Gebühren für die Abtretung der existierenden Grundschuld von der alten Bank an die neue Bank sollten für den Wechsel eigentlich keine nennenswerten Kosten entstehen. Diese Grundschuldgebühren dürften einmalig bei 0,1% bis 0,2% des Grundschuldbetrags liegen.

2.16 Wann darf die Bank, wann darf der Kreditnehmer das Darlehen kündigen?

Sowohl der Kreditgeber als auch der Kreditnehmer kann zu einem gegebenen Zeitpunkt ein Interesse daran haben, den Kredit zu kündigen. Beginnen wir mit dem Kreditgeber.

Kreditkündigungsrecht des Kreditgebers: Das Kündigungsrecht durch den Kreditgeber ist aus Verbraucherschutzgründen gesetzlich stark reglementiert. Der Kreditgeber darf im Fall von Zahlungsverzug des Kreditnehmers erst kündigen, wenn dieser mit mindestens zwei aufeinanderfolgenden Kapitaldienstraten *und* mit mindestens 2,5% des ursprünglichen Nennbetrags des Darlehens im Rückstand ist (§ 498 BGB). Die Insolvenz der Bank oder ein stark gestiegenes Marktzinsniveau sind beispielsweise keine zulässigen Kreditkündigungsgründe. Das 2,5%-Kriterium stellt eine vergleichsweise hohe Hürde dar. Ob eine Bank ihr Kreditkündigungsrecht tatsächlich wahrnimmt, sofern ein solcher Zahlungsverzug eingetreten ist, hängt auch vom Ermessen der Bank ab. Wenn der Loan to Value unter 50% liegt und der Kreditnehmer hinreichend zeigt, dass sein Finanzproblem überwindbar ist, bestehen gute Chance, dass die Bank zunächst einmal auf die Kündigung verzichtet.

Kreditkündigungsrecht des Kreditnehmers: Immobilienkreditnehmer können vielfältige Motive für den Wunsch nach einer vorzeitigen Kreditkündigung haben. Zu den häufigsten dürften die nachfolgend genannten zählen. Diese Motive werden sich in der Praxis oft überschneiden:

Ein gravierender finanzieller Engpass (der seinerseits vielfältige Ursachen haben kann), ein Umzug, eine berufliche Veränderung, Familienzuwachs, Scheidung/Trennung, der Verkauf der Immobilie, ein Rückgang des Marktzinsniveaus für Immobilienkredite.

Um es vorwegzunehmen: Ein Rückgang des Marktzinsniveaus stellt keinen zulässigen Kündigungsgrund dar. Trotzdem ist es immerhin denkbar, dass sich die Bank gegen Zahlung einer Vorfälligkeitsentschädigung auch in diesem Fall auf eine vorfristige Rückführung des Kredits einlässt (zur Vorfälligkeitsentschädigung siehe Abschnitt 2.12).

Die anderen oben genannten Motive sind im Prinzip zulässige Kündigungsgründe seitens des Schuldners. Sie können zivilrechtlich einen »Wegfall der Vertragsgrundlage« nach § 499 BGB darstellen. Dieser Wegfall gibt dem Kreditnehmer ein »außerordentliches« Kündigungsrecht. Selbiges kann mit einer Kündigungsfrist von drei Monaten frühestens sechs Monate nach der kompletten Auszahlung des Darlehens wahrgenommen werden. Allerdings hat das Kreditinstitut auch in diesen Fällen das Recht auf Ausgleich des ihm mit der Kündigung entstandenen finanziellen Schadens. Dieser Schaden entspricht typischerweise der Vorfälligkeitsentschädigung.

Sollte das Marktzinsniveau, bezogen auf die verbleibende Restlaufzeit der Zinsbindung, zum Zeitpunkt des Kündigungswunschs um mehr als 1 Prozentpunkt höher liegen als das im Vertrag vereinbarte Zinsniveau *und* die Kreditsumme zu diesem Zeitpunkt nicht trivial niedrig sein, wird sich die Bank vermutlich nicht gegen eine vorzeitige Kreditkündigung sperren. In dieser Konstellation ist die Kündigung für die Bank ja wirtschaftlich vorteilhaft, weil sie die frei werdenden Kreditmittel nun am Markt rentabler für einen neuen Kredit einsetzen kann. In jedem Fall wäre die Vorfälligkeitsentschädigung dann niedrig oder sogar null.

Bei Zinsbindungen über zehn Jahre hinaus hat jeder Immobilienkreditnehmer nach Ablauf von zehn Jahren ein gesetzliches Kündigungsrecht (mit sechsmonatiger Kündigungsfrist). Eine Komplettrückführung ist dann ohne Mehrkosten möglich.

Wie schon in den Abschnitten 2.10 und 2.11 deutlich wurde, sollte derjenige, der beim Abschluss eines Immobiliendarlehens damit rechnen muss, dass er irgendwann mit nennenswerter Wahrscheinlichkeit ein Kündigungsmotiv für den Kredit haben könnte, eine entsprechend kurze Zinsbindung wählen – wohl wissend, welche Konsequenzen eine kurze Zinsbindung in Sachen Zinsanstiegsrisiko hat. Auch der heutzutage übliche Einbau von Sondertilgungsrechten in den Kreditvertrag kann das Problem in diesem Kontext zumindest teilweise mildern.

3 Risiken, die mit Eigenheimerwerb und -besitz einhergehen

> »Reizvoll ist das Geschäft mit Immobilien vor allem aus einem Grund: Mit ihnen lässt sich sehr schnell sehr viel Geld verdienen. Mit Immobilien lässt sich aber auch unglaublich schnell unglaublich viel Geld verlieren – so viel, dass man das dafür fällige Lehrgeld im schlimmsten Fall den Rest seines Lebens zu zahlen hat.«
> *(Tobias Just, Professor für Immobilienwirtschaft an der Universität Regensburg)*

Eigenheimbesitz ist für die Mehrheit aller Haushalte eine grundsätzlich wünschenswerte Angelegenheit. Und in der Tat stellt eine selbst genutzte Wohnimmobilie bei richtiger Vorgehensweise – und sofern man kein besonderes Einzelfallpech hat – wirtschaftlich eine gute Form der Vermögensbildung und Altersvorsorge dar, wenngleich nicht notwendigerweise die rentabelste (zum Renditevergleich von Immobilien und börsennotierten Investments siehe Kommer 2021b). Aus einer reinen Lifestyle-Perspektive trägt ein Eigenheim normalerweise zur Zufriedenheit des Besitzerhaushalts bei.

Zugleich birgt Eigenheimbesitz aber auch einige Risiken in sich, die ein Mieter, der in einer gleichartigen Immobilie lebt und dauerhaft genauso viel für die Miete und Vermögensbildung aufwendet wie der Eigenheimbesitzer (also genauso viel spart), nicht tragen muss. Nachfolgend gebe ich einen kurzen Überblick über diese Risiken.

Wer sich die relevanten Risiken von Eigenheimbesitz bewusst macht, hat schon den ersten entscheidenden Schritt zu ihrem »Management« getan, einschließlich Abwälzung des Risikos auf andere, beispielsweise durch Versicherungen oder Beschäftigung eines Generalübernehmers, da, wo das Sinn macht.

Wer den vorliegenden Abschnitt aufmerksam liest, wird merken, dass manche Risikotypen sich überlappen. Überlappen heißt jedoch nicht, dass sie identisch sind.

Investmentrisiko (Marktrisiko) Immobilien schwanken im Wert. Diese Wertschwankungen werden von vielen Privathaushalten unterschätzt. Das hat viele Ursachen. Eine davon ist, dass wir das seit jeher von »Oma und Opa« und von der Immobilienbranche hören. Bei Oma und Opa resultiert diese Aussage aus Unkenntnis, bei der Immobilienbranche aus Interessenkonflikten. Eine andere Ursache ist, dass die Preisschwankungen einer einzelnen Immobilie von Monat zu Monat oder Jahr zu Jahr – anders als bei börsennotierten, liquiden Investments – nicht direkt beobachtbar sind und diese Nichtbeobachtbarkeit von Preisschwankungen viele von uns mit *Abwesenheit* von Schwankungen verwechseln (siehe frei zugänglicher Blogbeitrag Kommer/Schweizer 2018). Mangelnde Sichtbarkeit von Wertschwankungen bedeutet jedoch nicht, dass diese nicht existieren.[35] Und schließlich, auch das wird oft übersehen, ist das Investmentrisiko einer teilweise kreditfinanzierten Immobilie in Bezug auf das eigentlich relevante Eigenkapital noch einmal deutlich größer als in Bezug auf das Objekt selbst – siehe die Rechenbeispiele unter Kredithebeleffekt im Glossar.

Eine spezielle Ausprägung des Marktrisikos besteht darin, dass Entscheidungen im Immobilienmarkt, wiederum anders als bei liquiden Investments, oft erst mit großer Zeitverzögerung umgesetzt werden können. Wenn Sie sich heute zum Bau eines Eigenheims an einem bestimmten Standort entscheiden, kann es ohne Weiteres ein oder zwei Jahre und manchmal länger dauern, bis die Immobilie bezugsfertig ist. Bis dahin können sich die Marktverhältnisse nachteilig geändert haben.

Standortrisiko Das Standort- oder Lagerisiko ist das langfristig wichtigste Risiko bei einem Einzelobjekt überhaupt. Bekanntlich hat die Lage einen enormen Einfluss auf den Wert einer Immobilie. Auf kurze, mittlere und vor allem lange Sicht (ab rund zehn Jahren) können sich unvorhergesehene Verschlechterungen der Lage ergeben, die dann wertmin-

35 Der prüfende und vergleichende Blick auf die Entwicklung eines Immobilienpreisindex hilft hier nicht weiter, da in einem Index die Wertschwankungen von vielen Hunderttausend Objekten abgebildet sind. Diese sind aber wegen des Diversifikationseffekts weit, weit geringer als die Wertschwankungen eines Einzelobjekts. Hinzu kommen andere technische Probleme, welche die Aussagekraft von Immobilienpreisindizes in Bezug auf ihre Schwankung stark einschränken (siehe Kommer 2021b, Abschnitt 3.1).

dernd wirken. Zwei Beispiele: (a) die allmähliche Verschlechterung der Wohnqualität in einem Stadtviertel aufgrund sozialer Verelendung oder weil das Arbeitsplatzangebot in der näheren Umgebung abnimmt. (b) Die Verschlechterung der Mikrolage eines Objekts, weil eine viel befahrene Durchgangsstraße »vor die Haustür« verlegt wird, sich eine Drogenbande in der Gegend festsetzt oder ein neues Gebäude auf dem Nachbargrundstück errichtet wird, das den vorher freien Blick vom eigenen Grundstück blockiert oder die eigene Veranda in ein kaltes Schattenloch verwandelt. Anders, als viele glauben, sind sowohl Einschätzung als auch Management des langfristigen Lagerisikos (genauer Lageveränderungsrisikos) besonders schwer. Grund: Niemand kann wirklich zuverlässig beurteilen, wie sich eine Mikrolage und eine Makrolage in den nächsten 20+ Jahren entwickeln wird.

Klumpenrisiko Generell stellt ein Eigenheim für einen normal vermögenden Haushalt eigentlich immer ein enormes Klumpenrisiko dar. Klumpenrisiko heißt, dass ein sehr großer Teil des Vermögens des Haushalts und oft sogar 100%, das nicht aus → Humankapital besteht, konzentriert ist in einem *einzigen* Vermögenswert. Der Eigenheimbesitzer legt sozusagen alle oder fast alle Eier in einen Korb. Dieses zentrale Risiko trägt ein Mieter, der seine Vermögensbildung über Kapitalmarktanlagen tätigt, nicht. Er kann bequem und zu sehr niedrigen Nebenkosten in buchstäblich Tausende von Unternehmen oder Emittenten von Anleihen (zinstragende Wertpapiere) investieren.

Illiquiditätsrisiko Eigenheime sind extrem illiquide Investments. Ein Verkauf (eine »Monetisierung«) binnen weniger Tage ist für eine Immobilie de facto ausgeschlossen, bei einem börsennotierten Investment oder einem Bankguthaben hingegen völlig problemlos. In der Mehrzahl der Fälle verstreichen zwischen dem Entschluss zur Veräußerung und dem Erhalt des Kaufpreises einer Immobilie mehr als neun Monate und in dieser Zeit ist typischerweise nicht klar, dass es am Ende neun (oder wie viel auch immer) Monate sind.

Diese Illiquidität kann für den Eigentümer große Zusatzkosten verursachen (zum Beispiel Zwischenfinanzierungszinsen, wenn er eine neue Immobilie kaufen oder eine andere Investition vornehmen will). Die lange Dauer kann auch andere Unannehmlichkeiten und Nachteile mit sich bringen, die sich nicht in allgemeiner Form quantifizieren lassen. Will oder kann man nicht auf den normal langsamen Vollzug des Verkaufs warten, so führt eine rasche Eigenheimveräußerung innerhalb von vier bis acht Wochen – je nach Marktphase – zu einem Abschlag von 10% bis 30% auf den Verkaufserlös.

Versicherungsrisiko Das Risiko, dass eine mit dem Eigenheimbesitz verknüpfte Versicherung, die bei Eintritt des Versicherungsfalls zahlen müsste, nicht zahlt, beispielsweise weil der tatsächliche Versicherungsschutz irrtümlich den Versicherungsfall nicht abdeckt oder weil die Versicherungsgesellschaft aus anderen Gründen nicht willig oder nicht fähig ist zu zahlen. Dass dieses Risiko nicht nur theoretisch ist, lässt sich schon daran erkennen, dass rund 15% aller Eigentümerhaushalte in Deutschland einer älteren Untersuchung zufolge für ihre Immobilie keine Wohngebäudepolice gegen Brand- und Sturmschäden und 80% keine Elementarschadensversicherung haben, die Hochwasser- und Überflutungsschäden deckt. Wo eine entsprechende Versicherung besteht, vergessen viele Haushalte, die Versicherungssumme im Laufe der Jahre an inflationsbedingte Wertsteigerungen anzupassen.

Eine andere Form des Versicherungsrisikos besteht in einem unerwarteten Anstieg der Versicherungsprämien, der sich bei einer Gebäudeversicherung z. B. nach einem Hochwasser ergeben kann, oder in der Nichtverfügbarkeit von Versicherungsschutz für bestimmte Risiken, z. B. Erdbebenrisiko in bestimmten Gegenden Süddeutschlands.

Transaktions- und Dokumentationsrisiko Dieses Risiko wird von vielen Eigenheimbesitzern übersehen, obwohl es eigentlich beträchtlich ist. Es besteht vorwiegend beim Kauf gebrauchter Immobilien. Die Einzelheiten dazu erläutere ich im Abschnitt 1.5.

Kostenrisiko bei gebrauchten Immobilien Ein zentrales Risiko beim Kauf einer Gebrauchtimmobilie besteht darin, dass ins Gewicht fallende Substanzschäden übersehen werden. Diese kann ein Laie häufig nur schwer erkennen. Eine Gebrauchtimmobilie zu kaufen, ohne einen Bausachverständigen mit einer Begutachtung zu betrauen, grenzt an Fahrlässigkeit, vielleicht sogar grobe Fahrlässigkeit. Das gilt bereits für die »normale« Gebrauchtimmobilie und mehr noch für eine gerade erst vollständig sanierte

Immobilie. Bei dieser ist das Risiko grundsätzlich eher größer, nicht kleiner, wie manch einer annimmt. Denn möglicherweise hat der Bauträger oder das Bauunternehmen Mängel vertuscht. Auch ein Gutachter, der ja keine »zerstörenden Untersuchungen« vornimmt, kann nicht erkennen, ob z. B. Deckenbalkenköpfe angefault sind. Diese Mängel werden erst nach vielen Jahren sichtbar, wenn die Gewährleistungsfrist, sofern es überhaupt eine gab, vorüber ist. Daher sollte man beim Erwerb einer relativ kurz vor dem Kauf sanierten Immobilie stets nach einer Dokumentation fragen, z. B. über das baubegleitende Qualitätscontrolling (leider existiert dies eher selten), und sich vor allem Holzschutzgutachten zeigen lassen. Denn Schwamm, Hausbock, aber auch Schimmel, Asbest und Bodenbelastungen etc. können teuer werden. Im Kaufvertrag sollte der Verkäufer zusichern, dass ihm keine solchen Mängel bekannt sind. Diese Zusicherung könnte dem Käufer u. U. bei späteren Rechtsstreitigkeiten helfen.

Baufertigstellungsrisiko Dieser wichtige Risikotyp besteht bei Immobilienerwerb, der eine Bauphase oder nennenswerte Umbauphase (auch Sanierung, Renovierung) mit einschließt. Das Risiko ist besonders gefährlich und besonders komplex. Weil der typische Eigenheimbesitzer eines Neubauprojekts nur einmal im Leben eine Immobilie baut, wird er normalerweise wenig Erfahrung mit dem komplexen Thema des Baufertigstellungsrisikos haben und es vielleicht unterschätzen.

Baufertigstellungsrisiko in diesem Buch wird als Oberbegriff für alle Risiken verstanden, die der Eigentümer im Zusammenhang mit einem Bauprojekt eingeht – nicht nur Baufertigstellungsrisiken im engeren Sinne, die unmittelbar mit dem technischen Bauvorgang zu tun haben. Unerwartet viel Bauzwischenfinanzierungszinsen zahlen zu müssen wird hier also ebenfalls als ein Baufertigstellungsrisiko betrachtet, obwohl es kein bautechnisches Risiko darstellt, wie mangelhafte Bauqualität oder Baufertigstellungsverzögerungen.

Der vorliegende kurze Abschnitt soll einen knappen Überblick über die einzelnen Aspekte von Baufertigstellungsrisiken geben und eine erste Vorstellung, wie man diese Risiken »mitigieren« (reduzieren und managen) kann. Das Erkennen und Verstehen eines Risikos alleine ist schon der erste und entscheidende Schritt zu dessen Reduzierung.

Aus Sicht des Bauherrn ist das Baufertigstellungsrisiko das Risiko, dass es zu Verzögerungen bei der fristgerechten Baufertigstellung oder zu Baukostenüberschreitungen kommt und der entstandene Schaden nicht oder nicht vollständig auf das Bauunternehmen, den Bauträger oder Dritte abgewälzt werden kann. Baukostenüberschreitungen treten in der Praxis z. B. aus folgenden Gründen auf:

- Generelle Kostenunterschätzung aufgrund unvorhergesehener Komplikationen oder Pfusch beim Bau (Qualitätsmängel). Baupfusch zulasten von Bauherren oder allgemein Immobilieneigentümern ist so alt wie das Immobiliengewerbe, nämlich Tausende von Jahren. Ein in gewisser Weise lustiges Beispiel: Die schöne Burg Eltz in Rheinland-Pfalz ist das nach Schloss Neuschwanstein in Bayern wohl zweitbekannteste Festungsgebäude in Deutschland. Im Jahr 2020 rutschte eine 1,4 Meter dicke Mauer ab. Bei ihrer Reparatur stellte man fest, dass die Handwerker vor über 800 Jahren schlitzohrig nur 30 Zentimeter innen und außen gemauert, den inneren Rest in der Mauer jedoch einfach mit Geröll aufgefüllt hatten (*FAZ.net*, 01.10.2020). Das Risiko der Baukostenunterschätzung, weil gepfuscht wurde, kann im Prinzip reduziert werden durch (a) Einschaltung kompetenter, namhafter (aber vielleicht deswegen teurerer) Firmen und Fachleute, die nachweislich das gleiche oder sehr ähnliche Bauprojekte schon vielfach durchgeführt haben. (b) Vertragserfüllungsgarantien in Höhe von mindestens 10% (besser 20%) der jeweiligen Vertragssumme. Die Garantien, die das Unternehmen gibt, sollten durch eine Bankbürgschaft unterlegt sein. Ferner sollte sich der Bauherr nachweisen lassen, dass diese Unternehmen branchenübliche Versicherungen abgeschlossen haben. (c) Seitens des Bauherrn selbst: Abschluss von Versicherungen, wie sie in Kapitel 4 unter Absatz (a) »Versicherungen während der Bauphase« genannt werden.
- Der Konkurs eines wesentlichen Bauunternehmens, einer wichtigen Handwerkerfirma oder des Bauträgers unmittelbar vor Beginn oder während der Bauzeit. Dadurch entsteht die Notwendigkeit der kostspieligen Auswechslung dieses Unternehmens, das erfahrungsgemäß den alten Auftrag (Vertrag) nur zu schlechteren Konditionen übernimmt. Konkurse in der Bau- und Bauträgerbranche sind notorisch häufig. Partiell kann sich der Bauherr hiervor schützen, indem er sich (wie oben genannt) eine Vertragserfüllungsgarantie in Höhe von mindestens 10% (besser 20%) der Vertragssumme geben lässt. Die Garantie sollte durch eine Bankbürgschaft unterlegt sein. Ferner sollten Rechnungen nur nach

nachgewiesenem Baufortschritt und durch einen Experten überprüft bezahlt werden (Zahlung nach Baufortschritt).

- Fertigstellungsverzögerungen können zu erhöhten Kosten beim Bauherrn führen, wenn sie beispielsweise nicht eingeplante Zwischenfinanzierungszinsen oder andere erhöhte Kosten auslösen, beispielsweise zusätzlichen Mietaufwand für ein provisorisches Heim oder die Einlagerung von Möbeln, wenn das vorherige Eigenheim bereits verkauft wurde oder der vorherige Mietvertrag bereits gekündigt wurde. Auch dieses Fertigstellungsrisiko wird durch die Auswahl namhafter, kompetenter Vertragspartner, eine enge, von einem Fachmann durchgeführte Baufortschrittsüberwachung und Vertragserfüllungsgarantien reduziert (siehe oben), aber ganz gewiss nicht komplett beseitigt. Die deutliche Mehrzahl aller Bauträgerprojekte wird nicht rechtzeitig zum ursprünglich genannten Termin fertig.
- Gewährleistungsrisiko: Wenn eine Partei (das kann eine Baufirma sein oder der Hersteller eines wichtigen Bauteils oder einer in das Gebäude eingebauten Gerätschaft, wie der Heizungsanlage) im Gewährleistungsfall diese Gewährleistung nicht durchführt oder durchführen kann (z. B. wegen Konkurs). Gewährleistungsrisiko kann sich nicht nur unmittelbar nach der Baufertigstellung materialisieren, sondern auch noch mehrere Jahre danach. Solche unvorhersehbaren Aufwendungen bleiben dann beim Bauherrn/Eigentümer hängen.

Das wichtige Thema Versicherungen in der Bauphase wird im folgenden Kapitel behandelt.

Wer zum ersten Mal ein Haus baut und sich in dieser Hinsicht als unerfahren einschätzen muss, dem empfehle ich das Ratgeberbuch *Kosten- und Vertragsfallen beim Bauen* von Peter Burk (2019b).

Zinsänderungsrisiko (Risiko des Zinsanstiegs) Das Risiko, dass die Zinsen bei einem variablen Kredit oder bei einem fixen Kredit, der das Ende der Zinsbindung erreicht hat, stärker angestiegen sind als erwartet. Darüber hinaus auch das Risiko, dass steigende Zinsen den *allgemeinen* Markt für Wohnimmobilien (und damit auch den Marktwert der eigenen Immobilie) negativ beeinträchtigen. Letzteres Risiko kann man auch nicht durch die Wahl einer langen Zinsbindung oder den maximalen Einsatz von Eigenkapital mindern.

Risiko Vorfälligkeitsentschädigung (»Over-Hedging-Risiko«/Überabsicherungsrisiko) Wer eine langfristige Zinsbindung eingeht, nimmt das Risiko auf sich, im Nachhinein »zu viel Zinsabsicherung« zu haben. Mit anderen Worten: das Risiko, dass es zur Zahlung einer nennenswerten Vorfälligkeitsentschädigung kommt, weil eine Kreditkündigung vor Ablauf einer langfristigen Zinsbindung erforderlich ist, während zugleich die Zinsen seit dem ursprünglichen Kreditvertragsabschluss gefallen sind. Sollten die Zinsen seit Abschluss des Kreditvertrags deutlich gestiegen sein, wird eine vorfristige Kündigung des Kredits keine oder nur eine minimale Vorfälligkeitsentschädigung nach sich ziehen (siehe Abschnitt 2.12).

Politisches Risiko und Steueränderungsrisiko Das Risiko, dass die Politik unerwartete gravierende Maßnahmen, einschließlich steuerliche Maßnahmen, ergreift, die nachteilig für einen Eigenheimbesitzer sind. In Deutschland lassen sich für die Materialisierung dieses Risikos in den vergangenen rund 20 Jahren leider zahlreiche Beispiele finden: (a) die Abschaffung der Eigenheimzulage Anfang 2006. (b) Die Erhöhung der Grunderwerbsteuer in mehreren Bundesländern in den vergangenen Jahren bis hin zu einer Beinaheverdopplung von 3,5% bis 6,5%. (c) Die beinahe jährliche und oftmals gravierende Verschärfung der technischen/baulichen Auflagen für Energetik und Umweltschutz, Brandschutz, Gesundheitsschutz und Behindertenschutz. Diese betreffen alle Neubauten, aber oft auch Bestandsimmobilien. Nicht zufällig heißt es, dass nirgendwo auf der Welt Bauen so teuer sei wie in Deutschland. (d) Die Verschärfung der bereits bestehenden Mietregulierung in Form der bundesweiten Mietpreisbremse. Es wäre ein Irrtum, zu glauben, dass die Mietpreisbremse Eigenheimbesitzer nicht beträfe. Die Mietpreisbremse reduziert tendenziell das Ertragspotenzial vermieteter Wohnimmobilien. Damit wirkt sie sich indirekt, aber dennoch stark auch auf den potenziellen Veräußerungswert eines Eigenheims aus. Konzeptionell die gleiche Logik trifft zu auf die soeben genannte Grunderwerbsteuererhöhung. Weil ein Käufer von dieser Erhöhung betroffen sein wird, wird sie tendenziell die Marktpreise für alle Wohnimmobilien (einschließlich Bestandsimmobilien) drücken.

Scheidungsrisiko In Deutschland werden etwa 30% aller Ehen irgendwann einmal geschieden. Nach manchen Statistiken sind es sogar 40% oder 50%. Gibt man die Stichworte »Eigenheim Scheidung Streit« bei Google ein, produziert die Suchmaschine über 330 000 Treffer alleine im deutschsprachigen Teil des Internets. Beispiele sind »Teure Trennung. Wie das Eigenheim Scheidungspaare arm macht« (*Wirtschaftswoche*, 28.05.2014) oder »Wenn das Haus im Grünen die Familie zerstört« (*Die Welt*, 13.02.2016) oder »Scheidung. Streit ums Haus: Es droht die Zwangsversteigerung« (*Focus Online*, 13.05.2019). Ich verzichte an dieser Stelle darauf, im Detail zu erläutern, wie und warum eine Scheidung zu drastischen finanziellen Einbußen führen kann (auf diese Einzelheiten gehe ich in Kommer 2020, Abschnitt 8.2 ein). Hier liegt mir lediglich daran, hervorzuheben, dass kein anderes Vermögensgut so häufig zu emotional katastrophalen und wirtschaftlich zerstörerischen Streitigkeiten führt wie das Eigenheim. Der Hauptgrund dafür besteht nicht darin – wie viele meinen –, dass das Eigenheim in der Regel den größten Teil des Vermögens ausmacht, sondern darin, dass es eine Immobilie ist und noch schlimmer die bisher selbst genutzte Immobilie. Kommt es im ungünstigen Fall zu einer Zwangsversteigerung des Eigenheims (oder einer vermieteten Immobilie), wird dabei bis zu 40% weniger als der Marktwert der Immobilie erlöst (Mohr 2015). Ein Ehevertrag, der das »Schicksal« der Immobilie im Scheidungsfall detailliert regelt, erscheint friedliebenden Menschen in hohem Maße angeraten.

»Event Risk« Hiermit werden Risiken bezeichnet, die definitionsgemäß nicht kalkulierbar oder vorhersehbar sind. »Event Risk« heißt auf Deutsch »Ereignisrisiko« und wird im Englischen auch »Tail Risk« oder »Black Swan Risk« genannt. Beispiele sind die wirtschaftlichen Schäden, die bestimmte Privathaushalte durch den Anschlag vom 11.09.2001 (»9/11«) in den USA erlitten, der Tsunami 2004 in Südostasien, der Konkurs der Großbank Lehman Brothers im Herbst 2008, das britische Brexit-Referendum im Juni 2016 oder der Corona-«Lockdown« ab März 2020. Ein Haushalt mit Eigenheimbesitz ist solchen Risiken in Bezug auf die Immobilie deutlich stärker ausgesetzt als ein Mieterhaushalt, dem seine Wohnstätte nicht gehört und der in ein global diversifiziertes Kapitalmarktportfolio investiert (börsennotierte Wertpapiere oder Investmentfondsanteile, Bankguthaben innerhalb der staatlichen Einlagensicherung).

Einige wenige Beispiele für derartige Event Risks, die den Wert des Eigenheims oder den wirtschaftlichen Nutzen daraus beeinträchtigen können, sofern das Event Risk nennenswert ist, sind: (a) ein Gebäudekonstruktionsmangel oder andere Konstruktionsmängel, die erst nach Ablauf der Gewährleistungsfrist erkannt werden. (b) In eine Immobilie verbaute qualitativ schlechte oder gesundheitsgefährdende Materialien oder Hausschwamm, wenn diese Mängel erst nach Ablauf der Verkäufer-Gewährleistung entdeckt werden oder vorher, wenn der Verkäufer/die Baufirma nicht zahlen kann. (c) Eine Maßnahme der Kommunalverwaltung, die anders erwartet wurde und die den Wert der Immobilie stark mindert. (d) Das betrügerische Vorgehen des Verkäufers einer Immobilie. (e) Der Fund einer Bombe aus dem Zweiten Weltkrieg auf dem Grundstück, deren Entschärfungskosten nicht von der Gebäudeversicherung gedeckt werden. (f) Schäden aus Naturkatastrophen, die nicht versichert waren, und viele andere, selten auftauchende, aber bei Auftreten schlimme Ereignisse.

Fazit

- Wer mehrere Hunderttausend Euro und gelegentlich über 1 Million Euro – vielfach mit Kredithebel – in einen einzigen Vermögenswert investiert, der tut gut daran, sich über die damit einhergehenden Risiken im Klaren zu sein. Dass eine Immobilie als Investment sicherer sei als ein breit diversifiziertes Wertpapierdepot, ist Unsinn. Das Verharmlosen oder gar Nichtbeschäftigen mit Immobilienrisiken kann böse enden.
- Im folgenden Kapitel 4 gehe ich auf eines der wichtigsten Instrumente ein, das Risiko von Erwerb und Besitz von selbst genutzten Immobilien zu managen: Versicherungen.

4 Eigenheim und Versicherungen

»Besitzer von Wohnimmobilien sollten definieren, welche [Versicherungs-)Leistungen sie [tatsächlich] brauchen, bevor sie Konditionen vergleichen. Diese Versicherungen können mehr als 100 unterschiedliche Risiken einschließen.«
(Aus dem Artikel »Sicherheit für die eigenen vier Wände« von Dörte Jochims im Handelsblatt *vom 05.05.2011)*

Dieses Kapitel liefert einen Überblick des für einen Eigenheimhaushalt empfohlenen oder üblichen Versicherungsschutzes.

Von ihrem Zweck her gesehen sind hier drei Arten von Versicherungen zu unterscheiden:

(a) Versicherungen, die spezifische Risiken während der Bauphase eines Eigenheimprojekts abdecken. Diese Versicherungen sind naturgemäß nur dann erforderlich, wenn es überhaupt eine Bauphase gibt. Beim Kauf einer fertigen bzw. gebrauchten Immobilie ist das nicht der Fall.

(b) Versicherungen, die mit dem Immobilienbesitz nach Abschluss einer möglichen Bauphase zusammenhängen und unabhängig sind von der Existenz einer Kreditfinanzierung – mit anderen Worten: Versicherungen für das bewohnte Eigenheim.

(c) Versicherungen, die unmittelbar mit der Kreditfinanzierung und deren Risiko aus Sicht des Kreditgebers oder des Kreditnehmers zusammenhängen.

Wir beginnen mit der Gruppe (a).

(a) Versicherungen während der Bauphase

Bauleistungsversicherung: Sie deckt Schäden während der Bauzeit ab, z. B. die Zerstörungen von Baumaterial oder Beschädigungen des Rohbaus aufgrund von Ursachen wie etwa Erdbeben, besonderer Witterungseinflüsse (Wolkenbruch, Orkan, Überschwemmungen), aber auch mutwilliger Zerstörung durch Unbekannte oder Fehler von Bauarbeitern. Diebstahlschäden sind nur in manchen Fällen eingeschlossen oder nur mit entsprechender Zusatzversicherung. Nicht abgedeckt sind Schäden durch normale Witterungseinflüsse (z. B. Frost) oder Pfusch am Bau, Schäden durch unterlassene übliche Schutzmaßnahmen der Baufirma, generell Schäden bei An- und Umbauten an etwaiger Altbausubstanz und Schäden aufgrund von Feuer.

Feuerversicherung für den Rohbau: Da, wie oben erwähnt, die Bauleistungsversicherung Feuerschäden normalerweise nicht abdeckt, sind diese gesondert zu versichern.

Bauherrenhaftpflicht: Sie deckt Schäden während der Bauzeit ab, die u. U. nicht anderweitig versichert sind und die ansonsten der Bauherr zu tragen hätte – auch bei grober Fahrlässigkeit des Schadenverursachers. Man sollte darauf achten, dass die Police auch die Phase vor dem eigentlichen Baubeginn einschließt, also von Grundstückserwerb bis Baubeginn, die ja in manchen Fällen mehrere Monate oder sogar Jahre andauern kann. Nach Ende der Bauphase tritt die private Haftpflichtversicherung an die Stelle der Bauherrenhaftpflicht. Bei sehr kleinen Um- oder Ausbauvorhaben ist es – je nach Police – denkbar, dass diese bereits von der privaten Haftpflichtversicherung abgedeckt sind.

Bauhelferunfallversicherung: Sie deckt die Risiken ab, die aus der Mitarbeit möglicher privater Helfer (Freunde, Familie) auf der Baustelle resultieren. Die Bauherrenhaftpflicht haftet nämlich nicht für Ansprüche aus Arbeitsunfällen solcher privater Helfer. Ferner sind die Helfer bei der regionalen Berufsgenossenschaft anzumelden und der Bauherr muss für jede geleistete Arbeitsstunde der privaten Helfer eine Abgabe von etwa 1,50 Euro an die Genossenschaft entrichten.

(b) Versicherungen im bewohnten Eigenheim

Verbundene Wohngebäudeversicherung: Diese möglicherweise wichtigste Versicherung für Eigenheimbesitzer deckt Schäden durch Feuer, Sturm, Hagel, Schnee, Regen, Frost und Leitungswasser ab. Hochwasserschäden sind in einer Standardpolice typischerweise nicht eingeschlossen (siehe weiter unten zu »Elementarschadenversicherung«). Beim Kauf einer gebrauchten Immobilie ist die Übernahme der Police des Vorbesitzers denkbar, sofern diese aus Sicht des neuen Eigentümers günstig genug ist und seinen sonstigen Erwartungen entspricht. Nach dem Verkauf einer Wohnimmobilie (ab Eigentumseintragung im Grundbuch) geht die Versicherung automatisch auf den Käufer über, wenn dieser nicht innerhalb einer Sonderkündigungsfrist von vier Wochen kündigt. Eine lesenswerte Zusammenfassung zur Wohngebäudeversicherung findet sich auf der Webseite *www.finanztip.de* unter dem Stichwort »Wohngebäudeversicherung«. Darin finden sich auch Hinweise, wie man einen günstigen Anbieter findet.

Elementarschadenversicherung: In erster Linie kommt diese für Hochwasserschäden auf, die aus Starkregen, Überschwemmungen, Rückstau, Erdbeben, Erdrutsch, Erdsenkung, Schneedruck und Lawinen resultieren. Solche »Elementarschäden« sind in den Standardtarifen der meisten Wohngebäudeversicherungen nicht mit abgedeckt. Es kann sein, dass ein Versicherungsschutz gegen bestimmte Elementarschäden, beispielsweise Hochwasserschutz oder Erdebenschutz in bekannten Hochwasserzonen oder erdbebengefährdeten Gebieten, nicht zu bekommen ist oder nur zu exorbitanten Kosten. Das drückt dann auch unmissverständlich die erhöhten oder hohen Risiken solcher Schäden aus. (Im Juli 2021 ereignete sich in Westdeutschland ein durch Starkregen verursachtes Hochwasser, bei dem weit über 150 Menschen ums Leben kamen und Tausende Gebäude beschädigt wurden. In diesem Zusammenhang wurde in den Medien berichtet, dass nur 45% aller Wohngebäude in Deutschland gegen Schäden aus Hochwasser versichert sind. Ich vermute, dass diese Versicherungsquote für Eigenheime sogar noch niedriger ist als für die Gesamtheit aller Wohnimmobilien, die vermietete Gebäude mit einschließt. Es ist aus meiner Sicht zu bezweifeln, dass nur 45% aller Wohngebäude in Deutschland tatsächlich kein relevantes Hochwasser- oder Überflutungsrisiko haben.)

Öltankversicherung: Sie empfiehlt sich für alle Eigentümer, die mit Öl heizen. Es werden Schäden gedeckt, die das eigene Öl im Grundwasser oder in Fließgewässern anrichtet.

Fotovoltaikversicherung: Diese ist naturgemäß nur notwendig, wenn sich eine Fotovoltaikanlage auf dem Dach des Eigenheims befindet.

Wie hoch die jeweiligen Versicherungssummen und Eigenbeteiligungen bei den Versicherungen in der Bauphase und bei bewohntem Eigenheim sein sollen, lässt sich in einem Finanzierungsratgeberbuch wie diesem nicht sinnvoll verallgemeinern. Von diesen beiden Stellhebeln sowie der »Breite« des Versicherungsschutzes (spezifische Risiken, die gedeckt oder ausgeschlossen sind) hängen die periodischen Kosten (Beitragshöhe) der Versicherung ab. Bei diesen Versicherungen sind die Kosten oft geringer, als man intuitiv annehmen würde. Preisquotierungen lassen sich auf den Webseiten der Versicherer oder deren allgemeinem Informationsmaterial recht einfach einholen. Preisliche Größenordnungen und viele andere nützliche Informationen finden sich auf *Wikipedia* (Einträge unter dem Namen der jeweiligen Versicherungsart) oder auf einigen der im Anhang genannten »Nützlichen Webseiten«. Auch die Stiftung Warentest (*www.test.de*) und die Verbraucherschutz-Webseite *www.finanztip.de* haben in den vergangenen Jahren wiederholt Preisvergleiche für Versicherungen rund ums Eigenheim veröffentlicht.

Hinzuweisen ist noch auf folgende Gesichtspunkte: (i) In einigen Fällen sind die hier genannten unterschiedlichen Versicherungsarten in ein und derselben Versicherungspolice kombinierbar. (ii) In Bezug auf einen konkreten Schadensfall kommt wohl immer das allgemeine versicherungsrechtliche Prinzip zur Anwendung, wonach ein gegebener Schaden nicht durch zwei oder mehrere Versicherungen kompensiert wird. Das ist im Kleingedruckten der meisten Versicherungspolicen geregelt. (iii) Bei Kauf eines gebrauchten Hauses ist es sinnvoll, Kopien der bisherigen Versicherungsverträge vom Vorbesitzer zu erbitten. Das gibt dem neuen Besitzer Anhaltspunkte zu Leistungsumfang, Deckungssummen und Prämien. (iv) Nützliche Informationsquellen zum Thema immobilienbezogene Versicherungen gibt es beim Bund der Versicherten (*www.bundderversicherten.de*), bei der Stiftung Warentest (*www.test.de*) und bei der Verbraucherschutz-Webseite *www.finanztip.de*.

(c) Versicherungen im unmittelbaren Zusammenhang mit der Kreditfinanzierung

Eine Familie mit zwei kleinen Kindern nimmt einen Eigenheimkredit auf. Nur einer der beiden Elternteile, Katarina, ist berufstätig; Peter, der Ehemann, ist Hausmann. Die Eigenkapitalquote zu Beginn der Immobilienfinanzierung beträgt 25%. Weiteres Vermögen ist nicht vorhanden. In dieser Konstellation ist es sinnvoll, das Todesfallrisiko von Katarina, der Ernährerin, durch eine für gewöhnlich sehr preisgünstige Risikolebensversicherung (RLV) in der Höhe des Kreditvolumens abzusichern (nicht zu verwechseln mit einer viel teureren Kapitallebensversicherung). Käme Katarina unerwartet zu Tode, während der Kredit noch nicht vollständig getilgt ist, würde die Versicherung zahlen. Damit könnte die Familie die Darlehensschuld vollständig oder annähernd vollständig zurückführen. Der nicht verdienende Ehepartner und die minderjährigen Kinder besäßen dann eine schuldenfreie Immobilie, was in dieser traurigen Situation ein Trost wäre. Ohne diese Versicherung könnte es passieren, dass die Familie die Immobilie aus Geldmangel veräußern muss, den Restsaldo des Kredits aus dem Erlös zu begleichen hat und aus der Immobilie ausziehen muss – finanziell und emotional eine weit schlechtere Konstellation als diejenige mit Todesfallversicherung.

So weit die Standardtheorie. Die Praxis ist jedoch meistens etwas komplexer als dieser Lehrbuchfall. Daher einige zusätzliche Hinweise für häufig auftretende Szenarien:

- Falls eine RLV zur Absicherung eines Todesfallrisikos abgeschlossen wird, sollte die Versicherungssumme stets nur der Höhe des ausstehenden Kreditsaldos entsprechen, sonst vergeuden Sie Geld. Daher empfiehlt es sich, die Versicherungssumme alle zwölf oder 24 Monate parallel zur fortschreitenden Tilgung zu reduzieren, sofern das nicht bereits in der Versicherungspolice so geregelt ist. In einem Haushalt ohne wirtschaftlich abhängige Mitglieder (Ehepartner oder Kinder ohne eigenes Einkommen) ist eine solche Absicherung aus Sicht des Kreditnehmers überflüssig, es sei denn, er möchte dieses letztlich kleine Risiko unbedingt zugunsten nicht wirtschaftlich abhängiger Erben absichern. Ein Singlehaushalt oder ein Ehepaar ohne Kinder, in dem beide berufstätig sind, braucht eigentlich keine RLV.[36] Dasselbe gilt für ein Doppelverdienerehepaar ab dem Zeitpunkt, von dem an die vorher wirtschaftlich abhängigen Kinder ein eigenes Einkommen haben. Eine Ausnahme könnte bestehen, wenn die Bank trotz des Fehlens wirtschaftlich abhängiger Personen wegen einer anfänglich zu geringen Eigenkapitalquote auf einer solchen Absicherung besteht. Aber auch hier sollte es möglich sein, nach einiger Zeit (wenn die Tilgung fortgeschritten ist) aus der RLV auszusteigen, um Kosten zu senken. Sofern Sie eine RLV zugunsten wirtschaftlich abhängiger Nahestehender abschließen, sollten Sie eine erbschaftsteuerlich günstige Struktur wählen (die versicherte Person sollte nicht identisch mit dem Versicherungsnehmer sein).

- Bei Kreditnehmern ab einem Alter von etwa 50 bis 60 Jahren bestehen Banken oft auf einer RLV, da ein erhöhtes statistisches Risiko besteht, dass der Kreditnehmer während der berechneten Kreditlaufzeit von z. B. 25 Jahren stirbt und damit die Cashflow-Quelle für die Bedienung des Kapitaldienstes wegfällt.
- Wenn bereits eine Kapitallebensversicherung oder eine frühere RLV besteht, kann der Todesfallschutz dieser Versicherung für den neuen Immobilienkredit genutzt werden (rechtliche »Abtretung« der Todesfallleistung an die Bank). In diesem Fall könnte sich der Kreditnehmer den Abschluss einer kostspieligen zusätzlichen Versicherung ersparen.
- Ein statistisch schwerwiegenderes Risiko für einen Berufstätigen und seine von ihm wirtschaftlich abhängige Familie als das des Todes ist dasjenige der »Berufsunfähigkeit«. Über dieses allgemein unterschätzte und im größten Teil der berufstätigen Bevölkerung nicht versicherte Risiko wurde schon viel geschrieben. Im Internet finden sich dazu viele nützliche Artikel. Die gesetzliche Rentenversicherung bietet immerhin einen begrenzten Berufsunfähigkeitsschutz für die vor 1961 Geborenen. Für jüngere Bürger wurde dieses eher schwache Schutzniveau vor Jahren noch weiter reduziert, da die gesetzliche Rentenversicherung bekanntlich gravierend unterfinanziert ist. Private Berufsunfähigkeitsversicherungen (BUV) klingen in der Theorie attraktiv und empfehlenswert. Die

36 Bei einem Doppelverdienerehepaar ohne Kinder wird hier angenommen, dass der überlebende Ehepartner die nun offensichtlich zu große Immobilie veräußert. Sofern diese simple Strategie der Risikofolgenminderung nicht gewünscht ist, wäre eine sich an die Restschuld automatisch anpassende RLV für beide Ehepartner eventuell doch sinnvoll.

Versicherungsbranche verkauft sie sehr gerne. In der Praxis sind BUVs allerdings ambivalent und besonders schwer zu beurteilen. Für Berufe mit relativ hohem Berufsunfähigkeitsrisiko, beispielsweise Bauarbeiter, ist eine BUV in der Regel unerschwinglich. Die exorbitanten Kosten spiegeln das aus Sicht der Versicherung hohe Risiko wider. Selbst für andere Berufe, die mit bloßer Bürotätigkeit einhergehen, sind BUVs immer noch ausgesprochen teuer, jedenfalls bei nennenswertem finanziellen Versicherungsschutzniveau. Auch hier ist der Grund das aus Sicht der Versicherung hohe Risiko. Ein weiteres Praxisproblem sind die vielen »Ausschlüsse«, die eine normale BUV-Police beinhaltet. Mit anderen Worten, selbst sehr gravierende Unfallverletzungen mit bleibenden physischen Beeinträchtigungen oder sehr schwere Krankheiten führen unter den Vertragsbedingungen nicht notwendigerweise zur »Berufsunfähigkeit« und zum Eintritt des Versicherungsfalls. Ob eine BUV lohnt, kann daher im Rahmen dieses Buchs nicht pauschal, sondern nur im Rahmen einer sorgfältigen Einzelfallprüfung beurteilt werden.

- Eine kreditbezogene Versicherung, die – anders als die oben genannten Spezialfallversicherungen – prinzipiell sämtliche Risiken absichern kann, welche das Einkommen des kreditnehmenden Haushaltsernährers gefährden können, ist die *Restschuldversicherung*, manchmal auch *Restkreditversicherung* oder *Kreditlebensversicherung* genannt. Die Restschuldversicherung deckt, je nach Ausgestaltung der Versicherungspolice, Tod, Krankheit, Arbeitsunfähigkeit oder Arbeitslosigkeit während der Kreditlaufzeit ab. Weil sie einen so umfassenden Schutz bietet, kann sie, gegenüber einer simplen Risikolebensversicherung, sehr teuer sein, denn diese deckt ja nur das Todesfallrisiko der versicherten Person ab. Banken verkaufen Restschuldversicherungen mit umfassenden Deckungsbedingungen sehr gerne, weil sie ihr Kreditausfallrisiko drastisch senken und weil sie an der deftigen (selten offengelegten) Vermittlerprovision der Versicherungsgesellschaft gut verdienen. Trotz der risikoreduzierenden Wirkung senken die Banken die Kreditmarge selten in entsprechendem Ausmaß. Die hohen Prämien für eine Restschuldversicherung werden oft in Form eines Einmalbetrags über eine Erhöhung der Kreditsumme mitfinanziert, was die wahren Kosten dieser teuren Versicherung manchen Kreditnehmern gegenüber verschleiert. Immerhin: Schreibt die Bank den Abschluss einer solchen Versicherung zwingend vor, so sind deren Kosten nach deutschem Recht in den Effektivzins einzurechnen. Von Restschuldversicherungen ist generell abzuraten und noch mehr von solchen, die über den reinen Todesfallschutz hinausgehen. Wenn sie eine Bank vorschreibt, sollten Sie zu einer anderen Bank gehen. Sollten alle angesprochenen Banken darauf bestehen, ist das ein guter Indikator, dass Ihre Finanzierung zu risikoreich ist und Sie vorerst die Finger davon lassen sollten, bis Sie mehr Eigenkapital angespart haben oder andere Risikofaktoren reduziert haben.

- Private Arbeitslosenversicherungen erscheinen selten sinnvoll, da ihre Kosten – ähnlich wie bei einer umfassenden Restschuldversicherung – in keinem attraktiven Verhältnis zum eigentlichen Schutz stehen. Hierbei sind die vielen Ausschlussbedingungen zu nennen. Zum Beispiel wird nur unverschuldete Arbeitslosigkeit in einem unbefristeten Arbeitsverhältnis versichert. Ferner existieren u. U. mehrmonatige Karenzzeiten, bevor die eigentliche Auszahlung beginnt, und der Schutz wird nur für eine relativ kurze Zeit der Arbeitslosigkeit gewährt.

Fazit

- Versicherungsschutz, der im Rahmen einer Immobilienkreditaufnahme zur Absicherung des Einkommens des Ernährers vereinbart wird, sollte im besten Fall die wirklich relevanten Risiken und diese genau in der richtigen Höhe absichern. In der Praxis geschieht dies oft nicht. Haushalte, die gar keinen Todesfallschutz brauchen, schließen überflüssige Lebensversicherungen ab, es werden teure Kapitallebensversicherungen statt billiger Risikolebensversicherungen eingekauft, die Versicherungssummen werden im Zeitablauf nicht reduziert. Und das gegenüber dem Todesfallrisiko viel wichtigere Risiko der Berufsunfähigkeit wird überhaupt nicht versichert.
- Wenn sich keine Bank findet, die Ihre Finanzierung ohne eine stets teure Restschuldversicherung übernimmt, dann sollte Ihnen das zu denken geben. Bei Berücksichtigung der Kosten für die Restschuldversicherung wird der Effektivzins vermutlich schwindelerregende Höhen erreichen. Dann ist mieten und parallel diszipliniert sparen für Sie wahrscheinlich die bessere Alternative.

5 Die konkrete Umsetzung Ihres Finanzierungsvorhabens

5.1 Wo und wie kann ich mich bei der Kreditfinanzierung beraten lassen?

> »Ein Fürst, der nicht selbst klug ist, kann nicht klug beraten werden. Gute Ratschläge entspringen aus der Klugheit des Fürsten und nicht die Klugheit des Fürsten aus guten Ratschlägen.«
> *(Niccolò Machiavelli, 1469–1527, legendärer Berater der Regierungen des Stadtstaates Florenz und von Papst Julius II)*

Für die meisten von uns gilt in Sachen Eigenheimfinanzierung: »Es ist mein erstes Mal.« Bei dem erstmaligen Abenteuer dieser Art kann man von kompetenter Beratung beträchtlich profitieren, sei es durch niedrigere Kosten, sei es durch Vermeidung schmerzhafter Fehler.

Die Vorstellung, für Beratung ein Honorar zu zahlen statt eine mehr oder weniger versteckte Provision, wie es eher üblich ist, sollte man nicht von vornherein ausschließen.

Wer über Beratung im Zusammenhang mit Immobilienfinanzierung nachdenkt, muss sich zweckmäßigerweise zuerst darüber klar werden, was alles *keine* Beratung ist: Dazu gehören vor allem Ratschläge, Empfehlungen und Informationen von Personen und Institutionen, die einem Interessenkonflikt unterliegen. Zu diesem Personenkreis gehören:

- Makler
- die Verkäufer von Immobilien
- Bauträger
- Darlehensvermittler
- Vermögensberater (auch sogenannte Allfinanzberater)
- Kundenberater bei Banken
- Artikelautoren in Print und Internet, sofern der Autor in einer der o. g. Funktionen in der Immobilien- oder Bankbranche arbeitet

All diese Personen und Institutionen mögen vielleicht fachlich kompetent sein, aber sie verdienen auf die ein oder andere Weise daran, dass Sie – der potenzielle Kunde – kaufen und/oder finanzieren, und zwar möglichst bald und möglichst bei oder von diesen Personen und Institutionen oder ihren Geschäftspartnern. Weil das so ist, werden diese Institutionen oder Personen Ihnen sehr wahrscheinlich keinen wirklich objektiven, neutralen Rat geben, der ausschließlich *Ihre* Interessen wahrt. Wenn in diesem Zusammenhang der Begriff »Beratung« verwendet wird, handelt es sich um Pseudoberatung, weil Beratung nur dann stattfindet, wenn der Berater keinem Interessenkonflikt unterliegt. Wer das anders sieht, redet von »entkernter Beratung« oder eben Pseudoberatung.

Pseudoberatung muss nicht zwangsläufig nutzlos sein, aber wenn man sie empfängt, sollte man sich als Kunde das Strukturproblem des Interessenkonflikts bewusst machen und die oft als »Beratung« getarnten Verkaufsinformationen bei den oben genannten Institutionen und Personen entsprechend »einwerten«.

Generell gilt: Ein guter Berater darf keinem finanziellen Interessenkonflikt unterliegen *und* muss fachlich kompetent sein. Fachlich kompetent allein reicht nicht. Vergütungsstrukturen, bei denen die Vergütungshöhe für den »Berater« davon abhängt, ob Sie ein Objekt bei ihm oder über ihn kaufen oder einen Kredit aufnehmen, und davon, wie teuer das Objekt oder wie groß der Kredit ist, erzeugen offensichtliche Interessenkonflikte. Weitere Quellen von Interessenkonflikten sind »erfolgsabhängige« Zahlungen oder Provisionen von Versicherungen, Kommissionen und Kickbacks von Banken, anderen Finanzproduktproduzenten. Die meisten dieser Zahlungen »hinten herum« werden Sie nicht zu sehen bekommen, ausgenommen Sie fragen schriftlich an.

Infobox: Die »Unabhängigkeit« von Baugeldvermittlern

Praktisch jeder Baugeldvermittler, ob online oder menschlich-traditioneller Art, wirbt damit, dass er »die für Sie beste und günstigste Finanzierung findet«. Das ist Quatsch. Baugeldvermittler vermitteln die Finanzierung mit dem für den Vermittler attraktivsten wahrscheinlichkeitsgewichteten Ertrag. Das wird überwiegend eben *nicht* die in diesem Moment objektiv für Sie irgendwo am Markt vorhandene beste Finanzierung sein. Warum ist das so? Die Provision (Marge), die Baugeldvermittler von Banken erhalten, ist natürlich nicht identisch bei allen Banken. Logische Folge: Der Baugeldvermittler wird diejenigen Banken »pushen«, die ihm die höchsten Margen oder anderweitige Vorteile gewähren. Die zum Zeitpunkt der Anfrage vielleicht günstigste oder anderweitig am besten geeignete Finanzierung bekommen Sie als Kunde dann möglicherweise gar nicht zu sehen. Können Sie dieses Spielchen in irgendeiner Weise verhindern? Nein. Dennoch tun Baugeldvermittler nichts Illegales oder Illegitimes und es soll nicht heißen, dass sie nicht nützlich sein können. Das werden sie aber umso mehr sein, je besser Sie als Kunde die Spielregeln auf diesem Marktplatz in jedem Moment des vielleicht mehrere Wochen oder Monate dauernden Prozesses durchschauen.

Nachdem wir uns vergegenwärtigt haben, was *keine* Beratung ist, nun zur echten Beratung. Die ist ganz einfach definiert als *Beratung, die keinem Interessenkonflikt unterliegt.* Zwar kann auch interessenkonfliktfreie Beratung fachlich oder sachlich schlecht sein, aber das ist weit, weit seltener der Fall als bei traditioneller, interessenkonflikt*behafteter* Beratung. Die steht zu Recht unter dem Generalverdacht der schlechten Qualität, ganz einfach, weil Sie sich nie sicher sein können, dass der Berater allein in Ihrem Interesse handelt.

Die nachfolgend genannten Institutionen und Personen kommen grundsätzlich für echte, objektive Beratung in Betracht. Ihnen allen ist gemeinsam, dass sie ein Beratungshonorar für neutrale, objektive Beratung erhalten und nur dafür. Einen echten Berater bezahlen Sie genauso, wie Sie Ihren Steuerberater oder Rechtsanwalt bezahlen würden – mit einem Cash-Honorar, das stundenbasiert oder ein Festpreishonorar ist. Solche interessenkonfliktfreie Beratung erhalten Sie bei den folgenden Institutionen und Organisationen:

- Verbraucherzentralen. Die in der Praxis für die meisten Eigenheimfinanzierer wohl beste Beratungsquelle. Machen Sie die nächstgelegene Verbraucherzentrale ausfindig und kaufen Sie sich dort so viel Beratung ein, wie Sie brauchen. Sparen Sie hierbei nicht am falschen Ende. Verbraucherzentralen sind – was neutralen, kompetenten Rat angeht –

unschlagbar preisgünstig. Allerdings werden nur standardisierte Beratungsleistungen angeboten.

- Honorar-Immobiliendarlehensberater. Honorarberater unterscheiden sich fundamental von normalen Darlehensvermittlern und Finanz- und Vermögensberatern. Normale Finanz- und Vermögensberater (ob bei einer Bank oder bei einem Vermögensberatungsunternehmen wie MLP, AWD, DVAG beschäftigt oder selbstständig) stellen nach wie vor etwa 98% aller Finanz-»Berater«, welche die Bezeichnung »Berater« eigentlich gar nicht tragen sollten, aber leider dürfen. Echte Honorarberater (englisch »Fee Only«-Berater) für Immobilienfinanzierung sind insofern ganz anders, als sie keinerlei Provisionen, Kommissionen, Bestandsvergütungen, Kickbacks oder andere Vergütungen von den Finanzproduktherstellern, Versicherungen oder Kreditgebern annehmen dürfen – weder offen noch versteckt, weder direkt noch indirekt. Sofern diese Kommissionen im Einzelfall nicht vermeidbar sind (das gibt es tatsächlich), muss ein Honorarberater diese an seinen Kunden weiterleiten (»auskehren«). Die formale aufsichtsrechtliche Bezeichnung der echten Honorarberater bei Immobilienfinanzierungen lautet »Honorar-Immobiliardarlehensberater nach § 34i Abs. 1 Satz 1 Gewerbeordnung (GewO)«. (Ein Finanzdienstleister hat auf seiner Webseite normalerweise den Menüpunkt »Impressum«. Unter diesem findet sich die genaue aufsichtsrechtliche Einstufung.) Dieser Beratertypus ist kein Baugeld- oder Kreditvermittler, sondern ein wirklich interessenkonfliktfreier Berater, weil er an der am Ende gewählten Finanzierung selbst nicht mitverdient. Dieser Honorarberater wird einzig und direkt von seinem Kunden bezahlt – entweder in Gestalt eines stündlichen Honorars oder eines Festpreishonorars –, wie ein Rechtsanwalt, Steuerberater, Architekt oder Unternehmensberater. Bei diesen empfindet man ein direkt bezahltes Cash-Honorar als völlig normal und richtig. Oder würden Sie einen Steuerberater mandatieren, der vom Finanzamt bezahlt wird? Die direkte Bezahlung durch den Kunden gewährleistet Objektivität, Neutralität und Handeln im alleinigen Interesse des Kunden – ohne Agenda mit doppeltem Boden. Leider haben in Deutschland die meisten Privathaushalte noch nicht erkannt, dass nur diese Art von Beratung den Namen »Beratung« tatsächlich verdient und dass die sogenannte »Beratung« von Banken, Vermögens-»Beratern«, Vermittlern, Maklern und Bauträgern in Wirklichkeit Verkaufen ist.

- Immobiliengutachter und Bausachverständige. Sofern der Gutachter oder Bausachverständige von Ihnen selbst bezahlt wird – und nur dann –, können Sie seine Arbeit uneingeschränkt ernst nehmen. Bauexperten können bei der Beurteilung des Zustands und der Qualität gebrauchter Immobilien unschätzbare Dienste leisten. Doch bei Gutachtern und Sachverständigen stellt sich stets die entscheidende Frage: Wer hat das Gutachten in Auftrag gegeben und bezahlt? Und idealerweise hat die Höhe des Honorars keinen Bezug zur Höhe des Eigenheimkaufpreises. Der Grund für diese Empfehlung dürfte auf der Hand liegen.
- Verwandte, Freunde und Bekannte, die mit Immobilienfinanzieren Erfahrung haben. Privatpersonen in Ihrem Umfeld, die in der jüngeren Vergangenheit eine oder mehrere Immobilien bauten, kauften, finanzierten oder verkauften, können eine vorzügliche Hilfe für Sie sein. Sie können sich deren Erfahrungsvorsprung zunutze machen. Verwandte, Freunde und Bekannte unterliegen normalerweise keinem Interessenkonflikt. Und eine zweite Meinung oder ein zweites Augen- und Ohrenpaar sind stets hilfreich. Sie sollten sich im Zweifel auch nicht scheuen, Ihre Verwandten, Freunde oder Bekannten für deren Unterstützung zu bezahlen, sofern Sie diese sehr ausgiebig wahrnehmen und/oder das Gefühl haben, davon stark zu profitieren. Das einzige potenzielle Problem bei der Einbindung von Personen aus Ihrem privaten Umfeld sind Vertraulichkeitsbedenken. Einen Freund umfassend in Finanzierungsfragen Ihres geplanten Eigenheimkaufs zu involvieren kann heißen, dass er tiefen Einblick in Ihre finanziellen Verhältnisse bekommt. Das wird in vielen Fällen ein »Showstopper« für diese Vorgehensweise sein. Da, wo Sie Bedenken mit »voller Offenlegung« haben, könnten Sie dennoch wenigstens einzelne Teilaspekte mit der sachverständigen Person aus Verwandtschaft, Freundes- oder Bekanntenkreis beratschlagen. Manchmal wird es auch möglich sein, die Problemstruktur zu besprechen, ohne konkrete, absolute Zahlen zu nennen. Auf alle Fälle sollten Sie stets (schriftlich) klarmachen, dass nur Sie die wesentlichen Entscheidungen treffen und Sie das Risiko alleine tragen. Den besten Freund einige Monate oder Jahre später für einen vermeintlich falschen Ratschlag verantwortlich zu machen, den dieser nur auf Ihre ausdrückliche Bitte hin, unentgeltlich und als Nichtprofi abgegeben hat, erscheint unfair und kann eine Freundschaft ruinieren.

- Artikel und andere Publikationsformen in Zeitschriften und Internet. Artikel von Banken, Bausparkassen, Kreditvermittlern, Maklern, Bauträgern sind hingegen kritisch zu sehen, weil diese Informationen von Menschen und Institutionen stammen, die einem Interessenkonflikt unterliegen.
- Sachbücher zu Bau/Umbau, Renovierung, Kauf und Finanzierung von Immobilien.[37] Auch im Zeitalter des Internets sind Bücher immer noch eine der zuverlässigsten Wissensquellen. Nicht zuletzt, weil im Buchmarkt das statistische Verhältnis »schlechte Information zu guter Information« besser ist als im Internet oder in Zeitungen und Zeitschriften. Der zweite Vorteil von Büchern als Beratungsquelle ist ihre Preiswürdigkeit. Andererseits besitzen Bücher natürlich den Nachteil der relativen Langsamkeit und Mühsal seitens des Lesers. Außerdem wird man oft nicht die eindeutige Antwort auf die spezielle Fachfrage, die man hat, bekommen. Dennoch sollte aus Sicht dieses Autors jeder, der bereit ist, Hunderttausend Euro oder mehr für eine Wohnimmobilie auszugeben, nicht nur ein, sondern sogar zwei oder drei Ratgeberbücher zu Rate ziehen. Dieses Investment in Zeit und Geld wird sich fast immer auszahlen.

Für die ersten vier der hier genannten Beratungsquellen gilt: Je besser vorbereitet und informiert Sie in die Beratungssituation hineingehen, desto mehr wird bei der Beratung herauskommen. Nehmen Sie sich das Eingangszitat dieses Abschnitts zu Herzen. Es stammt von einem der legendärsten Politikberater der Geschichte. Bei dieser Vorbereitung auf die Beratungssituation kann die sechste Quelle, Sachbücher, wertvolle Dienste leisten.

Fazit

- Zu viele Privathaushalte lassen sich von Personen und Institutionen »beraten«, die einem Interessenkonflikt unterliegen. Weil hier offene oder versteckte Provisionen fließen, scheinen die Informationen und

37 Ausgenommen, wenn der Buchautor das Buch ganz offensichtlich als Marketinginstrument für sein immobilienbezogenes Unternehmen geschrieben hat.

die Empfehlungen nichts zu kosten und sind deswegen bei Privathaushalten seit Jahrzehnten populär. Tatsächlich kann eine solche »Beratung« – weil hinter ihr eine verborgene Agenda steckt – sehr teuer für Sie werden. Genau beziffern lässt sich der Schaden jedoch selten und – ganz schlimm – in den allermeisten Fällen wird er nicht einmal bemerkt.

- Dieser Abschnitt hat Anlaufstellen für echte Beratung genannt. Nutzen Sie sie, auch wenn Sie das erst einmal Geld kostet. Auf lange Sicht ist dieses Geld gut angelegt.

5.2 Wo und wie besorge ich mir den günstigsten Kredit?

> »Kreditanbieter leben davon, Baufinanzierungen zu verkaufen. Da wird – vor allem bei provisionsabhängigen Vermittlern – auch schon mal was hingebogen, wo eigentlich ein klares Nein die richtige Antwort wäre.«
> *(Thomas Hammer, Autor des Ratgeberbuchs* Die Baufinanzierung, *2015)*

Wenn Sie nicht auf pures Glück vertrauen wollen, dann gilt: Einen günstigen oder vielleicht sogar *den* günstigsten Kredit zu bekommen erfordert vom Kreditnehmer eine ordentliche Portion Fleiß, gepaart mit mindestens passablem Vorwissen über Immobilienkredite. Den Fleiß müssen Sie mitbringen, das Vorwissen vermittelt dieses Buch.

Die Suche nach der besten Finanzierung ist kein simpler sequenzieller Prozess. Als Ratgeber kann man also nicht einfach eine Liste von – sagen wir – zehn Schritten formulieren, die der Eigenheimfinanzierer nacheinander abarbeiten kann, um dann nach Schritt 10 – Bingo! – eine preisgünstige Finanzierung mit allen Wunschmerkmalen zu haben. So einfach und bequem ist dieses »Spiel« nicht. Diese Suche wird vielmehr ein *iterativer* Prozess sein, bei dem es einiges Vor und Zurück und wohl auch ein wenig Versuch und Irrtum geben wird, bis alles stimmig ist. Manches wird sequenziell und manches parallel laufen müssen.

Die einfache Liste mit zehn fest aufeinanderfolgenden Schritten funktioniert auch deswegen nicht, weil bei der Finanzierung eines Eigenheims zu viele Ausnahmen von der Regel existieren, als dass man sie alle abschließend aufzählen könnte. Wichtig in diesem Prozess ist generell dieser Grundsatz: zuerst intensiv nachdenken, recherchieren und planen, statt einfach loszurennen. Abraham Lincoln (1809–1865) soll gesagt haben: »Gib mir sechs Stunden, um einen Baum zu fällen. Ich werde die ersten vier darauf verwenden, meine Axt zu schärfen.« Eine Metapher über die kluge Gewichtung zwischen Vorbereitung und Ausführung und eine implizite Kritik an unserer Tendenz, zu viel Aufmerksamkeit auf die Ausführung und zu wenig auf die Vorbereitung zu richten. Diese Einsicht gilt auch für das Gebiet der Eigenheimfinanzierung.[38]

Wie lassen sich die planerischen Schritte in Bezug auf eine kluge Immobilienfinanzierung skizzieren, die Sie unternehmen müssen?

In den meisten Fällen besteht der erste Schritt darin, sich erst einmal »allgemein kompetent« zu machen, also eine Vorstellung davon zu bekommen, worauf es bei der Finanzierung ankommt und welches die entscheidenden Begrifflichkeiten und Konzepte dabei sind. Je kompetenter Sie sind, bevor Sie in die aktive Suche nach dem besten Kreditpaket und in die Verhandlungsphase mit mehreren Finanzierungskandidaten bis hin zum schlussendlichen Vertragsabschluss mit einem Partner eintreten, desto erfolgversprechender wird Ihr Vorhaben voraussichtlich werden. Denn eines ist klar: Aus Sicht der Bank ist ein »dummer« Kunde mit einer ordentlichen Portion Eigenkapital und einem passablen Einkommen relativ zum Preis der Wunschimmobilie ein attraktiverer Kunde als ein schlauer Kunde mit dem gleichen Eigenkapital und gleichem Einkommen. In diesem speziellen Sinne wollen Sie kein attraktiver Kunde sein. Um den optimalen Grad der »Attraktivität« zu erreichen, müssen Sie sich schlaumachen, *bevor* Sie konkret in die Recherche und Finanzierungsverhandlungen einsteigen.

Infobox: Immobilienbetrug – ist das ein relevantes Thema?

Dass Anlagebetrug nur oder vorwiegend bei Kapitalmarktanlagen vorkommt, ist eine der Fabeln, die Immobilienmakler und andere Immobilien-

38 Das berühmte Zitat wurde Lincoln wohl in Tausenden Reden und Büchern zugeschrieben. Es stammt trotzdem nicht von ihm. Doch wie auch immer, die Weisheit, die in dieser Aussage steckt, ist universell.

fans aus der Branche gerne explizit oder implizit verbreiten. Tatsächlich dürfte es eher andersherum sein: Betrügerische Transaktionen zulasten von Privathaushalten finden bei Immobilienkäufen und -verkäufen in kleinem und großem Volumen vermutlich häufiger statt als bei liquiden Kapitalmarktanlagen. Da der Immobilienhandel jedoch im Vergleich zum Kapitalmarkt ein viel laxer regulierter Markt ist, liegt für ihn letztlich kein verlässliches oder vergleichbares Datenmaterial zu Betrugsfällen vor. Einen ersten Eindruck von der Grundstruktur solcher Fälle gewinnt man, wenn man die Stichworte »Immobilienbetrug« und »Schrottimmobilien« googelt. Auf alle Fälle ist klar, dass es in den letzten Jahrzehnten wohl Tausende, wenn nicht sogar Hunderttausende kleine und manchmal größere Fälle gab, in denen kleine und große Betrugselemente in Immobilientransaktionen vorhanden waren. Die allermeisten davon schaffen es nie in die Medien oder bestenfalls in die Lokalzeitung. Der in Deutschland aktuellste Fall von großvolumigem Immobilienbetrug war 2020 der Fall » German Property Group« (siehe den Eintrag auf *Wikipedia* dazu). Ein anderer größerer Fall aus der jüngeren Vergangenheit war 2013 der Betrugsskandal um »S&K Immobilien« – siehe dazu Fußnote 22 in Abschnitt 2.13.5. Die vielen Hunderte von Fällen in den letzten 40+ Jahren, in denen Privatanleger mit sogenannten geschlossenen Immobilienfonds 50% bis 99% ihrer Investments verloren, sind hier gar nicht mitgezählt, weil die meisten von ihnen formal den rechtlichen Tatbestand »Anlagebetrug« nicht erfüllten, de facto sich aber nur graduell davon unterschieden. Man denke nur an die »Weichkosten« von ca. 20% bis 30%, die gleich zu Anfang von den Anlegergeldern abgezwackt werden. Bis zu einer (immer noch viel zu weichen) gesetzlichen Änderung 2013 wurden Anleger darüber wohl nahezu nie informiert.

Dieser Sich-schlaumachen-Prozess sollte nicht erst durch die Interaktion mit Maklern, Banken, Bauträgern und Verkäufern geschehen, sondern schon vorher. Mit anderen Worten, wenn Sie diese Institutionen und Personen nutzen, um Ihre Kompetenz erst aufzubauen oder – noch schlechter – keine eigene Kompetenz aufzubauen und damit blind auf die Kompetenz dieser Personen zu vertrauen, begehen Sie einen gravierenden strategischen Fehler. Sie müssen bereits kompetent sein, *bevor* Sie anfangen, mit den genannten Institutionen zu kommunizieren.

Der zweite Schritt ist, sich über Ihr *konkretes* Eigenheimvorhaben so klar wie nur möglich zu werden. Das heißt, vieles oder besser alles in Bezug auf Ihr spezielles Eigenheimprojekt zu klären, was in diesem Buch angesprochen wurde, einschließlich natürlich der entscheidenden Fragen, welches Objekt, warum genau dieses Objekt, wie viel Eigenkapital Sie haben und welche monatliche Belastung tragbar ist. Generell gilt, je genauer Sie wissen, was für eine Finanzierung Sie wollen und wofür Sie diese Finanzierung wollen, desto erfolgversprechender wird die anschließende »Ausschreibung« Ihres Finanzierungsvorhabens sein. Ihre Wunschimmobilie oder eventuell auch zwei Objekte, die in die letzte Auswahl gekommen sind, sollten Sie in diesem Schritt also identifiziert haben. Sie sollten möglichst viele Objekteigenschaften genau kennen und so weit irgend möglich schriftlich dokumentieren bzw. die entsprechenden Unterlagen eingesammelt haben (siehe Abschnitt 5.4). In diesem Stadium sollten Sie auch eine Schufa-Auskunft (Bonitätsauskunft) über sich selbst einholen. Auf der Verbraucherschutz-Webseite *www.finanztip.de* findet sich hierzu ein guter Artikel (Suchwort »Schufa«).

Der dritte Schritt ist die eigentliche Kredit- und Kreditkonditionenrecherche. Bei einem Darlehen ist es nicht anders als bei anderen Gütern und Dienstleistungen auch: Wenn Sie erfolgreich nach dem besten Preis-Leistungs-Verhältnis suchen wollen, müssen Sie systematisch vorgehen. Kreuz und quer Kreditquotierungen einzuholen, die sich in einem oder mehreren Merkmalen (darunter dem Datum der Abgabe des Angebots) auch nur geringfügig unterscheiden, ist sinnlos, weil diese Angebote letztlich nicht vergleichbar sind. Aus nicht vergleichbaren Angeboten kann man keine verlässlichen Schlüsse ableiten. Und tut man es doch, können diese Schlüsse in die Irre führen. Abschnitt 2.14 stellt eine Handreichung zum Vergleich von Kreditangeboten dar. Diese Handreichung sollten Sie in diesem einen Fall penibel anwenden.

An dieser Stelle sollten Sie auch den Einbau von Riester-Darlehen und Förderkrediten in Ihre Finanzierungsstruktur bedenken (siehe Abschnitte 2.13.7 und 2.13.8).

Allgemein ist für diesen Prozess wichtig, Ihr Vorgehen kontinuierlich und Schritt für Schritt in einem Ordner auf Papier oder elektronisch aufzuzeichnen: aussagefähig, detailliert und in einer Form, die für Sie selbst auch noch nach vier Wochen problemlos und ohne Unklarheit oder Mehrdeutigkeit nachvollziehbar und reproduzierbar ist. Manche dieser Aufzeichnungen werden Sie an unterschiedlichen Wegkreuzungen in einer bestimmten Form an Dritte weitergeben – ein weiterer Grund, sie systematisch und professionell vorzunehmen. Es empfiehlt sich, alles, was Sie notieren und dokumentieren, mit einer Datumsangabe zu versehen.

Der vierte Schritt könnte sein, über ein, zwei oder drei Baugeldvermittler[39] unverbindliche, freibleibende Angebote zu besorgen. Einige der bekannteren Internet-basierten Baugeldvermittler werden in Tabelle 9 genannt. Baugeldvermittler wie auch praktisch jeder der vielen anderen Vermittler und Finanzierungsmakler, die in dieser Liste nicht auftauchen, werden von den Kreditgebern bezahlt. Sie unterliegen deshalb einem Interessenkonflikt. Sie vermitteln nicht notwendigerweise das für Sie insgesamt beste Produkt, sondern mit großer Wahrscheinlichkeit das Produkt aus einem begrenzten Anbieterkreis, an dem der Baugeldvermittler mehr verdient als an dem für Sie besten. Immerhin ist diese Provision im Effektivzins des Kredits verrechnet, was ein beruhigender Faktor ist. Eine Ausnahme in Bezug auf Interessenkonflikte sind nur echte Honorarberater – siehe vorhergehender Abschnitt.

Sie können davon ausgehen, dass die attraktivsten Angebote der Baugeldvermittler günstiger sind als das entsprechende Angebot Ihrer »Hausbank«. Mittlerweile werden über ein Drittel aller privaten Immobilienfinanzierungen über diese Kreditmakler verkauft – alles in allem wohl eine begrüßenswerte Entwicklung. Blindes Akzeptieren von Hausbankangeboten kann ein kostspieliger Fehler sein.

Übrigens: Wenn auf der Webseite der Soundso-Baugeldvermittlung steht, der Vermittler unterhalte – sagen wir – mit 125 (vielleicht sogar namentlich genannten) Banken eine Geschäftsbeziehung, heißt das noch lange nicht, dass 125 Institutionen für Ihre Anfrage angesprochen werden oder die kleinere Zahl der tatsächlich Angefragten überhaupt quotieren. Wo die tatsächliche Zahl der angefragten und quotierenden Banken in Ihrem Fall liegt, werden Sie in der Regel nicht erfahren. Sie bekommen nur das zu sehen, was der Vermittler Ihnen zeigen möchte. Bei Baugeldvermittlern können Sie wahlweise angeben, ob Sie die Beantragung von KfW-Förderkrediten und/oder ein Riester-Darlehen anstreben. Beides ist bedenkenswert.

39 Die Bezeichnung »Baugeld« ist insofern missverständlich, als es hier um alle Wohnimmobilienfinanzierungen geht, nicht nur um Baufinanzierungen.

Sie sollten darauf bestehen, von Anfang an bis zur Darlehensauszahlung den gleichen Berater oder direkten Ansprechpartner zu haben – jedenfalls wenn Sie den Eindruck haben, die Person ist hinreichend kompetent.

Die in Tabelle 9 genannten Baugeldvermittler agieren überwiegend per Telefon und Internet. Einige Baugeldvermittler halten physisch präsente Berater in größeren Städten vor. Das heißt, der Mangel an einem menschlichen Vor-Ort-Berater muss nicht unbedingt ein Hinderungsgrund sein, wenn Sie hierauf Wert legen. Auch wenn Ihr Ansprechpartner in einem Call-Center am anderen Ende der Republik sitzt, können und sollten Sie auf einem festen, nicht wechselnden Ansprechpartner bestehen – zumindest sofern Sie das Gefühl haben, dass er oder sie kompetent ist.

Tabelle 9: Online-Baugeldvermittler/-Baugeldmakler

www.accedo.de	www.enderlein.com
www.baufi24.de	www.fmh.de
www.baugeldvergleich.de	www.immobilienfinanzierung.de
www.biallo.de	www.interhyp.de
www.drklein.de	

Der fünfte Schritt könnte sein, dass Sie zu Ihrer Hausbank oder eventuell zu Ihren beiden Hausbanken gehen und mit den vielfältigen Informationen, die Sie bis zu diesem Stadium angehäuft haben (Ihre selbst erstellte »Immodatenbank«), ein erstes Gespräch führen. Zeigen Sie selbstbewusst, dass Sie Ihre Hausaufgaben gemacht haben, aber verzichten Sie darauf, den Banker belehren zu wollen, denn die Herrschaften haben ein starkes Ego. In diesem ersten Gespräch ist es überwiegend nicht sinnvoll, auf die Nennung von Kreditkonditionen, nicht einmal in »indikativer Form«, zu drängen, es sei denn, der Banker nennt sie von sich aus.

In dieser Phase geht es erst einmal darum, (a) sich vorzustellen und sich kennenzulernen, (b) das Vorhaben in seinen vielfältigen Dimensionen durch das Gespräch mit dem Banker noch präziser einzugrenzen, d. h., bisher vielleicht übersehene relevante Gesichtspunkte zu entdecken und offene Fragen zu klären, sowie (c) sich selbst als attraktiven Kunden zu vermarkten,[40] von dem der Banker glaubt, dass es sich lohnt, um ihn in den kommenden Wochen zu kämpfen. Gut möglich, dass Sie bei diesem persönlichen Gespräch in dem ein oder anderen Gesichtspunkt dazulernen, denn Ihre bisherige Reise war ja noch weitgehend selbst gesteuert. Jetzt haben Sie es zum ersten Mal mit einem menschlichen Repräsentanten einer Finanzierungsinstitution zu tun. Nehmen Sie die eingesammelten Informationen mit nach Hause und gleichen Sie sie in aller Ruhe ab mit dem, was Sie von den Baugeldvermittlern bekommen haben. Aus diesem Abgleich sind möglicherweise nützliche Einsichten zu gewinnen.

Der spezifische Verlauf des sechsten Schritts wird dann davon abhängen, was sich aus dem fünften ergeben hat. Wenn Sie eine Chance sehen, Ihre Hausbank konditionenmäßig in die Nähe des besten Angebots des oder der Baugeldvermittler zu bringen, dürfte es sich lohnen, mit der Hausbank weiterzuverhandeln und zu versuchen, an den relevanten Stellen Nachbesserungen herauszuholen. Wenn Sie wünschen, dass ein Förderkredit und/oder ein Riester-Darlehen berücksichtigt werden soll, dann geben Sie das vor. Viele traditionelle Filialbanken haben daran allerdings kein oder nur gedämpftes Interesse.

In vielen Fällen wird es ein Vorteil sein, bei einer Institution Kreditnehmer zu werden, die Sie schon Jahre vorher kannte, vorausgesetzt, die Kreditkonditionen können sich im Vergleich zu den Konditionen der besten »fremden« Wettbewerber einigermaßen sehen lassen. Vielleicht wollen Sie auch eine zweite Runde bei den Baugeldvermittlern drehen, denn jetzt sind Ihre Vorstellungen möglicherweise schon wieder etwas präziser oder haben sich an bestimmten Stellen geändert.

Sofern Sie keine Chance sehen, bei Ihrer Hausbank in die konditionenmäßige Spitzenregion zu kommen, sollten Sie anfangen, ernsthaft mit den aus Ihrer Sicht besten zwei oder drei Anbietern des oder der Baugeldvermittler zu verhandeln. An dieser Stelle betone ich noch einmal, wie wichtig es ist, Kreditangebote einzuholen, die auch wirklich auf der gleichen Basis erstellt wurden und daher auch sinnvoll vergleichbar sind.

Im Allgemeinen wird gelten: Je mehr gut aufbereitete Informationen Sie bereitstellen, desto besser für Sie. Banken verabscheuen nichts so sehr

---

40 Das ist nicht die sarkastisch gemeinte »Attraktivität« von weiter oben in diesem Abschnitt.

wie mangelnde Transparenz. Mangelnde Transparenz bedeutet für die Bank Unsicherheit. Unsicherheit bedeutet Risiko. Risiko bedeutet höhere Kreditmarge oder anderweitig schlechtere Konditionen.

Zu glauben, man könne durch Verschweigen ungünstiger Aspekte einen relativen Vorteil für sich erzielen, dürfte naiv sein. Dafür sind Banken – ob uns das gefällt oder nicht – in diesem Brot- und Buttergeschäft zu professionell und zu erfahren. Die Bank, mit der Sie es zu tun haben, hat in den vergangenen 20 Jahren wahrscheinlich schon mehrere Hunderttausend und vielleicht noch viel mehr Eigenheimfinanzierungen durchgeführt. Die speziellen Mitarbeiter, mit denen Sie verhandeln, wohl schon Hunderte oder gar Tausende. Vor diesem viel erfahreneren Gegenspieler oder Partner – je nachdem, wie Sie die Sache betrachten wollen – etwas verstecken zu wollen erscheint kontraproduktiv.

Scheuen Sie sich auch nicht, sich bei diesem Prozess an einzelnen Stellen oder die ganze Zeit hindurch von einem interessenkonfliktfreien Berater begleiten zu lassen – entweder in Gestalt einer Verbraucherzentrale oder eines Honorarberaters für Immobilienfinanzierungen.[41] Auch wenn Sie hierfür einen auf den ersten Blick nennenswerten Geldbetrag ausgeben, ist das aus unserer Sicht vermutlich gut investiertes Kapital, das entweder zu anderweitigen Einsparungen gleichen oder größeren Umfangs führt oder – noch wichtiger – verhindert, dass Sie einen vielleicht nicht mehr rückgängig zu machenden schweren Fehler begehen.

Im folgenden Abschnitt gehe ich auf einige weitere Prozessschritte rund um den Abschluss des Kaufvertrags und die zugrunde liegende Finanzierung ein, insbesondere, wann in diesem Prozess eine Finanzierungszusage der Bank vorliegen muss und wann Sie den Kreditvertrag unterzeichnen sollten.

41 Die genaue aufsichtsrechtliche Bezeichnung der echten Honorarberater lautet »Honorar-Immobiliardarlehensberater nach § 34i Abs. 1 Satz 1 Gewerbeordnung (GewO)«.

Fazit

- Das beste Kreditpaket zu finden erfordert gute Vorbereitung und planvolles Vorgehen.
- Wichtig ist, die vielfältigen Informationen und Daten, die man während dieses mehrwöchigen oder vielleicht sogar mehrmonatigen Prozesses sammelt, beinahe pedantisch zu dokumentieren, weil man viele Daten in späteren Prozessphasen wieder brauchen wird.
- Es wird Bares bringen, eine gewisse »wettbewerbliche Spannung« zwischen einem kleineren Kreis von Kreditanbietern herzustellen, ohne den Bogen überspannen zu wollen. Selbst wenn man am Ende doch bei der Hausbank bleibt, hat man deren Angebot eventuell etwas gedrückt oder doch immerhin einem »Markttest« unterzogen. Das trägt zum persönlichen Seelenfrieden bei.

5.3 Der Kaufvertrag und der Prozess des Kaufvertragsabschlusses

> »Ihr Bestreben sollte es sein, auf gleicher Augenhöhe mit Ihrem Kreditgeber zu verhandeln. Dies wird Ihnen eher gelingen, wenn Sie die mit Fachbegriffen gespickte Bankersprache verstehen.«
> *(Werner Siepe, Autor des Ratgeberbuchs* Immobilienfinanzierung. Die richtige Strategie *der Stiftung Warentest, 2016)*

Es wird nicht oft in Ihrem Leben vorkommen, dass Sie einen großen, komplexen Gegenstand – eine Wohnimmobilie – für mehrere Hunderttausend Euro, vielleicht über 1 Million Euro, kaufen und einen großen Teil davon mit fremdem Geld bezahlen, das Sie über die nächsten zehn bis 30 Jahre aus Geldmitteln tilgen müssen, die Sie heute noch nicht haben. Weil das ein anspruchsvolles Vorhaben ist, wollen die vielen prozessualen und rechtlichen Schritte beim Eingehen dieser umfangreichen Verpflichtung gut geplant und sorgfältig ausgeführt sein. Vor allem gilt es, unnötige Risiken und kostspielige Überraschungen zu vermeiden. Hierzu will dieser Abschnitt eine Handreichung sein.

Immobilien können in den deutschsprachigen Ländern nur per notariell beurkundetem Kaufvertrag (nachfolgend »KV« abgekürzt) übertragen werden. Die Sprache, in der diese Verträge formuliert werden, ist fachspezifisch und oft geradezu bizarr altertümlich, man denke nur an den Begriff der → Auflassung. Sie sind deswegen für Normalbürger nicht einfach zu lesen. Da es aber um viel Geld und letztlich auch Risiko geht, rate ich Ihnen, in den sauren Apfel zu beißen und den ersten Vertragsentwurf wie auch den Schlussentwurf vor der Unterschrift beim Notar penibel durchzuackern. Alles, was Sie in dem Vertragstext nicht wirklich verstehen, sollten Sie detailliert notieren und vollständig klären. Das kann über Ihre eigenen Recherchen in der Ratgeberliteratur und im Internet geschehen oder es können Auskünfte und Hilfe von Freunden und Bekannten, vom Makler, vom Verkäufer, von Fachleuten wie einem Steuerberater, einem Rechtsanwalt oder einem Berater sein (siehe Abschnitt 5.1). Am Ende dieses vielleicht mühseligen Lernprozesses müssen Sie den Vertrag von A bis Z verstehen, auch wenn Sie über seine mittelalterliche Sprache bis zum Schluss den Kopf schütteln werden. Dieses Verstehen reduziert das Risiko von Fehlern, die Sie eines Tages bereuen könnten.

Es liegt in der Natur eines KVs, dass er Käufer und Verkäufer jeweils gesonderte Pflichten und Rechte zuteilt. Was die Pflichten anbelangt, können diese als Bringschuld oder als Holschuld gestaltet sein. Für eine Bringschuld muss der Verpflichtete von sich aus tätig werden, für eine Holschuld muss er nur tätig werden, wenn die Gegenpartei ein entsprechendes Verlangen äußert oder zuerst eine oder mehrere Bedingungen erfüllt. Ihr Interesse als Käufer muss sein, einen maximalen Anteil der Verpflichtungen des Verkäufers oder des Notars als Bringschuld zu gestalten. Behalten Sie diesen allgemeinen Ansatz im Hinterkopf, wenn Sie den Vertrag verhandeln – und es sollte ein wirkliches Verhandeln sein, kein naives Akzeptieren des ersten Entwurfs, den Sie vorgelegt bekommen.

Nachfolgend gebe ich kurze Hinweise zu den wichtigsten Merkpunkten und Fallstricken eines Prozesses, der dann beginnt, wenn Sie Ihre Wunschimmobilie ausgewählt und eine Finanzierung recht weitgehend zu Ende verhandelt haben. Nun wollen Sie diese Immobilie auf der Basis des vereinbarten Preises und anderer Verkaufsbedingungen auch konkret kaufen.

- Anträge auf Förderkredite und Fördermittel und steuerliche Begünstigung bei Baudenkmälern müssen in den meisten Fällen *vor* Unterzeichnung des KVs eingereicht werden. Sofern die Antragstellung erst nach der Unterzeichnung des KVs erfolgt, ist eine Genehmigung unwahrscheinlich.

- Ein notariell geschlossener KV lässt sich nicht mehr einseitig rückgängig machen. Deswegen muss er 100-prozentig passen, bevor man ihn unterschreibt. Zu glauben, dass das Vorlesen des KVs durch den Notar beim Notartermin alleine ausreichend sei (man den Vertrag also nicht vorher gelesen und verstanden haben müsse), ist ein schwerer Irrtum.
- Vor dem Notartermin (Beurkundung des KVs) muss die Finanzierung sicher stehen. Das heißt, Sie brauchen allerspätestens einen Tag vor dem Termin eine schriftliche, verbindliche Finanzierungszusage Ihrer Bank. (Es kann gut sein, dass der Verkäufer schon Wochen vor dem Notartermin einen »Durchfinanzierungsnachweis« zu Eigen- und Fremdmitteln von Ihnen einfordert.) Einen Kreditvertrag sollten Sie vor der Unterzeichnung des KVs allerdings noch nicht unterschreiben, denn mit der Unterschrift lösen Sie endgültige finanzielle Verpflichtungen für sich gegenüber der Bank aus. Kommt es wider Erwarten nicht zu Abschluss und Durchführung des KVs, können Sie ganz böse im Regen stehen. Im schlimmsten Fall schulden Sie der Bank eine Nichtabnahmeentschädigung (siehe Abschnitt 2.13.1). Umgekehrt sollten Sie keinen KV unterzeichnen, ohne schon eine verbindliche Finanzierungszusage der Bank zu haben. Sie müssen in dem Moment, in dem Sie die Unterschrift unter dem KV leisten, vollkommen sicher sein, dass Sie alle Geldmittel (Eigenkapital und Fremdkapital) zur Verfügung haben werden, wenn der Kaufpreis fällig ist. Mit der Unterschrift unter dem KV ist diese Fälligkeit erstens eine Gewissheit und zweitens wird bis dahin nur noch eine kurze Frist sein. Lediglich wenn der Verkäufer eine seiner wesentlichen Pflichten aus dem KV nicht erfüllt, könnte es zur Rückabwicklung kommen. Das ist in diesem Stadium unwahrscheinlich und liegt außerhalb Ihrer Einflusssphäre.
- Sowohl ein verbindliches als auch ein unverbindliches Kreditangebot ist in der Regel nur ein bis drei Tage gültig (die Gültigkeitsdauer ist im Angebot vermerkt). Wenn es also in die heiße Phase der Angebotsabgabe und womöglich -annahme geht, müssen Sie wirklich alle notwendigen Unterlagen der Bank oder dem Baugeldvermittler entweder schon zur Verfügung gestellt haben oder sie liegen Ihnen in jederzeit versendefähiger Form vor, wobei es nicht den geringsten Zweifel geben

darf, dass die Unterlagen die Form haben, die der Kreditgeber akzeptieren kann. Welche Unterlagen das sind, ist im Abschnitt 5.4. vermerkt.

- Der Entwurf des KVs wird in der Regel vom Makler des Verkäufers oder dem Verkäufer selbst beim Notar in Auftrag gegeben.
- Der Notar muss per Gesetz (Bundesnotarordnung/BNotO und Beurkundungsgesetz/BeurkG) absolut unparteiisch für Käufer und Verkäufer agieren. Vor Ihrem ersten Termin mit dem Notar sollten Sie § 17 des Beurkundungsgesetzes (BeurkG) lesen. Das gibt Ihnen eine Vorstellung von den Pflichten des Notars, denn nicht alle Notare agieren in der Realität wirklich völlig neutral und unparteiisch. Stellen Sie sicher, dass der Notar sich an alle diese Pflichten hält. Wenn Sie Zweifel an der Neutralität des Notars haben, bestehen Sie auf dem Wechsel des Notars.
- Unbedingt wahrnehmen sollten Sie ein Beratungsgespräch mit dem Notar zwei bis drei Wochen *vor* der eigentlichen Beurkundung des KVs. Dieses vorbereitende Gespräch gehört zu den normalen Pflichten eines Notars. In das Vorbereitungsgespräch sollten Sie mit dem Ziel gehen, alle dann noch offenen Fragen, die sich nach Ihrer Lektüre des KV-Entwurfs ergeben haben und die zwischenzeitlich noch nicht anderweitig beantwortet worden sind, nun final zu klären. Machen Sie sich ausführliche Notizen während des Gesprächs, die Sie später mit der Schlussfassung des KVs abgleichen können. Nehmen Sie einen Partner, Freund oder Berater in das Gespräch mit. Einige Tage später wird der Notar nämlich einen überarbeiteten Entwurf, der eventuell schon die Schlussfassung ist, an die Vertragsparteien schicken.
- Der eigentliche Notartermin (KV-Beurkundung) ist keine Vorlesestunde (obwohl er oft als solche missverstanden wird), sondern soll gewährleisten, dass die beiden Vertragsparteien alles Wesentliche verstanden haben. Wo das nicht der Fall ist, sollten Sie unterbrechen und auf kompletter Klärung bestehen. Eine zeitliche Begrenzung für den Termin darf es per Gesetz nicht geben. Im Idealfall ist der Notartermin nur noch ein Vollzugstermin ohne große Fragen und ohne Überraschungen, denn alle offenen Punkte und Fragen waren schon *vorher* geklärt. Im Idealfall sollten alle Überraschungen – soweit es sie gibt – schon Tage, Wochen oder Monate *vor* dem Notartermin aufgetreten sein. Dennoch: Wenn Sie beim Notartermin das Gefühl haben, etwas nicht zu verstehen, scheuen Sie sich nicht, jetzt nachzufragen. Es ist Ihre

letzte Gelegenheit. Sie können sehr wohl auch noch fünf vor zwölf die Notbremse ziehen und die Unterschrift verweigern. Sofern Sie es tun, waren Sie nicht der Erste und nicht der Letzte.

- Bringen Sie Ihren Personalausweis oder Reisepass zum Notartermin mit.
- Vielleicht der wichtigste Gesichtspunkt überhaupt: Gleichen Sie den KV peinlichst genau ab gegen die vielfältigen Angebotsunterlagen und Informationen vom Verkäufer oder Makler, auf deren Basis Sie Ihre Kaufentscheidung getroffen haben. Sie wollen gewiss eine Situation vermeiden, in welcher der KV nicht exakt die Konditionen und Merkmale der Immobilie widerspiegelt, von denen Sie annahmen, dass sie endverhandelt seien und auf deren Basis Sie Ihre Kaufentscheidung getroffen haben. Wenn Sie Abweichungen erst nach Unterzeichnung des KVs bemerken, ist es zu spät. Dabei gilt: Was nicht im KV und seinen Anlagen explizit enthalten ist, darauf haben Sie mit großer Wahrscheinlichkeit keinen rechtssicheren Anspruch. Ganz besonders wichtig sind in diesem Zusammenhang zahlenmäßige und präzise Angaben im KV zur Grundstücksgröße und Wohnfläche und zu allen verhandelten Verbesserungsmaßnahmen, die der Verkäufer nach dem Besichtigungstermin noch erbringen musste.
- Bestehen Sie darauf, dass der Notar eine aktuelle Grundbucheinsicht vorgenommen hat (das sollte indirekt oder direkt aus dem KV hervorgehen). Die Einsichtnahme durch den Notar ist zwar die Regel, aber leider gibt es davon Ausnahmen, die natürlich immer »gut« begründet werden. Einen KV ohne Grundbucheinsichtnahme des beurkundenden Notars sollten Sie nur unterschreiben, wenn Sie ganz bewusst bereit sind, vom Standard abzuweichen.
- Entweder Sie selbst als Käufer oder der Notar (aber zumindest einer von Ihnen beiden) muss Einsicht in das Baulastenverzeichnis nehmen, um sicherzustellen, dass Sie über eventuelle Einträge informiert sind, bevor Sie den KV unterschreiben. »Das Baulastenverzeichnis ist in Deutschland ein in den meisten Bundesländern (außer Bayern und Brandenburg, dort wird die Sicherung baurechtskonformer Zustände im Grundbuch vorgenommen) geführtes Verzeichnis der Baulasten, d. h. der öffentlich-rechtlichen Verpflichtungen eines Grundstückseigentümers gegenüber der Baubehörde, bestimmte das Grundstück betreffende Dinge zu tun, zu unterlassen oder zu dulden. Baulasten betreffen

zum Beispiel eine Zufahrts- oder eine Abstandsflächenbaulast für ein anderes Grundstück« (*Wikipedia*, Zugriff am 02.05.2016).

- Der KV sollte die Kosten für die Löschung bestehender Grundpfandlasten dem Verkäufer zuordnen.
- Die Bemessungsgrundlage der in Deutschland hohen Grunderwerbsteuer ist der notarielle Kaufpreis der Immobilie. Deswegen gilt: Alles, was Sie in Bezug auf die Immobilie gesondert und getrennt außerhalb des eigentlichen Immobilienkaufvertrags erwerben können (u. U. auch einzelne Bauleistungen), fällt nicht in diese Bemessungsgrundlage. Hier gibt es vielfach Gestaltungsspielraum, jedenfalls wenn man eine Immobilie von einer Privatperson erwirbt, und diesen Spielraum sollten Sie nutzen. Allerdings besteht dabei auch die Gefahr des strafbaren steuerrechtlichen Gestaltungsmissbrauchs. Daher empfiehlt es sich, im Zweifel Rechtsrat einzuholen.
- Alle Personen, die auf Käuferseite den KV unterschreiben, haften gegenüber dem Verkäufer einzel- und gesamtschuldnerisch für die Kaufpreiszahlung. Das heißt, jeder Einzelne haftet einzeln und alle gemeinsam für den vollen Kaufpreis. Bürgen haften ebenfalls, je nach Ausgestaltung der Bürgschaft einzel- und gesamtschuldnerisch oder als Ausfallbürge, sofern der Kreditnehmer nicht zahlt und der Gläubiger erfolglos das Vermögen des Kreditnehmers vollstreckt.
- Vor allem bei neueren Objekten, die unter zwei bis fünf Jahre alt sind, sollten Sie sich bei der Kommune erkundigen, ob keine Erschließungsbeiträge offen sind. Oft dauert es zwischen der Gewissheit, dass solche Beiträge anfallen, bis zur Rechnungsstellung Monate, wenn nicht sogar Jahre. Der KV sollte diesbezüglich die aktuellste Faktenlage widerspiegeln und kurzfristig zu erwartende Zahlungsverpflichtungen eindeutig zuordnen. Sie wollen nicht sechs Wochen nach Vertragsunterzeichnung eine Rechnung über 5 000 Euro von der Gemeinde erhalten, von der man hätte wissen können, aber mangels Anfrage nicht wusste.
- Bei manchen Objekten empfiehlt es sich, spezifisch zu prüfen, ob das Gebäude in seiner Gesamtheit baurechtlich genehmigt ist, einschließlich aller späteren An- und Umbauten. Teile davon könnten – jedenfalls theoretisch – nicht genehmigt sein. Noch schlimmer wäre es, wenn ein nicht genehmigter An- oder Umbau gar nicht genehmigungsfähig ist, z. B. wegen Unterschreitung von Abstandsflächen. Ebenfalls eine Rolle

spielen könnte in diesem Zusammenhang die Frage, ob ein zusätzliches, noch nicht ausgeschöpftes Baurecht vorhanden ist. Solche Prüfungen können üblicherweise nur durch einen Sachverständigen oder Architekten in zuverlässiger Weise erfolgen.

- In Bezug auf die Haftung des Verkäufers für Sach- und Rechtsmängel im KV gilt es, ganz besonders genau hinzuschauen. Der Verkäufer garantiert einen bestimmten, mehr oder weniger genau definierten Zustand der Immobilie – oft leider einen »eher weniger« definierten Zustand und mehr nicht, insbesondere bei Verkäufern, die Privatpersonen sind. Mangelnde Genauigkeit und mangelndes Detail wirken sich hier wahrscheinlich zum Nachteil des Käufers aus. Nach Möglichkeit sollte der Verkäufer haften für Flächenmaße, Bodenbeschaffenheit, Altlasten, »verborgene Sachmängel« und viele spezifische Eigenschaften der Immobilie, die in diversen Unterlagen dokumentiert sind, die dem Käufer in der Informations- und Verhandlungsphase zur Verfügung gestellt wurden. Im KV wird der Verkäufer einen bestimmten Sach- und Rechtszustand zusichern (wie minimal auch immer). Für alle darüber hinausgehenden Dinge wird üblicherweise eine »Gekauft-wie-gesehen«-Klausel enthalten sein. Diese Risikozone wollen Sie so klein wie möglich halten. Wie groß auch immer diese Zone ist, die Höhe des Kaufpreises sollte sie reflektieren.
- Maklerkosten sollten grundsätzlich nicht im KV geregelt werden. Der Makler als Person hat auch nichts bei der notariellen Beurkundung des KVs zu suchen, es sei denn, die beiden Vertragsparteien wünschen es ausdrücklich. Makler schmuggeln ihre Honorarzahlungsansprüche gerne in den KV für die Immobilie, weil das zusätzlich Sicherheit für den Makler gibt. Makler sind – das darf man ihnen nicht einmal vorwerfen – stark interessenkonfliktbehaftet und verfolgen ihre persönliche Agenda, die mit wenigen Ausnahmen nicht einmal dann vollständig der Ihrigen entspricht, wenn Sie den Makler selbst beauftragt haben. Außerdem besteht das Risiko, dass Notar und Makler kungeln, obwohl der Notar von Gesetzes wegen zur Neutralität verpflichtet ist. Ebenfalls wichtig: Der Makler sollte erst *nach* der Unterzeichnung des KVs bezahlt werden.
- Im Allgemeinen kann man sagen: Je mehr Anlagen der KV hat, desto besser für den Käufer, weil das den Kaufgegenstand exakter definiert und weil diese Anlagen in den Jahren danach für den neuen Eigentü-

mer sehr wertvoll sein können. Die Anlagen sind Teil des KVs. Da der Notar beim Notartermin im Fall umfangreicher Anlagen diese unmöglich alle vorlesen kann (und rein grafische Anlagen, z. B. Grundrisse, sowieso nicht), muss im KV eine Klausel enthalten sein, die ihn von dieser gesetzlichen Pflicht entbindet. Zu diesen Anlagen zählen im Fall eines Hauses vor allem: (a) Baubeschreibung, (b) Gebäudepläne (Grundrisse), (c) Wohnflächenberechnung, (d) Schall- und Wärmeschutznachweis, (e) Bodengutachten, (f) Bauverträge, (g) bestehende Wartungsverträge für Heizung usw., (h) Gewährleistungsverträge, Garantiescheine, soweit noch andauernd, (i) Gebäudeenergieausweis, (j) Schornsteinfegerprotokolle, (k) Versicherungsverträge. Sofern und soweit diese Unterlagen *nicht* Anlagen des KVs werden, könnten sie – zweitbeste Lösung – auch separat übergeben werden. Das sollte dann vor dem Notartermin geschehen, weil Sie danach kein Druckmittel mehr gegenüber dem Verkäufer haben.

- Die Verbraucherzentralen haben einen »Hausübergabe-Ordner« entwickelt, der den Prozess der Übergabe wichtiger Unterlagen und Informationen vom Verkäufer an den Käufer aus Sicht des Käufers wesentlich vereinfachen und systematisieren kann (siehe *www.ratgeber-verbraucherzentrale.de*).
- Übergabe und Übergang der Nutzen und Lasten: Der Übergabetermin per KV sollte identisch mit dem Termin sein, an dem der Käufer auch tatsächlich Besitz nimmt von der Immobilie und eben nicht früher. Auch das Datum der Räumung sollte im KV festgelegt sein und nicht später liegen als der Termin des Übergangs der Nutzen und Lasten. Auf keinen Fall sollten Sie eine Regelung akzeptieren, die nicht klar definiert, an welchem Kalendertag allerspätestens die Immobilie geräumt sein muss. Ebenfalls wichtig: Der Verkäufer muss sich mit seiner Räumungsverpflichtung unbedingt – wie mit all seinen anderen wesentlichen Verpflichtungen im KV – »der Zwangsvollstreckung unterwerfen« (rechtlicher Jargon). Ohne diese Regelung hat der Käufer im Zweifel kein effizientes Druckmittel in der Hand, wenn der Verkäufer aus welchen Gründen auch immer – böswillig oder nicht – die Räumung verzögert und dadurch Sie, den Käufer, in die möglicherweise teure, chaotische Bredouille bringt, nicht zum geplanten Termin einziehen zu können. Es könnte z. B. sein, dass die Nachfolgeimmobilie des Verkäufers nicht fristgerecht zur Verfügung steht (das mag sogar ohne sein Verschulden

passieren). Nun weigert er sich in dieser Zwangssituation, die Immobilie, die Sie soeben gekauft haben (Ihr nunmehriges Eigenheim), zu räumen, obwohl auch Sie jetzt umziehen wollen oder müssen.

- In Grundstückskaufverträgen finden sich häufig Formulierungen wie »Das Grundstück wird verkauft, wie es steht und liegt«. Dann gilt gemäß § 311c und § 926 BGB das ganze »Zubehör«[42] als mit dem Grundstück verkauft. Trotzdem empfiehlt es sich in der Praxis, alle Gegenstände, die als Zubehör gelten und mitverkauft werden sollen, namentlich im Kaufvertrag aufzuführen. (Schließt man einen gesonderten Kaufvertrag für das Zubehör ab, hat das den Vorteil, dass darauf keine Grunderwerbsteuer anfällt.)
- Die Immobilie sollte am Übergabetermin naturgemäß genau in dem Zustand sein wie bei der Besichtigung oder wie anderweitig vereinbart. Was ist, wenn das nicht der Fall ist? Zum Beispiel könnte der zwischenzeitliche Auszug des Eigentümers Schäden an Fußböden, Treppen, Wänden und Türrahmen verursacht haben. Da ein schriftliches Übergabeprotokoll (wie es bei der Übergabe einer Mietwohnung üblich ist) bei einem Haus vielleicht nicht praktikabel ist, könnte man bei der Übergabe Fotos machen und sogar einen Film erstellen. Der Verkäufer sollte damit kein Problem haben, und wenn er eines hat, ist das für sich eine wertvolle Information, auf die Sie entsprechend reagieren können. Um sicherzustellen, dass der Film im Fall einer späteren Auseinandersetzung als Beweismittel akzeptiert wird und der Verkäufer nicht einwendet, der Film sei manipuliert worden, könnten Sie unmittelbar nach dem Drehen dem Verkäufer und dem Notar jeweils eine Kopie auf einem USB-Stick geben und sich die Übergabe schriftlich bestätigen lassen. So sind Streitigkeiten über angebliche Manipulationen am Film weitgehend ausgeschlossen. Sofern kein echtes Übergabeprotokoll erstellt wird, sollte – in Ergänzung zum Film oder zu Fotos – dennoch mindestens ein kurzes schriftliches Übergabeblatt anfertigt werden, z. B. mit den Zählerständen für Gas, Wasser, Elektrizität; ggf. auch für den Füllstand im Öltank.

42 »Zubehör« ist hier nicht alltagssprachlich, sondern nach § 97 BGB zu verstehen. Zubehör kann alles Mögliche sein, z. B. Möbel, Gerätschaften und Einbauten, die gar nicht oder nur »halbpermanent« physisch mit dem Gebäude oder dem Grundstück verbunden sind.

Fazit

- Einen Eigenheimkaufvertrag abzuschließen ist eine – auf den ersten Blick – erstaunlich komplizierte Angelegenheit. Diese wird auch nicht dadurch einfacher, dass die juristische Sprache von Kaufverträgen aus dem Mittelalter zu kommen scheint. Auch hier wird es Ihnen zum Vorteil gereichen, wenn Sie eine gute Vorstellung von diesem Prozess und dem jeweils nächsten Schritt haben, bevor Sie diesen unternehmen.
- Zudem müssen Sie das Einholen einer festen Finanzierungszusage mit dem ohnehin schon komplizierten Abschluss des Kaufvertrags richtig verlinken. Auch Ihr Eigenkapital muss zum richtigen Zeitpunkt liquide bereitstehen.
- Ganz am Schluss kommt die Übergabe der Immobilie und endlich die »Inbesitznahme«. Selbst bei dieser vergleichsweise einfachen Angelegenheit hilft es, wenn man planvoll die Eigeninitiative ergreift und einige prozessuale Absicherungsmaßnahmen einbaut.

5.4 Checkliste: Unterlagen für die Bank

Sehr bald nachdem das Gespräch mit einer Bank die erste Stufe passiert hat, werden Sie eine Menge Unterlagen beibringen müssen. Das ist keine Schikane, sondern Branchenstandard und auch nicht verwunderlich. Wer von jemandem Hunderttausend oder mehrere Hunderttausend Euro leihen möchte, sollte nicht überrascht sein, wenn dafür viele Unterlagen notwendig sind. Dieser Abschnitt enthält eine knappe Liste derjenigen Dokumente, die für so gut wie jedes Bankgespräch im fortgeschrittenen Stadium notwendig sind. Es ist davon auszugehen, dass die Bank Ihnen eine eigene Checkliste geben wird. Diese wird sich voraussichtlich stark mit der nachfolgend abgedruckten überlappen.

Im Prinzip gilt: Je früher Sie die Unterlagen zusammenstellen, desto besser. Außerdem sollten Sie *alle* übergebenen Unterlagen natürlich vorher selbst genau studiert haben.

Bedenken Sie dabei: Je einfacher Sie es dem Bankmitarbeiter machen, desto besser für Sie. Sie sind zwar kein Bittsteller, aber je attraktiver Sie als Kunde einem potenziellen Finanzierer erscheinen, desto vorteilhafter für Sie. Und Attraktivität als Kunde hat viele Facetten – beileibe nicht nur, wie viel Eigenkapital Sie mitbringen. Es der Bank »einfach machen« heißt hier insbesondere, alle Unterlagen in übersichtlicher und vollständiger Form zum vereinbarten Zeitpunkt vorzulegen und diszipliniert alle Termine und Fristen genau einzuhalten. Praktizieren Sie dabei schamlos »Marketing in eigener Sache« – im Zweifel wird es sich für Sie in Barem auszahlen.

(a) Persönliche Unterlagen bezogen auf alle einzelnen Personen, die den Kreditvertrag unterzeichnen werden

- Einkommensnachweis: (i) Bei Arbeitnehmern die vergangenen drei Gehaltsabrechnungen und die Einkommensteuerbescheide der letzten beiden Jahre. (ii) Bei Selbstständigen die Jahresabschlüsse der letzten beiden Jahre, Einkommensteuerbescheide der letzten beiden Jahre.
- Eigenkapitalnachweis: geeignete Unterlagen, die den Marktwert (Verkehrswert) *aller* nennenswerten Vermögenswerte der relevanten Personen bzw. des Haushalts so objektiv wie möglich dokumentieren (detaillierte tabellarische Vermögensaufstellung/»Haushaltsbilanz«), z. B. unterlegt mit Depotauszügen, Kontoauszügen, bei Kapitallebensversicherungen Unterlagen zum Rückkaufswert, bei bereits vorhandenen Immobilien (nicht Zielimmobilie) aktuelle Wertgutachten. Geeignete Nachweise aller nennenswerten Verbindlichkeiten und Schulden. Idealerweise sollte eine Tabelle hinzugefügt werden, die alle Vermögenswerte und Verbindlichkeiten auflistet.
- Soweit zutreffend: Angaben zu früheren, bereits zurückgezahlten Immobilienfinanzierungen.
- Schufa-Erklärung/-Nachweis.
- Identität: Pass- oder Personalausweiskopien.

(b) Objektunterlagen

Kauf eines gebrauchten Hauses: Baupläne, Wohn- und Nutzflächenberechnung, Berechnung des umbauten Raums, Lageplan mit Gebäude, Baubeschreibung, aktueller Grundbuchauszug, Flurkarte, Auszug des Liegenschaftsbuchs (Katasteramt), Auszug aus dem Baulastenverzeichnis (gibt es nicht in Bayern und Brandenburg), Gebäudeversicherungsnachweis, Fotos des Gebäudes, eventuell Gutachten von Sachverständigen (soweit vorliegend), Kaufvertragsentwurf oder Kaufvertrag (je nach Verhandlungsstadium), Kaufpreis, bei bisher vermietetem Objekt eventuell Mietvertrag.

Kauf einer gebrauchten Wohnung: Verkaufsprospekt/Exposé inklusive Fotos, Verkaufspreis, Grundrisszeichnung der Wohnung, Teilungserklärung, Hausgeldabrechnung (bei Gebrauchtimmobilien), Baupläne, Lageplan mit Gebäude, Baubeschreibung, aktueller Grundbuchauszug, Flurkarte, Auszug des Liegenschaftsbuchs (Katasteramt), Auszug aus dem Baulastenverzeichnis (gibt es nicht in Bayern und Brandenburg), Gebäudeversicherungsnachweis, Beschlusssammlung der Eigentümergemeinschaft (nach Möglichkeit mindestens zehn Jahre zurück), Kaufvertragsentwurf oder Kaufvertrag (je nach Verhandlungsstadium), Kaufpreis, bei bisher vermietetem Objekt eventuell Mietvertrag.

Kauf eines Neubaus: Baupläne, Wohn- und Nutzflächenberechnung, Berechnung des umbauten Raums, Lageplan mit Gebäude, Baubeschreibung, Fotos, Kostenvoranschlag/-aufstellung, Werkvertrag, aktueller Grundbuchauszug, Flurkarte, Auszug des Liegenschaftsbuchs (Katasteramt), Auszug aus dem Baulastenverzeichnis (gibt es nicht in Bayern und Brandenburg), Ausfertigung des Grundstückskaufvertrags, Kaufpreis, Unterlagen zum Bauträger (soweit zutreffend), Unterlagen zum Bauunternehmen sowie Generalübernehmervertrag (soweit zutreffend).

Im Allgemeinen sollten Sie der Bank oder dem Baugeldvermittler keine Originale zur Verfügung stellen, es sei denn, sie verlangen ausdrücklich eine Originalunterlage und begründen dieses Verlangen glaubhaft. Auch beglaubigte Kopien können eine Alternative zu Originalen sein.

Fazit

Checklisten sind ein hervorragendes und – gerade weil sie so einfach sind – wohl oft unterschätztes Instrument, das hilft, bei komplexen Prozessen Vergessensfehler zu vermeiden. Checklisten helfen Chirurgen im OP-Saal und Piloten im Cockpit. Sie sind auch hilfreich bei der Eigenheimfinanzierung. Nutzen Sie die Macht der Checkliste! (Ein beeindruckendes Buch zum Thema Nutzen von Checklisten ist *Checklist-Strategie. Wie Sie die Dinge in den Griff bekommen* von Atul Gawande.)

5.5 Finanzierungsrechner im Internet

> »Bekannte Internet-basierte Kaufen-oder-Mieten-Rechner übertreiben die Vorteile des Eigenheimerwerbs und geben falsche Orientierung in über 90% aller Fälle.«
> *(Aron Szapiro, Finanzanalyst beim US-Finanzinformationsdienst Morningstar)*

Im Internet findet sich eine Vielzahl von Rechentools rund um das Thema Eigenheimkauf und Eigenheimfinanzierung. Grundsätzlich ist diese Vielfalt eine gute Sache, doch zugleich erfordert sie – wie fast immer im Internet – Vorsicht. Wenn man die Rechner in einer oberflächlichen, eher nachlässigen Weise anwendet, dann wirkt sich das altbekannte *GIGO-Prinzip* gnadenlos aus, das wir aus der Datenverarbeitung kennen: »Garbage in, garbage out« (Müll rein, Müll raus). In so einem Fall steht man am Ende vermutlich schlechter da als ohne die Nutzung des Internetrechners; dummerweise oft ohne den Geburtsfehler in der erzeugten Information zu bemerken.

Die wichtigste Vorsichtsmaßnahme zur Vermeidung eines GIGO-Schadens besteht in der Befolgung einer einfachen Regel: Übernehmen Sie niemals eine vorbefüllte Eingabe in einem Internetrechentool ohne echtes eigenes Nachdenken. Solche vorausgefüllten Felder existieren in fast allen Rechnern in großer Zahl. Der Grund: Der Webseitenbetreiber will den User (Anwender) nicht durch auf den ersten Blick viele leere Feldeingaben abschrecken und befüllt daher zahlreiche Felder im Voraus, um es dem Anwender einfacher zu machen. Noch schlimmer ist es, wenn diese vorbefüllten Felder hinter bzw. unter einer Überschrift versteckt und gar nicht direkt sichtbar sind. Neben der Überschrift befindet sich ein Pluszeichen oder anderes Symbol zum »Aufklappen« (Sichtbarmachen) der verborgenen Felder.

Weil das Vorbefüllungsprinzip aus Anwendersicht heißt, dass man scheinbar nur eine Minute zum Kennenlernen und Ausfüllen des Tools braucht, finden viele Anwender es paradoxerweise besonders »nützlich«. Leider sind die Vorbefüllungen des Betreibers fast immer tendenziös. Sie sind so gestaltet, dass sie eine Tendenz in Richtung desjenigen Rechenergebnisses bewirken, das der Webseitenbetreiber präferiert.

Das ist sehr unschön und selbstredend nicht im besten Interesse des Anwenders, aber – so könnte man zynisch sagen – »selbst schuld«, wenn man es mit sich machen lässt. Vor dieser Passivität und Bequemlichkeit kann ich Sie nur warnen.

Generell finden sich im Internet Rechentools für Eigenheim-Interessierte zu den folgenden und anderen Kategorien und Zwecken. Die Namen dieser Rechentools variieren von Webseite zu Webseite:

- »Mieten-versus-Kaufen-Rechner« – zur schätzweisen Ermittlung, ob Mieten oder ob Kaufen auf der Basis der eingegebenen Annahmen langfristig rentabler sein wird.[43]
- »Finanzierungsrechner« – zur Berechnung der Kreditannuität pro Monat oder pro Jahr (und darin der Anteile für Zinsen und Tilgung) sowie der Restschuld im Zeitablauf auf der Basis verschiedener Eingaben, darunter Kaufpreis, Eigenkapital, Sollzins, anfänglicher jährlicher Tilgungssatz.
- »Kaufpreisbudgetrechner« – zur Errechnung des maximalen Kaufpreises der Immobilie auf der Basis mehrerer Eingaben, darunter des vorhandenen Eigenkapitals, der monatlich »verfügbaren Geldmittel« (nach allen Einnahmen und Ausgaben), des Sollzinses und der Kreditlaufzeit.
- »Volltilgungsrechner« – zur Ermittlung der anfänglichen jährlichen Tilgungsrate auf der Basis des Sollzinssatzes und der gewünschten Laufzeit.

43 Wer sich systematisch mit der Kaufen-oder-Mieten-Frage auseinandersetzen will, dem sei das Kaufen-oder-Mieten?-Buch dieses Autors empfohlen, das im August 2021 in seiner 3., vollständig überarbeiten Auflage erschienen ist.

- »Vorfälligkeitsentschädigungsrechner« – zur geschätzten Berechnung einer Vorfälligkeitsentschädigung.
- »Haushaltsrechner« – zur Ermittlung der für die Immobilienfinanzierung und Instandhaltung monatlich verfügbaren Geldmittel (Nettoeinkünfte) nach Berücksichtigung aller Einnahmen und Ausgaben.
- »Sollzinsbindungsrechner« – zur Ermittlung des Break-even-Zinssatzes bei zwei unterschiedlichen Zinsbindungen. Der Break-even-Zinssatz ist der Zinssatz für die Anschlussphase der kürzeren Zinsbindung, ab der diese kürzere Zinsbindung die schlechtere Option wird.
- »Gesamteffektivzinsrechner« – zur Ermittlung des »All-in-Effektivzinses« (also des *echten* Effektivzinses), der auch jene Finanzierungskosten mit einschließt, die die Banken gemäß → PangVO nicht bei ihrer Berechnung des Effektivzinses berücksichtigen müssen (z. B. Schätzgebühren und Zwischenfinanzierungszinsen).

Bei Kaufen-oder-Mieten-Rechnern ist besondere Vorsicht angebracht. Sofern man bei einigen Eingabefeldern aus Bequemlichkeit oder Gutgläubigkeit die vielfachen Vorbefüllungen oder »Empfehlungen« übernimmt, wird sehr häufig ein unausgewogenes oder sogar klar fehlerhaftes *Kaufen-ist-besser-als-Mieten-Ergebnis* resultieren. Ursache: Der Webseitenbetreiber will, dass der Anwender »kauft«, denn dann wird der Betreiber mit etwas Glück an der Vermittlung eines Immobilienkaufs, einer Darlehensvermittlung oder einer anderen mit Kauf und Finanzierung verknüpften Dienstleistung (mit-)verdienen und sei es nur durch einen schnöden »Affiliate Link« auf die Webseite einer Bausparkasse. Weil das *Kaufen-ist-besser-als-Mieten-Ergebnis* bei den meisten Nutzern emotional ohnehin willkommen ist, werden die tendenziösen oder falschen Vorbefüllungen so gut wie nie hinterfragt.

Für die USA und die dort vorhandenen Internet-basierten Kaufen-oder-Mieten-Rechner wurden diese aus wissenschaftlicher Sicht manipulativen Vorbefüllungen in der überwiegenden Zahl aller Kaufen-oder-Mieten-Tools im Internet von Wissenschaftlern nachgewiesen (Atiles u. a. 2010, Szapiro 2014). Die gängigsten Fehler bei den Vorbefüllungen oder den Empfehlungen für Eingabewerte in deutschen Tools bestehen in zu niedrigen Instandhaltungskosten des Eigenheims, in zu hohen Kosten der Mietalternative (zu hohen Mieten), in unrealistisch niedrigen Renditen für die alternative Kapitalanlage der Mietoption und im Ignorieren von Kosten, die nur bei der Eigenheimoption anfallen, aber nicht im

Effektivzins enthalten sind (Zwischenfinanzierungszinsen, Kosten für »Überbrückungsmietverhältnisse« und die Prämien einer Restschuld- oder Risikolebensversicherung).

Was die besagten Renditen der alternativen Kapitalanlage angeht: Oft ist hier in den Tools vielsagend von »Zinsen« die Rede. Die risikomäßig angemessene Alternative zu einem kreditfinanzierten Eigenheim (insbesondere wenn dies mit mehr als nur einem »Kleinstkredit« fremdfinanziert wird) erfordert ein Investmentportfolio, das mindestens zu 40% und ohne Weiteres auch zu 100% aus europaweit oder global diversifizierten Aktien besteht. Ein Sparbuch oder eine deutsche Staatsanleihe alleine sind *keine* angemessene Investmentalternative zu einem teilweise kreditfinanzierten Eigenheim.

Ein weiterer struktureller Nachteil dieser Tools ist, dass sie aus Anwendersicht eine Blackbox darstellen. Der Anwender kann nicht nachprüfen – wenn er das wollte –, wie das Tool rechnet.

Der Autor des vorliegenden Buchs hat ein Kaufen-oder-Mieten-Tool programmiert, das den zahlreichen Internet-basierten Tools in dreierlei Hinsicht überlegen ist: Es hat keine eingebaute Tendenz in Richtung Kaufen, es lässt mehr differenzierte anwenderspezifische Eingaben zu als die Konkurrenz-Rechner (es rechnet also genauer) und es ist keine Blackbox: Alle Rechenformeln und Verknüpfungen sind für den Anwender vollkommen offen sichtbar.

Das Tool steht zum kostenlosen Herunterladen unter nachfolgend genanntem Link zum Buch *Kaufen oder Mieten?* des Autors zur Verfügung:

www.campus.de/kaufen-oder-mieten

Auf der Webseite auf das Feld »Zusatzmaterial« klicken.

Hier einige andere Internet-basierte Rechentools (keine spezifischen Kaufen-oder-Mieten-Tools), die Eigenheimkäufern und Finanzierern nützlich sein können:

- http://www.finanztip.de/baufinanzierung/finanzierungsrechner/
- http://www.immowelt.de/immobilien/finanzierungsrechner.aspx
- http://www.interhyp.de/rechner/
- https://www.fmh.de/finanzrechner
- https://www.immobilienscout24.de/baufinanzierung/ratgeber.html

- http://www.zinsen-berechnen.de
- http://effektivzins.focus.de/rechner3/focus/effektivzinsrechner/

Bitte gehen Sie nicht davon aus, dass die vorgenannten Rechner (mit Ausnahme eventuell des Rechners von *www.finanztip.de* und *www.zinsen-berechnen.de*) zu 100% neutral und objektiv sind. Vor allem Kreditvermittler unterliegen Interessenkonflikten.

Fazit

- Bei Kauf und Finanzierung einer Wohnimmobilie kommt es aus wirtschaftlicher Sicht letztlich am meisten darauf an, »dass die Zahlen stimmen«. In dieser Hinsicht kann man durch die Nutzung eines Tabellenkalkulationsprogramms vieles selbst bewerkstelligen.
- Alternativ oder in Ergänzung zu eigenen Berechnungen finden sich im Internet viele nützliche Rechentools. Der Nutzen dieser Werkzeuge ist dann am größten, wenn man sie sorgfältig und eben nicht nach der »Schnell-schnell«-Methode anwendet. In erster Linie heißt das, die Vorbefüllungen und Empfehlungen nicht gedankenlos zu übernehmen.

5.6 Ein Eigenheim finanzieren und gleichzeitig Vermögensanlagen tätigen?

> »Mit wenigen Ausnahmen ist in der Gesamtsicht jede Geldanlage unrentabel, solange auf der Kreditseite noch Darlehen offen sind, also ein Minus-Kapital besteht.«
> *(Aus einer Studie im Auftrag des Bundesministeriums für Verbraucherschutz, Hamburg, September 2008)*

Der glücklichen Minderheit von Immobilienkreditnehmern, die jeden Monat nennenswert Geld übrig haben, während sie normal und planmäßig die Kreditannuität einschließlich Tilgung zahlen, stellt sich eine

Frage: Sollen sie mit dem monatlichen geldlichen Überschuss die Tilgung beschleunigen, z. B. über das Wahrnehmen von Sondertilgungsrechten, oder sollen sie diese Geldmittel in ein *anderes*, zusätzliches Investment lenken, beispielsweise einen ETF-Sparplan oder einen Aktienfondssparplan? (Diese Mittel einfach auf einem Bankkonto anzuhäufen, ist auch ein Investment und – wie dieser Abschnitt zeigen wird – vermutlich eine besonders schlechtes.)

Mit einer vergleichbaren Frage sehen sich jene Kreditnehmerhaushalte konfrontiert, die aufgrund einer Erbschaft oder der Veräußerung eines anderen Vermögenswerts »plötzlich« über zusätzliche Liquiditätsreserven verfügen. Auch sie könnten dieses Geld – sofern es der Kreditvertrag erlaubt – für die schnellere außerplanmäßige Tilgung des Kredits einsetzen oder alternativ damit ein anderes Investment tätigen.

Eine dritte, ebenfalls ähnliche Konstellation besteht bei wohlhabenden Haushalten, die vor dem Erwerb eines Eigenheims stehen und die mit ihrem Nettovermögen deutlich mehr als einen 30%-Eigenkapitalanteil finanzieren könnten, bei denen die Bank aber mit diesen 30% bereits zufrieden wäre. Diese Haushalte müssten sich fragen, ob sie es bei dem 30%-Eigenmittelansatz belassen wollen und den Rest des Eigenkapitals anderweitig investieren oder ob sie stattdessen mehr Eigenkapital als 30% einbringen, mithin den Kreditanteil minimieren.

Grundsätzlich stellt sich also in allen drei Fällen die Frage: Lieber den Kredit tilgen bzw. klein halten oder lieber zusätzlich investieren? Das Investment könnte ein bloßes Bankguthaben sein oder etwas anderes.

Bevor ich diese Frage beantworte, sei noch einmal darauf hingewiesen, dass die Route »schneller tilgen« wenn nicht aus Geldmangel, dann oft deswegen ausscheidet, weil alle kreditvertraglichen Tilgungsrechte bereits ausgeschöpft sind und eine unschöne Vorfälligkeitsentschädigung weitere Tilgungen wirtschaftlich unattraktiv macht (zu Vorfälligkeitsentschädigungen im Detail siehe Abschnitt 2.12). In diesem Fall vereinfacht oder verengt sich die Fragestellung in: »Wie oder worin soll ich die überschüssigen Mittel investieren?«

Im Folgenden unterstelle ich, dass das im vorigen Absatz genannte Hindernis zumindest für einen bestimmten relevanten Geldbetrag nicht besteht, dass also nennenswerte zusätzliche Tilgungen grundsätzlich möglich und Mittel dafür grundsätzlich vorhanden wären.

Als alternative Vermögensanlagen wären prinzipiell denkbar: Bankguthaben (verzinslich oder unverzinslich), Kapitallebensversicherungen, private Rentenversicherungen, Vermietungsimmobilien, Anleihen (Staatsanleihen oder Unternehmensanleihen), Rentenfonds (Anleihefonds), Aktien, Aktienfonds, → offene oder geschlossene Immobilienfonds, Zertifikate, Gold, Kryptowährungen und andere exotische Anlagen.

Die generelle Antwort auf die Frage, ob es sich für einen durchschnittlich vermögenden Haushalt lohnt, solche alternativen Vermögensbildungsformen in Betracht zu ziehen, während der eigenheimbezogene Kredit noch nicht vollständig zurückgeführt ist, lautet: nein.

Um diese Antwort zu erläutern, ist es sinnvoll, sich kurz mit dem Konzept einer privaten »Vermögensbilanz« zu beschäftigen. Ein privater Haushalt hat, genauso wie ein Unternehmen, eine Bilanz aus Vermögenswerten auf der linken Seite (»Aktiva« im Buchhalterjargon) und Kapitalquellen, aus denen diese Vermögenswerte finanziert wurden, auf der rechten Seite (Passiva). Eine solche Vermögensbilanz für unsere hypothetische Familie Schulz könnte aussehen wie in Tabelle 10 dargestellt.

Tabelle 10: Private Vermögensbilanz der Familie Schulz vor dem »De-Leveraging« (Schuldenabbau)

Aktiva (Vermögenswerte)		Passiva (Vermögensquellen)	
Barvermögen (Sparkonto)	€ 10 000	Inanspruchnahme Dispokredit	€ 6 000
Bundesanleihen	€ 20 000	Kreditkartenschulden	€ 4 000
Rückkaufswert Kapitallebensvers.	€ 30 000	Kfz-Kredit [3]	€ 20 000
Aktienfonds (Wertpapierdepot)	€ 30 000	Eigenheimkredit	€ 200 000
Pkw [1]	€ 30 000	Gesamte Schulden	€ 230 000
Eigenheim (Marktwert)	€ 250 000	Eigenkapital (Nettovermögen)	€ 140 000
Gesamte Aktiva (Bruttovermögen) [2]	€ 370 000	Gesamte Passiva (Bruttokapital)	€ 370 000

► [1] Anzusetzen zum Zeitwert, jedoch in der Bilanz nur zu berücksichtigen, sofern vollkaskoversichert. ► [2] Der Barwert (Gegenwartswert) des Anspruchs an die gesetzliche Rentenversicherung wurde hier der Einfachheit halber nicht berücksichtigt (siehe dazu Infobox in Abschnitt 1.6). Präziser wäre die Bilanz allerdings unter Berücksichtigung dieses Barwerts. Dann wäre das ausgewiesene Eigenkapital höher und noch realistischer. ► [3] Ein Pkw-Leasingvertag ist ökonomisch gesehen im Wesentlichen identisch mit einem Kreditvertrag.

Das Eigenkapital oder Nettovermögen der Familie Schulz ist die »Residualgröße« in der Bilanz, die beide Seiten der Bilanz zum rechnerischen Ausgleich bringt, sodass gilt: Aktiva = Passiva. Dieses Eigenkapital errechnet sich nach der einfachen Formel: alle Vermögenswerte (bewertet zum Zeit- oder Marktwert) auf der linken Seite der Bilanz minus alle Schulden auf der rechten Seite. Gemäß Tabelle 10 betrug dieser Wert bei den Schulzes 140 000 Euro. Dem gesamten Vermögen von 370 000 Euro standen also Schulden in Höhe von 230 000 Euro gegenüber – das heißt, 62% des Gesamtvermögens waren mit Fremdkapital finanziert (Fremdkapitalquote ÷ Bruttovermögen). Die Eigenkapitalquote betrug 38% (Eigenkapital ÷ Bruttovermögen).

Sofern in einer Bilanz Fremdkapital vorhanden ist, sprechen Ökonomen vom Kredithebel (englisch → »Leverage«), denn das Eigenkapital ist »gehebelt« – das Volumen an Vermögen wurde durch die Hinzunahme eines Kredits ausgedehnt. Bei einem Unternehmen ist das Motiv der Vermögensausdehnung durch Kredit der Versuch, so die Rendite auf das eingesetzte Eigenkapital (Eigenkapitalrendite) zu erhöhen. Man spricht von Leverage-Effekt oder Kredithebeleffekt.

Bei normal vermögenden Privathaushalten hingegen ist das primäre Motiv der Vermögensausdehnung durch Kredit die zeitliche Vorverlegung von Konsum. Ohne Kredit müsste man ganz einfach viel länger sparen, vielleicht Jahrzehnte länger, bis man ein Eigenheim zu 100% aus Eigenkapital finanzieren könnte.

Bei sehr vermögenden Haushalten (um die es in diesem Abschnitt letztlich nicht geht), die sich ein Eigenheim auch mit einer 100%-EK-Finanzierung leisten könnten, hat Vermögensausdehnung über Kredit »nur« die Funktion der Erhöhung der Eigenkapitalrendite im Gesamtvermögen, wie bei einem Unternehmen.

Mit Leverage (Kredithebel) – hier unterscheiden sich Privathaushalt und Unternehmen nicht – geht aber immer auch eine Erhöhung des Investmentrisikos einher – übrigens egal, wie niedrig die Fremdkapitalzinsen sind. Auf Investmentrisiko und andere Risiken, die mit Immobilienerwerb und -eigentum einhergehen, gehe ich ausführlich in Kapitel 3 ein.

Wenn sich dieses Leverage- oder verschuldungsbezogene Risiko materialisiert, dann verkehrt sich der angestrebte, die EK-Rendite erhöhende Effekt von Leverage ins Gegenteil. Der Gewinn (Wertzuwachs) des Unternehmens oder Haushalts (zum Beispiel bezogen auf ein Jahr) sinkt dann unter den Wert, der mit einem kleineren Bruttovermögen ohne Leverage (ohne Schulden) erzielt worden wäre, oder verkehrt sich sogar in einen Verlust. Auch hier unterscheiden sich Unternehmen von Privathaushalten nicht. Bei Letzteren und bezogen auf das Eigenheim allein besteht dieser Gewinn oder Verlust (a) aus der Wertveränderung der Immobilie und (b) der Differenz zwischen »Vergleichsmiete« plus allen immobilienbezogenen Ausgaben (vor allem Kapitaldienst und Instandhaltungskosten), jeweils auf eine Periode (beispielsweise ein Jahr) bezogen.

Grundsätzlich ist die bei privaten Haushalten verbreitete Sichtweise falsch, dass Kredite nur auf das jeweils finanzierte Objekt bezogen zu betrachten sind. Im Fall der Schulzes hieße das, den Kfz-Kredit nur auf das Automobil zu beziehen und den Immobilienkredit nur auf das Eigenheim. Wer diesen Irrtum begeht, wird allenfalls zufällig richtige Schlussfolgerungen aus seiner »Bilanzanalyse« ziehen. Lediglich die Berücksichtigung aller Vermögenswerte und aller Schulden zusammengenommen liefert ein aussagefähiges Bild. Bei den Schulzes ist dieses Bild nicht erfreulich. Die Familie wäre gut beraten, ihre Bilanz zu »restrukturieren«, wie man bei einem Unternehmen sagen würde. Damit könnte sie mehrere wirtschaftliche Vorteile erzielen. Wie diese Restrukturierung bei den Schulzes aussehen würde und welches ihre Vorteile sind, liste ich nachfolgend auf:

Im Allgemeinen ist es für Privathaushalte unsinnig, bargeldartiges oder staatsanleiheartiges Vermögen zu halten, wenn zugleich auf der Passiva-Seite Schulden vorhanden sind. Ausgenommen hiervon ist nur die »persönliche Liquiditätsreserve«, das Notfallpolster, das zwischen dem Vierfachen und dem Zwölffachen (je nach Sicherheitsbedürfnis) der durchschnittlichen monatlichen Lebenshaltungskosten einschließlich aller Ausgaben, auch der Kreditannuität, betragen sollte (das ist bei den Schulzes das Barvermögen von 10 000 Euro). Daher wären die Schulzes gut beraten, wenn sie ihre Bundesanleihen (20 000 Euro) zum nächstmöglichen Termin verkaufen und zur Tilgung ihrer Schulden einsetzen würden. Dabei sollten die Schulzes mit dem teuersten Kredit beginnen, den Kreditkartenschulden. »Teuer« bemisst sich hier an der Höhe des Zinssatzes. Bei Krediten zu vermieteten Immobilien (hier lässt sich der Zinsaufwand von der Steuer absetzen) blickt man auf den Nachsteuerzinssatz. Eine simple Faustregel für dessen Berechnung ist, den Vorsteuerzinssatz um ein Drittel zu reduzieren. Nach der Rückführung der superteuren Kreditkartenschulden sollte die Tilgung des zweitteuersten Kredits folgen. Das ist der Dispo und danach, mit den verbleibenden Mitteln, die Tilgung der Hälfte des Kfz-Kredits. Nur die Hälfte, weil ja dann die verfügbaren Mittel erschöpft sind. Generell gefragt: Warum Kredite tilgen? Ganz einfach: Die Anlagezinsen, welche die Schulzes mit ihren Bundesanleihen verdienen, werden drastisch unter den Aufwandszinsen liegen, die sie für jeden ihrer vier Kredite bezahlen. Die Zinssätze für Kreditkarten betragen in normalen Zinsphasen typischerweise zwischen 15% und 20% p.a., repräsentieren also extrem teures Fremdkapital. Die Zinssätze für Dispokredite übersteigen die normalerweise erzielbaren Anlagezinsen ebenfalls bei Weitem. Solange die Anleihen also im Depot liegen, legt die Familie Monat für Monat Geld drauf und erhöht gleichzeitig unnötigerweise ihr Finanzrisiko. (Der frei zugänglich Blogbeitrag Kommer/Schweizer 2020b und das YouTube-Video Kommer 2021a gehen auf das hier relevante Thema »negative Zinsdifferenzgeschäfte« noch genauer ein. Falls das Thema dieses Abschnitts für Sie relevant und interessant erscheint, appelliere ich an Sie, zusätzlich zur Lektüre dieses Abschnitts auch noch den Blogbeitrag zu lesen und das Video anzusehen.)

Als Nächstes wäre es sinnvoll, die Kapitallebensversicherung aufzulösen oder zu verkaufen.[44] Der Erlös von 20 000 Euro kann in die Tilgung der verbleibenden Hälfte des Kfz-Kredits und dann des Immobilienkredits investiert werden. Wiederum dürften die bezahlten Kreditzinsen langfristig höher sein als die Nachsteuerrendite der Kapitallebensversicherung. Wer den Todesfallschutz der Lebensversicherung für den Immobilienkredit braucht, fährt mit einer gewöhnlichen Risikolebensversicherung besser und günstiger.

Nun ist der Verkauf der Aktienfonds dran. Mit dem Erlös aus dem Aktienfondsverkauf sollten die Schulzes ebenfalls zum frühestmöglichen Zeitpunkt eine Sondertilgung des Immobilienkredits vornehmen. Zwar ist langfristig mit einem Aktienfonds eine die Kreditkosten übersteigende Rendite nach Steuern und Kosten denkbar (während das bei den Bundesanleihen und der Kapitallebensversicherung wohl fast nie der Fall wäre),

44 Wenn die (deutsche) Lebensversicherung bereits zwölf Jahre oder älter ist und die versicherte Person 62 Jahre oder älter ist, ist eine vorzeitige Kündigung »steuerunschädlich«, d. h. eliminiert den Steuervorteil nicht, den Kapitallebensversicherungen haben können. Dieser Steuervorteil ist bei Versicherungen mit Vertragsabschluss vor 2005 relativ beachtlich. Bei Versicherungen mit Abschluss ab 2005 ist er eher gering, auch wenn Versicherungsmakler oft anderes behaupten. Mehr zu überflüssigen Lebensversicherungen im frei zugänglichen Blogbeitrag Kommer/Schweizer 2020a.

doch dieser minimale Vorteil ist unsicher und es kann angesichts der beträchtlichen Rendite- und Wertschwankungen, denen Aktien unterliegen, ohne Weiteres zehn bis 20 Jahre dauern, bis dieser geringe Vorteil sichtbar wird. In der Zwischenzeit besteht die Gefahr – so wie im letzten Jahrzehnt oft geschehen –, dass ein gleichzeitiger Aktienanleger und Kreditnehmer jahrelang Geld zuschießen muss – von der enormen nervlichen Belastung einmal ganz abgesehen, die mit realisierten oder nicht realisierten Aktienverlusten parallel zu einem Kredit einhergeht.

Nehmen wir einmal an, dass die Schulzes alle Sondertilgungen vornehmen konnten, die ich hier aufgeführt habe. Dann sieht die Vermögensbilanz nach diesem »De-Leveraging« (Reduzierung des Fremdkapitalhebels) wie in Tabelle 11 dargestellt aus.

Tabelle 11: Private Vermögensbilanz der Familie Schulze nach dem »De-Leveraging« (Schuldenabbau)

Aktiva (Vermögenswerte)		Passiva (Vermögensquellen)	
Barvermögen (Sparkonto)	€ 10 000	Inanspruchnahme Dispokredit	—
Bundesanleihen	—	Kreditkartenschulden	—
Rückkaufswert Kapitallebensvers.	—	Kfz-Kredit	—
Aktienfonds (Wertpapierdepot)	—	Eigenheimkredit	€ 150 000
Pkw (vollkaskoversichert)	€ 30 000	Gesamte Schulden	€ 150 000
Eigenheim	€ 250 000	Eigenkapital (Nettovermögen)	€ 140 000
Gesamte Aktiva (Bruttovermögen)	€ 290 000	Gesamte Passiva (Bruttokapital)	€ 290 000

Die Bilanz der Schulzes (Tabelle 11) hat sich durch das »De-Leveraging« von 370 000 Euro auf 290 000 Euro »verkürzt«; ein gesunder Vorgang, der die Ertragskraft des Haushalts erhöht und – noch wichtiger – sein Risiko deutlich reduziert. Es kam zur Tilgung der teuren konsumbezogenen Kredite, denen Erträge aus Zinsanlagen gegenüberstanden, die von vornherein niedriger waren als die Kreditzinsen, oder potenziell höhere Erträge (Aktienfonds), die aber mit einem merklichen Risiko verbunden waren.

Die Tatsache, dass zu einem bestimmten Zeitpunkt das maximale Volumen an zulässigen Sondertilgungen des Kfz- und des Immobilienkredits ausgereizt sein mag, tut der grundsätzlichen Richtigkeit des hier vorgeschlagenen Ansatzes keinen Abbruch. Sofern und soweit momentan keine weiteren Sondertilgungen möglich sind, werden diese einfach auf den frühestmöglichen Zeitpunkt verschoben. In Phasen steigender oder gestiegener Kreditzinsen kann es sogar sein, dass die Bank nicht vereinbarte Sondertilgungen bei Festsatzkrediten zulässt, sofern der Betrag nicht zu klein ist. Bei variabel verzinslichen Krediten sind Sondertilgungen in unbegrenztem Ausmaß ohnehin an jedem Zinsanpassungstermin möglich.

Warum ist es sowohl praktisch als auch theoretisch für einen privaten Haushalt sinnvoll, alles verfügbare Vermögen und alles verfügbare laufende Einkommen zuerst in die Schuldentilgung zu investieren, bevor er parallel zu einem noch kreditbelasteten Eigenheim zusätzlich spart oder investiert? Die Tilgung eines Kredits ist ökonomisch betrachtet das Äquivalent einer Investition mit einem 100% sicheren Ertrag in Höhe der eingesparten Schuldzinsen. Wenn man bedenkt, dass dieses Investment (die Ersparnis) völlig risikofrei (100% sicher) ist und die Ersparnis in fast allen Fällen risikomäßig vergleichbare Renditen übersteigt, dann gebietet ökonomische Logik geradezu eine solche Handlungsweise.

Es käme einer Milchmädchenrechnung gleich, hier einzuwerfen, dass es eben doch möglich sei, höhere Anlagezinsen als Kreditzinsen zu erzielen, zum Beispiel mit Hochzinsanleihen von Schwellenländern oder Unternehmen. Fremdwährungsguthaben in Hochzinsländern oder Termingelder (in Euro) bei »halbseidenen« Auslandsbanken ohne solide Einlagensicherung. All diese Investments sind risikoreich. Hohen Ertragschancen stehen hohe Verlustchancen gegenüber. Es sind die sprichwörtlichen Äpfel und Birnen, wenn man die erwarteten Renditen aus solchen Spekulationen mit dem vollkommen sicheren Ertrag einer Kredittilgung vergleicht.

Eingesparte Schuldzinsen sind ökonomisch gesehen also Erträge – und dazu solche, die noch risikoärmer sind als jene aus einer kurzlaufenden deutschen, österreichischen oder schweizerischen Staatsanleihe, die bei hiesigen Anlegern ansonsten als Investment mit sehr hoher Sicherheit gilt.

In diesem Zusammenhang sollte auch der Aspekt des Zinserhöhungsrisikos bedacht werden, also das Risiko, dass die Zinsen bei einem variablen Kredit oder bei einem fixen Kredit, der das Ende der Zinsbindung erreicht hat, ansteigen. Dieses Risiko ist umso höher, je niedriger die Zinsen vorher waren. Die tatsächliche Einsparung und die tatsächliche Risikosenkung durch die schnellstmögliche Tilgung von Immobilienkrediten können deswegen am Ende sogar höher sein, als es einige Jahre zuvor auf der Basis der ursprünglichen Zinssatzverhältnisse erschien.

Neben den bisher genannten Argumenten dafür, keine Vermögensanlagen zu tätigen, bevor nicht alle Kredite eines Haushalts, inklusive Immobilienkredite, vollständig zurückgeführt sind, existiert noch ein weiteres, auf das ich ausführlicher in meinem Buch *Kaufen oder Mieten?* (Kommer 2021b) eingehe: Es ist ein Irrglaube, dass der Kredithebel bei einer Immobilienfinanzierung quasi zwangsläufig die Eigenkapitalrendite erhöht. Das wird in der »Immobilienszene« jedoch leider oft so dargestellt. Tatsächlich hat Verschuldung in der Mehrzahl der relevanten Zeitfenster von 1970 bis 2020 (51 Jahre) bei Eigenheimen die Eigenkapitalrendite gesenkt, wie ich in dem Buch zeige. Die gleiche historische Tendenz haben Immobilienökonomen auch für die USA und andere Länder in den Jahrzehnten nach 1970 festgestellt (für die Zeit davor existiert meines Wissens keine empirische Forschung zu diesem Aspekt). Auch bei Unternehmen hat die historische Finanzmarktforschung keineswegs einen eindeutigen Beleg dafür geliefert, dass Verschuldung aus statistischer Sicht die Eigenkapitalrendite mehrheitlich und nennenswert erhöht.

Eine wohl eher seltene Ausnahme vom »Zuerst-alle-Schulden-abbauen«-Prinzip könnte unter folgenden Bedingungen gelten: Wer mit (inzwischen) sehr hoher Eigenkapitalquote zu einem sehr niedrigen Zinssatz von unter rund 2% p.a. finanziert hat und absehen kann, dass er vor bzw. mit Ablauf der Zinsbindungsfrist schuldenfrei sein wird, kann über ein paralleles Aktieninvestment nachdenken.

Fazit

- Ein rational handelnder privater Haushalt wird jedwede Form von Konsumschulden vermeiden, also Kreditkartenschulden, Dispokredite, Ratenkredite für Möbel oder Urlaubsreisen und Kfz-Kredite/Kfz-Leasing. Sofern zu einem bestimmten Zeitpunkt auf der Aktiva-Seite der Haushaltsbilanz Vermögen vorhanden ist, das wenigstens prinzipiell zur Schuldentilgung dienen kann, sollte der Haushalt diese Möglichkeit zum nächstmöglichen Zeitpunkt nutzen. Das damit erzielte »De-Leveraging« wird das Finanzrisiko des Haushalts senken und in den meisten Fällen auch die langfristige Ertragskraft des Haushalts verbessern.

- Das Nebeneinander von bargeldartigem Vermögen, Anleihen, Anleihe-ETFs, Kapitallebensversicherungen oder privaten Rentenversicherungen auf der einen Seite und Krediten auf der anderen ist in aller Regel ein negatives Zinsdifferenzgeschäft, bei dem man Monat für Monat drauflegt.
- Auch Investitionen in Aktien, in Gold (also Assetklassen mit höherer Renditeerwartung) oder eine weitere Immobilie sollte ein normal vermögender Privathaushalt erst vornehmen, wenn er vollständig oder nahezu vollständig schuldenfrei ist, einschließlich der Tilgung etwaiger Eigenheimkredite.
- Von der Vernunft- und Sicherheits-orientierten Faustregel »Zuerst den Kredit maximal tilgen und erst danach anfangen, neben der Immobilie zu investieren« ausgenommen sind u. U. nur Haushalte mit sehr großem Nettovermögen oder Haushalte, in denen beide Partner ein eigenes, klar überdurchschnittliches Einkommen beziehen und es keine ökonomisch abhängigen Kinder gibt.
- Neben den unmittelbar messbaren wirtschaftlichen Vorteilen des De-Leveraging in Form besserer Ertragskraft und eines reduzierten Risikos trägt Entschuldung auch zu mehr Seelenfrieden bei.

6 Spezialfälle und Spezialfragen

6.1 Rechtliche Besonderheiten bei Eigentumswohnungen (Miteigentum, Teileigentum, Sondereigentum)

> »Unter den Situationen, die das Niedrigste der menschlichen Natur in grellstem Lichte zeigen, nimmt die Eigentümerversammlung einen der vorderen Plätze ein.«
> *(Finanzjournalistin Elke Schmitter in einem immobilienbezogenen Artikel auf* Spiegel Online, *27.07.2018)*

Es liegt auf der Hand, dass eine Eigentumswohnung nur ein Teil eines Gebäudes ist, das mehrere Wohnungen und Gebäudeteile, die allen Eigentümern gemeinsam gehören, umfasst. Aus diesem, auf den ersten Blick banalen Sachverhalt ergeben sich jedoch rechtlich und ökonomisch eine Vielzahl von Konsequenzen, die ihrerseits weder banal noch offensichtlich sind. Die wichtigsten sollen hier kurz zur Sprache kommen.

Zunächst einige rechtliche Definitionen aus dem hier relevanten Wohnungseigentumsgesetz (WEG) aus der Perspektive des Eigentümers einer einzelnen Wohnung in einem Mehrparteienhaus. Diese Definitionen zu kennen hilft beim Verständnis der rechtlich-ökonomischen Thematik, um die es hier geht.

- »Wohnungseigentum« = »Sondereigentum« + »Miteigentum«.
- »Sondereigentum« – das ist die einzelne Wohnung, die einem gegebenen Wohnungseigentümer in einem Mehrparteienhaus gehört. Etwas überpedantisch und begrifflich unglücklich splittet das WEG Sondereigentum noch in (a) »Wohnungseigentum« und (b) »Teileigentum« auf. »Wohnungseigentum« ist Sondereigentum, das ausschließlich zu Wohnzwecken dient, Teileigentum ist Sondereigentum, das gewerblich oder freiberuflich genutzt wird.

- »Miteigentum« (auch Bruchteilseigentum genannt) ist der prozentuale Anteil des Wohnungseigentümers am gesamten Gemeinschaftseigentum oder Gemeineigentum. Das Gemeinschaftseigentum ist jegliches Eigentum im Gebäude, das nicht Sondereigentum ist.[45] Beispiele für das Gemeinschaftseigentum sind das Treppenhaus und das Dach des Mehrfamiliengebäudes. Wohnungen mit größerer Wohnfläche begründen in der Regel prozentual mehr Miteigentum als Wohnungen mit kleinerer Wohnfläche.

Die Wohnungseigentümerversammlung (WEV) wird mindestens einmal jährlich vom Verwalter einberufen. Die WEV fasst Beschlüsse über den Gebrauch des Gemeinschaftseigentums (beispielsweise Renovierungsmaßnahmen) und – in beschränkterem Umfang – auch über das Sondereigentum. Insbesondere bestimmt die WEV die Höhe der von den einzelnen Wohnungseigentümern monatlich oder in anderen regelmäßigen Intervallen in die Gemeinschaftskasse zu zahlenden Instandhaltungsrückstellungen (»Hausgeld«). Mit diesen Zahlungen werden allerdings nur – dieser triviale Sachverhalt wird gelegentlich von Wohnungsinteressenten in ihren Finanzkalkulationen übersehen – Instandhaltungskosten für das Gemeinschaftseigentum, nicht das Sondereigentum finanziert (siehe Abschnitt 2.6).

Wer wie viel Stimmen in der WEV hat und wie die Abstimmungsregularien sind, weicht von WEV zu WEV stark ab. Diese Regularien können erstaunlich komplex sein. Potenziellen Käufern einer Wohnung ist zu empfehlen, sich mit diesem Sachverhalt *vor* Unterschrift unter dem Kaufvertrag vertraut zu machen. Warum, wird verstehen, wer den Satz »Alptraum Wohnungseigentümerversammlung« googelt. Dass man in der WEV bei Abstimmungen im Laufe der Jahre oft überstimmt wird, dürfte für nahezu jeden Wohnungseigentümer gelten, der ein Mindestmaß an eigenen Vorstellungen hat.

Schlussendlich beschränkt die Eigentümergemeinschaft die Verfügungsgewalt eines Wohnungseigentümers in relativ umfassender Weise, so wie sie spiegelbildlich einen Eigentümer vor der Verfügungsgewalt anderer Wohnungseigentümer schützt.

45 In seltenen Fällen existiert auch noch Eigentum in einem Gebäude, das einem Dritten gehört. Es ist weder Gemeinschaftseigentum noch Sondereigentum.

6.2 Zum Eigenheim über ein Erbbaurecht

> »Es ist eine Art Dinosaurier des Immobilienrechts: das Erbbaurecht. Trotz Immobilienboom wendet es kaum ein privater Grundstückseigentümer in Deutschland an – und viele Käufer schrecken davor zurück. Zu Unrecht, sagen Fachleute.«
> *(Finanzjournalist Christoph Rottwilm,* manager magazin, *25.11.2013)*

In Deutschland sind Erbbaurechtsimmobilien vergleichsweise selten. Warum das so ist, darauf komme ich nachher zu sprechen. In Großbritannien – dort »Leasehold« genannt – machen sie hingegen knapp 20% des Wohnimmobilienbestands aus.

Im Standardfall, also dann, wenn ein neues Erbbaurecht an einem unbebauten Grundstück geschaffen wird, bedeutet es für den Erbbauberechtigten den Erwerb eines Grundstücks auf Zeit – bei Wohngrundstücken typischerweise auf 99 Jahre. Der Grundstückseigentümer, d. h. der Erbbaurechtsgeber – häufig die Kirche, eine Kommune, eine Stiftung und eher selten eine Privatperson oder ein gewerbliches Unternehmen –, »vermietet« oder »verpachtet« das Baugrundstück an den Erbbauberechtigen (EBB) gegen laufende Zahlung eines »Erbbauzinses«, also einer Miete oder Pacht. Das Erbbaurecht (EBR) in Deutschland ist im Erbbaurechtsgesetz (ErbbauRG) geregelt.

Der EBB kauft kein Grundstück, sondern nur das Recht, auf einem Grundstück ein Gebäude zu errichten und Grundstück und Gebäude für eine bestimmte (lange) Zeit zu nutzen.

Es gibt beim EBR somit zwei Eigentümer: den Eigentümer des Grundstücks, der es langfristig verpachtet, und den Eigentümer des Gebäudes, der EBB.

Das EBR besitzt in Deutschland eine eher ambivalente Reputation in der Bevölkerung und wird vielfach als Eigenheimeigentum zweiter Klasse wahrgenommen. Diese Sichtweise dürfte nicht ganz falsch, wenngleich zu pauschal sein.

Das EBR ist nicht identisch mit der »Erbpacht«, obwohl in den Medien und sogar von Vertretern der Immobilienbranche immer noch schludrig die falsche Bezeichnung »Erbpacht« anstelle korrekt »Erbbaurecht« bzw. »Erbbauzins« verwendet wird. Die Erbpacht wurde in Deutschland in zwei Schritten 1900 und 1947 abgeschafft. An ihre Stelle wurde 1900 das Erbbaurecht eingeführt. Die beträchtlichen Unterschiede zwischen der seit über 70 Jahren nicht mehr existierenden Erbpacht und dem Erbbaurecht werden auf *Wikipedia* unter dem Stichwort »Erbpacht« erläutert – aus Platzgründen gehe ich auf diesen Sachverhalt nicht näher ein.

In knappen Worten zusammengefasst hat der Erwerb eines Eigenheims auf EBR-Basis den Hauptvorteil, dass das Grundstück vom Erwerber anfänglich nicht mitfinanziert werden muss. Da das Grundstück bei einem Haus (die allermeisten EBR-Fälle betreffen Häuser, nicht Wohnungen) einen beträchtlichen Teil des Gesamtpreises eines Eigenheims ausmachen kann, ist das für Haushalte mit begrenzten Eigenmitteln ein Vorteil. Allerdings stehen diesem Vorteil, wie sich hier zeigen wird, auch einige Nachteile gegenüber.

Außerdem ermöglicht das EBR die Nutzung von bestimmten Grundstücken im Eigentum von Kirchen, Kommunen und Stiftungen, die ansonsten vielleicht nie in den Markt gekommen wären. Diese Institutionen besitzen nämlich in manchen Fällen Bauland, das sie jedoch wegen Beschränkungen in ihrer Satzung oder wegen anderer Hinderungsgründe nicht verkaufen dürfen oder nicht mit Gewinn verkaufen dürfen. Wenn sie außerdem nicht Bauherr, Vermieter und Kreditnehmer (für die Baukosten) werden können oder wollen, dann bleibt das Instrument des EBRs, um diese Grundstücke zu vermarkten.

Der EBB hat eine eigentümerähnliche Stellung, wenngleich er rechtlich nicht der Eigentümer der Immobilie ist. Eigentümerähnlich bedeutet: Er kann das EBR (Grundstück und Gebäude) beleihen und belasten (vorwiegend, um einen Baufinanzierungskredit für das Gebäude zu besichern); er kann das EBR verkaufen, vererben (daher *Erb*baurecht), weitervermieten oder eben selbst nutzen – weitgehend wie ein normaler Eigentümer.

Gleichzeitig existieren bestimmte Nutzungen und Entscheidungen, die in Abhängigkeit von der konkreten Vertragsgestaltung und den zum fraglichen Zeitpunkt bestehenden Umständen die Zustimmung des Eigentümers (Erbbaurechtsgebers) erfordern – einige solche Konstellationen werden weiter unten genannt.

Nachfolgend nenne ich zunächst die weiteren wesentlichen Merkmale des EBRs für den Standardfall eines neu geschaffenen Erbbaurechts an einem unbebauten Grundstück. Auf den etwas abweichenden Sachverhalt des Erwerbs eines bereits bestehenden »gebrauchten« EBRs an einem bebauten Grundstück mit kürzerer Restlaufzeit komme ich danach zu sprechen.

Die Einräumung des EBRs ist fast immer an die Verpflichtung des EBBs geknüpft, das Grundstück innerhalb einer relativ kurzen Frist zu bebauen.

- Erbbaurechte beziehen sich überwiegend auf Einfamilienhäuser, nur sehr selten auf Immobilien, die in mehrere einzelne Wohnungen aufgeteilt sind.
- Bei Beginn des Erbbaurechts ist durch den EBB kein Kaufpreis für das unbebaute Grundstück zu zahlen bzw. zu finanzieren. Er hat daher gegenüber dem Käufer eines konventionellen unbebauten Grundstücks einen beträchtlichen Liquiditätsvorteil. Dies kann für Haushalte mit knappen Mitteln oder beschränkter Bonität bei einem besonders wertvollen Grundstück ein wichtiger Pluspunkt sein.
- Sehr grob betrachtet orientiert sich die Höhe des Erbbauzinses in Euro (für das unbebaute Grundstück) am allgemeinen Immobilienkreditzinsniveau, bezogen auf den ungefähren Wert des Grundstücks. Allerdings sind beim finanziellen Vergleich Erbbauzins/Kreditkosten einige fundamentale Unterschiede zu beachten, die hier erläutert werden. Der EBB finanziert das zu errichtende Haus aus Eigenmitteln und/oder einem Kredit.
- Der Erbbauzins enthält kein Tilgungselement (da ja kein Eigentum am Grundstück geschaffen wird, nur sehr langfristiger Besitz) und ist daher in Geldeinheiten gerechnet typischerweise deutlich niedriger als z. B. eine entsprechende Immobilienkreditannuität. Allerdings ist der EBR-Zins ja während der ganzen Laufzeit des EBRs zu zahlen, also z. B. 75 oder 99 Jahre. Ein Kreditzins wäre nur während der Laufzeit des Kredits und nur auf den im Zeitablauf abnehmenden Schuldensaldo zu zahlen. Zudem ist der EBR-Zins – jedenfalls bei neueren EBRs – inflationsindexiert, steigt also im Zeitablauf parallel zur Inflation – nicht unähnlich der Miete in einem modernen Mietvertrag.
- Am Ende der EBR-Laufzeit fällt das Grundstück kompensationslos an den Eigentümer zurück. Für das darauf stehende Gebäude muss der Eigentümer dem EBB eine Entschädigung bezahlen. Die Höhe dieser Entschädigung (das Bewertungsverfahren für das Gebäude) ist im EBR-Vertrag geregelt.
- Beim EBB fällt – wie beim Kauf – Grunderwerbsteuer an. Bei Kauf beträgt diese in Deutschland zwischen 3,5% und 6,5% des notariellen Kaufpreises (die Bemessungsgrundlage), je nach Bundesland. Im Fall

eines EBRs ist die Bemessungsgrundlage jedoch weit, weit kleiner, nämlich der EBR-Zinsbetrag im ersten Jahr multipliziert mit einem »Vervielfältiger«, der von der Länge der Restlaufzeit bestimmt wird (das ist der Kapitalwert des EBRs).

- Grundsteuer fällt bei einem EBR für den EBB nicht an (die Grundsteuer hat der Eigentümer zu zahlen).
- Verletzt der EBB nachhaltig seine Verpflichtungen aus dem EBR-Vertrag (z. B. Nichtzahlung des Erbbauzinses), kann es zum vorzeitigen »Heimfall« kommen, d. h., Grundstück und Gebäude gehen vorfristig an den Eigentümer zurück. In diesem Fall ist ebenfalls eine Entschädigung für das Gebäude fällig, deren Höhe entweder der Vertrag oder das Gesetz regelt.
- Der Eigentümer kann den Verkauf des EBRs (und damit naturgemäß der gesamten Immobilie) durch den EBB verhindern, wenn der Eigentümer nachweisen kann, dass der potenzielle Käufer den EBR-Zins nicht bezahlen können wird.
- Der Eigentümer kann u. U. die Eintragung weiterer grundpfandrechtlicher Belastungen, z. B. zur Besicherung der Finanzierung für einen Erweiterungs- oder Modernisierungsbau, durch den EBB blockieren. Allerdings sind diese Blockaderechte stark eingeschränkt.
- Eine Zweckentfremdung des Grundstücks z. B. für andere als wohnwirtschaftliche Zwecke bedarf u. U. ebenfalls der Zustimmung des Eigentümers. Falls ja und wird diese dennoch nicht eingeholt, könnte die Zweckentfremdung wiederum den Heimfall (mit Entschädigung) auslösen.
- Erbbaurechte werden im Grundbuch als (typischerweise) erstrangige Lasten in Abteilung II eingetragen.
- Die Wertsteigerung eines bebauten Grundstücks resultiert statistisch betrachtet stärker aus der Wertsteigerung des Grundstücks als aus derjenigen des Gebäudes. Bei einem EBR partizipiert der EBB jedoch nur an Letzterer, nicht an Ersterer.

Nun zur Frage, wie ein »gebrauchtes« EBR einzuschätzen ist, also der Erwerb eines Gebäudes auf einem EBR-Grundstück, dessen Restlaufzeit unter der ursprünglichen Gesamtlaufzeit des EBRs liegt, z. B. nur noch 30 Jahre.

Der Preis bzw. die Bewertung eines bereits bebauten, ansonsten schulden- und lastenfreien EBR-Grundstücks erfolgt konzeptionell so: Es wird zunächst angenommen, die Immobilie stelle normales Eigentum dar. Von dem auf dieser Basis ermittelten Preis ist abzuziehen: (a) der Gegenwartswert (»Barwert« – siehe Infobox in Abschnitt 1.6) der noch ausstehenden Erbbauzinszahlungen während der verbleibenden Laufzeit des Erbbaurechts;[46] (b) eventuelle Wertbeschränkungen, die sich aus einer möglicherweise nicht marktgerechten Heimfallbewertungsklausel für das Gebäude am Ende der Laufzeit des EBRs ergeben; (c) ein Abzug für die weiteren generellen Nachteile eines EBRs gegenüber konventionellem Eigentum.

Es liegt auf der Hand, dass der Kaufpreis eines gebrauchten EBRs – z. B. ein bebautes Grundstück mit noch 30 Jahren EBR-Laufzeit – deutlich unterhalb des Preises für ein identisches bebautes Grundstück auf der Basis normalen Eigentums liegen wird, da (a) das EBR-Grundstück ja nur noch 30 Jahre Nutzungszeit beinhaltet und (b) der Käufer in der Zukunft für das Grundstück den EBR-Zins zahlen muss. Auch die konkrete Gestaltung der Heimfallentschädigungsformel für das Gebäude kann zu einem Wertabschlag beitragen.

Ebenfalls auf der Hand liegt, dass, wenn ein EBR nur noch 30 oder weniger Jahre Laufzeit hat, eine Bank zögerlich sein wird, einen nennenswerten Teil des Gebäudekaufpreises kreditmäßig zu finanzieren.

Fazit

Ob ein potenzieller Häuslebauer ein Eigenheim auf EBR-Basis wirtschaftlich, rechtlich und emotional ausreichend attraktiv empfindet, wird letztlich vom konkreten Einzelfall abhängen. Die EBR-Nachteile – auch die lediglich gefühlten – gegenüber konventionellem Eigentum werden wohl in den meisten Fällen nur dann in Kauf genommen, wenn aus Sicht des Erwerbers entweder ein deutlicher finanzieller Vorteil besteht oder das entsprechende Grundstück ganz besonders attraktiv ist und anders als auf EBR-Basis einfach nicht verfügbar wäre.

46 Welche Abzinsungsrate (Diskontsatz) hier zu Anwendung kommt, könnte im Einzelfall nicht ganz einfach zu bestimmen sein.

6.3 Ein denkmalgeschütztes Eigenheim und seine Steuervorteile

> »Denkmalgeschützte Eigenheime gelten als eines der letzten legalen Steuersparmodelle [...]. Doch bei Kauf und Sanierung lauern Risiken. Schnell wird aus der staatlich subventionierten Kapitalanlage ein Geldgrab.«
> (Spiegel Online, *20.04.2013)*

Ein denkmalgeschütztes Eigenheim hat seinen ganz besonderen Charme und vielleicht würde manch einer – böte sich die passende Gelegenheit – den ästhetischen und gefühlten Genuss eines Baudenkmals als Eigenheim in Erwägung ziehen. Ganz so selten, wie man denken möchte, ist diese exotisch anmutende Konstellation nicht: Rund 1,5% aller Wohngebäude in Deutschland stehen wenigstens zum Teil unter Denkmalschutz.

Weil die Kosten für die Sanierung oder Renovierung eines denkmalgeschützten Gebäudes die Neubaukosten auf Quadratmeterbasis in aller Regel überschreiten und solche Investitionen einen gemeinwohlbezogenen Aspekt besitzen, hat der deutsche Fiskus hier eigens eine nicht unbeträchtliche steuerliche Förderung etabliert. Bei selbst genutzten Baudenkmälern darf der Eigentümer nach § 10f EStG über einen Zeitraum von zehn Jahren jedes Jahr linear 9% seiner denkmalschützerisch relevanten Sanierungsaufwendungen steuerlich als Sonderausgabe absetzen (kumulativ 90%). Begünstigt sind die Kosten derjenigen Baumaßnahmen, die zur Erhaltung oder sinnvollen Nutzung des Denkmals erforderlich sind, vereinfacht gesagt Modernisierungs- und Instandhaltungskosten des Gebäudes. Die gleichen Vergünstigungen gelten im Fall einer selbst genutzten Immobilie, die in einem »Sanierungsgebiet« oder »städtebaulichen Entwicklungsbereich« liegt.

Ob der Steuervorteil einer denkmalgeschützten Immobilie aus dem Sonderausgabenabzug den pro Quadratmeter Wohnfläche oft erhöhten Kaufpreis und die nahezu immer erhöhten laufenden Kosten voll ausgleicht, wird sich am Einzelfall entscheiden. Die meisten Fachleute sagen, dass die Kostenseite statistisch deutlich überwiegt. In solchen Fällen müssen dann Liebe zur Sache und Idealismus den finanziellen Mehraufwand kompensieren. Auf alle Fälle sollten Eigenheimbesitzer, die diesen Weg beschreiten wollen, einige spezielle Gesichtspunkte bedenken:

Nicht steuerlich begünstigt sind der Grundstücksanteil und der Kaufpreis des Gebäudes exklusive der Aufwendungen für die Sanierung/Renovierung. (Der auf das Grundstück entfallende Teil des Kaufpreises ergibt sich typischerweise aus der örtlichen Bodenrichtwertkarte – siehe Stichwort »Bodenrichtwert« auf *Wikipedia.*)

Die laufenden Instandhaltungskosten eines Baudenkmals nach Abschluss seiner Sanierung, die denkmalrechtlich als Erhaltungsaufwand qualifiziert werden, bilden wie der ursprüngliche Sanierungsaufwand die Bemessungsgrundlage für den Sonderausgabenabzug nach § 10f EStG.

Wer ein bereits fertig saniertes Baudenkmal erwirbt, kann nicht von der beschriebenen steuerlichen Förderung profitieren, ausgenommen für denkmalrechtlich anerkannten Erhaltungs- und Instandhaltungsaufwand.

Wird das Eigenheim vor Ablauf von zehn Jahren veräußert, verfällt der dann noch nicht genutzte Sonderausgabenabzug.

Beim Genehmigungsprozedere ist Vorsicht geboten: Vor Beginn der Baumaßnahmen ist eine steuerrechtliche Vorabbescheinigung einzuholen. Ohne diese Vorabbescheinigung geht der Steuervorteil wahrscheinlich verloren.

Der Architekt, das Bauunternehmen und/oder der Bauträger müssen auf diesem Gebiet umfangreiche Erfahrungen besitzen und Ihnen diese nachweisen, einschließlich Erfahrungen in der Zusammenarbeit mit der Denkmalschutzbehörde. Der Denkmalstatus, und damit der steuerliche Vorteil, kann schnell erlöschen, wenn bauliche Maßnahmen durchgeführt werden, die nicht denkmalgerecht sind, z. B. die Entfernung einer historischen Treppe oder der Stuckdecken.

Aus Sicht der Denkmalschutzbehörde werden nicht denkmalgerechte Sanierungen vermutlich nicht genehmigt und können damit generell rechtlich unzulässig sein. Hier existiert das Kostenrisiko der Pflicht zur nachträglichen Beseitigung dieser Sanierungen.

Unter bestimmten Umständen können Ehegatten die hier beschriebene steuerliche Förderung für zwei selbst genutzte, denkmalgeschützte Eigenheime in Anspruch nehmen (§ 10f Abs. 3 EStG).

In manchen Bundesländern gibt es – zusätzlich zum genannten Steuervorteil – für die fachgerechte Sanierung eines Baudenkmals Fördergelder von der Denkmalschutzbehörde. Auch diese Fördergelder müssen normalerweise zeitlich *vor* Beginn der Baumaßnahme beantragt und genehmigt werden. Danach wäre es zu spät.

Für den Fall, dass der Eigennutzer die Immobilie vor Ablauf des gesamten Verbrauchs der Denkmal-Sonderausgaben in ein Vermietungsobjekt umwandelt, sind die steuerlichen Folgen zu komplex, um sie hier angemessen zusammenzufassen. Eine solche Konstellation sollte mit einem Steuerberater geklärt werden.

Hier sei lediglich darauf hingewiesen, dass vermietete Denkmale ebenfalls steuerlich gefördert werden, und zwar über die sogenannte Denkmal-AfA (Absetzung für Abnutzung) von 100% über zwölf Jahre, davon in den ersten acht Jahren jeweils 9%, in den folgenden vier Jahren jeweils 7% (§ 7i EStG). Die nicht begünstigten, weil nicht dem Denkmalschutz dienenden, Aufwendungen können bei Vermietungsobjekten normal linear mit 2% p.a. über 50 Jahre abgeschrieben werden bzw. 2,5% über 40 Jahre im Fall von Gebäuden, die vor dem 01.01.1925 fertiggestellt wurden. Natürlich ist auch hier der Grund für diese Förderung, dass die Anschaffungskosten und/oder Kosten für die Sanierung oder Renovierung eines denkmalgeschützten Gebäudes diejenigen für ein Nichtbaudenkmal auf Quadratmeterbasis normalerweise stark überschreiten, während die erzielbaren Mieten diesen Kostennachteil nicht voll ausgleichen.

Fazit

- Der Sanierungsaufwand eines denkmalgeschützten Eigenheims wird steuerlich recht umfangreich gefördert. Dieser Sanierungsaufwand pro Quadratmeter ist typischerweise deutlich höher als bei einem nicht denkmalgeschützten, im weitesten Sinne vergleichbaren Gebäude.
- Wer den Kauf und die anschließende Sanierung eines Denkmals in Erwägung zieht, dem ist angeraten, sich bei Fachleuten Rat einzuholen – für die bauliche Seite von einem entsprechenden Bauexperten, für die steuerliche Seite von einem fachkundigen Steuerberater.

6.4 Nießbrauchrecht und Eigenheim

> »Nießbrauchrechte werden häufig aus steuerlichen Überlegungen im Rahmen der vorweggenommenen Erbfolge im Grundbuch eingetragen.« *(Aus einem Artikel zum Nießbrauchrecht auf der Webseite* www.immoverkauf24.de*)*

In diesem kurzen Abschnitt gehe ich zunächst auf die wichtigsten rechtlichen Eigenheiten des Nießbrauchs ein, danach beschreibe ich kurz den in der Praxis bei Eigenheimen wichtigsten Anwendungsfall. (In der Schweiz heißen die dem deutschen Nießbrauchrecht entsprechenden Rechtsinstitute »Nutznießung«, in Österreich »Fruchtgenussrecht« oder »Fruchtnießung«.)

In Bezug auf eine Wohnimmobilie ist das Nießbrauchrecht, kurz der Nießbrauch, das im Grundbucheintrag der Immobilie vermerkte Recht einer natürlichen oder juristischen Person, die Immobilie wirtschaftlich zu nutzen, während zugleich eine andere Person Eigentümer ist. Wirtschaftliche Nutzung kann in diesem Fall heißen, selbst in der Immobilie zu wohnen (Wohnrecht) oder – bei einer vermieteten Immobilie – die Mieterträge zu beziehen. In diesem Abschnitt befassen wir uns nur mit der Wohnrechtsvariante, weil dieses Buch sich allgemein auf selbst genutzte Immobilien beschränkt.

Allgemein kann man sagen, dass beim Nießbrauch das rechtliche Eigentum und das wirtschaftliche Eigentum auf zwei Personen aufgespaltet sind. Das Nießbrauchrecht ist nicht übertragbar, kann also weder verkauft noch verschenkt noch vererbt werden. Seine Ausübung (seine Nutzung) kann jedoch einem Dritten überlassen werden. Das Nießbrauchrecht ist unpfändbar.

Nun zur Anwendung von Nießbrauchrechten in der Praxis. In Bezug auf selbst genutzte Immobilien wird der Nießbrauch gerne in der folgenden, hier vereinfacht und idealtypisch dargestellten Konstellation gewählt:

Ein Ehepaar, beide 60 Jahre alt, lebt in einem schuldenfreien Eigenheim, das ihnen gemeinsam gehört. Das Paar hat eine erwachsene Tochter. Das Eigenheim wird auf den stolzen Wert von 1,9 Millionen Euro geschätzt. Die Tochter soll das Eigenheim nach dem Tod des letzten Elternteils erhalten. Den dreien ist jedoch bereits heute klar, dass die Tochter das Haus danach nicht selbst bewohnen wird. (Die Gründe hierfür sollen uns nicht interessieren.) Somit entfällt die Aussicht auf eine spätere erbschaftsteuerliche Begünstigung, die in Deutschland für Eigenheime besteht, die nach dem Erbgang vom Erben als Eigenheim genutzt werden – siehe Kapitel 7. Der erbschaft- und schenkungsteuerliche Freibetrag für Kinder beträgt lediglich 400 000 Euro pro Elternteil.

Über die Nießbrauchkonstruktion können die Eltern die Übertragung der Immobilie an die Tochter ohne Belastung mit Schenkung- oder Erbschaftsteuer (oder jedenfalls mit einer deutlichen Reduzierung dieser Belastung) erreichen und gleichzeitig die Immobilie weiterhin selbst bewohnen. Wie geht das?

Die Eltern schenken der Tochter die Immobilie jetzt, räumen sich aber zuvor ein lebenslanges Nießbrauchrecht zur Bewohnung der Immobilie ein. Das Nießbrauchrecht (Wohnrecht) wird von einem Gutachter bewertet, der es auf 1,2 Millionen Euro taxiert.[47] Nun erfolgt die Schenkung. In Bezug auf beide Elternteile besteht im Hinblick auf das Kind ein Freibetrag von 400 000 Euro, also zusammen 800 000 Euro. Bei der Ermittlung der schenkungsteuerlichen Bemessungsgrundlage wird der Wert des Nießbrauchs abgezogen. Dann ergibt sich folgende Rechnung: 1,9 Millionen Euro minus 1,2 Million Euro = 700 000 Euro. Dieser Betrag liegt unterhalb des aufsummierten Freibetrags. Es fällt somit keine Schenkungsteuer an. Die Tochter ist nach der Schenkung Eigentümerin, die Eltern können jedoch bis zum Rest ihres Lebens in der Immobilie wohnen bleiben.

Angenommen, die Immobilie ist nicht 1,9 Millionen, sondern 2,9 Millionen Euro wert, während alle anderen unterstellten Zahlen identisch bleiben. Dann könnten sich die Eltern dadurch behelfen, dass sie zunächst nur die Hälfte der Immobilie an ihre Tochter verschenken, zehn Jahre warten und dann die verbleibende Hälfte verschenken. Dies deswegen, weil die schenkungsteuerlichen Freibeträge rollierend alle zehn Jahre neu aufleben.

Natürlich wird die Realität stets komplizierter sein als die hier in knappen Worten geschilderte Minifallstudie. Man denke beispielsweise an die Frage, wer für die laufende Instandhaltung aufkommt. Daher sollte jeder,

47 Diese Zahl ist deswegen so hoch, weil beide Elternteile für sich genommen jeweils eine noch lange Restlebenserwartung von über 20 Jahren haben und weil aktuarisch eine beträchtliche Wahrscheinlichkeit besteht, dass wenigstens einer der beiden über 90 Jahre alt wird. Aktuarisch bleibt der wirtschaftliche Nutzen also noch sehr, sehr lange bei den Eltern. (Die konkrete hier genannte Zahl von 1,2 Millionen Euro ist eine willkürliche Schätzung des Autors.)

der über die Nutzung eines Nießbrauchrechts in Bezug auf eine Immobilie nachdenkt, einen Steuerberater oder Fachanwalt für Erbschaftsrecht konsultieren. Auf alle Fälle kann der Nießbrauch eine Möglichkeit sein, unter bestimmten Bedingungen die Belastung mit Erbschaft- oder Schenkungsteuer zu senken.

6.5 Ihre vorhandene Immobilie verkaufen

Wer als Privathaushalt eine Immobilie veräußern möchte, steht zuallererst vor der Grundsatzentscheidung: selber in Eigenregie verkaufen (oder jedenfalls versuchen) oder einen Makler beauftragen.

Ich will direkt und offen mit Ihnen sein: Sofern Sie die Route Do-it-yourself-Verkauf (DIY) einschlagen wollen und damit noch keine eigenen Erfahrungen haben, empfehle ich Ihnen, sich sehr genau *vorher* darüber kundig zu machen, was ein solches Verkaufsvorhaben bedeutet und was es von Ihnen alles erfordert. Das könnten Sie tun, indem Sie dazu ein spezialisiertes Ratgeberbuch lesen, z. B. das von Siepe (2020) – siehe Literaturverzeichnis. Sich zwei oder drei YouTube-Videos anzusehen dürfte nicht ausreichen, um eine einigermaßen realistische Vorstellung von der Komplexität und den wichtigsten Aspekten eines solchen Vorhabens zu gewinnen. Die Informationen in diesem Abschnitt können ein ganzes Ratgeberbuch naturgemäß nicht ersetzen, sie können nur einige besonders zentrale Stichpunkte nennen.

Welche Vorteile, welche Nachteile hat ein Verkauf in Eigenregie gegenüber dem Verkauf über einen Makler?

- Vorteile: Sie sparen die Maklergebühr. Diese kann, je nach Bundesland, bis zu 7% des notariellen Kaufpreises betragen (siehe Tabelle 3 in Abschnitt 2.4). Dass diese 7% zwischen Verkäufer und Käufer geteilt werden würden, ändert mit hoher Wahrscheinlichkeit ökonomisch nichts daran, dass sie den für den Verkäufer erzielbaren Erlös um 7% mindern.
- Nachteile: (a) Sie werden voraussichtlich viel Arbeit haben, und zwar auf einem für Sie unbekannten, komplexen Gebiet. Wie viel Arbeit es macht und wie viele Monate der Verkaufsprozess sich hinziehen wird, das lässt sich seriös nicht allgemein beziffern, weil das einfach zu sehr vom Einzelfall abhängt, unter anderem auch davon, wie »ambitioniert«

Ihre Verkaufspreiserwartungen sind. Wer nicht berufstätig ist oder aus anderen Gründen freie Zeitreserven hat, für den ist dieser Arbeitsaufwand naturgemäß eher unproblematisch. (b) Unerfahrene DIY-Verkäufer gehen ein erhöhtes Risiko ein, dass sie prozessual, verkaufstaktisch oder rechtlich nennenswerte Fehler machen, die sie nachher bereuen – jedenfalls sofern sie diese bemerken. (c) Unerfahrene DIY-Verkäufer werden in Anbetracht der beiden genannten Nachteile fast zwangsläufig eine erhöhte nervliche Belastung haben. Wie hoch die für Sie persönlich wiegt, können nur Sie selbst beurteilen. Die Aussicht, durch die Nichthinzuziehung eines Maklers substanziell Geld zu sparen, wird nicht allen Zeitgenossen genug helfen, diesen Stress nennenswert zu mildern.

Für den Fall, dass Sie einen oder mehrere Makler beauftragen, wird er oder werden sie die allergrößte Arbeit machen und Ihnen auch den größten Teil des Stresses abnehmen. Der Makler wird selbstverständlich argumentieren, dass der Mehrwert, den er beisteuert, die Maklerkosten mit hinreichender Wahrscheinlichkeit aufwiegt oder sogar mehr als aufwiegt. Fairerweise muss man sagen, dass dieser Mehrwert nicht – wie mancher Verkäufer zunächst denken mag – primär oder gar alleine dadurch bestimmt ist, einen Verkaufspreis zu erzielen, der um die Maklerprovision höher ist als der Preis, den man ohne Makler erzielt hätte. Der potenzielle Mehrwert des Maklers kann und sollte sich auf andere Aspekte erstrecken – siehe oben.

Aktuell – Mitte 2021 – ist der Immobilienmarkt ein »Verkäufermarkt«. Die »Marktmacht« liegt derzeit eher bei den Verkäufern. Die Marktliquidität ist ungewöhnlich hoch (gemessen beispielsweise an der Anzahl der Käufe/Verkäufe und an der Zeit, wie lange es dauert, bis ein Handel komplett vollzogen ist). In einem Verkäufermarkt ist Verkauf in Eigenregie ökonomisch, wenn auch nicht rechtlich, tendenziell einfacher als in einem Käufermarkt.

Dies sind einige der wichtigsten Gesichtspunkte, die im Fall eines eigenhändigen Verkaufs auf Sie zukommen:

- Sie müssen eine Vorstellung von einem realistischen Verkaufspreis haben. Mit diesem Sachverhalt haben wir uns in Abschnitt 1.6 in Bezug auf eine zu kaufende Immobilie befasst. Alles, was dort zum Thema »Bewertung« gesagt wird, gilt natürlich auch für ein zu verkaufendes Eigenheim.

- Sie müssen wissen, wie Sie Ihr Verkaufsvorhaben bewerben, kundtun, vermarkten: Da wir im zweiten Jahrzehnt des 21. Jahrhunderts leben, liegt es hier nahe, ein Immobilienportal wie *www.immoscout24.de* oder *www.immowelt.de* zu nutzen. Dort müssen Sie sehr deutlich und auch »für Blinde« erkennbar den Vermerk »Provisionsfrei direkt vom Eigentümer« angeben. Kein anderer Satz aus vier Wörtern übt eine höhere Anziehungskraft auf Interessenten aus als dieser.
- Neben dem Internet existieren allerdings auch noch eine Reihe altmodischere Wege, die u. U. bei der Vermarktung in Eigenregie helfen können. Ganz besonders relevant erscheint mir, dass Sie nach Möglichkeit die gesamte Nachbarschaft über Ihr Verkaufsvorhaben in Kenntnis setzen sollten, denn unter diesen Nachbarn befindet sich möglicherweise ein relevanter Interessent, der aber selbst im Moment nicht im Internet sucht. Handzettel am Straßenlaternenmast, im Supermarkt oder (bei einem Haus) ein »Zum-Verkauf«-Schild im Vorgarten könnten eine Option sein. Angeblich werden bei Häusern 80% an nahe oder etwas entferntere Nachbarn verkauft. (Bei vermieteten Objekten ist der Mieter naturgemäß oftmals der Käufer.)
- Sie müssen ein schönes Exposé zusammenstellen. Die in Abschnitt 5.4 genannten Objektunterlagen geben Ihnen dazu einen Anhaltspunkt.
- Bei einem Haus stellt sich die Frage, ob Sie »Home Staging« machen möchten – so wird das professionelle Herrichten von Immobilien für den Verkauf genannt. Die privat betriebene Webseite *www.dghr-info.de* liefert hierzu Anhaltspunkte.
- Größere Renovierungs- oder Sanierungsmaßnahmen vor einem Verkauf vorzunehmen ist in der Regel eher nachteilig, aber auch von dieser Regel gibt es viele Ausnahmen.
- Falls noch ein Kredit auf Ihrer zu verkaufenden Immobilie lastet, müssen Sie sich über die Frage der Sondertilgung und Vorfälligkeitsentschädigung kundig machen – siehe dazu Abschnitt 2.12.
- Was die notariellen und kaufvertraglichen Prozesse und Schritte anbelangt, verweise ich auf Abschnitt 5.3, der hier überwiegend analog gilt.
- Ab einem bestimmten Punkt, und dieser liegt deutlich *vor* dem Notartermin, müssen Sie sich schriftlich vom potenziellen Käufer belegen lassen, dass er die Geldmittel hat, um den Kauf tatsächlich durchzuführen (Eigenmittelnachweise, Kreditzusage der Bank).

- Ein Grundprinzip, von dem kein Verkäufer jemals abweichen sollte, es sei denn vielleicht, dass es sich um einen Verkauf innerhalb der Familie handelt: Die faktische Übergabe der Immobilie, also das Aushändigen der Schlüssel (rechtlich spricht man vom Übergang des Besitzes in Abgrenzung zum Übergang des Eigentums), geschieht erst, nachdem der *gesamte* Kaufpreis auf Ihrem Konto eingegangen ist. Eine Erklärung hierfür erübrigt sich.

Fazit

Eine Wohnimmobilie ohne vorherige Erfahrung in Eigenregie verkaufen zu wollen sollte sich nur derjenige vornehmen, der die Zeit dafür hat, der den damit verknüpften potenziell umfangreichen Arbeitsaufwand tragen will, der ein entsprechendes Selbstbewusstsein und Nervenkostüm besitzt und der willig ist, sich gründlich *vorab* über die rechtlichen und ökonomischen Aspekte dieses Vorhabens zu informieren. Alle anderen sind angesichts der finanziellen Größenordnung, um die es hier geht, vermutlich besser beraten, einen Makler einzuschalten.

6.6 Eigenheimverrentung: »Umkehrhypotheken« für Ruheständler

> »Die Idee klingt verlockend: Rentner erhalten eine zusätzliche Geldquelle, indem sie ihr Eigenheim verrenten. Es gibt Angebote wie Umkehrhypothek oder Immobilienrente, doch der Markt in Deutschland kommt nicht in Schwung.«
> *(Markus Frühauf, Wirtschaftsjournalist, in der* FAZ, *14.12.2015)*

Angesichts steigender Lebenserwartung, steigender Medizin- und Pflegekosten[48] und – für künftige Rentnerjahrgänge – wohl eines schlechteren Verhältnisses zwischen der Höhe der gesetzlichen Rente und dem letzten

48 Der Hauptgrund hierfür ist der (generell erfreuliche) medizinische Fortschritt, der unsere Ruhestandsphase in den letzten 200 Jahren deutlich verlängert hat und der teure medizinische Behandlungen ermöglicht.

Nettoeinkommen vor Rentenbeginn wird ein Weitervererben des zum Renteneintritt angesparten Nettovermögens in den kommenden Jahrzehnten statistisch seltener werden. Stattdessen wird auf lange Sicht für die Mittelschicht der teilweise oder vollständige allmähliche Verbrauch dieses Vermögens bis zum Tod des letzten Haushaltsmitglieds der Normalfall werden.

Sofern das Haushaltsvermögen bei Ruhestandsbeginn aus einem Wertpapierdepot oder Sparguthaben besteht, ist ein schrittweiser Verbrauch über die folgenden 20 bis 40 Jahre jedenfalls in technischer Hinsicht kein Problem. Man kann einfach graduell und in der jeweils notwendigen Höhe Geld aus dem Depot oder Guthaben entnehmen. Alternativ kann man dieses Finanzkapitalvermögen bei einer Versicherungsgesellschaft teilweise oder ganz → verrenten.

Besteht das betraglich wesentliche Vermögen allerdings aus einem Eigenheim, wird die Sache schwieriger. Zwar spart sich der Eigenheimbesitzer relativ zum Mieter die monatliche Mietzahlung, aber – und das ist für Eigenheimhaushalte mit begrenztem Einkommen und Vermögen oft entscheidend – aus der *Substanz* einer Immobilie (aus ihrem Kapital) kann man eben nicht jeden Monat, sagen wir, 400 Euro Bezuschussung des eigenen Lebensunterhalts abziehen. Das wäre hingegen bei einem liquiden Vermögen im gleichen Wert völlig unproblematisch.

Falls diese 400 Euro (oder ein anderer Betrag) dauerhaft fehlen, hat ein Eigenheimbesitzer grundsätzlich die folgenden Standardmöglichkeiten: (a) die Immobilie verkaufen und in eine Mietimmobilie ziehen. (b) Die Immobilie verkaufen und vom neuen Eigentümer zurückmieten. Solche Käufer – außerhalb der Familie – zu finden ist in der Regel jedoch schwierig. (c) Die Immobilie verkaufen und sich zugleich ein kaufpreisminderndes lebenslanges Wohnrecht (Nießbrauchrecht – siehe Abschnitt 6.4) einräumen lassen. Derartige Käufer zu attraktiven Konditionen zu finden ist noch schwieriger als beim Zurückmieten. (d) Einen Untermieter hereinnehmen. Das ist nicht nach jedermanns Geschmack. (e) Eine Umkehrhypothek aufnehmen. Darum geht es im vorliegenden Abschnitt.

Die Umkehrhypothek (nachfolgend der Kürze halber »UH«) kommt aus den USA, wie so viele Finanzinnovationen. Dort heißt sie »Reverse Mortgage«. In Deutschland ist die UH (gelegentlich auch »Rückwärtsdarlehen« genannt) nach wie vor selten. Diese Immobilienkreditvariante wird nur von relativ wenigen spezialisierten Banken und Versicherungen angeboten. Sie funktioniert in ihrer Standardform so:

Der Besitzer eines schuldenfreien Eigenheims, üblicherweise ein im Ruhestand befindlicher Haushalt mit Eigentümern im fortgeschrittenen Alter, nimmt bei einer Bank einen Kredit auf die Immobilie auf. Der Haushalt bleibt also rechtlich Eigentümer. Die Bank zahlt jedoch nicht die Kreditsumme an den Kreditnehmerhaushalt sofort aus, sondern gewährt ihm eine lebenslange monatliche Rente (man spricht daher auch von → Verrentung oder finanztechnisch betrachtet einer → Leibrente) und ein lebenslanges Wohnrecht. Bei einem Kreditnehmerehepaar heißt »lebenslang« in der Regel, bis der überlebende Partner stirbt.

Diese Rente verwendet der Kreditnehmer, um seine monatliche Liquiditätslücke zu decken. Der Kreditnehmer zahlt weder Tilgung noch Zinsen. Der Kreditbetrag (Kreditsaldo) bleibt im Zeitablauf unveränderlich. Die maximale Beleihung der Immobilie (der Kreditbetrag) liegt in der Regel unter 50% des Marktwerts des Objekts. Höhere Beleihungsgrenzen sind denkbar, wenn der Kreditnehmer bei Vertragsabschluss schon deutlich älter als 65 Jahre ist. Je älter er ist, desto höher wird tendenziell die Beleihungsgrenze sein, da das Risiko für die Bank unter sonst gleichen Umständen mit zunehmendem Alter des Kreditnehmers abnimmt. Es besteht eine lebenslange Zinsbindung.

Die UH ähnelt zunächst einmal der simplen Beleihung einer zuvor schuldenfreien Immobilie. Der Unterschied zu einem konventionellen Darlehen besteht darin, dass (a) die Kreditsumme üblicherweise nicht als Einmalbetrag ausgezahlt wird, sondern als lebenslange Rente, und (b) der Kreditbetrag beim Tod des Kreditnehmers entweder durch die Erben getilgt wird oder – von der Bank veranlasst – durch einen Verkauf der Immobilie an einen Dritten zurückbezahlt wird. Sofern im letzteren Fall ein Überschuss zwischen Verkaufserlös und Kreditbetrag verbleibt, geht dieser an die Erben, bei einem Defizit können die Erben das Erbe ausschlagen, wodurch das Defizit an der Bank hängen bleibt. Wie erwähnt, laufende Zins- und Tilgungszahlungen durch den Kreditnehmer erfolgen nicht. Die UH ist gesetzlich primär in § 491 Abs. 3 Satz 4 BGB geregelt.

Ökonomisch stellt die UH die Kombination dreier separater Finanzprodukte dar: ein Immobiliendarlehen, ein privater Rentenvertrag (lebenslange Rente) und die Einräumung eines lebenslangen Wohnrechts. Alle drei Produkte kosten Geld. Die Bezahlung erfolgt jedoch nicht gesondert für jedes Produkt einzeln, sondern im Wege einer Einmalgebühr und eines im Vergleich zu einem normalen gleichwertigen Immobilienkredit höheren Zinssatzes. Dabei gilt: Je höher dieser Zinssatz, desto niedriger der maximale Auszahlungsbetrag und umgekehrt. Der Zinssatz und die Einmalgebühr decken die reinen Kapitalkosten des Kreditgebers ab (wie bei einem herkömmlichen Kredit) und zusätzlich die Versicherungsprämien für die »eingebaute« lebenslange Rente. Bei der eingebauten Rentenversicherung trägt die Bank, so wie es ein privater Rentenversicherer täte, das Langlebigkeitsrisiko des Kreditnehmers (oder des überlebenden Partners bei einem Ehepaar).

Dass der Zinssatz einer UH deutlich höher ist als der eines vergleichbaren herkömmlichen Immobiliendarlehens, sollte daher nicht verwundern, denn dieser Zinssatz deckt auch die erwähnten Zusatzrisiken ab, die bei einem herkömmlichen Immobiliendarlehen nicht bestehen.

Diese Darstellung der Risiken, welche die Bank trägt, ist etwas vereinfacht: Bei der UH entfällt, im Vergleich zu einem herkömmlichen Darlehen, das Bonitätsrisiko des Kreditnehmers, denn bei der UH hat der Kreditnehmer ja keinen Kapitaldienst zu leisten. Das von der Bank zu tragende sogenannte Restwertrisiko der Immobilie besteht bei beiden Darlehensformen, ist bei einer UH allerdings höher.

Infobox: »Hypothek« – die große Begriffsverwirrung

Die verbreitete Bezeichnung »Hypothekendarlehen« ist in dreierlei Weise verunglückt: Erstens werden Immobilienkredite in Deutschland fast ausschließlich durch *Grundschulden* besichert und eben nicht durch die bis vor rund 35 Jahren noch stärker verbreiteten und rechtlich andersartigen *Hypotheken*. Die richtige Bezeichnung wäre deswegen »Grundschulddarlehen«. Zwischen Hypotheken und Grundschulden – zwei Typen von Grundpfandrechten – bestehen nicht triviale rechtliche Unterschiede (siehe die *Wikipedia*-Einträge »Grundschuld« und »Hypothek«), doch sind diese Unterschiede für den normalen Häuslebauer insofern unmaßgeblich, als er sowieso keine Wahl zwischen Hypothek und Grundschuld hat. Der Kreditgeber wird auf einer Grundschuld bestehen. Eine zweite Art der Begriffsverwirrung um »Hypothekendarlehen« ergibt sich, wenn diese Bezeichnung als Synonym für den Ausdruck »Annuitätendarlehen« verwendet wird.

Tatsächlich kann ein Hypothekendarlehen (oder eigentlich Grundschulddarlehen) verschiedene Tilgungsformen haben und eben nicht nur die am stärksten verbreitete annuitätische Tilgungsform, z. B. ein Ratendarlehen, ein tilgungsloses Darlehen oder ein variabel verzinsliches Darlehen mit flexibler Tilgung. Ein dritter Bezeichnungsfehler ist die Verwendung von »Hypothek« für »Darlehen« oder »Kredit«. Die Hypothek ist die Sicherheit für das Darlehen, nicht das Darlehen.

Der für die Bank günstigste Fall ist, dass der Kreditnehmer am Tag nach dem Vertragsabschluss stirbt, dann hat die Bank einen weit über dem kalkulierten Mittelwert liegenden Gewinn gemacht, denn sie erhält den Kreditbetrag zurück, hat aber noch gar keine Rente ausgezahlt. Wem das makaber erscheint: Jede kapitalgedeckte Renten- oder Lebensversicherung basiert auf dem gleichen Prinzip und kapitalgedeckte Rentenversicherungen gibt es seit mehreren Hundert Jahren. Der für die Bank ungünstigste Fall ist, dass der Kreditnehmer 100 Jahre oder älter wird, weil sie dann wesentlich mehr auszahlt, als es dem Kreditbetrag entspricht.

Nachdem wir nun die Mechanik einer UH kennen, nachfolgend ihre Hauptnachteile:

Wie erwähnt, repräsentiert eine UH die Kombination von drei Produkten in einem. Wann immer in der Finanzbranche – das kann man pauschal so sagen – mehrere Einzelprodukte in einem einzelnen komplexen Paketprodukt kombiniert werden, wird es für den Kunden teuer, denn der klare Preiswettbewerb (die Vergleichbarkeit mit identischen Produkten der Konkurrenz) ist eingeschränkt. Ob die typische Vermittlungs- oder Bearbeitungsgebühr von etwa 1,5% der Kreditsumme zusammen mit dem Zinssatz, der ein vergleichbares normales Immobiliendarlehen um 2 bis 3 Prozentpunkte übersteigt, ein angemessener Preis ist, ist für einen Kunden praktisch nicht zu beurteilen, insbesondere deswegen nicht, weil es derzeit in Deutschland immer noch schwer sein dürfte, zwei wirklich identische UH-Produktangebote zu bekommen. Dafür existieren bisher einfach zu wenige Anbieter.

Aufgrund der oben beschriebenen zusätzlichen Risiken, welche die Bank bei einer UH trägt, ergibt sich letztlich ein im Vergleich zum Zeitwert der Immobilie auf den ersten Blick erstaunlich kleiner maximaler Kreditbetrag und damit eine kleine maximale Monatsrente – in vielen Fällen zu wenig, um damit die relevante Einkommenslücke zu decken. Eine Ausnahme hiervon könnten Rentnerhaushalte sein, die in einer sehr großen und damit besonders werthaltigen Immobilie leben, bei der aufgrund des Werts der Immobilie ein höherer Kreditbetrag und damit eine höhere Rente möglich ist.

Der vielleicht größte Nachteil der UH ist das Gegenparteirisiko, das der Eigenheimhaushalt in Bezug auf das finanzierende Institut trägt. Für Gegenparteirisiko kann man auch Ausfallsrisiko, Bonitätsrisiko oder Insolvenzrisiko sagen. Falls sich dieses Risiko materialisiert, wird das finanzierende Institut die Rente bei Risikoeintritt nicht mehr zahlen können. Da die Laufzeit einer UH-Rente vielleicht mehrere Jahrzehnte beträgt, ist dieses Risiko nicht zu vernachlässigen und seine Bewertung (Quantifizierung) schwierig. Wie dieses Risiko im Einzelfall einer UH adressiert wird, darauf sollte der Haushalt ganz genau achten.

Bei einer rechten UH sind die laufenden Zahlungen (die »Rente«) an den Haushalt einkommensteuerfrei. Das kann man als Vorteil betrachten.

Dass es in Deutschland nach wie vor relativ wenige Anbieter von UHs und damit zu wenig Preiswettbewerb gibt, ist ein weiterer Grund, warum dieses Produkt nur selten zu empfehlen ist. (Immerhin kann man festhalten, dass sich die Zahl der Anbieter seit Erscheinen der 1. Auflage dieses Buchs, 2017, deutlich erhöht hat.)

Eine Alternative zur UH ist das, was gelegentlich salopp »Rentnerhypothek« genannt wird. Für einige wenige Jahre könnte Folgendes eine einfachere Alternative zur UH sein. Hier wird im Fall eines schuldenfreien oder beinahe schuldenfreien Eigenheims von den Eigentümern ein neuer, tilgungsloser Immobilienkredit über eine, bezogen auf den Immobilienmarktwert, relativ kleine Summe aufgenommen. Die Summe ist so bemessen, dass der Haushalt aus ihr – sagen wir – drei Jahre seine hinreichenden Lebenshaltungskosten bezuschussen kann, also die Liquiditätslücke schließen kann, die oben erwähnt wurde. Somit beträgt die Kreditlaufzeit zunächst einmal drei Jahre. Während dieser Zeit wird die Kreditauszahlung auf einem Festgeldkonto geparkt und alle z. B. drei Monate ein kleiner Teilbetrag davon zur Alimentierung der Lebenshaltungskosten abgezogen. In der Zwischenzeit zahlt der Haushalt auf den Kredit nur die Zinsen (aus den Guthabenzinsen und aus dem Kreditbetrag selbst), jedoch keine Tilgung. Sofern der Haushalt am Ende der Kreditlaufzeit immer noch Finanzbedarf hat (wovon in den meisten Fällen auszugehen ist), wird der Kredit aufgestockt und das »Spiel« wiederholt. Beim Tod des letzten Haushaltsmitglieds geht die Immobilie samt Schulden auf die Erben über, die das Erbe, wenn sie wollen, ausschlagen könnten. Das wird aber selten der Fall sein, weil Banken bei der Rentnerhypothek überwiegend keine Beleihung akzeptieren, die 50% des Verkehrswerts der Immobilie deutlich übersteigt.

Ohne Zweifel stellt die Rentnerhypothek ein »negatives Zinsdifferenzgeschäft« dar, weil die Anlagezinsen, die der Rentnerhaushalt mit der ausgezahlten Kreditsumme erwirtschaftet, geringer sein werden als die Kreditzinsen, die er zu zahlen hat (Kommer/Schweizer 2020b, Blogbeitrag zum Sachverhalt »Negatives Zinsdifferenzgeschäft«). Dennoch: Es wird Fälle geben, in denen diese simple Konstruktion die einzige ist, zu der sich die Beteiligten durchringen können – vielleicht einfach, um zunächst einmal einen mittelfristigen Zeitraum zu überbrücken, bis eine andere Lösung gefunden wird.

Fazit

- Umkehrhypotheken sind eine im Prinzip vielversprechende Möglichkeit, um das »tote Kapital«, das in einer Immobilie steckt, im Alter zur Deckung von Lebenshaltungskosten zu mobilisieren und gleichzeitig einen ansonsten notwendigen Auszug aus der Immobilie zu vermeiden. Vor allem für jene Ruheständler, die inzwischen in für sie »übergroßen« Immobilien leben, erscheint diese Produktidee – jedenfalls prinzipiell – interessant, denn sie können mit einer UH eine höhere monatliche »Alimentierung« ihrer Lebenshaltungskosten generieren als jemand in einer »passenden« (kleineren) Immobilie, für den die maximale Alimentierung vielleicht zu gering wäre.
- Der Eigenheimhaushalt trägt bei einer UH mit Leibrentenzahlung das Ausfallsrisiko des finanzierenden Instituts. Ob er das tun möchte, ist eine Einzelfallentscheidung.
- Leider gibt es für diese Darlehensform in Deutschland bisher nur wenige Anbieter und daher nur einen eher schwachen Preis- und Produktgestaltungswettbewerb. Bis sich dieses Manko ändert, dürfte derjenige, der Wert darauf legt, langfristig in seiner Immobilie zu verbleiben, in den meisten Fällen mit einem konventionellen Verkauf der Immobilie

an Verwandte oder fremde Dritte und dem gleichzeitigen Abschluss eines langjährigen Mietvertrags (Zurückvermietung) oder mit einer Rentnerhypothek besser bedient sein.

- Ein Verkauf der Immobilie verbunden mit dem Umzug in eine Mietimmobilie ist natürlich ebenfalls stets denkbar, allerdings ist das genau die Option, die viele Ruheständlerhaushalte scheuen, weil damit ein Auszug aus dem gewohnten Zuhause einhergeht.
- Es bleibt die Erkenntnis, dass ein Wertpapierdepot im Alter wesentlich leichter zu »monetisieren« ist als ein Eigenheim.

6.7 Wie sinnvoll sind Vermietungsimmobilien für private Haushalte?

> »Die Häuserpreise werden sinken.«
> *(Immobilienexperte Jochen Möbert, Deutsche Bank, in einem Interview auf* Spiegel Online *im Mai 2021)*

Über kaum eine Assetklasse existieren unter Privatanlegern so unrealistische, sprich so überoptimistische Vorstellungen in Bezug auf die Risiko-Rendite-Kombination, welche die Assetklasse repräsentiert, als über vermietete Wohnimmobilien. Das ist insofern erstaunlich, als in Deutschland rund 60% der vermieteten Wohnimmobilien »Kleinvermietern« gehören. Die anderen 40% gehören echten gewerblichen Vermietern. Der größte unter ihnen ist die Vonovia SE, ein börsennotiertes Unternehmen mit Sitz in Düsseldorf. Der Vonovia SE gehören 400 000 Wohnungen in ganz Deutschland (nach der für Ende 2021 angestrebten Fusion mit dem Konkurrenzunternehmen Deutsche Wohnen SE wären es 550 000 Wohnungen). Die Vonovia SE beschäftigt über 10 000 Mitarbeiter.

Kleinvermieter sind im Jargon des Statistischen Bundesamts solche Vermieter, die das Wohnimmobilienvermietungsgeschäft nur in bescheidenem Stil betreiben – durch die nicht hauptberufliche Vermietung von nur einer oder wenigen Wohneinheiten.

Die statistische Datenlage über die Eigenkapitalrendite, die »nebenberufliche« Kleinvermieter tatsächlich erzielen, ist außerordentlich dürftig. Die wenigen harten Zahlen, die vorliegen, deuten darauf hin, dass diese Eigenkapitalrendite im statistischen Mittel äußerst bescheiden ist. Klar ist hingegen, dass die direkten und indirekten Angaben dazu im größeren Teil der Immobilien-Bloggerszene und den meisten Ratgeberbüchern zum Immobiliengeschäft für Kleinvermieter ins Reich der Fantasie gehören (siehe auch Infobox »Finanzpornografie« in Abschnitt 2.13.5).

Weil das Vermietungsgeschäft nicht das zentrale Thema dieses Buchs ist, verweise ich diejenigen Leser, die sich näher über diesen Sachverhalt informieren möchten, an den frei zugänglichen Blogbeitrag »Sind Vermietungsimmobilien attraktive Vermögensanlagen?« von Kommer/Weis 2019. Darin werden die Fakten detailliert beschrieben.

Hier nur kurz der Hauptgrund für die in der Mehrzahl unattraktiven Eigenkapitalrenditen (nicht Objektrenditen) von Kleinvermietern. Kleinvermieter konkurrieren mit gewerblichen Vermietern. In einem halbwegs funktionierenden wettbewerblichen Markt bestimmen der oder die Kostenführer den Produktpreis, also hier die Miethöhen. Das lernt man entweder, indem man sich selbst als Anbieter (Unternehmer) in einem beliebigen Markt betätigt oder im ersten Semester BWL in der Einführungsvorlesung zur Mikroökonomie, die sich damit beschäftigt, wie Märkte funktionieren.

Im Markt für Vermietungsimmobilien sind die gewerblichen Vermieter ganz klar die Kostenführer. Bei allen relevanten Ausgaben dürfte ihr »Einkauf« zwischen 20% und 40% billiger als derjenige von privaten Kleinvermietern sein. Das betrifft primär folgende Ausgabenkategorien:

- Kaufpreis/Baupreis
- Maklergebühren
- Instandhaltung
- Versicherung
- Zinssatz im Fall von Fremdfinanzierung
- Rechtsberatung, falls es Probleme gibt
- Steuern[49]

49 Bei der laufenden Besteuerung besitzen gewerbliche Immobilieninvestoren im Allgemeinen deutliche Vorteile gegenüber Kleinvermietern. Wie sieht es steuerlich bei Veräußerungsgewinnen aus? Zwar zahlen natürliche Personen, die eine vermietete Immobilie im Privatvermögen halten, bisher noch (anders als gewerbliche Ver-

Gewerbliche Vermieter verdienen auf lange Sicht marktübliche Eigenkapitalrenditen von zwischen 5% und 15% per annum. Wer aber durch die Bank unvermeidlich drastisch höhere Kosten hat als diese Vermieter, wird weit schlechtere oder negative Renditen erzielen.

Hier eine Analogie, die illustrieren soll, was ich meine: Wenn ich privat hobbymäßig mit Fahrrädern handele und im Monat ein oder zwei Fahrräder verkaufe, dann werde ich damit sehr wahrscheinlich keine attraktive Rendite auf mein eingesetztes Kapital und meine eingesetzte Zeit erwirtschaften. Und ich werde vermutlich unnötige Risiken auf mich nehmen oder verursachen, weil ich vieles unweigerlich im wahrsten Sinne des Wortes »unprofessionell« mache und unwissentlich vermeidbare Haftungsrisiken eingehe. Risiken sind deswegen Risiken, weil sie sich von Zeit zu Zeit materialisieren (schlagend werden).

Diese Unprofessionalität hat wenig oder gar nichts mit meinem vielleicht sogar sehr guten Fachwissen über Fahrräder zu tun. Tatsächlich geht es hier vielmehr um Unternehmertum und nur am Rande um fachliche Expertise zu Fahrrädern. Wenn ich hingegen im Monat 250 Fahrräder verkaufe, 200 gebrauchte repariere und fünf Mitarbeiter beschäftige, deren Hauptjob Fahrradhandel und Servicing ist, dann betreibe ich Fahrradhandel wie ein *Unternehmen* und eben nicht als Hobby-Nebenbeschäftigung in der Freizeit.

Ein Unternehmen hat mehr Spezialwissen, Arbeitsteilung, mehr Ressourcen, mehr sogenannte *Economies of Scope*, vulgo ganz einfach überall mehr Volumen und damit finanziell attraktive Skaleneffekte. Für dieses Unternehmen sind die grundsätzlichen Voraussetzungen, Geld im Fahrradhandel zu verdienen, vorhanden: günstigere Kostenstruktur, niedrigere Risiken, Arbeitsteilung und Spezialisierung. Das ist mit Fahrrädern so, mit Speiseeis, mit Hosenknöpfen, mit Rechtsberatung, mit letztlich jeder denkbaren wirtschaftlichen Tätigkeit und, ja, auch mit Immobilien.

---

mieter) keine Steuer auf Veräußerungsgewinne, sofern die Immobilie mindestens zehn Jahre gehalten wurde, doch wird dieser Vorteil gegenüber gewerblichen Vermietern oft überschätzt. Letztere können die Steuerbelastung durch clevere rechtliche Gestaltung ganz vermeiden oder sehr lange hinausschieben und daher effektiv ebenfalls stark reduzieren. Überdies halten viele große Immobilienvermieter die Immobilien jahrzehntelang oder quasi für immer, sodass auch bei ihnen jahrzehntelang keine Steuern auf Wertsteigerungen anfallen. (Aktuell wollen mehrere im Bundestag vertretene Parteien die Steuerfreiheit für Wertsteigerungsgewinne von privaten Immobilien nach zehn Jahren abschaffen.)

Mein Rat daher: Überlegen Sie es sich sehr gründlich, ob Sie vor diesem Hintergrund Vermieter werden wollen, jedenfalls dann, wenn Ihr primäres Ziel dabei die Erzielung einer attraktiven Eigenkapitalrendite ist. Und bitte glauben Sie nicht, dass die Verhältnisse im deutschen Wohnimmobilienmarkt von 2010 bis 2021 (als dieses Buch geschrieben wurde) normal sind. Diese 12-Jahres-Periode ist ein extrem ungewöhnlicher positiver Ausreißer, der sich in den nächsten zwölf Jahren ganz sicher nicht wiederholen wird.

7 Eigenheim und Steuern

»Kommt ein Mann ins Finanzamt und fragt den Sachbearbeiter: ›Ich bin schizophren. Muss ich zwei Steuererklärungen abgeben?‹ Der Beamte denkt einen Augenblick nach. ›Ja – wenn Sie beide verdienen.‹«

Vorbemerkung: Aus Platzgründen muss die folgende knappe Zusammenfassung zahlreiche steuerliche Detailregelungen, auch einige wichtige, auslassen. Grundsätzlich kann diese eine an der persönlichen Fallkonstellation orientierte Beschäftigung mit den steuerlichen Regelungen und die Beratung durch einen Steuerberater nicht ersetzen. Diese Darstellung reflektiert den rechtlichen Stand im Juli 2021.

(A) Deutschland

Tabelle 12: Deutschland – Überblick der Besteuerung eines Eigenheiminvestments im Privatvermögen einer natürlichen Person, die steuerlich in Deutschland ansässig ist (unbeschränkte Steuerpflicht in Deutschland)

(a) Einkommensteuer	
Eingesparte Miete bei selbst genutzter Wohnimmobilie (Eigenheim)	• Steuerfrei – der wichtigste steuerliche Vorteil selbst genutzter Wohnimmobilien besteht darin, dass die eingesparte Nettomiete (Bruttokaltmiete abzüglich Instandhaltungskosten), also der implizite laufende Ertrag eines Eigenheims, im Gegensatz zu den laufenden Erträgen bei Kapitalmarktanlagen und Sparguthaben (Zinsen und Dividenden) steuerbefreit ist (vgl. Ausführungen zur »Eigenmietwertbesteuerung« weiter unten für den Fall Schweiz).
Steuerlich abzugsfähige laufende Kosten beim Eigenheim	• Keine steuerliche Anrechenbarkeit von investmentbezogenen Schuldzinsen sowie Instandhaltungskosten und anderen Nebenkosten bei selbst genutzten Wohnimmobilien. Ebenfalls keine steuerliche Anrechenbarkeit von AfA (Absetzung für Abnutzung). Ausnahme: Bei Sanierung oder Modernisierung selbst genutzter, denkmalgeschützter Immobilien ist ein gewisser Sonderausgabenabzug möglich (siehe Abschnitt 6.3).

Realisierte Wertsteigerung beim Eigenheim	• Keine Besteuerung, sofern ausschließliche Nutzung zu eigenen Wohnzwecken im Jahr der Veräußerung und in den beiden vorangegangenen Jahren. Bei durchgehender Selbstnutzung zwischen Kauf und Verkauf keine Fristbeachtung erforderlich.
(b) Erbschaftsteuer und Schenkungsteuer, sonstige Steuern	
Erbschaft- und Schenkungsteuer beim Eigenheim	• Bei Vererbung an Ehepartner Steuerfreiheit, sofern dieser mindestens zehn weitere Jahre in der Immobilie verbleibt; bei Vererbung an Kinder Steuerbefreiung, sofern Selbstnutzung für weitere zehn Jahre und Immobilie nicht größer als 200 Quadratmeter (dann nur Immobilienanteil steuerpflichtig, der über 200 Quadratmeter hinausgeht). Schenkung des »Familienwohnheims« an den Ehegatten steuerfrei (nicht jedoch bei Schenkung an ein Kind oberhalb des schenkungsteuerlichen Freibetrags von 400 000 Euro pro Elternteil-Kind-Kombination).
Grunderwerbsteuer bei Immobilien	• 3,5% bis 6,5%, je nach Bundesland, einmalig auf den notariellen Kaufpreis der Immobilie (siehe auch Tabelle 3 in Abschnitt 2.4).
Grundsteuer bei Immobilien	• Variiert von Gemeinde zu Gemeinde; dürfte in den meisten Fällen recht eng um einen ungefähren Mittelwert von 0,1% des Immobilienmarktwerts pro Jahr schwanken. Könnte ab 2025 im Rahmen einer schon beschlossenen Gesetzesänderung etwas steigen.
Vermögensteuer	• Ein Vermögensteuergesetz existiert zwar, darf aber seit 1997 gemäß Urteil des Bundesverfassungsgerichts nicht mehr angewandt werden. Mehrere im Bundestag vertretene Parteien plädieren für die Einführung einer neuen Vermögensteuer. Ob diese kurz- oder mittelfristig kommen wird und in welcher Ausgestaltung, lässt sich derzeit (Mitte 2021) nicht verlässlich beurteilen.
Umsatzsteuer	• Der Kauf oder Verkauf einer fertig gebauten Immobilie oder eines unbebauten Grundstücks durch eine Privatperson unterliegt keiner Umsatzsteuer. Bauleistungen unterliegen jedoch der Umsatzsteuer, ebenso die Maklerprovision.

(B) Österreich

Tabelle 13: Österreich – Überblick der Besteuerung eines Eigenheiminvestments im Privatvermögen einer natürlichen Person, die steuerlich in Österreich ansässig ist (unbeschränkte Steuerpflicht in Österreich)

(a) Einkommensteuer	
Eingesparte Miete bei selbst genutzter Wohnimmobilie (Eigenheim)	• Steuerfrei – der wichtigste steuerliche Vorteil selbst genutzter Wohnimmobilien besteht darin, dass die eingesparte Nettomiete (Bruttokaltmiete abzüglich Instandhaltungskosten), also der implizite laufende Ertrag eines Eigenheims, im Gegensatz zu den laufenden Erträgen bei Kapitalmarktanlagen und Sparguthaben (Zinsen und Dividenden) steuerbefreit ist (vgl. Ausführungen zur »Eigenmietwertbesteuerung« weiter unten für den Fall Schweiz).
Steuerlich abzugsfähige laufende Kosten beim Eigenheim	• Keine steuerliche Anrechenbarkeit von investmentbezogenen Schuldzinsen sowie Instandhaltungskosten und anderen Nebenkosten bei selbst genutzten Wohnimmobilien. Ebenfalls keine steuerliche Anrechenbarkeit von AfA (Absetzung für Abnutzung).
Realisierte Wertsteigerung beim Eigenheim	• Beim Hauptwohnsitz (so wie steuerrechtlich definiert) ist diese Wertsteigerung steuerfrei.
Vermietete Immobilie (Direktinvestition)	• Fremdkapitalzinsen, tatsächliche Instandhaltungskosten (ohne wertvermehrende Aufwendungen) und Abschreibung (AfA) sind steuerlich absetzbar. • Für Wertsteigerungsgewinne beträgt der Immobilienertragsteuersatz 30% (vor 2016 lediglich 25%). Immobilien, die vor dem 01.04.2002 im Privatvermögen angeschafft wurden, unterliegen einer günstigeren Besteuerung (typischerweise 3,5% des Wertsteigerungsgewinns). Partielle Begünstigungen existieren auch für selbst gebaute Immobilien, sofern der Bauherr ein substanzielles Fertigstellungsrisiko getragen hat (»Herstellerbefreiung«).
(b) Erbschaftsteuer und Schenkungsteuer, sonstige Steuern	
Erbschaft- und Schenkungsteuer beim Eigenheim	• Die Erbschaftsteuer und Schenkungsteuer wurde 2008 in Österreich abgeschafft und wird seitdem nicht mehr erhoben. Schenkungen und Erbschaften sind lediglich steuerrechtlich meldepflichtig.
Grunderwerbsteuer bei Immobilien	• 0,5% bis 3,5%. Konkreter Satz hängt von der Höhe des Kaufpreises ab (Stufentarif). Wenn die Transaktion zwischen nahen Verwandten stattfindet, kommt ein ermäßigter Satz zur Anwendung.
Grundsteuer bei Immobilien	• Variiert von Gemeinde zu Gemeinde; ca. 0,1% p.a. oder weniger des Marktwerts der Immobilie.
Vermögensteuer	• Eine Vermögensteuer existiert in Österreich nicht.
Umsatzsteuer	• Der Kauf oder Verkauf einer fertig gebauten Immobilie oder eines unbebauten Grundstücks unterliegt grundsätzlich keiner Umsatzsteuer. Bauleistungen unterliegen jedoch der Umsatzsteuer.

(C) Schweiz

In der Schweiz variieren die Steuern, die sich auf Einkommen und Vermögen beziehen, regional von Kanton zu Kanton oder von Gemeinde zu Gemeinde weit stärker, als das in Deutschland und Österreich bezogen auf einzelne Bundesländer und Gemeinden der Fall ist. Aus Platzgründen kann ich nicht auf diese Unterschiede eingehen.

Tabelle 14: Schweiz – Überblick der Besteuerung eines Eigenheiminvestments im Privatvermögen einer natürlichen Person, die steuerlich in der Schweiz ansässig ist (unbeschränkte Steuerpflicht in der Schweiz)

(a) Einkommensteuer	
Eingesparte Miete bei selbst genutzter Wohnimmobilie (Eigenheim)	• In der Schweiz ist der Ertrag aus dem Eigenmietwert einkommensteuerpflichtig. Der Eigenmietwert ist der geldwerte Vorteil, den sich der Eigentümer durch die eigene Wohnimmobilie spart, und entspricht der erzielbaren Miete nach Marktwert. In der Praxis beträgt der Eigenmietwert üblicherweise nur etwa 70% des Marktwerts (es bestehen Unterschiede zwischen den einzelnen Kantonen).
Steuerlich abzugsfähige laufende Kosten beim Eigenheim	• Schuldzinsen sowie tatsächliche Instandhaltungskosten (soweit nicht wertvermehrend) und andere Nebenkosten sind steuerlich abzugsfähig. Absetzung für Abschreibung (AfA) ist bei Eigenheimen hingegen nicht abzugsfähig.
Realisierte Wertsteigerung beim Eigenheim	• Wertsteigerungsgewinne bei Immobilien (selbst genutzt und vermietet) im Privatbesitz natürlicher Personen unterliegen zwar nicht der Einkommensteuer, aber dafür der Grundstücksgewinnsteuer. Sie wird in allen Kantonen und zum Teil auch von Gemeinden erhoben. Der Grundstücksgewinn ist im einfachsten Fall die Differenz zwischen Anschaffungskosten und Verkaufserlös. • Der Steuersatz hängt von der Höhe des Grundstücksgewinns und der Haltedauer ab (kurze Haltedauern werden höher besteuert). Beispiel Kanton Zürich: Dort kann der Steuersatz im schlechtesten Fall 60% betragen, im günstigsten Fall ab 20 Jahre Haltedauer 20%. • Soweit es im Fall eines Eigenheims zu einer »Ersatzbeschaffung« kommt (Verkauf einer selbst genutzten Wohnimmobilie mit nachfolgendem Kauf eines neuen Eigenheims innerhalb relativ kurzer Zeit), entfällt die Grundstücksgewinnsteuer (ähnliche Regelung wie bei Handänderungsteuer, siehe auch Tabelle 3 in Abschnitt 2.4.).
Vermietete Immobilie (Direktinvestition)	• Fremdkapitalzinsen, tatsächliche Instandhaltungskosten (ohne wertvermehrende Aufwendungen) und Abschreibung (AfA) sind steuerlich absetzbar. • Wertsteigerungsgewinne: siehe vorhergehende Zeile in dieser Tabelle.

(b) Erbschaftsteuer und Schenkungsteuer, sonstige Steuern	
Erbschaft- und Schenkungsteuer beim Eigenheim und bei vermieteten Wohnimmobilien	• Erbschaftsteuer und Schenkungsteuer werden ausschließlich auf Kantons- und ggf. Gemeindeebene erhoben (nicht auf Bundesebene). In einigen wenigen Kantonen entfällt diese Steuer. • Wo Erbschaftsteuer und Schenkungsteuer existieren, entfallen diese im Regelfall zwischen Eltern und Kindern, zwischen Ehegatten und bei eingetragenen Partnerschaften. Bei erbrechtlichen Transfers zwischen weiter entfernten Verwandten, Dritten und juristischen Personen können die Steuersätze bis zu 40% betragen. • In den meisten Kantonen bestehen vom Verwandtschaftsgrad abhängige, nennenswerte Freibeträge.
Handänderungsteuer (Grunderwerbsteuer)	• Je nach Kanton bis zu 4%. In einigen Kantonen existiert keine Handänderungsteuer. Die Steuer entfällt normalerweise im Fall der »Ersatzbeschaffung« eines Eigenheims (siehe auch Tabelle 3 in Abschnitt 2.4).
Liegenschaftsteuer bei Immobilien (Äquivalent zur Grundsteuer in DE und AT)	• Einige Gemeinden, aber nicht alle, erheben diese Steuer. Der Steuersatz liegt zwischen 0,02% und 0,3% p.a. auf den Verkehrswert (Marktwert) der Liegenschaft.
Vermögensteuer	• Zusätzlich zur Einkommensteuer erheben die Kantone und Gemeinden (nicht dagegen der Bund) eine jährlich zu entrichtende Vermögensteuer. Der Vermögensteuer unterliegen alle weltweiten Vermögensgegenstände (Ausnahme: im Ausland befindliche Immobilien, Betriebsstätten und Geschäftsbetriebe). Die Bewertung erfolgt zum Verkehrswert (Marktwert). Der Bewertungsstichtag ist jeweils der 31.12. des Steuerjahres. In der Regel dürfen Schulden vom Vermögen abgezogen werden (nur Nettovermögensbesteuerung). • Der Steuersatz ist i.d.R. progressiv (mit dem Vermögenswert steigend). Einzelne Kantone sehen einen nicht progressiven (einheitlichen) Tarif vor. Die typischen Vermögensteuerbelastungen bewegen sich in einer Größenordnung zwischen 0,2% und 0,9% p.a. Es bestehen unterschiedliche steuerliche Freibeträge und/oder Freigrenzen in den Kantonen.
Umsatzsteuer	• Der Kauf oder Verkauf einer fertig gebauten Immobilie oder eines unbebauten Grundstücks unterliegt grundsätzlich keiner Umsatzsteuer. Bauleistungen unterliegen jedoch der Umsatzsteuer.

Selbst genutzte Wohnimmobilien in Deutschland und Österreich haben gegenüber liquiden Anlagen (verzinsliche Guthabenkonten, Aktien, Anleihen, Investmentfonds/ETFs und andere Wertpapiere) spürbare Steuervorteile.

In der Schweiz wird Eigenheimbesitz dagegen letztlich kaum oder gar nicht steuerlich gegenüber anderen Formen der Altersvorsorge begünstigt.

Der in Deutschland und in Österreich wichtigste Steuervorteil ist zugleich derjenige, der am häufigsten übersehen wird: die Steuerfreiheit der eingesparten Miete. Zur Illustration: Würde man Mieter bleiben, statt ein Eigenheim zu erwerben, und sein Eigenkapital auf die Bank tragen, müsste man die dabei vereinnahmten Zinsen oder Dividenden versteuern. Hingegen ist der »laufende Ertrag« aus einem Eigenheim (die eingesparte Miete abzüglich Instandhaltungskosten) steuerfrei.

Auch bei der Besteuerung von realisierten Wertsteigerungen (Verkauf des Eigenheims) und bei der Erbschaftsteuer besitzen Eigenheime gegenüber liquiden Anlagen Steuervorteile.

Die in Deutschland hohen erbschaftsteuerlichen Freibeträge, die für alle Vermögensarten gleichermaßen gelten, dürften die erbschaftsteuerlichen Vorteile von Eigenheimen aber zumindest für normalvermögende oder geringvermögende Haushalte neutralisieren. In Österreich wird keine Erbschaftsteuer erhoben.

Allerdings sollten Eigenheimbesitzer in Deutschland und in Österreich, ebenso wie künftige Eigenheimkäufer, wegen der hier beschriebenen Steuervorteile nicht selbstgefällig auf Geldanleger herabschauen. Warum nicht? Die bestehenden Steuervorteile von Eigenheimen sind schon eingepreist und bringen deswegen für in die Zukunft gerichtete Neuinvestitionen keinen wirtschaftlichen Vorteil mehr (siehe Infobox im folgenden Kapitel). Allenfalls eine *Verstärkung* der bereits bestehenden Steuervorteile von Eigenheimen könnte in der Zukunft einen vorteilhaften Renditeeffekt haben. Das könnte dann geschehen, wenn der heute in Deutschland und Österreich relativ niedrige Abgeltungsteuersatz für Geld- und Kapitalmarktanlagen in den nächsten Jahren durch den normalen Einkommensteuertarif (progressiven Einkommensteuersatz) ersetzt würde – was jedenfalls nicht auszuschließen ist. Geschähe das, würde der bereits bestehende Steuervorteil von Eigenheimen gegenüber Geldanlagen zunehmen.

Fazit

- Alles in allem kann man schlussfolgern, dass Eigenheime in Deutschland und Österreich im Vergleich zu Geld- und Kapitalmarktanlagen wie Bankguthaben, Aktien, Anleihen und Investmentfonds (deren steuerliche Behandlung hier nicht dargestellt wurde) steuerlich begünstigt werden.
- Die heute bestehenden Besteuerungsunterschiede zwischen Eigenheimen und Geld- und Kapitalmarktanlagen sind schon eingepreist. Weil das der Fall ist, dürften sie keine Auswirkung auf die relativen Nachsteuerrenditen von Eigenheimen und Kapitalmarktanlagen haben.
- In der Schweiz existiert eher ein geringer relativer steuerlicher Vorteil für Kapitalmarktanlagen.

8 Die 20 teuersten Fehler bei Eigenheimkauf und -finanzierung

»Nur weniges kann einen Normalbürger wohl so schnell so teuer zu stehen kommen wie ein Betrug rund um das Thema Immobilien. Ein solch lukratives Feld lockt viele Kriminelle an. Interessenten sollten daher auf der Suche nach dem Traumhaus oder einer Wohnung stets sehr wachsam sein – unabhängig davon, ob sie kaufen oder mieten wollen.«
(Kerstin Papon, Redakteurin der FAZ, FAZ.net *am 10.07.2020 in ihrem Artikel »So funktioniert die Abzocke am Immobilienmarkt«)*

Das passende Wunscheigenheim zu einem angemessenen oder sogar günstigen Preis zu finden und dieses dann auch noch clever zu finanzieren ist nicht nur eine Frage von »Was muss ich tun, um alles richtig zu machen?«, sondern mindestens ebenso entscheidend eine Frage von: »Wie sollte ich es *nicht* machen? Welche Fehler muss ich vermeiden?«

In diesem Abschnitt nenne ich 20 Irrtümer oder Fehler bei Erwerb und Finanzierung einer selbst genutzten Immobilie, die ich für besonders praxisrelevant und besonders folgenreich halte. Natürlich existieren im Prinzip viel mehr als nur 20 potenzielle schwere Fehler, die man machen kann.

Die Nummerierung der Fehler signalisiert keine Bedeutungsreihenfolge.

Fehler 1: Annehmen, Kaufen sei langfristig fast immer rentabler als Mieten und je früher man kaufe, desto besser. In Abschnitt 1.1 ist es immerhin angedeutet, in meinem Buch *Kaufen oder Mieten?* (2021) zeige ich es ausführlich anhand von harten statistischen Daten: In den vergangenen 51 Jahren war Mieten, kombiniert mit einer einfachen Kapitalmarktanlage, in der Mehrzahl der Szenarien (Zeitfenster) in Deutschland rentabler als Kaufen. Betrachtet man die letzten rund 15 Jahre isoliert, war Kaufen zumeist vorteilhafter, wenngleich nicht immer drastisch rentabler. Wie die langfristige Zukunft hier aussehen wird, lässt sich nicht verlässlich prognostizieren, und wer das explizit oder implizit behauptet, ist entweder ahnungslos oder ein Scharlatan. Auf alle Fälle lassen weder Theorie noch empirische Historie den Schluss zu, man müsse aus finanziellen Gründen so bald wie möglich kaufen. Auch die tausendfache Wiederholung der angeblichen Binsenweisheit »Mieten sei Geld zum Fenster hinauswerfen« in Medien, Firmencafeteria und bei Kaffee und Kuchen mit Oma und Opa macht sie nicht wahrer. Lassen Sie sich daher auf dem Weg zur selbst genutzten Immobilie nicht drängen oder in Torschlusspanik versetzen, jedenfalls dann nicht, wenn es Ihnen gelingt, Fehler 2 zu vermeiden.

Fehler 2: Glauben, die einzige Vermögensbildungsalternative zu einem Eigenheim sei ein Spar- oder Tagesgeldkonto oder eine Kapitallebensversicherung. In Wirklichkeit ist ein verzinsliches Bankguthaben eine völlig falsche Alternative zum Eigenheim. Mit einem Sparkonto konnte man weder vor 40 Jahren noch vor 20 Jahren noch heute gut Vermögen bilden. Ein Sparkonto eignet sich allenfalls dafür, Bargeld vorübergehend zu parken, bis man entschieden hat, wie dieses Kapital langfristig zu investieren ist. Neue Kapitallebensversicherungen sind seit einer Steueränderung 2005 völlig unattraktive Vehikel der Altersvorsorge und auch davor war ihre Attraktivität überschätzt worden. In meinen Souverän-*investieren*-Büchern erläutere ich, welche Fehler man beim langfristigen Geldanlegen vermeiden muss, und stelle einen einfachen Investmentansatz vor, mit dem derjenige, der kein oder noch kein Eigenheim erwerben will, Vermögensbildung und Altersvorsorge mit geringem Arbeitsaufwand betreiben kann.

Fehler 3: Beim Eigenheimerwerb ungeduldig agieren und sich selbst unter Zeitdruck setzen. Wer unter Zeitdruck und in Eile handelt, erhöht die Wahrscheinlichkeit, Fehler zu machen. Diese Fehler könnten z. B. sein, eine überteuerte Immobilie zu kaufen, weil man sich in sie verliebt hat, weil man befürchtet, »etwas zu verpassen« (FOMO/Fear Of Missing Out), oder weil man glaubt, die Preise werden bald noch höher sein. Fakt ist, dass niemand die künftige Entwicklung von Immobilienpreisen und Zinsen zuverlässig vorhersagen kann. Wenn das so wäre, dann würde Ihr Counterpart – der Makler oder der Kundenberater bei der Bank sowie seine gesamte Verwandtschaft – längst als Multimultimillionär in Südfrankreich oder auf den Malediven seine »finanzielle Unabhängigkeit« genießen, statt sich in der Immobilien- oder Finanzbranche abzurackern. Dass Immobilienpreise in Deutschland von 2010 bis aktuell (Mitte 2021) stark gestiegen sind, heißt gar nichts – ausgenommen, dass sie sich heute in den Großstädten und »populären« Mittelstädten auf einem hohen Bewertungsniveau befinden, das manche als Blasenterritorium bezeichnen. Über viele Jahre hinweg hohe jährliche Wertsteigerungen gab es vor 2006/2007 in vielen Ländern.[50] Dann kam ein beinahe globaler »Housing Crash«. »Beinahe global«, weil der Einbruch die deutschsprachigen Länder verschonte – vermutlich, weil in den drei Ländern die Wertsteigerungen davor jahrelang mau oder sogar negativ waren. Jedenfalls lagen die Hauspreise in den USA, in Spanien, in Irland, in Italien, in Großbritannien, in Südafrika und in mehreren osteuropäischen Staaten real Ende 2020 noch immer unter ihrem Niveau von 2006/2007, mehr als zehn Jahre davor. Ungeduldig oder überhastet zu agieren kann auch heißen, die Zielimmobilie nicht ausreichend genau besichtigt zu haben oder nicht alles Wichtige über ihre Lage herausgefunden zu haben. Mit einem oder zwei Besichtigungsterminen ist das selten zu bewerkstelligen, und um die Mikrolage richtig einschätzen zu können, z. B. hinsichtlich Verkehrsbelastung, Geräuschpegel und Lichtverhältnissen zu unterschiedlichen Tageszeiten, muss man sich ausreichend Zeit nehmen.

Infobox: Die Einpreisung öffentlich zugänglicher Informationen in Immobilienpreise

»Prognosen gehen übereinstimmend davon aus, dass insbesondere Berlin, Hamburg, München, Köln, Stuttgart, Düsseldorf, Nürnberg und Bonn bis 2020 weitere Einwohner hinzugewinnen werden. Korrespondierend zum Bevölkerungswachstum wird auch die Anzahl der Haushalte in den Städten weiter ansteigen. Das stärkste Wachstum wird bei den Zweipersonenhaushalten sowie den Einpersonenhaushalten erwartet.« (Aus einer Studie des Hamburger Weltwirtschaftlichen Instituts im Auftrag der Berenberg Bank vom April 2016 – Nitt-Drießelmann 2016).

Wer glaubt, dass Informationen wie die oben zitierten die *künftige* Entwicklung von Immobilienpreisen beeinflussen werden und spezifisch in den genannten Städten *künftige* Preissteigerungen bewirken, irrt. In funktionierenden Finanz- und Kapitalmärkten, und dazu gehören im Wesentlichen auch die Immobilienmärkte in den deutschsprachigen Ländern, sind alle

50 Ich spreche hier, wie fast immer in diesem Buch, von inflationsbereinigten, realen Wertsteigerungen und Preisen, weil diese aussagekräftiger sind als nominale Werte.

an einem bestimmten Zeitpunkt bereits allgemein bekannten Informationen – egal ob sie Vorteile oder Nachteile betreffen – mit hoher Wahrscheinlichkeit in den Preisen der Wertpapiere oder Immobilienobjekte reflektiert (»eingepreist«). Man nennt das die Informationseffizienz der Märkte. Sie sind im Aktien- und Anleihemarkt extrem hoch. Im Immobilienmarkt geschieht dieser Einpreisungseffekt vermutlich nicht ganz so schnell wie in den Kapitalmärkten. Generell gilt, dass sich in einem informationseffizienten Markt allein auf der Basis öffentlich verfügbarer Informationen in der Zukunft kein Preis- oder Renditeeffekt mehr ergibt, wenn man Kosten, Steuern und Risiko berücksichtigt. Diese Feststellung schließt auch öffentliche Informationen in Gestalt von Trends, Szenarien, Erwartungen, Vermutungen, Befürchtungen und Hoffnungen, einschließlich demografische Prognosen ein (Just 2011). Alles, was Ihnen ein Makler oder die Anlieger eines Objekts sagen können, wird vermutlich in die Kategorie »öffentlich verfügbare Informationen« fallen, auch wenn es manchmal anders erscheinen mag. Dasselbe gilt überwiegend wohl für alle Informationen, die ein normaler Häuslebauer anderweitig über ein Objekt legal herausfinden kann. Was die Einpreisung allgemein bekannter Informationen angeht, handelt es sich um eine elementare Erkenntnis, die in der Wirtschaftswissenschaft seit über 100 Jahren nicht nur Konsens ist, sondern der zentrale Grundpfeiler der dominierenden Preistheorie (Theorie über die Preisbildung in Kapitalmärkten – siehe Stichwort »Law of one price« auf der englischen *Wikipedia*). Trotzdem wird die auch empirisch beobachtbare Tatsache der zügigen Einpreisung von Informationen, nachdem sie allgemein bekannt geworden sind, in der Immobilienbranche erstaunlich oft verkannt. Es ist ein Irrglaube, dass solche Informationen nur ganz langsam und allmählich über Wochen, Monate oder Jahre hinweg in die Preise einfließen – langsam genug, um cleveren Immobilieninvestoren zu erlauben, *vorher* zu kaufen oder zu verkaufen. Vielleicht wird dieser Irrtum seit Jahrzehnten immer wieder neu verbreitet, weil er von Branchen- und Medienvertretern gegenüber gutgläubigen Kunden und Lesern verkäuferisch eingesetzt werden kann. Da das Prinzip der Einpreisung öffentlicher Informationen auch oft unserem gesunden Menschenverstand und unserer Intuition zuwiderläuft, fällt die latente Irreführung durch Verkäufer und Medien bei vielen auf fruchtbaren Boden.

Fehler 4: Glauben, ein kreditfinanziertes Eigenheim sei prinzipiell eine risikoarme Investition. Dass und warum das nicht so ist, hat dieses Buch in Abschnitt 1.1 und bei der Beschreibung des Kredithebeleffekts kurz angedeutet. Differenzierter und ausführlicher werden die wirtschaftlichen Chancen und Risiken eines kreditfinanzierten Eigenheims in meinem Buch *Kaufen oder Mieten?* (2021) analysiert und – deutlich kürzer – in dem frei zugänglichen Blogbeitrag Kommer/Schweizer 2018. Diese Risiken sollten niemanden mit ausreichend Eigenkapital von einem gewünschten Eigenheimerwerb abhalten. Wer jedoch mit einem Kopf-in-den-Sand-stecken-Ansatz auf das Märchen der »risikoarmen Anlage Eigenheim« in der Immobilienbranche hereinfällt, der läuft Gefahr, Fehler zu machen, die dieses Risiko unnötig und vielleicht gravierend erhöhen. Das muss man sich selbst und seiner Familie nicht antun.

Fehler 5: Den Banker oder den Baugeldvermittler als verlässliche Informationsquelle und Berater betrachten. Banker, Bausparkassenvertreter und Baugeldvermittler sind keine allwissenden Immobilien- und Finanzexperten und noch weniger sind sie »Berater«. Sie sind Verkäufer (oder Makler, was letztlich dasselbe ist) und sie kennen die wirtschaftliche Zukunft genauso unzuverlässig wie wir alle. Als Verkäufer unterliegen sie dem grundsätzlichen Interessenkonflikt, Ihnen diejenige Finanzierung und Finanzierungsstruktur zu verkaufen, an der die Bank, Bausparkasse oder der Vermittler bei gegebenem Risiko am meisten verdient. Gehen Sie deshalb niemals unvorbereitet zu einer dieser Institutionen. Je unvorbereiteter Sie sind, desto tendenziell schlechter wird am Ende das Ergebnis in Bezug auf Ihre Finanzierung sein. Wenn Sie sehr unvorbereitet sind, werden Sie vielleicht nie bemerken, wie einseitig, rigide und teuer Ihre Finanzierung tatsächlich ist. Sie müssen Ihre Hausaufgaben machen, *bevor* Sie mit diesen Parteien in ernsthaften Austausch treten.

Fehler 6: Aus falscher Sparsamkeit oder Geiz auf einen Finanzberater ohne Interessenkonflikt verzichten oder beim Kauf einer gebrauchten Immobilie kein Substanzgutachten durch einen von Ihnen bezahlten Bauexperten anfertigen lassen. Finanzberater ohne Interessenkonflikt sind rar. Zu ihnen gehören Verbraucherschutzzentralen und Honorarberater. Fast alle anderen Berater und Makler nehmen versteckte oder offene Provisionen, Kommissionen oder sonstige Geldvorteile von den Kreditgebern oder Immobilienverkäufern. Das führt dazu, dass diese »Berater« – unabhängig von ihrer etwaig vorhandenen fachlichen Kompetenz – Ihnen vermutlich keinen neutralen, objektiven Rat erteilen, der zu 100% nur Ihre persönlichen Interessen wahrt. Ein verwandtes Problem bezieht sich auf das zentrale Risiko beim Kauf einer Gebrauchtimmobilie, Substanzschäden zu übersehen. Ein Laie kann diese selten erkennen. Dazu braucht es einen Bausachverständigen. Das gilt für fast jede »normale« Gebrauchtimmobilie. Handelt es sich um eine in jüngerer Zeit vollständig sanierte Immobilie, dann ist das Risiko sogar oft noch größer, denn möglicherweise hat der Bauträger Mängel vertuscht.

Fehler 7: Zu knapp kalkulieren. Und damit zu hohe Risiken für die eigene Familie und langfristige Lebensplanung eingehen. Zu knapp kalkulieren kann in vielfältiger Weise geschehen: generell, wenn man eine Immobilie kauft, die man sich eigentlich nicht leisten kann, oder wenn man zu wenig Eigenkapital einbringt;[51] wenn man zu wenig Puffer für unvorhersehbaren Geldbedarf übrig hat oder zurücklegt, z. B. für Kostenüberschreitungen bei Bau, für Modernisierungsbedarf bei gebrauchten Immobilien, für vorübergehende Phasen der Arbeitslosigkeit oder Krankheit und für die oft unterschätzte Instandhaltung; wenn man eine kurze Zinsbindung nur deswegen wählt, weil man sich die etwas teurere, längere Zinsbindung nicht leisten könnte; oder wenn man die Kredittilgung über das 65. Lebensjahr hinaus strecken muss, weil die Kalkulation sonst zu eng wird.

Fehler 8: Das Mitte 2021 einmalig niedrige Zinsniveau für langfristige Zinsbindungen nicht ausnutzen. Solange das Zinsniveau so niedrig ist wie Mitte 2021 (oder auch 1 bis 2 Prozentpunkte höher), sollte man die Gunst der Stunde nutzen und für einen großen Teil des Kredits eine Zinsbindung wählen, die deutlich über zehn Jahre hinausreicht, z. B. 20 Jahre. Das gilt besonders für Haushalte mit niedrigem Eigenkapital und Einkommen, also für auf Kante genähte Finanzierungen.

---

51 Die beiden genannten Punkte sind meistens zwei Seiten ein und derselben Medaille. In eher seltenen Fällen haben Eigenheimkäufer zwar ausreichend Eigenkapital für eine teure Immobilie, aber nicht genügend laufendes Einkommen.

Fehler 9: Den Kaufvertrag und den Kreditvertrag sowie die den Endfassungen vorhergehenden Entwürfe der Verträge nicht peinlich genau lesen und voll verstehen. Wer Verträge dieser Größenordnung unterschreibt, ohne jedes einzelne Wort mehrfach gelesen zu haben und zumindest im Wesentlichen zu verstehen, setzt sich und seine Familie auf ein potenzielles Pulverfass.

Fehler 10: Recherchierte Informationen und Daten während der Suche nach der Immobilie und der besten Finanzierung nicht diszipliniert dokumentieren. Die Informationen, die Sie bei Ihrer Objektsuche im Laufe der Monate sammeln, und ebenso die Informationen und Daten, die Sie bei der wochen- oder monatelangen Suche nach der besten Finanzierung anhäufen, sollten Sie nach einem für Sie sinnvollen System konsistent und detailliert dokumentieren. Je besser Sie diese lästige Pflicht erfüllen, desto eher werden Sie diese Informationen zu Ihrem Vorteil hebeln können und desto eher vermeiden Sie Fehler, die Sie später bereuen werden.

Fehler 11: Fördermöglichkeiten wie Riester-Darlehen oder KfW-Kredite nicht ernsthaft prüfen, weil man glaubt, dass ihre Antragstellung zu komplex oder mühselig sei, oder weil die Hausbank sie nicht anbietet. Sowohl KfW-Kredite als auch Riester-Darlehen (»Eigenheimrente«) können gegenüber einer Finanzierung ohne solche Fördermittel nennenswerte Einsparungen bringen. Sie sollten sich den finanziellen Gefallen tun, das Potenzial hinreichend genau zu untersuchen, bevor Sie sich dagegen entscheiden.

Fehler 12: Das falsche Kreditangebot annehmen. Das kann aus einer Reihe von Gründen geschehen: (a) zu viel Eile – vielleicht aus der bereits erwähnten Torschlusspanik – und daher zu wenig Sorgfalt und Systematik beim Vorgehen. (b) Zu viel Gutgläubigkeit gegenüber der langjährigen Hausbank und dem dort »mir gut bekannten und absolut vertrauenswürdigen« Kundenbetreuer. (c) Das Versäumen – vielleicht aus Bequemlichkeit, vielleicht aus Unwissen –, weitere Konkurrenzangebote neben dem Hausbankangebot einzuholen. (d) Zwar verschiedene Angebote einholen, aber nicht penibel darauf achten, dass ihre Struktur und der Abgabezeitpunkt weitestgehend identisch sind, weil solche Unterschiede den Vergleich des Effektivzinssatzes ad absurdum führen.

(e) Das falsche Kreditangebot wegen der Fehler 13 und 14 (nachfolgend) annehmen.

Fehler 13: Bei der Kreditfinanzierung des Eigenheims annehmen, der Effektivzins sei die allein ausschlaggebende Entscheidungsgröße. Tatsächlich sind Flexibilität und Anpassungsfähigkeit einer Finanzierungsstruktur genauso wichtig wie ihr Effektivzins. Dies deshalb, weil eine Finanzierung üblicherweise über 20 bis 35 Jahre läuft und in unserem Leben in dieser langen Zeit beinahe garantiert drastische Änderungen – viele davon aus heutiger Sicht ungeplant – geschehen werden. Eine überkomplexe, rigide Finanzierung kann sich dann als enge Zwangsjacke herausstellen, aus der man nur teuer wieder herauskommt.

Fehler 14: Bausparverträge und Kombinationsfinanzierungen mit einem tilgungslosen Bankdarlehen und einem Bausparvertrag oder einer Kapitallebensversicherung auf der Basis des effektiven Jahreszinses des Kredits auswählen. Die Angabe des effektiven Jahreszinses ist bei diesen komplexen Finanzierungskonstruktionen nahezu sinnlos, denn sie ignoriert mehrere wesentliche Zahlungsströme. Kombinationsfinanzierungen haben daneben auch noch den Nachteil, besonders unflexibel zu sein, wenn es gegenüber dem ursprünglichen Lebens- und Finanzplan zu wesentlichen Abweichungen kommt.

Fehler 15: Einen Fremdwährungskredit aufnehmen, weil er besonders billig erscheint. Mit wenigen Ausnahmen (die in Abschnitt 2.13.9 genannt werden) ist vor diesen scheinbar billigen, aber sehr risikoreichen Krediten zu warnen. Eine Eigenheimfinanzierung sollte nicht zur Wechselkursspekulation mutieren.

Fehler 16: Das Baufertigstellungsrisiko bei einem Neubau unterschätzen und/oder nicht angemessen managen. Mit Baufertigstellungsrisiko ist das Risiko substanzieller Baukostenüberschreitungen und Baufertigstellungsverzögerungen gemeint. Dieses Risiko ist statistisch für einen selbst gemanagten Bau besonders hoch (beim Architektenhaus höher, beim Fertighaus relativ niedriger), aber auch bei formal schlüsselfertig übergebenen Bauträgerhäusern ist es noch beträchtlich – vor allem wenn der Bauherr ein solches Projekt zum ersten Mal in seinem Leben durchführt.

Fehler 17: Beim Kauf einer gebrauchten Immobilie die Vereinbarung über Ablauf und Termin von Räumung und Übergabe durch den bisherigen Eigentümer auf die leichte Schulter nehmen. Wer nicht am geplanten Tag oder in der geplanten Woche einziehen kann, weil die Immobilie nicht richtig oder gar nicht geräumt wurde, wird frustriert sein und trägt potenziell erhebliche Mehrkosten. Auch Schäden an der Immobilie, die erst nach der Besichtigung (z. B. beim Auszug der Vorbesitzer) entstanden sind, können den neuen Eigenheimbesitzer Geld und Nerven kosten. Daher ist hier besondere Sorgfalt angebracht. Abschnitt 5.3 nennt einige einfache Vorsichtsmaßnahmen.

Fehler 18: Eine Immobilie finanzieren und gleichzeitig andere Vermögensanlagen tätigen. Das macht deswegen zumeist keinen finanzwirtschaftlichen Sinn, weil die schnellstmögliche Tilgung in die Zukunft gerichtet mit großer Wahrscheinlichkeit eine höhere risikolose Rendite erwirtschaftet, als man sie in den Finanz- und Investitionsmärkten bei Berücksichtigung von Kosten, Steuern und Risiko erzielen könnte. Wer etwas anderes glaubt, lügt sich zumeist selbst in die Tasche oder rechnet nicht richtig. Daher alle verfügbaren Mittel, so weit möglich, in die Tilgung des Immobilienkredits investieren. Danach können Sie dann immer noch anfangen, in diversifizierte Aktien oder Anleihen zu investieren.

Fehler 19: Bei Ehepaaren keine klare Regelung treffen, was mit dem Eigenheim im Fall der Trennung geschieht. Mehr als jedes andere Vermögensgut kann der Streit um ein Eigenheim das Unglück einer Scheidung und ihren wirtschaftlichen Schaden noch verschlimmern. In Deutschland werden – je nach Zählweise und Quelle – zwischen 30% und 50% aller Ehen irgendwann einmal geschieden. Gibt man die Stichworte »Eigenheim Scheidung Streit« bei Google ein, zeigt die Suchmaschine über 30 000 Artikel allein aus deutschsprachigen Medien. Beispiele sind »Teure Trennung. Wie das Eigenheim Scheidungspaare arm macht« (*Wirtschaftswoche*, 28.05.2014) oder »Wenn das Haus im Grünen die Familie zerstört« (Die Welt, 13.02.2016). Ich bin mit einem wohlhabenden Steuerberater bekannt, der 2013/2014 nach eigenen Angaben etwa 120 000 Euro für Rechtsanwalts- und andere Beratungskosten aufwenden musste, weil er und seine damalige Ehefrau sich während der Scheidung nicht über Bewertung und Teilung des Eigenheims und einer Vermietungsimmobilie einigen konnten. Einen noch größeren Betrag habe er dadurch verloren, dass er sich während der Scheidung über mehr als ein Jahr hinweg nicht angemessen um seine Kanzlei kümmern konnte (Opportunitätskosten). Ein solches wirtschaftliches und emotionales Streit-Trauma kann durch eine weise, einvernehmliche Regelung *vor* Beginn des gemeinsamen »Projekts Eigenheim«, z. B. in einem Ehevertrag, vermieden oder zumindest gemildert werden. Der sogenannte gesetzliche Güterstand (Zugewinngemeinschaft) ist hier viel zu unpräzise. Ein Paar, das sich zu einer einvernehmlichen Regelung nicht im Vorhinein verständigen kann, wenn die Liebe noch blüht, muss sich fragen lassen, ob es das Abenteuer einer vielleicht 25 Jahre oder länger bindenden Eigenheiminvestition überhaupt gemeinsam unternehmen sollte.

Fehler 20: In die Kriminalitätsfalle tappen. Weltweit war der Immobiliensektor aufgrund seiner im Vergleich zu den Märkten für liquide Investments zahlreichen Eigenheiten schon immer ein Anlagemarkt, in dem illegale Aktivitäten unterschiedlicher Art erstaunlich oft vorkommen, insbesondere Geldwäsche, Steuerhinterziehung mit Schwarzgeld (Grundsteuer und Mehrwertsteuer beim Käufer, Einkommensteuer beim Verkäufer) und Schwarzarbeit. Ich bin in diesem Buch aus Platzgründen nicht auf diesen Spezialaspekt Kriminalitätsfalle eingegangen. Dennoch ist klar, dass er in eine Top-Twenty-Liste der gefährlichsten Fehler bei Immobilienkauf und -finanzierung hineingehört. Der Rechtsanwalt Dan Katzlinger hält Schwarzgeldeinsatz für einen der fünf schlimmsten Fehler beim Immobilienkauf (Katzlinger, 2015). Die großen strafrechtlichen, aber auch ökonomischen Risiken solcher Straftaten sollten jeden halbwegs rationalen Menschen davon abhalten, in Versuchung zu kommen. Bei einer partiell aus Schwarzgeld finanzierten Immobilie ist beispielsweise die Durchsetzung von Schadenersatzansprüchen gegen Verkäufer oder Baufirma oft viel schwieriger oder gar unmöglich. Das Gleiche gilt für die Nutzung von Schwarzarbeit beim Bau. Seit einigen Jahren haben die Gesetzgeber in den deutschsprachigen und anderen westlichen Ländern die rechtlichen Konsequenzen für Geldwäsche, Steuerhinterziehung und Schwarzarbeit im Immobilienbereich verschärft sowie die Strafverfolgung intensiviert. Dieser Trend wird sich fortsetzen. Und neidische Menschen, die es schlecht mit einem meinen, hat so gut wie jeder von uns in seinem Umfeld. Diese Kriminalitätsfalle lässt sich leicht vermeiden. Es braucht dazu weder Können noch Glück – nur Ihren guten Willen und ein bisschen Vernunft. Tun Sie es um Ihretwillen.

9 Zusammenfassung oder: Was heißt das alles für Sie?

Dieses Buch wollte vorwiegend auf zwei Grundfragen Antworten liefern: (a) Unter welchen Bedingungen ist ein Eigenheimkauf und seine Finanzierung für Sie sinnvoll und machbar? (b) Wie umfangreich ist Ihr Wissen für Kauf und Finanzierung, das Sie brauchen, um teure Fehler zu vermeiden?

Was (a) anbelangt, sind vier Hauptaspekte besonders wichtig: eine Immobilie zu finden, die man mag, die nicht zu überteuert ist, ausreichend Eigenkapital zu haben und schließlich eine hinreichend genaue Vorstellung von seiner eigenen Lebensplanung in den nächsten rund 15 Jahren zu haben. Ein Eigenheim zu kaufen, das man nach fünf Jahren wieder abstößt, um dann kurze Zeit später wieder zwischen 8% und 14% des Kaufpreises der neuen Immobilie für Grunderwerbsteuer, Notar, Makler und anderes auszugeben, wird häufig ein unerfreuliches Verlustgeschäft sein.

Was (a) und (b) angeht, dürfte jeder, der die Informationen in diesem Buch kennt und seine Fingerzeige befolgt, auf einem guten Weg sein. Kauf und Finanzierung eines Eigenheims sind keine »Rocket Science«, wie Briten und Amerikaner sagen, wenn sie Aktivitäten meinen, die auch ganz normale Menschen meistern können. Was allerdings notwendig ist, um sich bei der Umsetzung von Kauf und Finanzierung keine blutige Nase zu holen, sind Realismus und planmäßiges, informiertes Vorgehen. Das schließt bei allen, die nicht »Krösus« heißen, die Selbstdisziplin mit ein, sich von Emotionen nicht auf finanziell gefährliches Terrain zu begeben. Emotionen sind beim Eigenheimkauf eine ebenso normale wie üblicherweise »heftige Begleiterscheinung«.

Im August 2021 – als diese Zeilen geschrieben wurden – bewegten sich die Zinsen für Immobilienkredite in Deutschland noch immer nahe an ihrem historischen Tiefpunkt, ein Tiefpunkt, der atemberaubend weit unter dem Niveau Anfang der 1980er- und Anfang der 1990er-Jahre lag, und ein Tiefpunkt, den noch vor gut fünf Jahren kaum jemand für möglich gehalten hätte. Diesen Vorteil können Eigenheimfinanzierer ausnutzen, indem sie sich einen Kredit zu günstigen Konditionen mit einer langen Zinsbindung sichern, idealerweise länger als zehn Jahre. Ich drücke allen Lesern dieses Buchs die Daumen, dass die Zinsen in den nächsten Jahren so niedrig bleiben oder jedenfalls nur wenig ansteigen.

Den noch immer einmalig niedrigen Zinsen stehen jedoch seit 2010 gewaltig angestiegene Preise für Wohnimmobilien in Deutschland gegenüber – das gilt jedenfalls für die mittleren und großen Städte und auch für einzelne ländliche Lagen vor allem in Süddeutschland. Für viele Haushalte liegen die Immobilienpreise in den jeweils relevanten Lagen inzwischen außerhalb ihrer ökonomischen Reichweite, weil sie die notwendigen Anzahlungen nicht mehr aufbringen können oder kein ausreichend stabiles Einkommen haben. Da helfen dann auch die niedrigen Zinsen nicht weiter.

Auf keinen Fall sollten Haushalte eine Kreditfinanzierung darauf abstellen, dass die Marktpreise in den nächsten 5 bis 15 Jahren noch einmal so steigen wie in den letzten 12 Jahren. Wer so spekuliert, könnte sich böse die Finger verbrennen.

Nach wie vor attraktiv ist die aktuelle Marktsituation wohl für Eigenheimerwerber und -finanzierer in sehr ländlichen Gegenden. Dort sind die Preisanstiege seit dem »Tiefstniveau« 2010 überwiegend relativ moderat und haben den großen Vorteil aus den gesunkenen Kreditzinsen noch nicht annähernd aufgesogen.

Wer sich gegenwärtig kein oder noch kein Eigenheim leisten kann, kann sich meines Erachtens folgendermaßen trösten:

Erstens folgt auf jeden Berg irgendwann einmal ein Tal. Ich bin relativ sicher, dass sich das Verhältnis zwischen durchschnittlichem Haushaltseinkommen und durchschnittlichem Immobilienpreis in den nächsten Jahren wieder verbessern wird, vielleicht deutlich verbessern wird. Das kann Wohnimmobilien erschwinglicher machen, als sie es heute sind. Diese Veränderung kann durch einen kurz- oder mittelfristigen Fall der Immobilienpreise bewirkt werden oder dadurch, dass die Haushaltseinkommen langfristig stärker anziehen als die Immobilienpreise. Wer glaubt, reale oder nominale Wohnimmobilienpreise können nicht fallen, dem empfehle ich, noch einmal einen Blick auf die historischen Daten in Abschnitt 1.1 zu werfen.

Zweitens ist es ohnehin ein Ammenmärchen, dass Kaufen meistens, geschweige denn immer wirtschaftlich schlauer sei als Mieten. In den 51 Jahren von 1970 bis 2020 war Mieten in Deutschland in der Mehrzahl der Zeitfenster rentabler als Kaufen. Diese Kalkulation lässt sogar eine Reihe finanzieller Vorteile und nicht finanzieller Vorteile von Mieten außen vor, die nicht oder nur sehr schwer quantifizierbar oder verallgemeinerbar sind. Wer diese Aussage nachprüfen möchte, dem empfehle ich mein Buch *Kaufen oder Mieten? Wie Sie für sich die richtige Entscheidung treffen* (Campus Verlag, 285 Seiten, August 2021). Dass Mieten kombiniert mit einer einfachen Kapitalmarktanlage in den zurückliegenden Jahrzehnten wirtschaftlich genauso attraktiv oder sogar attraktiver war, wurde auch für eine Reihe anderer Länder bestätigt. Belege dazu werden in meinem oben genannten Buch aufgeführt.

(Noch-)Mieterhaushalte, die Unterstützung bei der Vermögensbildung mit Fonds, Aktien und Anleihen benötigen, könnten sich dieses Wissen durch eines meiner Investmentbücher aus der *Souverän-investieren*-Reihe besorgen.

An welcher Wegkreuzung auch immer Sie, lieber Leser, auf dem Weg zum Eigenheim im Augenblick stehen, ich wünsche Ihnen eine glückliche Hand bei Kauf und Finanzierung Ihres Eigenheims.

Feedback, Hinweise auf Fehler und Anregungen für die nächste Auflage dieses Buchs nimmt der Autor gerne entgegen. Seine private E-Mail-Adresse lautet gerd.kommer@outlook.com.

10 Anhang

10.1 Verzeichnis aller Infoboxen

10.2 Literatur und Quellen

Atiles, Jorge/Russel, James/Robb, Cliff/Carswell, Andrew (2010): »Housing costs among low-income renters and homeowners: ›Rent v. buy‹ and the hidden costs of low-income homeownership«; April 2010; in: S. Kis, I. Balogh (Herausgeber): »Housing, housing costs and mortgages: trends, impact and prediction«; New York, NY; Nova Science Publishers; 2010; S. 171–179.

Beck, Andreas (2007): »Chancen und Risiken langfristiger Investitionen in deutsche Wohnimmobilien. Regionale Prognosen zur Entwicklung des deutschen Wohnimmobilienmarktes auf Basis einer Metaanalyse empirischer Daten«; Institut für Vermögensaufbau (IVA) AG; Juni 2007; Internetfundstelle: https://static1.squarespace.

com/static/555c2bd3e4b004092efd60d1/t/5e20617588a2f442885c6152/1579180416955/BR+07+07+11+Studie_Druckversion.pdf

Berkin, Andrew L./Swedroe, Larry E. (2016): »Your Complete Guide to Factor-Based Investing. The Way Smart Money Invests Today«; BAM Alliance Press; 2016; 358 Seiten.

Bond, Shaun A./Eriksen, Michael D. (2019): »The Role of Parents on the Home Ownership Experience of Their Children: Evidence from the Health and Retirement Study«; Internetfundstelle: https://papers.ssrn.com/sol3/papers.cfm?abstract_id=3044708

Burk, Peter (2019a): »Kosten- und Vertragsfallen beim Immobilienkauf. Haus oder Wohnung – neu oder gebraucht. Mit mehr als 120 Checkblättern«; Verbraucherzentrale NRW; 2019; 272 Seiten.

Burk, Peter (2019b): »Kosten- und Vertragsfallen beim Bauen: Hausbau auf eigenem Grundstück – mit Architekt, Generalunternehmer oder Fertighausanbieter«; Verbraucherzentrale NRW; 2019; 352 Seiten.

Burk, Peter (2020a): »Bauen! Das große Praxis-Handbuch für Bauherren«; Verbraucherzentrale NRW; 2020; 408 Seiten.

Burk, Peter (2020b): »Kauf eines gebrauchten Hauses. Das große Handbuch – Besichtigung, Auswahl, Kaufvertrag«; Verbraucherzentrale NRW; 2020; 240 Seiten.

Gawande, Atul (2013): »Checklist-Strategie. Wie Sie die Dinge in den Griff bekommen«; btb Verlag; 2013; 256 Seiten.

Hendrich, Cornelia Karin (2021): »21 Wege, sich mit dem Eigenheim zu ruinieren«; in: Die Welt Online, 03.12.2021; Internetfundstelle: https://www.welt.de/finanzen/plus234806590/Finanzfalle-Traumhaus-21-Wege-sich-mit-dem-Eigenheim-zu-ruinieren.html

Just, Tobias (2011): »Regionale Bevölkerungsprognosen. Unsicher, instabil, dennoch wertvoll«; Deutsche Bank Research; 28.02.2011; Internetfundstelle: http://www.dbresearch.de/PROD/DBR_INTERNET_DE-PROD/PROD0000000000270528.PDF

Just, Tobias/Uttich, Steffen (2015): »Es sind nicht nur Gebäude. Was Anleger über Immobilienmärkte wissen müssen«; Frankfurter Allgemeine Buch; 1. Aufl.; 2015; 231 Seiten.

Katzlinger, Dan (2015): »Die 5 schlimmsten Fehler beim Immobilienkauf … und wie Sie sie vermeiden. Mit anschaulichen Praxisbeispielen und vielen Tipps«; Amazon Print; 53 Seiten.

Kommer, Gerd (2018): »Souverän investieren mit Indexfonds und ETFs. Wie Privatanleger das Spiel gegen die Finanzbranche gewinnen«; Campus Verlag; 400 Seiten.

Kommer, Gerd (2019): »Souverän investieren für Einsteiger. Wie Sie mit ETFs ein Vermögen bilden«; Campus Verlag 2019; 240 Seiten.

Kommer, Gerd (2020): »Souverän investieren vor und im Ruhestand. Mit ETFs Ihren Lebensstandard und Ihre Vermögensziele sichern«; Campus Verlag 2020; 343 Seiten.

Kommer, Gerd (2021a): »Selbst genutzte Immobilie finanzieren und in ETFs investieren – macht das Sinn?« YouTube-Video; Internetfundstelle: https://www.youtube.com/watch?v=sclDt8-hX4Q

Kommer, Gerd (2021b): »Kaufen oder mieten? Wie Sie für sich die richtige Entscheidung treffen«; Campus Verlag 2021; 3. Auflage; 285 Seiten.

Kommer, Gerd/Schweizer, Jonas (2018): »Das Risiko von Investments in Immobilien«; Internetfundstelle: https://www.gerd-kommer-invest.de/das-risiko-von-direktinvestments-in-immobilien-besser-verstehen/

Kommer, Gerd/Schweizer, Jonas (2020a): »Die kapitalbildende Lebensversicherung – ein deutscher Irrweg; Internetfundstelle: https://www.gerd-kommer-invest.de/kapitalbildende-lebensversicherung/

Kommer, Gerd/Schweizer, Jonas (2020b): »Negative Zinsdifferenzgeschäfte – schädlich und unnötig«; Internetfundstelle: https://www.gerd-kommer-invest.de/negative-zinsdifferenzgeschaefte/

Kommer, Gerd/Schweizer, Jonas (2021): »Instandhaltungskosten – wie man Immobilieninvestments schönrechnet«; Internetfundstelle: https://www.gerd-kommer-invest.de/instandhaltungskosten-von-immobilien/

Kommer, Gerd/Weis, Alexander (2018): »Nullzinsen und Anlagenotstand – real oder nur konstruiert?«; Internetfundstelle: https://www.gerd-kommer-invest.de/nullzinsen-und-anlagenotstand/

Kommer, Gerd/Weis, Alexander (2019): »Sind Vermietungsimmobilien attraktive Vermögensanlagen?«; Internetfundstelle: https://www.gerd-kommer-invest.de/vermietungsimmobilien/

Kuckerts, Wolfgang; Perschke, Roland; Rottenbacher, Frank; Ziska, Daniel (2020): »Fachmann/Fachfrau für Immobiliardarlehensvermittlung IHK. Vorbereitung auf die IHK-Sachkundeprüfung für die Immobiliardarlehensvermittlung nach § 34i GewO«; 2. Auflage; 2020; Haufe Fachbuch; 517 Seiten.

Loepfe, Andreas (2020): »Das Risiko von Wohneigentum wird oft unterschätzt«; Video; Internetfundstelle: https://fintool.ch/videos/5f452fb816cbb87804528fa6/wieviel-hypotheken?token=0c63d01657a6b42d44396186961a0be2

Mohr, Joachim (2015): »Die Immobilie bei Trennung und Scheidung«; 3. Auflage; Beck; 120 Seiten.

Nitt-Drießelmann, Dörte (2016): »Wohnen in Deutschland. Eine Analyse der 20 größten Städte«; Berenberg Bank/Hamburgisches Weltwirtschaftliches Institut (HWWI); 34 Seiten; Internetfundstelle: https://www.hwwi.org/fileadmin/hwwi/Publikationen/Partnerpublikationen/Berenberg/HWWI_Immobilien_Studie_2016.pdf

Seubert, Ulrich/Weber, Martin (2014): »Vorsicht Pleitegefahr! Wie sichere ich meine Baufinanzierung gegen steigende Zinsen?«; Band 26 aus der Reihe »Forschung für die Praxis«; Universität Mannheim; 2014; 16 Seiten.

Siepe, Werner (2020): »Meine Immobilie erfolgreich verkaufen. Von der Vorbereitung bis zur Schlüsselübergabe«; Stiftung Warentest; 3. Auflage; 2020; 176 Seiten.

Siepe, Werner (2021): »Immobilienfinanzierung: Die richtige Strategie«; Stiftung Warentest; 6. Auflage; 2021; 208 Seiten.

Szapiro, Aron (2014): »House of Cards. The Misunderstood Consumer Finance of Homeownership«; HellowWallet/Morningstar: Internetfundstelle: https://www.rentalhomecouncil.org/wp-content/uploads/2017/07/HelloWallet-House-of-Cards.pdf

Thiel, Christian (2015): »Zehn Wege, mit einer Immobilie unglücklich zu werden«; Internetfundstelle: http://zendepot.de/zehn-wege-mit-einer-immobilie-unglueck lich-zu-werden/

10.3 Nützliche Webseiten

Zusätzlich zu den in diesem Abschnitt aufgelisteten Webseiten werden in den nachfolgend genannten Abschnitten dieses Buchs weitere Webseiten zu Spezialaspekten genannt:

- Abschnitt 1.6: Webseiten zum Thema Bewertung von Wohnimmobilien.
- Abschnitt 2.13.8: Webseiten zum Thema Förderkredite.
- Kapitel 4: Webseiten zum Thema immobilienbezogene Versicherungen.
- Abschnitt 5.2: Webseiten einiger großer Kreditvermittler (Baugeldvermittler).
- Abschnitt 5.5: Webseiten zu Internet-basierten Rechentools.

www.aktion-pro-eigenheim.de – Private Webseite mit Informationen zum Themenkomplex Eigenheim.

www.arge-baurecht.de – Arbeitsgemeinschaft Bau- und Immobilienrecht im Deutschen Anwaltverein. Enthält eine Liste mit Kanzleien in Deutschland, die den Interessen- oder Tätigkeitsschwerpunkt Immobilienrecht haben.

www.baufoerderer.de – Die Webseite gehört zum Bundesverband der Verbraucherzentralen. Aus der Selbstdarstellung: »Im Informationsportal des Verbraucherzentrale Bundesverbands finden Sie viel Wissenswertes rund um die Themen Bauen, Modernisieren und Wohneigentum kaufen – von unabhängigen Experten recherchiert und zusammengestellt.«

www.bsb-ev.de – Bauherren-Schutzbund e. V. (Berlin). Aus der Selbstdarstellung: »Der BSB ist eine gemeinnützige Verbraucherschutzorganisation. Der Verein nimmt eine marktneutrale und unabhängige Verbraucherschutzfunktion wahr.«

www.capital.de/immobilien-kompass – Zeitschrift aus dem Verlag Gruner + Jahr. Aktuelle Kaufpreisangaben von Immobilien in den größten Städten Deutschlands.

www.finanztip.de – Gemeinnützige, private Verbraucherschutz-Webseite zu Finanzthemen.

www.globalpropertyguide.com – Private (englischsprachige) Webseite zu Informationen über Wohnimmobilien weltweit.

www.gutachterausschuesse-online.de – Übersichts-Webseite der Gutachterausschüsse für Grundstückswerte in den Ländern der Bundesrepublik Deutschland.

www.hausundgrund.de – Vom *Wikipedia*-Eintrag über Haus & Grund Deutschland: »Der Zentralverband der Deutschen Haus-, Wohnungs- und Grundeigentümer e. V. ist die größte deutsche Interessengemeinschaft von privaten Haus-, Wohnungs- und Grundstückseigentümern in der Rechtsform des eingetragenen Vereins. Zurzeit sind 22 Landesverbände und etwa 900 Ortsvereine dem Zentralverband Haus & Grund Deutschland angeschlossen. Sitz des Verbandes ist Berlin. Von den bundesweit rund 15 Millionen privaten Eigentümern vertritt der Verband etwa 900 000 als Mitglieder.«

www.immobilienscout24.de – Gewerbliches Internet-Immobilienportal mit Sitz in Berlin.

www.immonet.de – Gewerbliches Internet-Immobilienportal mit Sitz in Hamburg.

www.immowelt.de – Gewerbliches Internet-Immobilienportal mit Sitz in Nürnberg.

www.kfw.de – Kreditanstalt für Wiederaufbau. Staatliche Förderinstitution, die zinsverbilligte Darlehen und Förderkredite an Eigenheimerwerber vergibt.

www.schufa.de – Aus dem *Wikipedia*-Eintrag: »Die Schufa Holding AG ist eine privatwirtschaftliche deutsche Wirtschaftsauskunftei mit dem Geschäftssitz in Wiesbaden. Zu den Aktionären gehören Kreditinstitute, Handelsunternehmen und sonstige Dienstleister. Ihr Geschäftszweck ist, ihre Vertragspartner mit Informationen zur Bonität Dritter zu versorgen. Die Schufa verfügt über 728 Millionen Einzeldaten zu 66,3 Millionen natürlichen Personen und zu 4,3 Millionen Unternehmen. Die Schufa bearbeitet jährlich mehr als 117,4 Mio. Anfragen zur Kreditwürdigkeit. Davon sind 1,9 Millionen Auskünfte an Verbraucher, die ihre Daten einsehen wollen. Sie beschäftigt rund 750 Mitarbeiter (Stand: 2014).«

www.test.de – Webseite der gemeinnützigen Stiftung Warentest mit einer umfangreichen Sektion zu »Eigenheim + Miete«.

www.verbraucherzentralen.de – Zentrale Webseite der Verbraucherzentralen in Deutschland, über die die lokalen Verbraucherzentralen ermittelt werden können. Mit vielen hilfreichen Finanzinfos. Gewissermaßen die erste Online-Adresse, die man konsultieren sollte, wenn man sich für die Einholung von neutraler, preisgünstiger Beratung zu Kauf und Finanzierung eines Eigenheims interessiert.

www.vpb.de – Verband privater Bauherren (Berlin). Aus der Selbstdarstellung: »Der Verband privater Bauherren e. V. wurde 1976 gegründet und ist damit die älteste bundesweit tätige Verbraucherschutzorganisation im Bauwesen. Ein Netz von Regionalbüros gibt Bau- und Kaufinteressierten die Möglichkeit, Kontakt mit dem VPB aufzunehmen. Wir widmen uns der Vertretung bauorientierter Verbraucherinteressen bei Gesetzgeber, Verwaltung, Bau- und Kreditwirtschaft sowie weiteren öffentlichen und staatlichen Organisationen. Dabei üben wir eine marktneutrale und unabhängige Verbraucherschutzfunktion aus, um die Bauqualität und das fachgerechte Bauen zu fördern.«

www.vzbv.de – Webseite des Bundesverbandes der Verbraucherzentralen, die ihrerseits auf Bundeslandbasis organisiert sind. Die Verbraucherzentralen in den Bundesländern und ihre örtlichen Büros können leicht über Google oder ein Telefonbuch gefunden werden.

www.vz-ratgeber.de – Online-Shop der Verbraucherzentralen. Viele nützliche Bücher und Broschüren zum Thema Eigenheim.

www.wohnlagenkarte.de – Webseite, die deutschlandweit die Qualität von Wohnvierteln klassifiziert. Betrieben vom iib Institut innovatives Bauen Dr. Hettenbach GmbH.

www.zvg-portal.de – Öffentliche Webseite. Aus der Selbstdarstellung: »Mit diesem Portal haben die Landesjustizverwaltungen eine Plattform zur Information über Zwangsversteigerungsverfahren geschaffen. Für die in der Übersicht aufgeführten Amtsgerichte werden die Veröffentlichungen zu Zwangsversteigerungsverfahren über dieses Portal bekannt gemacht.«

10.4 Glossar

AAA-Staat: Ein Staat, der die bestmögliche Bonitätsnote (nämlich AAA) von mindestens einer der drei großen Ratingagenturen besitzt. Staaten machen Schulden, indem sie Anleihen (englisch »Bonds«) ausgeben (emittieren). Die Anleihen werden von Privatpersonen, Unternehmen oder Banken gekauft. Wer eine Staatsanleihe kauft, gewährt dem Staat einen Kredit. Die großen Ratingagenturen sind Standard & Poor's, Moody's und Fitch. Die Ratingskalen haben ungefähr 25 Stufen von AAA (bestmöglich) bis D (schlechtestmöglich) – siehe Eintrag »Ratingagentur« auf *Wikipedia*. Jedem Rating entspricht eine quantitative Wahrscheinlichkeit zwischen etwa 0,03 % (bestmöglich) und 100 % (schlechtestmöglich), dass es binnen eines Jahres zu einem nennenswerten Zahlungsverzug (»Payment Default«) bei der Anleihe kommt. Deutschland besaß im März 2011 ein Rating von AAA (Stufe 1), Spanien BBB+ (Stufe 8), Russland BB+ (Stufe 13) und Griechenland B– (Stufe 18). Anfang 2015 besaßen etwa 120 von rund 195 Staaten der Erde ein Anleiherating mindestens einer der drei großen Ratingagenturen. 13 Staaten hatten zu diesem Zeitpunkt bei der größten Ratingagentur (S&P) ein AAA. Eine Übersicht über die verfügbaren aktuellen Ratings von Staaten findet sich auf der englischen *Wikipedia* (Stichwort »List of countries by credit rating«). Das zweibeste Rating ist AA+, das drittbeste AA.

Abzinsungsrate: Die Abzinsungsrate (auch Diskontierungssatz genannt) ist derjenige Zinssatz, zu dem man eine in der Zukunft liegende Zahlung »abzinsen« (diskontieren) muss, um zu ihrem → Gegenwartswert (Barwert) zu gelangen (siehe Infobox »Barwert« in Abschnitt 1.6). Hierbei wird das Risiko der künftigen Zahlung berücksichtigt. Risikoreiche (unsichere) Zahlungen in der Zukunft müssen mit einer höheren Abzinsungsrate in einen Gegenwartswert umgewandelt werden als risikoarme (weniger unsichere) Zahlungen. Die Abzinsungsrate ist – sozusagen – ein rückwärtsgerichteter Zinssatz (siehe auch Interner Zinsfuß).

Aktienfonds: Ein offener Investmentfonds, der das Vermögen seiner Anleger in Aktien (Unternehmensbeteiligungen an börsennotierten Firmen) investiert. Diese Aktien können – je nach Fondsstrategie – Anteil von in- oder ausländischen Unternehmen sein sowie Anteile an großen, mittelgroßen oder kleineren Unternehmen. An der Börse haben »kleine« Unternehmen (auch Nebenwerte oder »Small Caps« genannt) dennoch Umsätze, die typischerweise über 500 Millionen Euro im Jahr betragen. Traditionelle Aktienfonds werden von ihrem Fondsmanager »aktiv« gemanagt (laufendes Kaufen und Verkaufen einzelner Aktien). Daneben existieren Index(Aktien)Fonds (oder ETFs), die keinen aktiven Fondsmanager haben. Der Zweck eines Indexfonds besteht darin, ein breites Aktiensegment zu den geringstmöglichen Kosten abzubilden. Indexfonds erzielen bessere Renditen als die Mehrzahl aller aktiv gemanagten Aktienfonds.

Anleihe: Unternehmen und Staaten geben Anleihen aus, um sich Fremdkapital zu besorgen. Im Prinzip kann jeder eine Anleihe kaufen. Damit gibt er dem entsprechenden Unternehmen oder Staat einen Kredit. Der einzige wesentliche Unterschied zwischen einer Anleihe und einem Kredit besteht darin, dass eine Anleihe von vornherein dazu gedacht ist, »handelbar« zu sein. Das heißt, der Käufer der Anleihe kann sie beliebig (und, das ist wichtig, ohne den Anleiheemittenten = Schuldner fragen zu müssen) an einen Dritten weiterverkaufen.

Annuität: Siehe annuitätische Tilgung. Die Annuität ist die periodische Kapitaldienstzahlung des Kreditnehmers aus Zins und Tilgung. Sie kann monatlich, vierteljährlich, halbjährlich oder jährlich sein. Eine Annuität ändert sich betraglich während der Phase der Zinsfestschreibung (Zinsbindung) nicht.

Annuitätische Tilgung: Ein bestimmter Tilgungsmodus bei Krediten. Bei der annuitätischen Tilgung bleibt die periodische Kapitaldienstzahlung (Summe aus Zins und Tilgung) im Zeitablauf unverändert, d. h., der Kreditnehmer zahlt in jeder Periode (z. B. Monat, Vierteljahr, Halbjahr, Jahr) den gleichen Kapitaldienst (hier Annuität). Das erleichtert die Finanzplanung des Kreditnehmers. Bei Immobilienkrediten im Privatkundengeschäft dominiert die annuitätische Tilgung (vgl. ratierliche Tilgung). Ein Beispiel: Wenn der Kreditbetrag 100 000 Euro beträgt, der Zinssatz 4% p.a., der sogenannte anfängliche jährliche Tilgungssatz 2% und eine monatliche Zahlung vereinbart wird, dann resultiert daraus eine monatliche Annuität (Kapitaldienstrate) von 6% × 100 000 Euro ÷ 12 = 500 Euro (die 6% sind die Summe aus 4% + 2%). Diese 500 Euro bleiben während der Zeit, für die der Zinssatz fest vereinbart ist, unverändert, obwohl die Restschuld jeden Monat sinkt, denn die monatliche Kapitaldienstrate enthält ja einen Tilgungsanteil. Bei sinkender Restschuld würde man normalerweise annehmen, dass die Zinsbelastung in Geldeinheiten auch sinkt (so ist es bei ratierlicher Tilgung). Bei annuitätischer Tilgung wird die eingesparte Zinsbelastung in jeder Kapitaldienstperiode der Tilgung zugeschlagen (je weniger Zinsbelastung, desto mehr Tilgung), sodass die Gesamtsumme immer gleich bleibt (in diesem Bespiel 500 Euro pro Monat und 6 000 Euro pro Jahr). Im Abschnitt 2.13.1 wird das Prinzip der annuitätischen Tilgung noch genauer erläutert.

Assetklasse: Assetklassen (englisch »Asset« = Vermögenswert) sind sachlogisch sinnvolle Kategorien von Vermögensanlagen wie z. B. Aktien, Unternehmensanleihen,

Staatsanleihen, Geldmarktanlagen (bargeldartige Anlagen), Immobilien, Edelmetalle, Rohstoffe und Sammlerobjekte. Diese Haupt-Assetklassen lassen sich vielfältig in Sub-Assetklassen untergliedern.

Auflassung: Altertümlicher Begriff aus der Rechtssprache. Im Grundstücksrecht ist die Auflassung die Einigung zwischen Käufer und Verkäufer über die Übereignung (Verkauf) eines Grundstücks.

Bankmarge: Die Gewinnspanne der Bank. Im Kreditgeschäft die Spanne zwischen Geldbeschaffungskosten und dem Zinssatz bei der Kreditausreichung. Ein Beispiel: Verleiht eine Bank Geld zum Kreditzinssatz von 6% p.a., während sich die Bank dieses Geld ihrerseits von Sparern oder gewerblichen Anlegern zu 4% leiht, dann beträgt die Bankmarge 2%.

Barwertvorteil, steuerlicher: Der Barwertvorteil (siehe Infobox »Barwert« in Abschnitt 1.6), der sich ergibt, wenn sich eine gegebene Steuerzahlung, statt sofort zu zahlen, in die Zukunft (beispielsweise mehrere Jahre) verschieben kann. Der steuerliche Barwertvorteil ist für den Steuerpflichtigen ein echter ökonomischer Vorteil (also eine *echte* Ersparnis). Der steuerliche Barwertvorteil ist nicht identisch mit dem reinen Liquiditätsvorteil einer in die Zukunft verschobenen Steuerzahlung. Letzterer ist kein echter ökonomischer Vorteil im Sinne von Barwerten.

Bauträger: Ein Unternehmen, das typischerweise auf unbebauten Grundstücken gewerbsmäßig Immobilien errichtet (»entwickelt«) und diese danach an Käufer vertreibt (verkauft). Der Eigentumsübergang kann auch bereits vor oder während der Bauphase geschehen.

Beleihungswert: Der von der Bank bestimmte geschätzte Wert einer Kreditsicherheit, von dem sie mit hoher Sicherheit erwartet, dass er sich langfristig auch in ungünstigen Marktphasen realisieren ließe. Der Beleihungswert liegt zwangsläufig unter dem Marktwert. Der Beleihungswert ist nicht identisch mit der Beleihungsgrenze oder dem Beleihungsauslauf. Siehe auch Loan to Value.

Break-even-Zinssatz: »Break-even« steht für Wirtschaftlichkeitsschwelle oder Gewinnschwelle. Bei Krediten ist das derjenige Zinssatz, ab dem ein Kredit A wirklich gleich teuer ist wie ein Kredit B, wenn man wirklich *alle* relevanten Faktoren und Kostenkomponenten berücksichtigt, auch diejenigen, die ggf. nicht im Effektivzins enthalten sind.

DACH-Länder: Die drei Länder Deutschland (D), Österreich (A) und Schweiz (CH).

Eigenkapitalrendite: Die Rendite auf das eingesetzte Eigenkapital im Unterschied zur Objektrendite (Eigenkapital = die vom Investor eingezahlten Mittel/Eigenmittel). Ein (optimistisches) Beispiel: Eine Immobilie ist im Verhältnis von 80 zu 20 mit Fremdkapital und Eigenkapital finanziert und hat 100 Euro gekostet. In einem gegebenen Jahr steigt der Immobilienwert um 5,5 Euro, die Nettomieteinnahmen betragen ebenfalls 4,5 Euro und die Zinsen 4 Euro. Damit sind die Gesamteinnahmen 10 Euro (4,5 + 5,5) und die Nettoeinnahmen 6 Euro (10 Euro minus 4 Euro). Somit ist die Objektrendite 6% (6 Euro ÷ 100 Euro). Die EKR ist jedoch 30% (6 Euro ÷ 20 Euro). Die Eigenkapitalrendite ist diejenige Rendite, die aus Sicht des Eigentümers wirklich zählt (siehe Kredithebeleffekt). Das Eigenkapital ist, vereinfacht gesagt, die ursprüngliche Anzahlung (Eigenmitteleinsatz) plus alle zwischenzeitlich geleisteten Kredittilgungen.

Einlagensicherung, staatliche: Bargeldanlagen (Girokonten, Sparbücher, Termingelder usw.) sind de facto ein Kredit, den der Anleger/Sparer an seine Bank vergibt. Solche »Kredite« sind – wie bei jedem anderen Kredit – grundsätzlich mit dem Risiko verbunden, dass der Kreditnehmer (also die Bank) den Kredit (die Geldeinlage) nicht zurückzahlen kann. Die Instrumente der Einlagensicherung reduzieren dieses Risiko, aber sie eliminieren es nicht vollständig. Wichtig hierbei: Wertpapieranlagen einschließlich Investmentfonds sind *nicht* von diesem Risiko betroffen, denn im Konkursfall der Bank fallen diese Anlagen – im Unterschied zu den genannten Formen der Bargeldanlage – nicht in die Konkursmasse der Bank. Für Wertpapiere und Fondsanlagen ist die Bank im Normalfall lediglich eine Verwahrstelle, aber eben nicht der »Kreditnehmer« des Anlegers im o. g. Sinne. In Deutschland ist die Einlagensicherung durch das Einlagensicherungs- und Anlegerentschädigungsgesetz geregelt. Geschützt sind 100% der Einlagen bis zum Maximalwert von 100 000 Euro pro Kunde und zusätzlich 90% der Verbindlichkeiten aus eigenen Wertpapieren (das heißt von der jeweiligen Bank emittierte Anleihen) bis zu einem Maximalwert von 20 000 Euro. Alle üppigeren Versprechen des freiwilligen Einlagenschutzes der Banken, unabhängig vom Typus der Bank (private Bank, Sparkasse oder genossenschaftliche Bank), sind genau das – freiwillig und privat. Auf sie besteht kein gesetzlicher Rechtsanspruch. Wer das »Kleingedruckte« im jeweiligen Einlagensicherungsregelwerk der einzelnen Bankentypen (private Bank, Sparkasse oder genossenschaftliche Bank) genau liest, wird dort solche Bestimmungen finden. Daher sollte man Bargeldanlagen bei Banken (einschließlich Sparkassen) stets nur bis zur Maximalhöhe von 100 000 Euro pro Person und Bankinstitut tätigen. Wer mehr Bargeldanlagen bei Banken tätigen will, sollte sie auf mehrere unterschiedliche Banken verteilen. Die Filiale Augsburg und die Filiale Ulm der Bank XYZ sind allerdings keine unterschiedlichen Banken in diesem Sinne. Auch Auslandsfilialen einer deutschen Bank unterliegen nicht der deutschen staatlichen Einlagensicherung. In den meisten Mitgliedsländern der EU besteht eine ähnliche, aber nicht unbedingt identische Einlagensicherung. Lesenswert hierzu ist der Eintrag »Einlagensicherung« bei *Wikipedia*.

Endfällige Tilgung: Ein bestimmter Tilgungsmodus, bei dem keine laufende Tilgung stattfindet, sondern die gesamte Tilgung auf einen Zeitpunkt festgelegt ist, an dem der vollständige Kreditsaldo in einer einzigen Tilgungszahlung zurückgeführt wird. Endfällige Kredite werden auch (etwas merkwürdig) »Festkredit« genannt.

ETF: »Exchange traded fund«. Dt.: börsengehandelter Fonds. ETFs sind rechtlich gesehen normale offene Investmentfonds, die denselben Regularien unterliegen wie nicht börsengehandelte, traditionelle Investmentfonds. Insbesondere sind Investmentfonds und ETFs »Sondervermögen«, das heißt, der Konkurs der Fondsgesellschaft oder der Depotbank des Fonds bedeutet keinen Verlust für das Sondervermögen, weil dieses und das Vermögen der Fondsgesellschaft oder Depotbank des Fonds strikt voneinander getrennt sind. Einer der aus Anlegersicht wichtigen Unterschiede zwischen einem konventionellen (traditionellen) Investmentfonds und einem ETF besteht darin, dass ETFs von vornherein dafür konzipiert wurden, über eine Börse gekauft und verkauft zu werden, während konventionelle Fonds normalerweise direkt bei der Fondsgesellschaft erworben und an diese wieder zurückverkauft werden. Fast alle ETFs sind passive Investmentfonds, also Indexfonds. ETFs weisen im Vergleich zu aktiven Investmentfonds niedrigere Kaufnebenkosten und laufende Kosten auf.

Euribor: Ein allgemeiner Referenzzinssatz (Marktzinssatz) für kurzfristige Gelder in der Europäischen Währungsunion in Euro. Der Zinssatz wird von keiner einzelnen

Bank bestimmt, sondern ist ein neutral und transparent ermittelter Durchschnittssatz für Ausleihungen zwischen vielen europäischen Banken. Er wird täglich und für Laufzeiten von wenigen Tagen bis zu zwölf Monaten in den Medien veröffentlicht (z. B. 6-Monats-Euribor). Immobilienkredite in Euro mit variablen Zinsen sollten sich auf diesen Zinssatz beziehen, da er nicht von einer einzelnen Bank manipuliert werden kann.

Fremdkapitalquote: Der prozentuale Anteil an einem Investment (Vermögensanlage), der nicht mit Eigenkapital finanziert wird (100% – Eigenkapital in % = Fremdkapital in %). Fremdkapital ist bei einer Immobilie oder einem kleinen Unternehmen typischerweise ein Bankkredit. Bei einem Großunternehmen oder einem Staat kann Fremdkapital auch eine Anleihe sein. Eine Immobilie, die 500 000 Euro kostet und mit einem Kredit von 400 000 Euro und 100 000 Euro Eigenmittel finanziert wurde, hat eine Fremdkapitalquote von 80%.

Geldmarkt, Geldmarktanlagen, Geldmarktfonds: Geldmarktanlagen sind aus Sicht eines heimischen Anlegers kurzfristige, liquide, »risikofreie« Geldanlagen (nicht in Fremdwährung), wie etwa Termin- oder Festgelder, Sparguthaben, Konten mit Guthabenverzinsung, Geldmarktfondsanlagen oder Anlagen in Anleihen, sofern die Restlaufzeit unter 18 Monate beträgt. In der Regel wird angenommen, dass Geldmarktanlagen risikoarme Anlagen sind und nur ein geringes oder allenfalls mittleres Bonitätsrisiko besitzen. Längerfristige Zinspapiere werden dem Anleihemarkt (Rentenmarkt) zugeordnet.

Geschlossener Immobilienfonds: Siehe offene oder geschlossene Immobilienfonds.

Grenzsteuersatz: Die Einkommensteuer in Deutschland, wie auch in den meisten Ländern, ist »progressiv« gestaltet. Das heißt, der Steuersatz beginnt bei geringem Einkommen auf einem niedrigen Level und steigt dann allmählich mit zunehmendem Einkommensniveau. Der Eingangssteuersatz lag 2021 bei 14% (für Einkommen, das den einkommensteuerlichen Freibetrag von 9 744 Euro pro Jahr überstieg). Der Spitzensteuersatz lag 2021 bei 47,5% für Einkommen ab 274 613 Euro (mit Solidaritätszuschlag, ohne Kirchensteuer). Da in einem progressiven Steuertarifsystem der Steuersatz jeweils nur auf jenen Einkommensteil Anwendung findet, der einen bestimmten Schwellenwert übersteigt, ergibt sich für das Gesamteinkommen ein Durchschnittssteuersatz. Dieser unterscheidet sich grundsätzlich vom Grenzsteuersatz auf den gewissermaßen »letzten« Euro. Der Grenzsteuersatz ist die höchste in einem konkreten Fall zur Anwendung kommende Steuertarifstufe. Bei niedrigen Einkommen liegt der Durchschnittssteuersatz deutlich unter dem Grenzsteuersatz, bei hohen Einkommen nähern sich die beiden allmählich an, wenngleich der Durchschnittssteuersatz den Grenzsteuersatz aus arithmetischen Gründen nie ganz erreicht. Für die meisten steuerlichen Berechnungen muss man aus methodischen Gründen den höheren Grenzsteuersatz verwenden, nicht den Durchschnittssteuersatz. Beispiel (Einkommensteuer-Grundtabelle 2021): Bei einem zu versteuernden Jahreseinkommen von 25 000 Euro beträgt der Durchschnittssteuersatz 14,5% und der Grenzsteuersatz 28,3% (einschließlich Solidaritätszuschlag, ohne Kirchensteuer); bei einem zu versteuernden Jahreseinkommen von 50 000 Euro beträgt der Durchschnittssteuersatz 24% und der Grenzsteuersatz 38,7% (einschließlich Soli, ohne KiSt).

Hausgeld: Die regelmäßigen Pflichtzahlungen des Eigentümers einer Wohnung an die Hauseigentümergemeinschaft, um die künftige (oder bereits erfolgte) Instandhaltung am Gemeinschaftseigentum zu finanzieren.

Humankapital: Der Barwert (Gegenwartswert) aller Einkommenszahlungen (Gehälter), die eine Einzelperson oder ein Haushalt in der Zukunft erwartungsgemäß beziehen wird (siehe Infobox »Barwert« in Abschnitt 1.6). Für berufstätige Personen, die den Normalfall repräsentieren, ist das Humankapital im Normalfall bis zu einem Lebensalter von ca. 55 Jahren der größte einzelne Vermögenswert (Asset), wenn man keine Erbschaften oder Lotteriegewinne unterstellt. Wenn man seine Berufstätigkeit endgültig beendet hat, beträgt das Humankapital definitionsgemäß null. Journalisten benutzen die Bezeichnung Humankapital oft andersartig für das kollektive Bildungsniveau oder Wissen einer nationalen Bevölkerung. Gewerkschaften benutzen die Bezeichnung oft abwertend und unwissenschaftlich. Beide Vorstellungen von Humankapital weichen von der hier vertretenen akademisch-ökonomischen Vorstellung ab.

Interner Zinsfuß: Mathematische Bezeichnung des Effektivzinssatzes. Der interne Zinsfuß ist diejenige Abzinsungsrate, mit der die Summe der abdiskontierten positiven Cashflows (Einnahmen) und negativen Cashflows (Ausgaben), die über einen gegebenen Zeitraum hinweg erfolgen, gleich null ist. Anders formuliert: Der Barwert (siehe Infobox »Barwert« in Abschnitt 1.6) des gesamten Zahlungsstroms ist bei dieser Abzinsungsrate genau null. Der interne Zinsfuß ist typischerweise die zuverlässigste Berechnungsmethode für Anlegerrenditen. Er lässt sich normalerweise nur mithilfe eines Tabellenkalkulationsprogramms wie Microsoft Excel berechnen.

Kapitalisierung der Zinsen: Findet dann bei einem Kredit statt, wenn die Zinsen durch den Schuldner nicht laufend beglichen, sondern stattdessen dem Kreditbetrag zugeschlagen werden, ihn also erhöhen.

Kredithebeleffekt (Leverage-Effekt): Sinngemäß für Fremdfinanzierungseffekt oder auch kurz Hebeleffekt: Eine Immobilie kann teilweise oder vollständig über einen Kredit (statt nur aus Eigenmitteln) finanziert werden und das ist bei Neuerwerb ja auch der Regelfall. Durch den Einsatz von Fremdkapital erhöht sich die Rendite des Eigenkapitals (die Eigenkapitalrendite im Unterschied zur Objektrendite), vorausgesetzt, die Rendite der so finanzierten Kapitalanlage übersteigt die Kreditzinsen und nur dann. Durch »Leveraging« wird der Risikograd eines Investments jedoch ebenfalls erhöht. Jede Immobilienfinanzierung über Kredit ist eine Finanzierung mit Leverage (mit Kredithebel). Beispiel: Wer seine Immobilie mit 30% Eigenkapital finanziert hat (eigene Mittel, die anfänglich oder später gezahlt wurden) und dessen Immobilie 20% an Wert verliert, hat einen Verlust auf sein Eigenkapital von 67% erlitten (20% ÷ 30%) (ohne Berücksichtigung etwaiger Nettomieteinnahmen). Die finanziellen Risiken des Kredithebeleffekts bei Immobilienfinanzierungen werden von der Immobilienbranche und eingefleischten »Immobilienfans« traditionell kleingeredet, während die Chancen des Effekts (die »Upside«) übertrieben werden. Generell kann man sagen: Bei z. B. 20% Eigenkapitalanteil (also 80% Kreditanteil) ist das Risiko (der Verlusteffekt) für das Eigenkapitel aus Wertverlusten der Immobilie fünfmal so hoch wie für die Immobilie selbst. Bei einem Eigenkapital von 25% viermal so hoch und bei einem Eigenkapitalanteil von 50% immer noch doppelt so hoch.

Leibrente: Eine Rente, die bis zum Tod des Rentenempfängers gezahlt wird. Eine Leibrente ist also prinzipiell nicht bis zu einem in der Gegenwart kalendarisch bestimmbaren Zeitpunkt begrenzt. Die gesetzliche Rente ist typischerweise eine Leibrente. Bei einer Leibrente trägt der Rentenzahler aus seiner Sicht das Langlebigkeitsrisiko des Rentenempfängers.

Leverage: Siehe Kredithebeleffekt. Leverage ist im Finanzjargon ein Synonym für Schulden oder Verschuldung.

Loan to Value: Zu Deutsch »Kredit zu Wert«. Verhältnis zwischen ausstehender Kreditsumme (Kreditsaldo) und Kaufpreis oder Marktwert einer Immobilie. Nicht gleichbedeutend mit dem latent missverständlichen deutschen Begriff »Beleihungsauslauf«, bei dem sich der Kreditsaldo nicht auf den Marktwert oder Kaufpreis der Immobilie bezieht, sondern auf den von einer Bank festgelegten niedrigeren Beleihungswert.

Mischfonds: Ein aktiv gemanagter Investmentfonds, der in Aktien und Anleihen zugleich investiert. Der Fondsmanager entscheidet taktisch über das Mischungsverhältnis. Von Mischfonds ist im Allgemeinen abzuraten.

Objektrendite: Die Rendite einer Immobilie ohne Berücksichtigung ihrer Finanzierung, das heißt ohne Berücksichtigung etwaiger Fremdkapitalkosten (Kreditkosten). Die Objektrendite unterstellt gewissermaßen eine 100-prozentige Eigenkapitalfinanzierung. Da die Finanzierungskosten von Immobilien von Fall zu Fall unterschiedlich sind, erlaubt die Objektrendite einen einfacheren, objektiveren Renditevergleich zwischen unterschiedlichen Objekten. Außerhalb der Immobilienfinanzierung werden die Bezeichnungen Assetrendite oder Gesamtkapitalrendite für den Sachverhalt verwendet, der in der Immobilienwirtschaft »Objektrendite« heißt. Siehe auch Eigenkapitalrendite.

Offene oder geschlossene Immobilienfonds: Ein offener Immobilienfonds ist ein normaler Investmentfonds, der jedoch ausschließlich in Immobilien investiert. Der Anleger in einem offenen Immobilienfonds kann – im Prinzip – seine Anteile an dem Fonds jederzeit zu dem in der Zeitung stehenden offiziellen Kurs eines Anteils kaufen und wiederverkaufen. Dass das in den letzten Jahren krisenbedingt und unplanmäßig bei vielen offenen Immobilienfonds in Deutschland und anderen Ländern nicht so war, ignorieren wir hier der Einfachheit halber. Seit 2013 bestehen Mindesthalte- und Kündigungsfristen für Anlagebeträge, die 30 000 Euro überschreiten. Bei geschlossenen Immobilienfonds gibt es hingegen eine anfänglich und endgültig bestimmte Gruppe von Anlegern, die zum »Mitunternehmer« am Fondsvermögen werden. Mit diesem Mitunternehmerstatus gehen komplexe vertragliche und gesetzliche Verpflichtungen einher, die Privatanleger in der Regel nicht korrekt überschauen. Eine laufende Kauf- und Verkaufsmöglichkeit für die Fondsanteile besteht nicht. Von geschlossenen Immobilienfonds ist aus Risikogründen dringend abzuraten.

Opportunitätskosten: Hier die gelungene Definition aus *Wikipedia*: »Opportunitätskosten (selten auch als Alternativkosten, Verzichtskosten oder Schattenpreis bezeichnet) sind entgangene Erlöse (allgemeiner: entgangener Nutzen), die dadurch entstehen, dass vorhandene Möglichkeiten (Opportunitäten) zur Nutzung von Ressourcen nicht wahrgenommen werden. Umgangssprachlich kann man auch von ›Kosten der Reue‹ oder ›Kosten entgangener Gewinne‹ sprechen. Opportunitätskosten sind somit keine Kosten im Sinne der betriebswirtschaftlichen Kosten- und Leistungsrechnung, sondern ein ökonomisches Konzept zur Quantifizierung entgangener Alternativen.«

Ratierliche Tilgung: Ein bestimmter Tilgungsmodus bei Krediten (»Ratenkredit«). Bei der ratierlichen oder linearen Tilgung wird ein gleichbleibender Geldbetrag pro Periode (z. B. pro Monat oder pro Halbjahr) getilgt. Bei der ratierlichen Tilgung ist die Summe aus Tilgung und Zinszahlung am Anfang hoch und sinkt dann im Zeitablauf. Grund:

Die Zinszahlung sinkt parallel mit dem sinkenden Restkreditbetrag im Zeitablauf, während die periodische Tilgungszahlung stets gleich bleibt. Die ratierliche Tilgung unterscheidet sich von der annuitätischen Tilgung oder der endfälligen Tilgung (Tilgung in einer einzelnen Summe am Ende der Kreditlaufzeit). Gelegentlich wird ein Ratenkredit auch latent missverständlich »Tilgungskredit« genannt.

Rentenfonds (Anleihefonds): Ein offener Investmentfonds, der das Vermögen seiner Anleger in Anleihen (»Rentenpapiere«) investiert, also in Staatsanleihen oder Unternehmensanleihen. Wer in Rentenfonds anlegt, sollte einen Rentenfonds (Anleihefonds) auf ETF-Basis wählen, da dieser deutlich geringere Nebenkosten aufweist und langfristig mit hoher Wahrscheinlichkeit eine bessere Rendite produziert.

Umschuldung: Derjenige, der umschuldet, kann ein Privathaushalt oder ein Unternehmer sein. Eine Umschuldung ist die Ablösung (Ersetzung) eines oder mehrerer Kredite durch einen oder mehrere andere. Der Zweck einer Umschuldung besteht in der Regel darin, einen Vorteil für den Kreditnehmer zu produzieren, z. B. Tilgungsstreckung, günstigere Zinskonditionen oder teilweiser Schuldenerlass. Vielfach geschehen Umschuldungen auf Druck eines Kreditgebers, wenn der Schuldner in wirtschaftlichen Schwierigkeiten steckt. Allerdings entstehen manche Umschuldungen auch aus ursprünglicher Eigeninitiative des Kreditnehmers heraus, wenn er glaubt, seine finanzielle Situation durch die Umschuldung verbessern zu können (siehe auch *Wikipedia*, Stichwort »Umschuldung«).

Verrentung, verrenten: Die Umwandlung einer Geldsumme oder allgemein eines Vermögenswerts (auch einer Immobilie) in eine periodische (zum Beispiel monatliche) Rentenzahlung. Diese Rentenzahlung kann für einen begrenzten Zeitraum (zum Beispiel 20 Jahre) oder »ewig«, das heißt bis zum Tod des Anlegers oder des zuletzt sterbenden Ehepartners, erfolgen. Versicherungen bieten solche privaten Rentenversicherungen an. Bei einer ewigen Rente trägt der Rentengeber das »Langlebigkeitsrisiko« des Rentenempfängers. Siehe auch Leibrente.

Volatilität: Das in der Finanzökonomie am meisten verbreitete Risikomaß. Das Wort leitet sich vom lateinischen Verb »volare« (fliegen) ab und bezieht sich auf die Wertschwankungen eines Investments im Zeitablauf. Volatilität wird typischerweise anhand der statistischen Kennzahl Standardabweichung gemessen. Je höher die Standardabweichung der Wertschwankungen in der Betrachtungsperiode, desto risikoreicher ist das Investment. Bei Direktinvestitionen in Immobilien (auch bei offenen oder geschlossenen Immobilienfonds) ist die Berechnung der Volatilität üblicherweise irreführend, weil die zugrunde liegenden Wert- und Renditemessungen durch Gutachter geglättet werden und/oder nicht häufig genug stattfinden.

Zertifikate: Von Banken emittierte Wertpapiere (also rechtlich Bankschuldverschreibungen, d. h. Anleihen). Im Unterschied zu einer normalen Bankschuldverschreibung erhält der Anleger jedoch keine Zinsen, sondern wird am Erfolg oder Misserfolg eines Börsengeschäfts (zum Beispiel den Kurssteigerungen eines Aktienkorbs) beteiligt (siehe hierzu Kommer, *Souverän investieren mit Indexfonds und ETFs*, 2015). Von diesen Investmentprodukten ist abzuraten, da sie hohe versteckte Kosten und das Bonitätsrisiko der Emissionsbank beinhalten.

Zinsänderungsrisiko: Kreditnehmer unterliegen grundsätzlich dem Zinsänderungsrisiko, also dem Risiko, dass durch die Erhöhung des Zinsniveaus am nächsten Zinssatzanpassungstermin ihre Zinsbelastung steigt. Das gilt besonders bei variabel verzinslichen Krediten. Bei fest verzinslichen Krediten besteht das Risiko einer Zinserhöhung, wenn die Zinsbindung ausläuft.

10.5 Register

Über den Autor

© Gerd Kommer

Dr. Gerd Kommer ist Gründer und Geschäftsführer zweier Vermögensverwaltungsunternehmen, der Gerd Kommer Invest GmbH und der Gerd Kommer Capital GmbH, mit Sitz in München.

Der Investmentexperte hat mehrere Finanzratgeber – allesamt Bestseller – zum Thema Geldanlage an Kapitalmärkten und Immobilienerwerb veröffentlicht. Aufgrund seiner klaren, gut verständlichen und wissenschaftlich fundierten Investmentphilosophie gilt Kommer als der unübertroffene Experte für passive Investmentansätze in Deutschland. Sein Klassiker *Souverän investieren mit Indexfonds und ETFs* wurde 2016 mit dem Deutschen Finanzbuchpreis ausgezeichnet.

Nachdem Kommer in Deutschland, Liechtenstein und den USA BWL, Steuerrecht, Germanistik und Politikwissenschaft studiert hat, arbeitete er zunächst über 20 Jahre im Bankwesen. Für verschiedene Banken war er im Firmenkundengeschäft und institutionellen Asset Management tätig. Nach Stationen in Südafrika und Großbritannien lebt der ETF-Spezialist inzwischen in München.

Dort verbringt er seine Freizeit je nach Witterungsverhältnissen mit Rad- oder Skifahren, mit Gesellschaftstanz sowie dem Lesen und Schreiben über Investmentthemen.

Gerd Kommer hat zahlreiche Werke im Campus Verlag veröffentlicht:

- *Souverän investieren für Einsteiger. Wie Sie mit ETFs ein Vermögen bilden.* 1. Auflage 2019, 240 Seiten.
- *Souverän investieren mit Indexfonds und ETFs. Wie Privatanleger das Spiel gegen die Finanzbranche gewinnen (inkl. E-Book inside).* 5. Auflage 2018, 416 Seiten (1. Auflage 2002).
- *Souverän investieren vor und im Ruhestand. Mit ETFs Ihren Lebensstandard und Ihre Vermögensziele sichern.* 1. Auflage 2020, 343 Seiten.
- *Kaufen oder Mieten? Wie Sie für sich die richtige Entscheidung treffen.* 3. Auflage 2021, 285 Seiten (1. Auflage 2010).
- *Souverän Vermögen schützen. Wie sich Vermögende gegen Risiken absichern – ein praktischer Asset-Protection-Ratgeber (inkl. E-Book inside).* 1. Auflage 2020, 408 Seiten.
- *Die Buy-and-Hold-Bibel. Was Anleger für langfristigen Erfolg wissen müssen.* 1. Auflage 2009, 224 Seiten.
- *Herleitung und Umsetzung eines passiven Investmentansatzes für Privatanleger in Deutschland. Langfristig anlegen auf wissenschaftlicher Basis.* 1. Auflage 2012, 368 Seiten.